PROPHÈTES D'AUJOURD'HUI

« *Espaces libres* »

JEAN-PIERRE ET RACHEL CARTIER

PROPHÈTES D'AUJOURD'HUI

Albin Michel

Collection « Espaces libres »
dirigée par Marc de Smedt

Première édition :
© *Question de,* 1988

Édition au format de poche :
© Éditions Albin Michel S.A., 1992
22, rue Huyghens, 75014 Paris

ISBN : 2-226-05902-4
ISSN : 1147-3762

SOMMAIRE

INTRODUCTION

En relisant ce livre avec attention pour la préparation de la présente édition au format de poche, nous avons pu constater qu'il n'avait rien perdu de son actualité. Ce que nous ont dit ces « Prophètes d'aujourd'hui » a toujours la même intensité et la même urgence. Ardeur dans la recherche, pédagogie subtile, ouverture d'esprit, universalisme... plus que jamais les hommes de notre temps sont à la recherche de ces valeurs et nous croyons même que la nostalgie du Divin n'a jamais été chez eux aussi poignante.

Nous avons vécu si intensément ce reportage qu'il nous arrive de retourner dans les lieux que nous avons visités et, chaque fois, nous avons le sentiment de les trouver plus vivants encore. Les monastères tibétains n'ont jamais été aussi fréquentés, les réunions des soufis aussi ardentes, les communautés charismatiques se multiplient, l'Église orthodoxe ne cesse d'approfondir son message et de recevoir des êtres avides d'Absolu dans ses centres de Béthanie et de Sainte-Croix comme à l'abbaye de Bois-Aubry. Il y a eu des changements chez Arnaud Desjardins, aussi bien dans sa vie privée que dans l'organisation de l'ashram mais, fondamentalement, l'enseignement reste le même avec une place plus grande donnée à la méditation et avec ces moments de pure amitié que sont les promenades des mardis après-midi.

Certes, Karlfried Graf Dürckheim et Carlo Carretto sont morts. Lorsqu'on va voir des gens qui ont dépassé 90 ans ou qui sont en mauvaise santé, il faut s'attendre à de tels événements. Mais s'ils ne sont plus ici dans leur corps, leur message demeure intact et il nous arrive souvent, pour peu que nous sachions être à l'écoute, de sentir leur présence et de les entendre nous dire les paroles que nous n'avons fait que transmettre.

La dernière visite que nous avons rendue à Graf Dürckheim peu avant sa mort fut pour nous une leçon que jamais nous n'oublierons. Comme nous lui demandions, en arrivant, des nouvelles de sa santé, il nous répondit avec dans le regard cette pointe d'humour que nous aimions tant en lui : « Oh ! vous savez : je ne vois presque plus, je n'entends presque plus, j'ai une jambe qui me tracasse, je perds la mémoire mais tout va très bien tout de même. » Nous avons pu saisir à cette occasion la différence qu'il y a entre un vrai sage et les hommes ordinaires. Il est vrai qu'il avait plus de 90 ans, qu'il souffrait et que ses facultés n'étaient plus ce qu'elles avaient été mais en réalité et malgré tout cela, il était un homme intact. Derrière l'homme fatigué veillait l'homme de lumière que rien ne pouvait atteindre.

Avant de nous quitter, il ouvrit une boîte, y choisit soigneusement deux petits cailloux, les prit un moment dans ses mains comme pour les imprégner de ses vibrations. « Tenez, nous a-t-il dit en nous les tendant, j'ai l'habitude de donner de beaux cailloux à mes amis. » Nous n'oublierons jamais son sourire à ce moment-là. « Si vous le voulez, a-t-il ajouté, vous pouvez venir demain à 7 heures à la méditation que nous faisons, quelques amis et moi, dans le grenier de cette maison. »

Nous étions déjà installés sur nos petits bancs lorsqu'il est arrivé ce matin-là après avoir gravi seul l'échelle de meunier très raide qui menait au dojo. Il s'est installé en face de nous, bien droit dans son fauteuil, il a fermé les yeux et, pour nous, le temps a cessé d'exister. Nous avons compris ce jour-là ce qu'était vraiment le rayonnement d'un être réalisé.

A la fin de la méditation, il s'est levé et est sorti sans rompre le silence. Nous l'avons retrouvé au bas de l'escalier, devant la porte de son bureau. L'un après l'autre, nous sommes passés devant lui et à tous, il nous a pris les mains dans les siennes, plongeant dans les nôtres ses yeux qui, peut-être, étaient devenus trop faibles pour nous reconnaître. Telle est la dernière image que nous avons emportée de lui et nous la conservons précieusement.

La dernière fois que nous avons rencontré Carlo Carretto, dans son ermitage de Spello, il était en train de mourir. Il avait une sorte de leucémie avec un nom très compliqué et il était d'une faiblesse extrême. Le moindre geste lui coûtait et c'était tout juste s'il pouvait encore se lever. Pourtant, malgré son état, il était rayonnant et il trouvait le courage d'ouvrir les bras à ceux qui avaient besoin de lui et qui venaient lui dévorer ses dernières forces. Il a ri en nous accueillant et il a dit : « Je ne sais pas pourquoi le Seigneur me garde encore sur cette terre. Si je peux être utile, je veux bien rester encore un peu mais pas trop longtemps : ce sera si beau de l'autre côté ! »

Carlo Carretto, Karlfried Graf Dürckheim : deux êtres si différents mais tous les deux tellement universels et rayonnants. Ils sont partis mais leur œuvre demeure. Le centre de Rütte est toujours en pleine activité ainsi que ceux de Jacques Castermane et de Théa Schuster en France. Et des milliers de jeunes continuent chaque année à monter dans les ermitages de Spello.

Ce livre est avant tout un livre de témoignages. Témoignages des maîtres mais aussi de dizaines d'hommes et de femmes, presque tous jeunes, qui sont habités par la passion de l'Absolu et qui savent que la transformation du monde passe par leur propre transformation.

Témoins, nous le sommes un peu nous aussi car ce livre a été pour nous un chemin. Il nous a fallu nous faire soufis avec les soufis, Tibétains avec les Tibétains, hindouistes avec les hindouistes et bien sûr — mais cela nous a été plus facile — chrétiens avec les chrétiens. Nous avons envie d'ajouter que faire ce travail ensemble a été pour nous une belle expérience et une grande grâce.

PROLOGUE

Certains jours, nous étions ruisselants de joie, assis auprès d'un Maître ou baignés dans l'enthousiasme d'une communauté. Pendant plus d'un an, nous qui sommes pourtant si enracinés dans notre terroir, nous nous sommes transformés en nomades pour rendre compte d'un prodigieux phénomène : loin des projecteurs de l'actualité, en ce siècle de fer en apparence si désespéré, un monde nouveau est en train de naître.

Un monde nouveau où l'intuition et la raison se trouveront enfin réconciliées, où la foi, une foi ouverte et éclairée redonnera une saveur neuve à toutes les activités humaines.

On a rabâché jusqu'à la rendre banale la fameuse phrase de Malraux : « Le XXIe siècle sera spirituel ou ne sera pas. » Ce n'en est pas moins la phrase d'un prophète et pour peu qu'on veuille s'en donner la peine, on peut constater que cette prophétie est en voie de réalisation.

Une foi nouvelle et éclairée, avons-nous dit. Une foi universelle aussi. Des univers jusqu'ici séparés éclatent, des rencontres se font, des hostilités fondent.

Il n'y a pas si longtemps, lorsque Arnaud Desjardins a voulu recueillir le message des Sages hindous, des lamas tibétains ou des Maîtres soufis, il lui a fallu aller jusqu'au bout du monde. Aujourd'hui, ces gens venus d'ailleurs sont parmi nous. Il y a dans toute l'Europe, comme aux États-Unis ou en Australie, des monastères tibétains en tous points semblables à ceux qui, naguère, existaient au Tibet. Il y a des ashrams, des confréries soufies, des centres zen...

Ceux qui ne veulent pas comprendre, qui refusent l'harmonie qui est en train de naître, parlent de « syncrétisme » ou – plus prosaïquement – de « salmigondis ». Nous pouvons affirmer que, dans la plupart des cas, ces accusations sont dénuées de fondement. Tous les Maîtres que nous avons rencontrés ont bien insisté là-dessus : d'abord et avant tout, il faut s'enraciner dans une tradition, la faire sienne. Alors seulement il sera possible de regarder ailleurs et de prier, si on en sent le besoin, avec ceux qui sont différents.

Se comprendre, s'aimer au-delà des différences, mettre fin à des siècles et des siècles de méfiance et de haine, que cela soit possible aujourd'hui, voilà bien la plus merveilleuse nouvelle qui se puisse annoncer. Ce n'est pas une utopie. Nous avons vu, dans des confréries soufies, des chrétiens et des juifs prier aux côtés de musulmans et il n'est un secret pour personne que, de plus en plus souvent, des moines chrétiens et tibétains se rencontrent pour prier le même Dieu.

« Vous êtes fous, nous ont dit les " sages " alors que nous n'étions qu'au début de notre quête. Ne soyez pas naïfs. Espérez-vous donc trouver des témoins de l'espérance dans un monde qui a tué l'espérance? Des oasis de bonheur dans un monde sans joie? Vous allez être obligés d'aller chez les marchands d'illusions, dans les sectes aux multiples visages. »

C'était précisément ce que nous ne voulions pas faire. Ces germes d'espérance, nous étions bien décidés à les trouver au cœur des traditions qui, depuis des millénaires, témoignent de la transcendance. Ainsi éviterions-nous les farfelus et les illuminés. C'est ainsi que nous avons assisté aux grandes *pujas* des Tibétains, cheminé d'ermitage en ermitage sur la montagne de saint François d'Assise, découvert la paix de la méditation zen dans le centre du comte Dürckheim, suivi l'enseignement d'Arnaud Desjardins, partagé les fastes de la liturgie orthodoxe ou la foi contagieuse des communautés du Renouveau, répété pendant des heures le nom d'Allah avec les Soufis... Nous avons même, à l'issue d'un stage avec Pir Vilayat, amorcé les premiers pas de la fameuse danse des derviches tourneurs. Ce livre a été pour nous un véritable Chemin et nous savons que, jamais plus, nous ne serons les mêmes.

C'est un retour aux sources que nous avons vécu, un retour à la chaleur des origines. D'autant plus urgent et nécessaire que le monde semble s'enfoncer dans la médiocrité et le désespoir.

Pourquoi, dans nos cités, ces visages fermés, cette agressivité à fleur de peau? Pourquoi les discours catastrophistes, la nervosité ambiante? Pourquoi la peur circule-t-elle ainsi dans le corps social en y déposant ses poisons?

Souvent, nous nous sommes répété ces terribles phrases de Teilhard de Chardin : « Même sous des monceaux d'énergie matérielle, même sous l'aiguillon de la peur ou d'un désir immédiat, l'humanité, *sans le goût de vivre*, cesserait bientôt d'inventer ou de créer pour une œuvre qu'elle saurait d'avance condamnée. Et atteinte à la source même de l'élan qui la soutient, de nausée ou par révolte, elle se désintégrerait et tomberait en poussière... Si le progrès est un mythe, c'est-à-dire si devant le travail nous pouvons dire " à quoi bon ", notre effort retombera, entraînant dans sa chute, puisque nous la sommes, toute l'évolution. »

N'est-ce pas cela qui est en train d'arriver? La démission généralisée, le refus de continuer sur une voie qui ne semble mener qu'à l'Apocalypse?

A force de rencontres au cœur à cœur avec bon nombre de désespérés de l'idéal, nous avons compris que la crise que nous traversons n'est pas avant tout une crise économique, mais – qu'on nous pardonne ce mot piégé –, une crise de l'âme, une crise de l'énergie vitale.

Mortes sont les idéologies, toutes les grandes idées qui, pendant des millénaires, ont emporté dans leur souffle les hommes au-delà de leurs désirs immédiats et de leurs petits intérêts. Finis les systèmes créés par de sublimes penseurs et destinés à faire le bonheur de l'homme malgré lui s'il le faut. De tout cela, il ne reste que des cendres. C'est bien ce que nous disait un jeune en détresse rencontré sur le banc d'une gare :

« Je ne crois plus à ceux qui veulent faire le bonheur de l'homme. Plus ils sont sincères et plus ils sont dangereux. Un jour ou l'autre, toutes leurs belles idées aboutissent à la guillotine ou au Goulag. »

Le monde d'aujourd'hui vit sur le cimetière des idéologies perdues, qu'elles soient politiques ou religieuses. La science

elle-même qui, hier encore, semblait avoir pris le relais de la
religion pour faire le bonheur de l'homme, ne semble plus
conduire aujourd'hui qu'à la déshumanisation et à l'holocauste nucléaire.

Quelle révolution nous sortira de là? Mais ce mot même
de révolution, si longtemps porteur d'espérance, est mort lui
aussi. A-t-on jamais vu une révolution tenir ses promesses?
Pour qui sait voir, toutes se terminent toujours de la même
façon : par encore plus de sang versé, encore plus de misère,
d'esclavage, de haines accumulées. Or, on ne peut rien créer
sur la haine.

Les vrais révolutionnaires – n'ayons pas peur des mots –
construisent l'avenir avec l'amour pour seule arme.
L'amour qui surgit, rayonne et vibre au cœur de l'homme.
De l'homme qui a su se mettre à l'écoute de ce qui se passe
au plus profond de lui.

Ce sont ces révolutionnaires-là que nous avons voulu
découvrir. Les vrais porteurs d'espérance.

N'en déplaise aux pessimistes, nous les avons trouvés. Et
la divine surprise a été pour nous de constater qu'ils ne
prêchaient pas dans le désert mais qu'au contraire,
ils étaient entourés de foules ardentes, enthousiastes et
jeunes.

Tant est grande, au cœur de l'homme, la soif de l'Absolu.

CHAPITRE PREMIER

SPELLO
LA MONTAGNE AUX VINGT-SIX ERMITAGES

La joie d'être ensemble... Une grande vibration heureuse qui rayonne et illumine les visages.

Garçons et filles, ils sont plus de cinq cents entassés dans le cloître de San Girolamo. Car aujourd'hui, en ce dimanche d'été, il y a ceux qui partent et ceux qui arrivent. Ils sont assis sur la pelouse et sur les murets qui l'entourent, sur les bancs le long du mur et jusque sur la margelle du grand puits ombrien.

Qu'il est beau dans sa simplicité ce cloître franciscain du XIIIe siècle! Avec ses piliers octogonaux protégés par des grilles en fer forgé et ses murs éblouissants de blancheur sous le ciel d'un bleu si tendre, le ciel de l'Ombrie. Avec son cadran solaire, sur lequel on peut lire : « Qui osera dire que le soleil se trompe? » et, dressée sur la pelouse, une colonne de bois sur laquelle le Christ crucifié jaillit comme un cri.

Donc, ils sont au moins cinq cents. Des jeunes pour la plupart. Des Italiens, mais aussi – nous l'apprendrons lors du déjeuner – des Allemands en bon nombre, des Autrichiens, des Suisses, des Hollandais, des Belges, des Anglais, des Espagnols, des Suédois et quelques Français.

Tous plongés dans un recueillement intense. Et c'est bien cela qui nous frappe lorsque nous pénétrons sur la pointe des pieds dans le cloître. Les yeux fermés, les visages apaisés, la ferveur, la qualité du silence.

Ils ont quelque mérite car voici bientôt trois heures qu'ils sont ici, entassés les uns sur les autres dans des positions plutôt inconfortables. Ils ont prié, chanté, entendu un long enseignement du Petit Frère Giuseppe Florio, assisté à la messe et ils viennent de communier en prenant le pain et le vin dans les patènes et les calices qui ont circulé parmi eux.

Et voici qu'une voix s'élève, si calme, si posée qu'elle ne semble pas rompre le silence. Parmi les nouveaux arrivés, beaucoup n'ont sans doute pas remarqué jusqu'ici l'homme qui, assis au milieu de la foule, vient de se mettre à parler.

C'est cependant pour lui qu'ils sont venus. Pour lui que des jeunes viennent du monde entier, chaque année plus nombreux. Plus de huit mille au cours de l'été qui vient de s'achever. Tous attirés ici, sur cette montagne de Spello, par cet homme massif qui ressemble plus à un paysan qu'à un intellectuel ou un apôtre. Il parle sur le ton de la confidence, sobrement, sans faire de gestes. Il est vêtu d'une saharienne et d'un pantalon en toile et on le prendrait pour un homme très grave si ses yeux malicieux ne donnaient par instants à son visage une expression d'enfant. Il s'arrête parfois et passe la main dans ses cheveux blancs rejetés en arrière, comme pour donner à ses paroles le temps de pénétrer les esprits.

Chez tous ces jeunes qui l'entourent, l'intensité de l'écoute est impressionnante. Pour eux, c'est évident, Carlo Carretto est vraiment le prophète des temps nouveaux.

« Laissez derrière vous les mirages! Vous êtes ici pour la seule démarche qui soit vraiment importante : pour descendre au fond de vous-mêmes et y trouver le point de contact entre Dieu et vous. Mais cela ne peut se faire que dans le silence et la prière...

« La vie d'un homme qui n'a pas assez de pain pour nourrir sa famille est infiniment moins douloureuse que celle d'un homme qui ne sait pas ce qu'est la foi. La vraie pauvreté, la vraie souffrance, c'est le manque de foi. Car sans la foi, l'homme vit dans la solitude, le vide et l'obscurité... Moi, plus que tout, ce qui me fait de la peine, c'est l'homme moderne qui n'a pas la foi...

« Je me sens en Dieu comme l'oiseau dans l'air, comme le bois dans le feu, comme l'enfant dans les bras de sa mère... »

Soudain, sans transition, sa voix s'enfle. On se rend compte d'un coup que cet homme tranquille peut devenir un orateur puissant capable de subjuguer les foules. Il se fait véhément. On dirait presque, par moments, qu'il va se mettre à pleurer.

Sous le Petit Frère de l'Évangile, disciple de Charles de Foucauld, perce le tribun qu'il a été. Car cet homme a été un grand personnage de l'Italie moderne. Il a fréquenté les coulisses du Vatican et de la démocratie chrétienne. Il était alors le président des jeunesses catholiques d'Italie qui dépendaient directement de Pie XII et qui rassemblaient des centaines de milliers de militants. Il aurait pu, comme tant d'autres, construire une carrière politique de premier plan.

Il avait tout pour cela et, d'abord, l'humilité de ses origines. Ses parents étaient des paysans piémontais qui avaient dû quitter leur village pour s'installer à Turin. De son enfance, il garde un souvenir enchanté.

« Enfant, dit-il, j'avais l'impression d'être dans les mains de Dieu comme le vase dans celles du potier... Mon père et ma mère étaient des pauvres. Ils étaient faits pour croire et espérer. Ma main était dans la leur et ainsi tout fut plus facile. Avec eux, combien j'étais en paix ! »

C'est à dix-huit ans qu'il fit connaissance avec les difficultés de la vie. A l'occasion de sa première et, sans doute, de sa seule déception amoureuse. Elle s'appelait Ada, elle était mince et fluette, « tout yeux, silence et mélancolie ». Hélas ! elle était aussi la fille du plus riche propriétaire du village et comme elle semblait sensible aux attentions du jeune instituteur, sa mère, une forte femme, prit la décision de la garder enfermée dans la maison. Elle y mourut peu après de mélancolie.

« C'est la première fois, raconte Carlo, que je me sentis blessé par l'arrogance des familles riches qui estiment que l'amour est une affaire de famille et d'argent. »

Peut-être n'y a-t-il aucun rapport entre les deux événements, mais c'est cette même année qu'il entendit ce qu'il nomme « le premier appel ». C'était l'époque où des missions parcouraient les campagnes pour en évangéliser les habitants. Il alla à l'église, assista aux réunions, trouva la mission ennuyeuse et désuète. Le dernier jour, il alla pourtant se confesser. Ce fut l'illumination : « Je sentis, dit-il, dans le silence de mon âme, le passage de Dieu. »

A partir de ce jour, il commença à se distinguer des garçons de son âge. Il ne pouvait supporter la vulgarité ou les plaisanteries grivoises. Il avait dix-neuf ans et faisait son service militaire à Milan, à l'école des chasseurs alpins lorsque quelques-uns de ses camarades l'emmenèrent dans un lupanar en lui faisant croire qu'ils allaient finir la soirée chez la tante de l'un d'eux.

Il ne comprit pas tout de suite ce qui arrivait, mais, à peine eut-il compris qu'il explosa.

« Je rougis jusqu'à la racine des cheveux, raconte-t-il, et je me tournai vers celui qui avait monté la plaisanterie. Il riait. Je lui ajustai mon poing dans l'estomac et j'ouvris la porte si violemment que les vitres volèrent en éclats. »

L'heure du second appel sonna alors qu'il avait vingt-trois ans et que le sirocco soufflait en rafales, électrisant l'atmosphère et faisant friser les nerfs. Un médecin de ses amis s'était arrêté quelques instants chez lui et lui avait parlé de la beauté d'une vie entièrement consacrée à Dieu. C'était une conversation sans importance particulière. Pourtant, à peine le médecin était-il parti que Carlo s'était précipité dans l'église du village, s'était agenouillé et, la tête dans les mains, avait entendu une voix intérieure qui lui avait dit : « Tu ne te marieras pas. Tu m'offriras ta vie. Je serai ton amour pour l'éternité. »

Le plus étonnant, pour qui n'est pas conscient de la révolution qui est en train de s'accomplir, c'est que les jeunes auxquels il s'adresse comprennent admirablement ce langage. Ces jeunes qu'on dit si blasés, si avides de jouissances et de biens matériels.

Avec eux, Carlo Carretto ne biaise pas. Il n'essaie surtout pas d'atténuer la rudesse du message.

« Méfiez-vous, leur répète-t-il sans cesse, de la tentation de la richesse. Elle est beaucoup plus dangereuse que ne le croient les chrétiens bien-pensants. La richesse est un poison lent qui frappe presque insensiblement et qui paralyse l'âme au moment même de sa maturité. Ivraie grandie avec le bon grain, elle étouffe celui-ci à l'époque où se forment les épis... Il est beaucoup plus facile de trouver la foi en Afrique ou en Sicile qu'à Paris, Stockholm ou Berlin...

« Et que dire, s'écrie-t-il, quand, dans une matinée grise d'automne, nous voyons sortir de la brume le clair torrent où nous allions patauger tout joyeux dans notre enfance et que nous nous apercevons qu'il n'est plus qu'un ruisseau tout pollué, souillé d'écume et envahi par un tas de détritus? Que dire quand nous passons la nuit dans une gare au milieu des déracinés dont elle est devenue le seul refuge? Que dire quand nous passons quelques heures dans un hôpital où sont recueillies les victimes de la drogue? Toute joie est détruite, toute paix est perdue et nous devenons irritables et mauvais. Croyez-moi, mes amis, nous n'en sortirons pas en changeant les lois, en perfectionnant nos institutions. Quand vous aurez fini votre combat social, vous retrouverez comme avant les tout-puissants, les riches, les exploiteurs et vous aurez de nouveaux pauvres. Ce sont les cœurs qu'il faut changer. Votre cœur à tous. Et cela, je ne le répéterai jamais assez, ne peut se faire que dans le silence et la prière. »

Rachel et moi, nous nous regardons. Nous ne sommes qu'au début de notre quête et, déjà, nous savons que nous avons eu raison de l'entreprendre. Ils sont beaux ces jeunes qui nous entourent et nous pressentons que nous allons vivre parmi eux des heures intenses. Sans doute sommes-nous portés par la vague d'enthousiasme qui balaie le cloître mais nous sentons, dans une grande bouffée de joie, que c'est pour nous une grâce que de faire ce travail ensemble.

La messe est terminée mais tout le monde reste sur place car, depuis ce matin, des bénévoles s'affairent pour préparer le repas, toujours le même de semaine en semaine : jambon, macaronis, fromage. Ceux qui le peuvent glissent leur obole dans un sac qui pend du plafond. Après le recueillement, c'est maintenant la joie qui éclate. La fête. On rit, on chante, on joue de la guitare, on s'agglutine autour de Carlo. Lui, il plonge dans la foule, il embrasse l'un, serre l'autre dans ses bras, éclate de rire, donne des bourrades amicales, attire à lui ceux ou celles qui n'osent s'approcher : « Qui es-tu? D'où viens-tu? Que viens-tu chercher ici? »

Oui, que viennent donc faire ici tous ces gens? Interminablement, nous posons la question. Pour obtenir toujours les mêmes réponses. Il n'y a pas parmi eux que des chrétiens. Certains même se disent athées. Mais tous, ils ont par-dessus tout besoin de chaleur. Ils veulent respirer, échapper à ce qui fait d'eux, dans la vie moderne, des êtres conditionnés. Se libérer des liens qui les enserrent, de la course à l'argent ou au statut social. Ils cherchent une vie plus gratuite, une plus grande harmonie avec la nature, le luxe de la solitude, de la méditation et – beaucoup le disent – « une plus grande pauvreté pour échapper à tout ce qui, dans la vie courante, nous éloigne de Dieu ».

Ce ne sont pas, nous le sentons bien, des phrases toutes faites. Nous avons soudain le sentiment de nous trouver devant une nouvelle race. Des garçons et des filles qui sont prêts à aller jusqu'au bout et à payer très cher pour découvrir en eux cette perle précieuse dont parle l'Évangile.

« Un jour, nous a dit une jeune fille aux yeux rêveurs qui venait d'arriver de Gênes, nous serons assez nombreux pour former une masse critique semblable à celle qui, en physique nucléaire, permet le déclenchement de la réaction en chaîne. Mais l'explosion que nous provoquerons sera l'explosion de l'Amour. »

Plus nous les interrogeons – passant dans le cloître d'un groupe à l'autre – et mieux nous comprenons qu'ils ne sont pas venus ici pour passer des vacances un peu originales. Car ce temps de retraite que leur propose Carlo Carretto pourrait décourager les âmes faibles.

Une vie rude dans des ermitages répartis dans la montagne où, le plus souvent, il n'y a pas d'électricité et où, pour gagner de la place, on aligne les lits au plus près les uns des autres. Des installations rudimentaires et une règle exigeante. Quatre heures de travail manuel le matin et pas n'importe quel travail : il faut retaper les ermitages, faire de la maçonnerie, transporter des pierres ou travailler chez les paysans des environs. Gagner sa nourriture en quelque sorte. L'après-midi, de 3 heures à 6 heures, rassemblés dans le cloître, ils reçoivent un enseignement basé sur la Bible. Cette année-là, le thème était : l'expérience de Dieu. Jésus-Christ, parole de Dieu pour nous.

Le prédicateur, Giuseppe Florio, ne fait aucune concession à la facilité. Il ne les traite pas comme des enfants auxquels il faudrait présenter un message riant. Il part le plus souvent de leur vie quotidienne, leur montre comment Dieu agit en eux à travers les petits et les grands événements et comment ils doivent être à l'écoute. Comment Dieu se révèle à travers la souffrance, comment sa parole traverse l'être tout entier. Tout cela illustré par des exemples pris dans la Bible.

Sans cesse, il les pousse à « désacraliser ». Car ce n'est pas au rite qu'il faut donner la première place, à la morale étroite, à l'énumération des péchés, mais au don de soi, au don total. Se donner à Dieu et aux hommes, se vider de soi-même pour se faire plus transparent, plus disponible. S'ouvrir. Jésus est venu pour désacraliser et c'est pour cela qu'il est mort. Sans cesse, il faut rester vigilant, car ce sacré dont Jésus est venu nous libérer, il a toujours tendance à se reconstituer dans les églises, à dresser de nouvelles barrières, des cadres, des lois... Désacraliser, cela veut dire trouver le vrai visage de Dieu et de l'homme dans leur profondeur. A la limite, cela veut dire se libérer d'un Dieu magique qui a besoin de faire peur.

Voilà bien un des aspects les plus importants de la théologie de Spello. Un appel à la liberté, à une plus grande responsabilité, à une foi plus personnalisée.

Être à l'écoute. Laisser de côté les catégories intellectuelles. Méditer. S'arrêter et penser pour sentir la présence et, parfois, la fulgurance de Dieu.

C'est la voie des mystiques. Celle que comprennent le mieux les jeunes qui viennent ici et sans doute ceux du monde entier.

Ils sont extraordinaires, ces jeunes. Alors que c'est le temps des vacances et que le soleil brille au-dehors, alors que la société leur propose tant de loisirs enchanteurs, ils viennent s'enfermer ici, au plus beau moment de la journée, pour entendre, pendant trois heures, ces austères enseignements. Et pourtant, c'est évident, ils les suivent avec passion. Ils prennent des notes, posent des questions. Il suffit de les regarder pour comprendre que ce langage fait vibrer en eux une corde secrète.

La messe qui commence à 18 h 30 est le prolongement direct de cette expérience. Une messe qu'ils animent eux-mêmes par leurs chants, leurs guitares et les prières qu'ils font à tour de rôle au moment de l'offrande. Messe chaleureuse, qui dure parfois plus de deux heures.

L'un des sommets de la semaine – tous sont d'accord pour le reconnaître – est la « révision de vie » du vendredi après-midi.

Ils y vont souvent avec réticence. Ils ne savent pas très bien ce qu'on va leur demander. Ils sont souvent enfermés en eux-mêmes et sur leurs problèmes. Univers clos qu'ils craignent de voir s'ouvrir.

Les voici rassemblés par groupes d'une quinzaine. Souvent, il n'y a pas de meneur de jeu. Il leur faut se débrouiller seuls. Ils savent déjà – parce qu'on le leur a dit – qu'il ne s'agit pas pour eux de parler de choses abstraites. Alors, tout naturellement, l'un entraînant l'autre, ils se présentent. Ils parlent de leur vie quotidienne. C'est étonnant ce qu'on peut trouver de diversité dans un groupe pourtant si petit. Diversité des situations, des âges, des problèmes... Il y a ceux qui sont mal dans leur peau sans trop savoir pourquoi ; d'autres qui, à la suite d'une souffrance, sont en plein refus ou en pleine révolte : handicapés ou parents d'enfants handicapés, chômeurs, femmes qui ont vu partir leurs maris... Tout naturellement, le groupe les prend en charge. On peut tout dire et tous se coulent, avec la plus grande spontanéité, dans la chaleur de l'amitié. Ils ne se connaissaient pas il y a encore une heure et ils racontent maintenant l'essentiel de leur vie.

Nous avons vu ces jeunes sortir de ces séances de révision de vie le visage illuminé de joie. L'un d'entre eux a résumé pour nous ce qui se passe vraiment : « L'expérience de chacun est parole de Dieu pour tous. » Ce n'est pas une formule. Le soir à la messe, chacun va rendre grâce pour ce qu'il a vécu et dire la parole qui l'a le plus frappé.

Il est déjà 8 heures ce vendredi soir lorsque se termine l'eucharistie. La nuit tombe. Par petits groupes, ils repartent sur les routes poudreuses pour regagner leurs ermitages. Ils n'y resteront pas longtemps car la plupart d'entre eux, ceux qui ne sont pas trop éloignés, vont se retrouver ici à 2 heures du matin pour une heure d'adoration devant le Saint-Sacrement. Les autres adoreront dans la chapelle de leur ermitage.

Ils prient avec une ferveur impressionnante, assis par

terre. Beaucoup d'entre eux restent longtemps prosternés. C'est peut-être le moment le plus fort. L'abandon, le face-à-face, l'instant de vérité.

3 heures. Ils se dispersent en silence. La journée de désert commence. Jusqu'au soir à 18 heures, heure de la messe du samedi, ils vont être seuls face à eux-mêmes. Ils s'en vont par les chemins, sous les étoiles, emmenant pour tout bagage une Bible et un casse-croûte. Ils vont voir le soleil se lever, marcher au milieu des oliviers et des figuiers, escalader le mont Subasio qu'a tellement hanté François d'Assise, monter dans les alpages où paissent des troupeaux de chevaux en liberté. En bas, dans le lointain, s'ils ont marché assez longtemps, ils apercevront Assise avec ses clochers et l'harmonie magique de ses toits et, plus loin encore, la coupole de Sainte-Marie-des-Anges, là où François est mort.

Forte journée. Dure aussi. Car il n'est pas facile de rester si longtemps seul vis-à-vis de soi-même. Certains, las de marcher, trouvent un coin isolé et s'installent pour la journée face au somptueux paysage de l'Ombrie.

Prodigieuse expérience! Celui qui passe, qui ne voit les choses que de l'extérieur, ne peut s'empêcher de se demander ce qui peut bien pousser des jeunes à prendre sur leurs vacances pour vivre, pendant toute une semaine, cette rude ascèse. Ces jeunes d'aujourd'hui qu'on dit si désorientés, si las de tout et si allergiques à l'effort.

Ils sont huit mille cette année à avoir fait l'expérience et ils seraient beaucoup plus nombreux si tous ceux qui le désirent pouvaient venir. Car il n'est pas si facile de venir à Spello. Il faut d'abord écrire, expliquer pourquoi on veut faire cette retraite. Il faut aussi qu'il y ait de la place dans les ermitages. S'il suffisait pour être admis d'arriver sans prévenir, ils seraient deux fois plus nombreux.

C'est cela qu'on appelle en Italie « le phénomène Spello ».

Ces jeunes, nous aurions pu promener notre magnétophone au milieu d'eux, recueillir des centaines de témoignages... Cela aurait fait une belle moisson de jolies phrases mises bout à bout. Nous avons préféré aller plus profond avec quelques-uns d'entre eux.

Tout d'abord avec Sandra. Elle nous a attirés tout de suite

par son regard méditatif tourné vers l'intérieur et aussi, aux moments de fête, par la flambée de joie exubérante qui la faisait se jeter dans les bras des uns et des autres, embrasser ceux qui partaient et ceux qui arrivaient. Elle est vénitienne, blonde et menue. Elle parle d'une voix retenue, comme si elle veillait sur un trésor très précieux enfoui au tréfonds d'elle-même.

La première fois, elle est venue à Spello un peu par hasard, pour accompagner des amis. Elle croyait trouver un minimum de confort, au moins un lit et une douche bien chaude pour la reposer du voyage. Elle s'est retrouvée dans un ermitage sans électricité ni eau courante avec un simple matelas jeté par terre.

« J'ai décidé, raconte-t-elle, de repartir dès le lendemain matin. Heureusement, le soir, Carlo est venu dîner dans notre ermitage. Il nous a parlé de Dieu, de la prière, de la contemplation. Après son départ, je suis sortie dans l'olive-raie. Il y avait des étoiles splendides. J'ai senti soudain qu'il me fallait faire un saut dans l'inconnu. Au cours des jours qui ont suivi, puis d'un autre séjour, j'ai compris que Dieu était l'Absolu et que si je pouvais le trouver, je n'aurais plus jamais besoin de rien d'autre. C'était beau de dire cela dans l'enthousiasme du moment, mais, une fois rentrée chez moi, j'ai de nouveau été assaillie par les problèmes. J'ai compris alors que ma foi était intellectuelle, que Dieu y était présent, mais comme une idée et que ce ne sont pas les idées, si belles soient-elles, qui nous font vivre. Jour après jour, j'ai senti s'affirmer en moi la certitude que Dieu est amour. Comment vivre l'Amour? Quand on aime, on ne vit que pour la personne aimée. L'amour humain ne peut combler ce vide que je sens en moi. Je me suis crue fiancée à un homme et j'ai appris qu'il avait déjà une femme. Mon second fiancé est mort d'une crise cardiaque alors que nous étions en vacances. Je me suis précipitée à Spello. J'ai pleuré dans les bras de Carlo, puis je me suis mise à chercher désespérément. Je suis entrée dans une communauté caté-chuménale, je suis allée chez les Petites Sœurs de Jésus à Rome, chez les Petites Sœurs de l'Évangile à La Verpillière près de Lyon, chez les Camaldules, à Taizé... Mais toujours, je revenais à Spello parce que c'était là, vraiment, que j'apprenais à prier. Prier, pour moi, c'est me sentir enveloppée par Dieu. Alors, je n'ai plus peur, je sens que je suis entrée dans le Royaume. »

Est-ce d'avoir vu dans ses bras mourir son fiancé, mais elle pense sans cesse à la mort. « Mourir, dit-elle, c'est entrer dans la mort du Christ. Il faut que notre chair se rompe pour Le laisser passer. »

Elle nous a parlé ainsi pendant plus d'une heure.

Ce n'est pas parce qu'il est exceptionnel que nous avons choisi de donner son témoignage. Et voilà bien ce qui, par-dessus tout, a été pour nous la grande révélation de Spello. Nombreux sont les jeunes, filles et garçons, qui nous ont tenu un tel langage, qui nous ont dit que la grande affaire de leur vie était de chercher le contact avec Dieu, qui nous ont parlé de Jésus avec de véritables élans mystiques.

Est-ce donc cela la grâce de Spello et n'est-ce que cela? Un enthousiasme du moment dû à l'atmosphère de fraternité qui règne ici? Une grande flambée qui va bien vite s'éteindre dans le cœur glacé des villes? Que se passe-t-il lorsque ces jeunes retournent chez eux et y retrouvent les contraintes de la vie quotidienne?

« Bien sûr, nous a dit l'un d'entre eux, tu n'as plus le Subasio, le silence, la beauté, la présence de Carlo et de Tommaso, la joie d'être ensemble. Alors, puisque tu n'as pas d'ermitage, tu dois faire de ton cœur un ermitage. »

Ce n'est pas seulement un vœu pieux car, pour bon nombre d'entre eux, l'expérience de Spello ne s'arrête pas à la fin de la retraite.

Des groupes se créent dans toutes les villes d'Italie et même ailleurs en Europe, au sein desquels les jeunes, revenus de Spello, se retrouvent pour prier ensemble. Pour agir aussi, aider les autres à mieux vivre leur foi, devenir les ferments d'une vie spirituelle plus intense que celle qui est habituellement vécue dans les paroisses. Ou pour aider ceux qui sont en détresse, les marginaux, les drogués. On y pratique la prière silencieuse et l'adoration.

Beaucoup ont décidé de changer leur vie. Ils ne veulent plus perdre leur temps à faire, sans joie, des besognes ennuyeuses et répétitives. Leur idéal est, le plus souvent, de créer des communautés de vie semblables aux premières communautés chrétiennes où l'on ne vivait que pour l'essentiel et où on mettait tous les biens en commun.

« Être chrétien, nous a lancé un jeune Napolitain, ce n'est pas aller à la messe. C'est accepter de perdre sa vie, de se vider de soi-même pour pouvoir dire un jour : " Ce n'est plus moi qui vis, c'est le Christ qui vit en moi ". »

Elle plonge sa cruche dans la fontaine, puis elle s'assoit dans l'herbe, laisse couler un peu d'eau... Elle récite *le Cantique de François* :

> *Loué sois-tu, mon Seigneur*
> *Par et pour Sœur eau!*
> *Qui est bien utile*
> *Et humble, et précieuse et chaste.*

Chez elle, à Milan, elle n'a qu'à tourner le robinet. Mais elle n'obtient qu'une eau sans âme qui sent le chlore. Ici, il lui faut faire plus d'un kilomètre sur un chemin caillouteux pour descendre de l'ermitage à la fontaine. Mais cela en vaut la peine. L'eau qui jaillit de la montagne est si fraîche et si claire.

Elle remonte lentement. Au détour du sentier, voici l'ermitage avec son nom gravé dans la pierre : « Eremo Alléluia! » Tout un programme. Une minuscule bâtisse qui a dû servir autrefois de refuge à un berger. Une seule pièce avec une étroite fenêtre donnant sur la vallée. Pas d'électricité.

Le jour de son arrivée, Tina a dû marcher plus d'une heure pour venir jusqu'ici et, ce même jour, en voyant disparaître le frère qui l'avait aidée à porter son sac, elle n'a pu s'empêcher de ressentir une fugitive sensation d'angoisse. Elle a fait le vœu de rester ici quarante jours dans une solitude totale, solitude qui ne doit être brisée qu'une fois par semaine, le dimanche, lorsqu'un Petit Frère vient célébrer la messe sur la table grossière et lui apporter un peu de ravitaillement. Le reste du temps, elle est seule, face à elle-même, sans la moindre distraction, sans autre livre que la Bible. Jour après jour, elle n'a rien d'autre à faire qu'à prier, à méditer face au sublime paysage et à observer la lente alchimie qui, peu à peu, transforme en elle toutes les lourdeurs en envolées, toutes les obscurités en transparences.

On se demande comment une aussi frêle jeune fille peut supporter une telle épreuve. Il est vrai qu'elle est petite, mais, en la regardant mieux, on s'aperçoit qu'il y a en elle la détermination d'aller jusqu'au bout sans faiblir. Elle a vingt ans, elle est belle et aussi brune que si elle était née dans le Sud. Elle a le teint pâle des gens qui ont vécu toute leur vie dans une grande cité, des yeux tour à tour ardents et pensifs.

Cette retraite de quarante jours dans la solitude absolue est l'un des temps forts de l'année sabbatique qu'elle a décidé de vivre à Spello. Elle a quitté son travail d'employée dans lequel elle avait le sentiment de perdre sa vie. Elle veut changer. Voir clair en elle-même. Écarter tout ce qui l'empêche de rester centrée en Dieu. Elle sait qu'après cette année, elle ne sera plus la même, que son existence va se trouver bouleversée. C'est pour cela qu'elle est ici.

Elle a quelque mérite car sa dernière expérience de solitude, qui n'avait pourtant duré que huit jours, s'est plutôt mal passée. Il faisait froid et il pleuvait. Venu du Subasio, le vent soufflait en rafales. Elle ne parvenait pas à se réchauffer et, surtout, elle n'avait pas trouvé la paix.

Elle a pourtant décidé, quelques semaines plus tard, de tenter la grande expérience de quarante jours. « Je le ferai, a-t-elle dit au Seigneur, si tu m'en donnes la force. » Elle a été exaucée. Dès le premier jour, elle a ressenti en elle un grand apaisement. Une paix qui ne l'a pas quittée malgré une semaine de violents orages. Une paix qui n'est pas de ce monde et par laquelle elle s'est laissé envahir à un point tel que, lorsqu'elle redescendra, tous lui diront : « Que tu es lumineuse ! »

Cette année-là, six autres personnes ont fait à Spello l'année sabbatique.

C'est encore une idée de Carlo. A l'origine, l'année sabbatique était réservée aux prêtres et aux religieux désireux de faire une longue retraite. Elle a, depuis 1982, été étendue aux laïcs voulant opérer une rupture dans leur vie et se mettre à l'écoute. D'année en année, les demandes ne cessent d'augmenter. Mais on ne dit pas « oui » à tout le monde. Il faut d'abord avoir fait plusieurs séjours à Spello. Car la retraite ne doit pas être une fuite. Tant il est vrai que la vie devient de plus en plus difficile et que de plus en plus nombreux sont ceux qui ont peur de l'affronter. Ceux-là, on les oriente ailleurs, souvent vers des communautés de vie qui pourront leur apporter une certaine sécurité. Ne sont admis que ceux qui sont vraiment en recherche.

En général, ils vivent auprès de Carlo Carretto, dans l'ermitage Giacobbe ou près des autres frères à San Girolamo. Ils partagent la vie de la communauté, participent à l'accueil et travaillent quatre heures par jour, souvent chez les paysans. Lorsqu'ils en ressentent le besoin, ils montent dans un ermitage pour une semaine, trente ou quarante jours.

Ces séjours sont indispensables. Ils sont l'un des grands axes de la spiritualité de François d'Assise ou de Charles de Foucauld. Ce que Carlo appelle « le temps de désert ».

Le désert, il sait ce que c'est.

Lui aussi, comme tous ceux qui viennent ici, il a senti un jour qu'il était en train de perdre sa vie. C'était pourtant pour la bonne cause. Président sur le plan national des jeunes de l'Action catholique, il avait un carnet de rendez-vous et d'adresses gros comme un dictionnaire, sautait du train dans l'avion et de l'avion dans le train, allait de séminaires en congrès et de congrès en colloques, parlait devant des assemblées de plusieurs dizaines de milliers de personnes.

« J'avais le sentiment, dit-il, d'être quelqu'un dans l'Église, de porter sur mes épaules une des colonnes du Temple... Comme tout dépendait de moi et que tout allait mal, j'avais bien raison d'être inquiet... Je n'étais plus le " serviteur inutile " que Jésus nous a donné pour modèle. »

C'est alors, à quarante-quatre ans, tandis qu'il assistait aux vêpres de la Saint-Charles, qu'il a entendu le troisième appel de sa vie : « Laisse tout et viens avec moi dans le désert. Je ne veux plus de ton action. Je veux ta prière, ton amour. »

Comme les deux autres fois, il a dit oui immédiatement. Il a tout quitté et il est entré chez les Petits Frères du Père de Foucauld. L'appel était si urgent qu'il n'a même pas pris la peine de réfléchir. « Sans même avoir lu le règlement des Petits Frères de Jésus, j'entrai dans leur congrégation ; sans connaître Charles de Foucauld, je devins son disciple. »

Nombreux sont ceux qui souffrent en se rendant compte, après de nombreuses années d'une activité intense, qu'ils ne sont pas indispensables et qu'un autre fera tout aussi bien l'affaire. Certains ne s'en remettent pas et traînent, jusqu'à la fin de leur vie, une blessure secrète. Lui, il éclate de joie. Il se croyait tout et il réalise tout d'un coup qu'il n'était rien, qu'il n'était au fond responsable de personne. « Cela m'a donné, dit-il, une joie d'enfant en vacances. »

C'est ainsi qu'on se fait de plus en plus petit, qu'on se vide de soi-même pour laisser toute la place à Celui qui, seul, peut combler tous les désirs.

Le voici à El Abiod, au noviciat des Petits Frères. A peine est-il arrivé que le maître des novices lui dit : « Carlo, tu dois faire une coupure dans ta vie. » Une coupure ? Mais comment ? Cela veut dire qu'il doit se séparer de ce qui lui tient le plus à cœur. Mais il a déjà tout laissé derrière lui. Tout ? Est-ce si sûr ?

Il sent dans sa poche le gros carnet où sont inscrites les adresses de tous ses amis. Il y a là plus de trente années de vie, d'amitiés intenses, d'activités, de luttes en commun... Ne serait-ce pas cela, la rupture radicale ? Entrer tout neuf dans un autre monde, libéré du vieil homme. C'est en tout cas le plus grand sacrifice qu'il puisse faire, l'immolation de tout son passé. Un symbole.

Il suffit d'une allumette. Il lui faut arracher les pages une à une en résistant à la tentation de retenir l'une ou l'autre.

« Je revois encore, dit-il aujourd'hui avec peut-être dans la voix une légère pointe de mélancolie, les cendres noires de ce cahier lorsque le vent du Sahara les emporta et les dispersa. »

Tous les mystiques le savent : lorsqu'on donne tout à Dieu, Il rend au centuple. Il donne avant tout la joie, cette joie débordante que rien ni personne ne peut enlever.

C'est le temps de la solitude, des longues méditations dans le désert. Il suffit de s'ouvrir, de se laisser faire. « Nous sommes le fil et Dieu est le courant. Tout notre pouvoir consiste à laisser passer le courant. »

Il y a des moments si intenses qu'on croirait mourir d'amour. Comment exprimer l'inexprimable ?

« Le jour où j'ai fait dans le désert l'expérience de Dieu en tant que Trinité, je me suis roulé de joie dans le sable en criant : " Moi aussi, je t'aime ! " »

Mais il ne suffit pas d'aimer. La règle des Petits Frères exige qu'après le noviciat, ils soient capables de gagner leur vie.

Voici Carlo Carretto sur les pistes du désert. Il travaille pour une société chargée de faire des recherches sur les possibilités de faire tomber la pluie sur ces terres arides. Il doit aller d'un poste météo à l'autre pour faire des relevés. Jamais sa vie n'a été aussi dépouillée. Il dispose de l'indispensable jeep, de deux couvertures, d'une natte. Il va de campement en campement, rencontre les hommes bleus, les pétroliers, les prospecteurs de métaux, les routiers du désert; il séjourne à Tamanrasset et à l'Assekrem, là où son maître Charles de Foucauld a vécu. La nuit tombée, il se roule dans ses couvertures et s'endort sous les étoiles.

Pendant dix ans, il va mener cette vie rude, ivre de solitude et de silence, de ce silence dont il dit : « Il est un pas en avant dans la voie de la prière, car il est sans limite alors que toute parole connaît une limite. »

Il a trouvé sa patrie. C'est là, dans le désert sans limites, qu'il souhaite vivre et mourir. Mais ses supérieurs ont d'autres idées. Il doit revenir en Europe, sortir de sa retraite pour repartir à la rencontre des hommes. Justement, l'évêque de Foligno a proposé au Père Voillaume, supérieur des Petits Frères, de mettre à sa disposition le petit couvent de San Girolamo avec son merveilleux cloître, à deux pas du cimetière de Spello. La municipalité de Spello, qui est communiste, serait disposée à le louer pour une somme symbolique.

Pourquoi ne pas en faire un centre de repos et de retraite pour les Petits Frères qui travaillent sous toutes les latitudes et rentrent parfois épuisés? On pourrait même trouver un ermitage dans la montagne pour ceux qui auraient besoin d'un temps de silence.

Adieu le Sahara! Carlo profite de la tranquillité de Spello pour écrire son premier livre, *Lettres du désert*. Il ne s'attendait pas au succès foudroyant qu'il va rencontrer. Le livre arrive au bon moment, en plein cœur de la vague hippie, alors que, de plus en plus nombreux, les jeunes d'Occident sont en train de remettre en question toutes les valeurs traditionnelles, la course au niveau de vie et au statut social. *Lettres du désert* sera traduit en vingt-sept langues, y compris le chinois et l'hébreu.

Jour après jour, des gens ont commencé à gravir la colline de Spello. Des jeunes et des moins jeunes, tous alourdis par l'insatisfaction de la vie quotidienne, tous ressentant en eux ce grand vide qu'il leur fallait combler, une soif qu'ils devaient étancher à tout prix.

En se serrant un peu, on a pu loger les premiers dans le couvent, mais très vite, le mouvement a pris de l'ampleur. Comment fermer ses portes devant un tel appel? Les Petits Frères qui venaient se reposer des fatigues endurées en Afrique ou en Amérique ont dû aller ailleurs. « Le phéno-mène Spello » s'est imposé de lui-même.

Encore fallait-il trouver de la place pour tous ces nou-veaux venus. Justement, à quelques kilomètres de là, un paysan possédait une petite maison isolée qu'il n'habitait pas. Il la mit à la disposition de Carlo. Peu après, le paysan eut besoin d'argent et il demanda à Carlo de l'acheter. « Impossible, répondit celui-ci, les statuts des Petits Frères nous interdisent de posséder quelque chose. » Un ami qui se trouvait là décida d'acheter la maison et de la mettre à la disposition de Carlo, se réservant le droit de venir y passer quelques jours de temps en temps.

Ainsi sont nés les ermitages. « Ils sont venus l'un après l'autre, raconte Carlo, comme les cerises. Cela n'a pas été difficile. Quand le projet vient de Dieu, il avance tout seul. J'ai compris très vite que Dieu avait tout préparé. »

Il y a maintenant vingt-six ermitages sur la montagne. Les uns achetés par des amis, les autres prêtés par des paysans partis pour la ville et qui sont contents de voir que leur maison est entretenue, leurs vignes et leurs oliveraies travaillées. Il y en a de minuscules et d'immenses, de très austères et de presque confortables. Nous avons même vu dans l'un une très belle salle de bains. Certains sont historiques, tel l'ancien couvent des Bénédictines que Fran-çois d'Assise et sainte Claire ont fréquenté.

François! Il est partout sur cette montagne qui ne se trouve qu'à douze kilomètres d'Assise. Son ermitage des Carceri est tout proche et les paysages n'ont guère changé. Il a marché sur les petits chemins poudreux qui montent vers les ermitages, laissant ici ou là des souvenirs soigneusement entretenus. A Nottiano, par exemple, il est venu nettoyer la petite église et il a rencontré par hasard – si l'on croit au hasard – son premier disciple paysan qui est devenu par la suite saint Jean de Nottiano. Sa maison, qui est en ruine, va être reprise et restaurée par une communauté de jeunes Autrichiens qui s'est placée sous le patronage de saint François.

Petits ou grands, confortables ou non, tous les ermitages ont un point commun : la plus belle pièce, celle qu'on aménage toujours en premier, est la chapelle. Là, l'austérité n'a plus cours. La consigne est de n'utiliser que du matériau noble : la belle pierre rose du Subasio, des icônes, les troncs tordus des oliviers, des tentures tissées par des artisans... Toutes ces chapelles sont différentes et toutes sont très belles.

Il y a là un symbole. Carlo ne cesse de le répéter : la vocation de Spello, c'est la prière. Encore et toujours la prière. Au moins trois heures par jour et souvent plus.

Cette vie, nous n'avons pas voulu en parler sans la vivre de l'intérieur.

« Je vais vous donner un de mes meilleurs ermitages, nous a dit Carlo. Vous y aurez tout pour être heureux. »

Heureux, nous l'avons été au-delà de toute expression. Comme si d'un coup s'étaient abolis tous les soucis, comme si s'étaient éteintes les angoisses de la vie ordinaire. Encore aujourd'hui, il nous suffit de penser au mois passé dans l'ermitage de Santa Chiara pour sentir la paix nous envahir.

La maison était minuscule, perchée entre ciel et terre sur les flancs du Subasio. Carlo **avait raison** : nous y avions tout pour être heureux. Une petite chambre et une cuisine dont les deux étroites fenêtres plongeaient directement sur la vallée; une terrasse en pierre entourée d'une vigne en berceau, des pruniers, des pêchers, un figuier largement étalé et quelques oliviers noueux.

Il n'y avait pas d'électricité, mais nous avons eu la surprise de trouver une douche au sous-sol. « Il n'y a pas d'eau chaude, nous a dit Carlo, car il faut tout de même souffrir un peu. » La chapelle a été faite dans l'ancien cellier, une petite pièce carrelée avec, en son milieu, un autel reposant sur un pied d'olivier. La fenêtre a été remplacée

par un vitrail représentant sainte Claire en prière. Un lieu
béni où on peut passer des heures et où il suffit d'ouvrir la
porte pour laisser monter les bruits de la vallée et, plus près,
le bourdonnement des guêpes et des abeilles attirées par les
raisins et les mirabelles. Dehors, un banc en pierre permet
de prier face au paysage. La nuit, dans le lointain, on voit
scintiller les lumières de Spello.

Est-ce la présence insistante de saint François et de sainte
Claire, est-ce le silence, mais ici, la prière est aussi naturelle
que le souffle.

C'est bien cet appel à la prière qui attire ici des foules de
jeunes. Il est de plus en plus clair que Spello est en train de
devenir un véritable laboratoire. On voit depuis quelque
temps arriver des gens qui ne viennent pas que pour prier,
mais pour étudier le phénomène, comprendre ses mécanismes, voir s'il ne serait pas possible de faire surgir dans leur
pays de telles expériences.

Voici Natalie. Elle vient du Zaïre. Elle est forte, solide,
une vraie *mamma* africaine avec une voix profonde et le rire
toujours à fleur des lèvres. Elle est ici pour une année
sabbatique. Il faut l'entendre raconter sa rencontre avec
Carlo :

« Je suis venue ici sur le conseil d'un prêtre rencontré à
Rome. En arrivant dans le cloître, j'étais affolée de voir tant
de monde. Au bout d'un moment, j'ai demandé où était
Carlo Carretto. Un jeune homme m'a répondu : " Mais il
vient de passer devant toi ! " Je me suis approchée et il m'a
dit : " Qui es-tu, que veux-tu ? " Je le lui ai dit. Alors il a
appelé une dame qui passait avec des biscuits, il en a pris un
et il me l'a mis dans la bouche en disant : " C'est pour ma
petite sœur Natalie, ma petite sœur du Zaïre. " Il a éclaté de
rire, puis, d'un coup, il est redevenu sérieux et il m'a dit :
" Tu dois revenir faire une année sabbatique. Pour toi,
Natalie, c'est le désert qu'il te faut. " Il est tombé juste du
premier coup. Tout ce que je peux dire de Spello, c'est :
" Voici la demeure de Dieu parmi les hommes. " »

Au moment où nous la rencontrons, Natalie vit dans la
communauté avant de monter dans un ermitage. Elle aime
par-dessus tout participer à l'accueil.

« Je suis ici en mission spéciale, dit-elle gravement. Depuis
toujours je cherche à concilier la vie contemplative et

l'accueil de mes frères. C'est ce que fait Carlo Carretto. Je
veux voir comment il s'y prend. » Elle est heureuse parce
qu'elle croit avoir trouvé ce qu'elle cherche depuis toujours.

Depuis aussi longtemps qu'elle se souvienne, elle a voulu
être religieuse. Elle n'avait pas sept ans que, déjà, dans son
petit village zaïrois, elle disait à ses parents : « Regardez la
direction où le soleil se couche. C'est là-bas que j'irai un jour.
Et là-bas, je serai sœur. »

« Le jour de ma première communion, raconte-t-elle, le
Père supérieur m'a dit : " Aujourd'hui, Natalie, tu es puissante sur le cœur de Dieu. Tu peux Lui demander tout ce que
tu voudras. " Alors, j'ai demandé, demandé... J'ai dit que je
voulais devenir religieuse et j'ai supplié qu'aucun des
membres de ma famille n'aille en enfer. Ni aucun de ceux
qui communiaient, ce jour-là, sur toute la terre. En rentrant
chez moi, après avoir fait à pied les douze kilomètres qui
nous séparaient de la mission, j'ai dit à mes parents : " Le
Père supérieur m'a chargé de vous saluer. Et moi, je vous
annonce que je serai religieuse. Ne comptez plus sur moi
pour le mariage. " Ma mère ne m'a pas prise au sérieux. Elle
m'a dit : " On va d'abord faire la fête. " Elle est allée tuer une
belle poule et nous avons fait un bon repas. »

Il lui a fallu beaucoup d'obstination pour triompher des
résistances de ses parents. Dans son village, la suprême
honte pour une fille était de ne pas se marier. A sa mère qui
le lui répétait sans cesse, elle donnait toujours la même
réponse : « L'homme qui doit m'épouser, Dieu ne l'a pas
créé. » Elle s'obstinait mais, par moments, elle doutait, tant
était grande autour d'elle la force de la tradition. Et puis un
jour, elle rencontra sur la place du village un homme
nommé Jacob qui avait la réputation d'être un peu voyant et
qui la salua en disant : « Bonjour, sœur Rosalie » (c'était son
nom de baptême). Elle s'étonna et lui demanda : « Comment
sais-tu que je serai sœur ? – Si, tu seras sœur. »

« Depuis ce jour, dit-elle, je n'ai plus jamais douté de ma
vocation. C'était fini. Dans les moments difficiles, pour
retrouver ma tranquillité, il me suffisait d'entendre à nouveau le vieux Jacob me dire : " Bonjour, sœur Rosalie! " »

Elle avait gagné. Elle avait treize ans lorsque son père lui
dit : « Maintenant, tu peux partir. » Elle est entrée au Carmel

et y est restée vingt ans. Vingt années de contemplation et de bonheur. Pourtant, il restait au plus profond d'elle une insatisfaction. Elle était heureuse, mais elle avait le sentiment que la clôture était une barrière entre elle et ses frères africains. « Eux aussi, se disait-elle, il faudrait qu'ils puissent mener, tout en étant dans le monde, la vie contemplative. Il faudrait trouver le moyen de les aider car il ne peut y avoir deux mondes, celui où l'on prie et où on contemple l'Ineffable et celui où l'on travaille, complètement immergé dans les soucis de la vie quotidienne. Ces deux mondes, il faudrait les unir. Être contemplatifs dans la vie active. »

Cette exigence est devenue si forte en elle qu'elle a demandé la permission de sortir du Carmel pour la réaliser. Elle l'a obtenue sans difficulté, a vécu quelque temps près de son évêque qui l'a envoyée à Rome pour approfondir la théologie. C'est là qu'elle a rencontré le prêtre qui l'a envoyée à Spello.

« Là enfin, dit-elle, après toutes ces années, j'ai trouvé ce que je cherchais : l'union intime de la contemplation et de l'action dans le monde. Un grand espoir pour tous et, avant tout, pour mes frères africains. Maintenant, je n'ai plus de doutes, je sais ce que je dois faire : je dois transporter Spello au Zaïre. »

« Tu m'as séduite et je me suis laissé séduire. » Cette phrase de Jérémie qu'elle a mise au féminin pour mieux se l'appliquer à elle-même, Giovanna ne cesse de la porter en elle. Au moins depuis le jour où, à quatorze ans, alors qu'elle était en train de se déshabiller pour se mettre au lit, elle a senti surgir en elle l'irrésistible vocation.

Giovanna ! Nous l'avons rencontrée lors de notre second séjour à Spello alors qu'elle assurait, avec la douce Anna Maria, les tâches matérielles de l'ermitage où Carlo a fait sa demeure. Elle lançait à toute volée du grain aux poules et elle s'est interrompue pour nous accueillir. Nous ne nous connaissions pas et pourtant, quelques minutes ont suffi pour que nous puissions parler de choses essentielles.

Nous nous sommes assis devant le petit jardin, face au sublime paysage de Spello et nous avons parlé de sa mère, juive convertie à l'âge de vingt-sept ans et pianiste en renom, de son enfance en Libye ou en Turquie, au hasard des postes diplomatiques occupés par son père et surtout, surtout de son incessant dialogue avec Dieu, un dialogue commencé le jour même où sa mère lui a dit, alors qu'elle venait d'avoir quatre ans : « Tu sais, on peut parler avec Dieu, car Il est vivant. »

A quatorze ans, elle savait qu'elle devait se consacrer entièrement à Dieu mais elle ne savait pas trop comment. Elle se surprit même un jour à dire dans une prière : « Fais de moi ce que tu voudras, mais surtout pas une religieuse. » Pour elle, une religieuse était une femme sans âge, vêtue de noir, timide et timorée, marchant dans la rue sans même regarder autour d'elle le spectacle de la vie.

« Tous les jours, raconte-t-elle, j'attendais avec impatience le moment où j'allais me retrouver seule dans ma chambre. Je fermais ma porte et j'entamais aussitôt le dialogue au cœur à cœur. C'était très simple : Il me connaissait et je Le connaissais. »

Elle avait une vie mondaine pourtant. Elle aimait sortir, danser, assister aux réceptions que donnaient ses parents. Elle commençait à regarder les garçons et à se demander si elle ne pourrait pas se consacrer à Dieu dans le mariage. Et puis un jour, tandis qu'elle était au lit avec la grippe, elle lut quelques passages de l'*Imitation de Jésus-Christ.*

« Ce jour-là, raconte-t-elle, j'ai découvert que le plus extraordinaire dans la vie avec Dieu était de s'abandonner à Lui. »

L'abandon. Voilà le maître mot prononcé.

Un mot que nous avons rencontré partout, aussi bien chez les Tibétains que chez les chrétiens, chez les hindous que chez les Soufis. Un mot qui est une règle de vie, la clé de la connaissance et du bonheur. Se lâcher, se donner, s'abandonner, se laisser façonner... Thérèse d'Avila, Ramdas, Milarépa, Rûmi n'ont jamais rien dit d'autre et nous aurions été tout à fait fidèles à ces enseignements si nous avions donné pour titre à notre livre le seul mot : *Oui.*

Si nous avons choisi de donner le témoignage de Giovanna – sa modestie dût-elle en souffrir – c'est parce que sa vie illustre bien ce qui peut arriver à un être religieux qui pratique cette vertu de l'abandon.

Elle suppliait Dieu de ne pas faire d'elle une religieuse et pourtant, l'appel s'étant précisé, elle est entrée à l'âge de vingt-quatre ans dans un ordre contemplatif.

« Je sais ce qu'est le coup de foudre, dit-elle. Je l'ai connu dès mon entrée au couvent. J'étais heureuse. J'avais le silence, la prière et, au noviciat, l'atmosphère était très ouverte parce que toutes les nationalités, tous les continents étaient représentés.

« Mon intuition était que chaque siècle a eu une maladie spécifique, une négativité à laquelle a toujours correspondu une positivité contraire. Par exemple, au cours de certains siècles, la richesse des grands est devenue trop insolente. Alors les saints de ce siècle ont vécu dans la plus extrême pauvreté. Aujourd'hui, nous vivons le moment des angoisses, des névroses, des suicides... La seule réponse que nous puissions donner, c'est de faire le saut dans la confiance, même et surtout lorsque nous vivons des heures grises. J'ai donc demandé à la Mère maîtresse la permission de faire une promesse particulière, celle de vivre dans la confiance, dans l'abandon. »

Elle ne tarda pas à être mise à l'épreuve. Elle n'était pas au couvent depuis trois mois lorsqu'elle commença à maigrir et à ressentir une grande faiblesse dans les jambes. En quelques semaines, elle perdit plus de vingt kilos. Le médecin lui apprit qu'elle souffrait de la thyroïde : « Tu peux aller où tu veux, lui dit-il, tu peux même faire les choses les plus dures, aller par exemple en Afrique pour soigner les lépreux, mais tu ne dois pas vivre en recluse. Il te faut à tout prix de l'activité. »

Elle n'en crut rien mais elle accepta cependant de prendre des vacances et d'aller retrouver ses parents à Izmir où son père était consul. Elle venait d'y arriver lorsqu'un certain Carlo Carretto se présenta au consulat et demanda à voir son père. « Pour le faire attendre, raconte-t-elle, je lui ai offert un vermouth et il m'a dit : " Vous êtes en train de vivre la volonté de Dieu. " »

Pour l'heure, tout ce qu'elle demandait, c'était de retourner au couvent. Ses parents avaient beau faire intervenir des médecins, des prêtres, des évêques et même un cardinal, elle s'obstinait. Jusqu'au jour où elle entendit la petite voix intérieure qu'elle connaissait si bien : « Mais Giovanna, tu ne comprends donc pas les signes. Si J'ai permis cette maladie, c'est parce que Je veux que tu restes dans le monde pour y vivre l'abandon et la confiance que tu voulais vivre au couvent. Ne sais-tu pas que ce monde plein de peurs et d'angoisses a avant tout besoin d'espérance? »

C'est cela l'abandon : renoncer dès le premier appel aux projets les plus chers.

Elle se retrouva dans la région d'Arezzo, non loin d'un endroit où ses parents avaient une propriété, s'installa dans une petite maison prêtée par un vieux curé et décida de laisser sa porte ouverte pour tous ceux qui voudraient y entrer. C'est ainsi qu'elle découvrit un monde que son enfance dorée ne lui avait pas donné l'occasion de fréquenter, celui des usines. Elle fut tout de suite bouleversée par le désarroi des jeunes gens et des jeunes filles qui, descendus de leurs montagnes, se trouvaient enfermés dans d'immenses ateliers. Certains tombaient malades et les suicides n'étaient pas rares. Ces jeunes étaient d'autant plus désarmés devant cette vie nouvelle qu'ils savaient à peine lire et écrire. Giovanna alla trouver les patrons des deux grandes usines du voisinage et leur demanda l'autorisation d'ouvrir dans leurs locaux des écoles du samedi.

« Si vous étiez religieuse, ont-ils répondu, nous refuserions pour ne pas créer de précédent. Mais puisque vous n'êtes que Giovanna, vous pouvez y aller. »

Ces jeunes gens, tout comme les étudiants qui fréquentaient aussi la fraternité, elle se mit à les aimer.

« J'aimais avant tout leur enthousiasme et leur générosité, dit-elle. A peine avaient-ils découvert Dieu qu'ils voulaient aller jusqu'au bout, au point qu'il me fallait parfois les freiner un peu. Beaucoup avaient cessé de pratiquer après leur première communion parce que les prêtres ne savaient leur parler que de justice sociale et de syndicalisme alors qu'ils avaient avant tout soif de Dieu. »

Elle se mit à organiser pour eux des voyages et des pèlerinages tandis que, pour gagner sa vie, elle se faisait tout l'été guide touristique à Rome.

Un jour, un garçon qui allait partir faire son service militaire lui demanda : « Giovanna, apprends-moi à prier. » Elle eut l'idée de l'emmener à Spello où Carlo Carretto s'était installé quelques années plus tôt. Elle y emmena par la suite, tous les quinze jours, des groupes de plus en plus nombreux.

« Lors de mes premières visites à Spello, lui a dit un jour un jeune, je me sentais comme un poisson hors de l'eau. Et puis j'ai pris goût à la prière et au silence de l'après-midi. »

Elle a vécu ainsi pendant dix ans, jusqu'au jour où il lui a fallu rentrer à Rome pour soigner sa mère atteinte d'un cancer.

« Nous habitions, raconte-t-elle, une très belle maison, tout près du palais Farnèse, là où se trouve l'ambassade de France. A quelques minutes de là, au Campo di Fiori, se trouvait l'un des quartiers les plus malfamés de Rome. Je ne sais pas pourquoi, mais j'ai tout de suite rêvé de connaître ces jeunes marginaux que je voyais traîner dans les sinistres ruelles. Un jour à la messe, sans l'avoir prémédité, je me suis mise à prier l'ancien curé de la paroisse : " Don Julio, toi qui as été curé ici jusqu'à ta mort, aide-moi à rencontrer ces jeunes ". »

Elle s'apprêtait à sortir de l'église lorsqu'elle sentit que quelqu'un lui tapait sur l'épaule. C'était Anna, une jeune fille de vingt-deux ans avec de magnifiques yeux noirs, qui lui dit :

— Le nouveau prêtre m'a dit que je pouvais m'adresser à toi. Je travaille au marché depuis l'âge de treize ans et j'aimerais tellement apprendre à lire et à écrire.

— Où habites-tu ?

— Via de Cappella.

C'était précisément l'une des rues que Giovanna désirait tant connaître. Elle plongea littéralement dans ce monde si différent du sien et se sentit très vite poussée à y créer une petite fraternité. Petite, elle l'était littéralement, puisqu'il fallut installer la chapelle dans le grenier. Ce fut le début d'une aventure bouleversante. Très vite, elle fut rejointe par Toni, un jeune homme rencontré à Spello et qui, jusqu'ici, partageait la vie des Gitans.

« Demande à Dieu qu'il soit le concierge de ta porte, avait conseillé Carlo. Qu'Il fasse entrer tous ceux qu'Il attend. »

Il y a comme un tremblement dans la voix de Giovanna lorsqu'elle raconte l'arrivée des trois premiers drogués : deux jeunes hommes hirsutes et barbus encadrant une grande jeune fille blonde enceinte de sept mois. Sans interrompre la prière en cours, ils se sont assis par terre. Un peu plus tard, la jeune fille, Antonietta, a vu une Bible, l'a ouverte au hasard et a lu tout haut le passage sur lequel ses yeux étaient tombés : la parabole de l'enfant prodigue. Elle avait une bronchite chronique et s'était tellement *shootée* à l'héroïne jusqu'au cinquième mois de sa grossesse qu'il lui était devenu impossible de trouver les veines de ses bras et qu'il lui fallait se piquer dans la langue. Elle est restée pour la nuit.

C'est ainsi qu'a commencé la chaîne. Très vite, Giovanna a compris que ces jeunes en détresse souffraient avant tout d'un besoin d'amour si profond, si exigeant que Dieu seul était capable de le combler.

Elle peut raconter des dizaines d'histoires bouleversantes. Celle de Terry, par exemple, qui vomissait du sang, était syphilitique et semblait haïr toute la communauté. Un jour, tandis qu'elle était à l'hôpital, ses parents sont venus voir Giovanna et lui ont dit : « Nous n'avions pas la foi, mais Terry nous a raconté ce que vous avez fait pour elle et maintenant, nous croyons. Si vous saviez comme elle vous aime ! »

Plus tard arriva Stephania, quinze ans, qui désirait au fond rester dans la communauté, mais qui s'en est échappée une bonne quinzaine de fois pour aller reprendre, sur les places de Rome, son incroyable métier d'« avaleuse de feu ». Il y avait les malades mentaux qui se mettaient à hurler au milieu de la nuit et que seules pouvaient calmer les prières faites à leur chevet. Il y avait des clochards de toutes sortes, une véritable cour des miracles qui méritait bien son nom, car de véritables miracles eurent lieu dans la fraternité. Si nombreux que la maison est devenue trop petite et que la communauté a dû émigrer dans la campagne, non loin de Fiumicino.

Au moment où nous l'avons rencontrée à Spello, Giovanna était en train de faire une année sabbatique bien méritée. Année de prière et de poésie, car elle est aussi poétesse.

Cette fille de la bonne noblesse romaine, cette habituée des belles demeures nourrit un rêve étrange : partir sur les routes sans un sou en poche pour faire de sa vie un pèlerinage. Comme le fameux pèlerin russe et tant de fous de Dieu. Errante et capable d'aller jusqu'au bout du monde parce que, par-dessus tout, elle est enracinée dans la confiance.

Abandon, confiance, deux attitudes intérieures qui mènent à la simplicité du cœur. Cette simplicité dont parle tant l'Évangile et que Giovanna illustre par cette anecdote qui est véritablement une parabole.

Un enfant de huit ans, soi-disant arriéré mental, lui demanda un jour :

« Parle-moi du mystère de la Trinité.

– Le Père, c'est Celui qui t'a créé et qui te crée tous les jours. Le Fils a tellement voulu être ton frère qu'Il a voulu partager ta vie...

– Et l'Esprit-Saint ?

– L'Esprit-Saint, c'est l'Amour. Quand tu aimes Dieu et que Dieu t'aime, quand tu aimes ta maman et qu'elle t'aime, c'est l'Esprit-Saint. »

L'enfant se tut un moment, la regarda et prononça cette phrase définitive :

« Mais alors, si l'Esprit-Saint est l'Amour, il n'y a plus de mystère. »

Le désert... La nuit venait de tomber, nuit si claire du Sahara où les étoiles semblent à portée de la main. Ils étaient rassemblés sous une grande tente, autour d'une lampe-tempête, pour fêter le baptême d'Alex. Alex, un grand Suédois blond qui venait de vivre peut-être la journée la plus émouvante de sa vie tourmentée.

Dès sa petite enfance, il s'était senti mal dans sa peau et c'est sans doute pour cela qu'il avait fui très tôt les aciéries paternelles où l'attendait un fauteuil de directeur pour bourlinguer à travers le monde et se retrouver en Inde, prisonnier de la drogue. Il se croyait arrivé au point de non-retour lorsqu'il a été sauvé par l'amour de Suzy, une jeune Américaine. Amour bien éphémère car, peu de temps après, Suzy était morte d'un cancer. Avant de mourir, elle lui avait glissé dans la main un petit crucifix de bois en murmurant : « Celui-ci te sauvera. »

Il était reparti sur les routes avec un grand vide dans le

cœur et, comme il lui fallait bien travailler, il s'était retrouvé au Sahara, prospecteur de minerais précieux. C'est là qu'il avait rencontré Carlo et qu'il avait eu avec lui, sous les étoiles, de longues conversations au cœur à cœur. Là que, se souvenant des dernières paroles de Suzy, il lui avait demandé le baptême.

Ce soir, des amis étaient venus les rejoindre pour faire la fête, trois jeunes couples : Jean et Yvette, des Français qui travaillaient pour une entreprise de recherche d'uranium ; Francesco et Chiara, deux Italiens passionnés par le désert et les Touaregs, et Pierre et Monique, deux médecins belges qui plantaient leurs tentes près des campements pour soigner les nomades. Ils étaient jeunes, ils étaient beaux, ils étaient généreux. Tous issus de mouvements de jeunesse.

Un long silence s'installa. Tous se sentaient si bien dans l'intimité de la nuit et dans la chaleur de l'amitié.

A mi-voix, Carlo se mit à parler : « Qu'est-ce qui nous manque sous cette tente ? Nous formons ici une communauté de foi. Nous avons prié. Comme les premiers chrétiens, nous avons accueilli quelqu'un dans l'Église... Mais qu'est-ce qui nous manque sous cette tente, dites-le-moi... »

A nouveau le silence. Ce fut finalement Pierre qui répondit :

« Il nous manque l'eucharistie, la présence de Jésus sous le signe qu'Il nous a laissé à la Dernière Cène. »

Cette absence, tous la ressentaient comme un grand vide. Mais comment aurait-il pu y avoir une eucharistie puisqu'il n'y avait pas de prêtre à plusieurs centaines de kilomètres à la ronde ?

C'était bien cela, qui, cette nuit-là, scandalisait Carlo Carretto.

« Sous la tente, écrira-t-il, interpellé par cette communauté qui s'était formée à des centaines de kilomètres de la mission la plus proche, il m'était facile de constater que cette situation était insoutenable. Pourquoi n'y avait-il pas de prêtre au cœur du Sahara ? Parce que tous étaient mariés et que l'Église n'ordonne que des célibataires... Le mariage est-il une telle tare qu'il soit impossible à des gens mariés de devenir prêtres de l'Église du Christ ? Je suis Petit Frère de l'Évangile, j'ai un frère évêque et deux sœurs religieuses et nous sommes d'accord pour affirmer qu'aucun de nous n'approche en sainteté notre père et notre mère. »

Nous avons jusqu'ici rencontré Carlo Carretto militant de l'Action catholique, puis le mystique passionné de solitude et de désert et enfin l'inventeur de Spello. Voici maintenant Carlo le contestataire. Car cet homme n'a peur de rien. Il passe son temps à faire sauter les tabous partout où il les rencontre. Au point que beaucoup voient en lui un prophète des temps nouveaux, l'annonciateur d'une Église débarrassée des règles vieillottes, des idées du passé qui l'empêchent de s'ouvrir largement au monde d'aujourd'hui.

Il proclame que ce qu'on appelle une crise des vocations n'est qu'une prétendue crise parce qu'il suffirait, pour la résoudre, d'ordonner des hommes mariés capables de vivre de leur travail.

Et pourquoi pas des femmes?

« J'ai toujours été amoureux, dit-il en éclatant de rire. Même des femmes. »

Lui qui, depuis qu'il s'est donné à Dieu dans l'église de son village, a toujours vécu son célibat dans la joie, il rêve de donner aux femmes leur vraie place dans l'Église. Il ne faudrait d'ailleurs pas le pousser beaucoup pour lui faire avouer qu'il voit en elles la meilleure partie de l'humanité. En fait, c'est un véritable hymne à la femme qu'il a écrit dans son livre : *J'ai cherché et j'ai trouvé :*

« Je m'aperçois que la femme est meilleure que moi.

« Sur le chemin qui conduit vers Dieu – c'est la seule chose qui m'intéresse – je la vois toujours avec un pas d'avance sur moi.

« Dans l'humilité, plus humble. Dans la patience, plus forte. Dans la charité, plus vraie.

« Je ne suis pas d'un naturel jaloux, mais il m'est facile de voir que Dieu regarde la femme avec prédilection et me dit presque constamment : vois et apprends...

« Sur le chemin de Dieu, les femmes ont plus de facilité.

« Elles sont plus accueillantes au problème religieux. Et ce n'est pas à cause de leur faiblesse.

« C'est parce qu'elles sont mieux faites. »

Ces femmes qu'il aime et qu'il admire, il se demande pourquoi l'Église s'obstine à les traiter comme des mineures. Pourquoi certaines d'entre elles ne seraient pas appelées au diaconat ou même à consacrer le corps du Christ. Un jour peut-être...

N'a-t-il pas intitulé un de ses chapitres : « Prêtres, nous le sommes tous et toutes »? Un chapitre qu'il place sous le patronage de François d'Assise. Si le grand saint de l'Ombrie n'a pas voulu être prêtre, Carlo en est persuadé, ce n'est pas seulement par humilité. C'est parce qu'il voulait que son ordre soit avant tout un ordre de laïcs. De laïcs consacrés. Afin que l'Église cesse d'être une « pyramide cléricale » pour devenir « le peuple de Dieu en marche dans le désert ». Une communauté où « les prêtres et les religieux ne seraient pas séparés des hommes mais choisis par l'évêque pour être au service du peuple ».

Voilà bien de ces audaces qui font de Carlo Carretto un être à part dans l'Église italienne. Un visionnaire qui irrite les uns et enthousiasme les autres.

Il est d'ailleurs l'un des seuls à pouvoir parler ouvertement et sur un ton très personnel des problèmes les plus controversés. Du divorce, par exemple. Lorsque la loi en a été votée en Italie, suscitant les passions que l'on sait, il a osé prendre parti et écrire dans les journaux :

« Je ne suis pas pour le divorce, mais nous sommes dans une société pluraliste et je ne vois pas pourquoi nous imposerions notre loi aux gens qui n'ont pas notre foi. »

Cette spectaculaire prise de position a suscité de terribles remous. Son frère, évêque missionnaire et ses deux sœurs religieuses lui ont écrit pour lui demander d'obéir au pape et ses livres ont été interdits dans certains couvents.

Cela ne le trouble pas. Il va son chemin. Il sait que Spello est devenu un tel phénomène qu'il est intouchable. Il tient surtout, quoi qu'il arrive, à rester dans l'Église, car c'est de l'intérieur et de l'intérieur seulement qu'on peut aider à changer les structures. Cette Église à laquelle il a donné sa vie et à propos de laquelle il écrit :

« Église, combien tu es contestable, et pourtant combien je t'aime!

« Combien tu m'as fait souffrir, et pourtant combien je te suis redevable!

« Je voudrais te voir détruite, et pourtant, j'ai besoin de ta présence.

« Combien de fois tu m'as scandalisé, et pourtant, tu m'as fait comprendre la sainteté !

« Je n'ai rien vu au monde de plus obscurantiste, de plus compromis, ni de plus faux, mais je n'ai rien touché de plus pur, ni de plus généreux, ni de plus beau.

« Combien de fois j'ai eu envie de te claquer la porte de mon âme et combien de fois dans ma prière, j'ai demandé à mourir en paix dans tes bras... »

De quelle Église rêve-t-il donc ?

Avant tout d'une Église où il ferait bon vivre et où chacun trouverait sa place. Comme autrefois, dans les communautés primitives.

Communauté, voici le mot lancé. En fait, il voit l'Église comme un gigantesque chêne. Le tronc, c'est la hiérarchie. Les branches et les feuilles, innombrables, foisonnantes, bruissantes au vent de l'esprit, ce sont de petites communautés, des ensembles de vie où chacun connaît tout le monde, où l'on s'aime, où l'on prie ensemble, où on lit la Bible et où on met tout ou partie des biens en commun.

Ces communautés existent et il s'en crée chaque jour de nouvelles. Il faudrait des pages et des pages pour les énumérer. Elles sont, dit Carlo, « l'aile marchante de l'Église ». Elles sont en passe de former, sur les vieux pays de chrétienté, un tissu vivant. Elles répondent à la soif qu'ont les hommes d'aujourd'hui à la fois de vie spirituelle et de véritable fraternité. Elles redonnent à l'Église la saveur de ses origines.

Il est paradoxal de constater que s'il rêve de communautés nombreuses et enthousiastes, s'il passe son temps à visiter celles qui existent et à en susciter de nouvelles, Carlo Carretto n'est pas parvenu à créer à Spello cette unité de vie avec les permanents qui se trouvent autour de lui.

Quand on lui demande pourquoi, il répond qu'il n'a pas eu le temps. Il lui a fallu sans cesse répondre à la demande de ces milliers de jeunes qui sont venus frapper à sa porte, improviser, trouver de nouveaux ermitages, accueillir et accueillir encore, accepter de se laisser déborder.

Une vie exigeante et parfois douloureuse car certains permanents souffrent de cette pression constante.

Erina, par exemple. On comprend tout de suite, en la regardant, qu'elle est entièrement tournée vers l'intérieur. En proie à un désir ardent de perfection. Exigeante pour elle et, sans doute, pour les autres. Elle est née dans une famille bourgeoise et tout à fait traditionnelle d'Arezzo et elle s'est, très jeune, éloignée de la religion qu'on lui présentait, froide et formaliste.

Seule, elle a appris à prier et, peu à peu, elle a senti qu'elle devait consacrer sa vie entière à la recherche de l'Absolu. Elle a quitté sa famille et son fiancé et elle est entrée dans une grande usine pour partager la vie des plus pauvres. Elle y est restée dix ans. Dix années d'une vie ardente et rude au cours desquelles elle a été tour à tour syndicaliste, assistante sociale bénévole et animatrice de petits groupes de prière.

Souvent, il lui arrivait de rencontrer des ouvriers qui étaient allés travailler en Suisse et en Allemagne et qui avaient dû rentrer parce que, là-bas, ils s'étaient sentis isolés et coupés de leurs racines. Elle décida de s'expatrier elle aussi pour les aider, puis, sur place, elle comprit que, pour être plus efficace, il lui fallait étudier. Elle entra donc à l'Université, étudia les sciences sociales et l'économie politique, organisa des séminaires pour les ouvriers étrangers.

C'était le temps des réunions passionnées qui duraient souvent fort avant dans la nuit. Il ne s'agissait de rien moins que de refaire la société, de changer le système pour que l'homme soit enfin heureux. Certains de ses compagnons d'alors ont eu la tentation d'aller jusqu'au terrorisme. Elle, elle sentait grandir en elle une certitude qu'elle se refusa d'abord à comprendre : et si tout cela n'était que du vent, des paroles inutiles, de la générosité gaspillée?

Un jour enfin, toutes ses intuitions qui rougeoyaient en elle se mirent à flamber : ce n'est pas le système qu'il faut changer. Violente ou non, la révolution ne peut que créer un autre système qui deviendra à son tour oppressif.

Ce qu'il faut changer, c'est le cœur!

Lorsqu'on découvre enfin cela, on est pris aussitôt d'une soif ardente que l'Absolu seul peut étancher. Cet Absolu que certains nomment Dieu. Erina chercha où aller, fréquenta des communautés de base, envisagea d'aller en Sicile et, sur son chemin, elle rencontra Spello.

Elle avait trouvé. Elle s'installa dans un village tout proche, dans un presbytère qui menaçait ruine et où, les jours de pluie, elle avait le plus grand mal à trouver un endroit sec. Pendant quatre ans, elle y mena une vie d'ermite. Mais le phénomène Spello était en train d'exploser. Il lui fallut aider, accueillir les jeunes qui se présentaient, leur expliquer ce qui se passait, faire la cuisine, le ménage... Jour après jour, la vie devint plus dure, plus agitée. Elle qui était là pour aider les autres à prier, elle finit par ne plus avoir de temps pour sa propre prière.

Son expérience et celles de quelques autres sont à la base d'une réflexion qui amène les permanents de Spello à rechercher la formule idéale d'une véritable communauté. Carlo est intarissable sur ce sujet.

Il faut de tout pour faire une communauté. Des gens mariés et des célibataires, des prêtres et des laïcs, des jeunes et des moins jeunes. Mais il faut d'abord éviter le piège du cléricalisme. Il ne faut pas que tout repose sur les trois Petits Frères. Il ne faut pas qu'il y ait des gens qui décident, seraient-ils religieux, et d'autres qui n'ont qu'à obéir. Tous doivent avoir une part égale. Part de pouvoir et part de responsabilité.

Partage de vie avec ceux qui passent, partage de vie également au cœur de la petite communauté des permanents. Tel est le rêve de Tommaso, le Petit Frère qui partage avec Carlo la lourde responsabilité de Spello.

Lui aussi est un homme de prière. Lui aussi, fils de paysans piémontais solides, et pour lesquels la foi était aussi naturelle que le cycle des saisons.

Il est entré au petit séminaire à douze ans. « Pour moi, dit-il, Dieu a toujours été le Dieu de la vie et je sais que la vie gagne toujours. Je n'ai jamais eu ni doutes ni regrets. »

Vicaire de sa paroisse dès 1964, passionné pour l'œcuménisme, il a très vite ressenti le besoin de s'engager encore plus à fond, de tout donner et c'est ce qui l'a amené chez les Petits Frères du Père de Foucauld. Il a connu la vie rude des fraternités, l'appel du désert, l'insertion dans la vie des plus pauvres. Pendant six ans, il a travaillé comme employé municipal et comme fossoyeur dans un petit village de Sardaigne. Puis il est devenu responsable des fraternités pour l'Europe, a travaillé comme manœuvre en maçonnerie

à Naples et a fait une année sabbatique au Canada avant
d'être envoyé à Spello.

« C'est une fraternité, dit-il, qui ne ressemble pas aux
autres. Ici, on accueille les gens, tandis que dans les autres
fraternités, ce sont plutôt les Petits Frères qui sont accueillis
par les pauvres. »

Au cours de l'été, lorsque les jeunes arrivent par centaines, il n'a pas une seconde à lui. Il prêche, célèbre la messe,
partage les révisions de vie, va d'ermitage en ermitage. Le
reste du temps, il accompagne ceux qui viennent vivre ici
une année sabbatique. C'est lui qui monte les vivres dans les
ermitages isolés et qui apporte l'eucharistie à ceux qui la
désirent.

Comme Carlo, il rêve de voir s'installer autour de Spello
des familles et des célibataires qui vivraient avec les frères
une vie de communauté élargie. Déjà Pierangelo, dont les
très beaux chants rythment la vie liturgique de Spello, est
installé tout près d'ici avec sa femme. Déjà des couples ont
fait le vœu de se retrouver ici le plus souvent possible. C'est
le germe de quelque chose de nouveau qui se cherche
encore.

« Spello, dit Tommaso, c'est un lieu où l'on vient pour
sentir le souffle de l'Esprit. Un lieu universel où se rencontrent les différents courants de l'Église, du christianisme et
des autres religions. »

Oui, de toutes les religions. Ce n'est pas pour rien que
Carlo a mis en gros caractères devant son propre ermitage
cette phrase de Gandhi :

« Je crois dans la vérité fondamentale de toutes les
grandes religions du monde. Je crois qu'elles ont été toutes
données par Dieu et qu'elles étaient nécessaires à ces
peuples auxquels chacune a été donnée. Je crois même que
si nous pouvions lire les Écritures des différentes croyances
avec les yeux de leurs propres disciples, nous nous aperce-
vrions qu'elles sont toutes au fond la même chose et qu'elles
peuvent se faire du bien les unes aux autres. »

En fait, pour Carlo, c'est toujours la même chose : il faut
s'ouvrir et s'ouvrir encore, passer au-delà des cultures,
au-delà des habitudes, même des habitudes religieuses pour
laisser souffler en soi l'Esprit. Il faut liquider le passé, même
dans l'Église catholique, supprimer les hiérarchies lors-

qu'elles se font trop écrasantes, faire éclater toutes les barrières. Vivre ensemble tout en restant des hommes libres.

La liberté, l'obsession de Carlo. Et aussi l'accueil de ceux qui sont rejetés de partout.

Les cas pénibles ne manquent pas.

Voici Pierre-Yves, un Français. Il a été religieux pendant vingt-cinq ans et sa vie de missionnaire l'a conduit en Afrique et en Amérique du Sud. Il a été, il le dit, un prêtre heureux. Jusqu'au jour où, au cours d'un pèlerinage, il a rencontré une jeune femme responsable de l'Action catholique. Ils se sont aimés et ils ont décidé de ne pas vivre – comme tant d'autres – leur amour dans la clandestinité. Pierre-Yves a quitté son ordre et, du jour au lendemain, il s'est trouvé en butte à des difficultés matérielles qu'il n'était pas prêt à affronter. Lui qui avait donné dans l'enthousiasme vingt-cinq années de sa vie à sa famille religieuse, il a été d'un coup abandonné par elle. Lui qui était prêtre, il a été privé à la fois d'amitiés qu'il croyait solides et des sacrements dans lesquels il avait toujours trouvé la force de faire face.

« L'Église a été longtemps pour moi une mère, dit-il. J'ai découvert qu'elle pouvait être aussi une belle-mère. »

Pour lui permettre de passer son mois de vacances dans de bonnes conditions, Carlo lui a prêté, à lui, à sa femme et à leurs enfants, un de ses meilleurs ermitages. Il peut partager la vie de la communauté, vivre la liturgie et recevoir les sacrements.

« Je ne suis pas propriétaire du corps du Christ, dit Carlo. Je n'ai pas à le donner aux uns et à le refuser aux autres. Dieu seul connaît les cœurs. »

Cette tolérance, cette ouverture d'esprit ne lui font pas que des amis. Mais il accepte avec bonne humeur les difficultés qui en découlent. S'ils sont sincères, les prêtres en rupture de sacerdoce, les divorcés remariés, tous les marginaux de l'Église peuvent venir se réconforter à Spello.

« Tous ces gens, dit Pierre-Yves, auraient quitté l'Église qui les rejette pour se perdre, peut-être, dans les sectes ou dans le désespoir. En les accueillant dans l'amour, Carlo Carretto leur permet de rester fidèles quand même. »

Ces hommes et ces femmes, souvent déracinés, qui viennent chercher chez lui un peu de chaleur, il ne se sent pas le droit de les renvoyer les mains vides et le cœur en déroute.

Il est bien trop modeste pour s'exprimer ainsi, mais nous avons le sentiment qu'à force de prières, de solitude et d'abandon, il est arrivé au sommet de la montagne, au-dessus des nuages, en pleine lumière. Là où tous les chemins se rejoignent.

A un jeune qui avait beaucoup bourlingué, qui était allé d'ashram hindou en monastère tibétain ou en écoles soufies et qui lui disait : « Je ne sais plus où j'en suis, si je suis chrétien, hindouiste, bouddhiste ou musulman », nous l'avons entendu répondre :

« Quelle importance! Si tu trouves quelqu'un` qui t'apprenne à mieux aimer, suis-le! »

CHAPITRE II

ARNAUD DESJARDINS :
DE LA PEUR À L'AMOUR

Il est assis sur une estrade recouverte d'un tapis, les jambes repliées sous lui dans la position que les yogis appellent « la posture parfaite ». Il est enveloppé dans un *tchador*, ce rectangle de toile blanche dans lequel les hindous se drapent si harmonieusement. Est-il ici? Est-il ailleurs? Son regard est posé à un mètre devant lui, neutre, et son visage est éclairé par un sourire lumineux et détendu. Un sourire qui vient de l'intérieur.

L'un après l'autre, les élèves se déchaussent et pénètrent dans la salle. Ils sont presque tous revêtus du tchador. Ils s'avancent et avant de prendre leur place – les hommes d'un côté et les femmes de l'autre – sur de petits coussins, ils se prosternent longuement, le front touchant le tapis.

Arrêtons-nous et vidons tout de suite cette querelle de la prosternation qu'on appelle ici le *pranam*. Je ne puis m'empêcher de penser à Claire qui, venue une fois en curieuse, est repartie pour ne plus revenir juste après avoir assisté à cette cérémonie. Ni à toutes les réflexions que nous avons entendues ici ou là sur ce gourou qui exige que des hommes et des femmes se prosternent devant lui avant de recevoir son enseignement. Rachel, plus habituée que moi aux choses de l'Orient, n'a pas réagi, mais il me faut avouer que, lorsque pour la première fois, il y a déjà quelques années, il m'a fallu faire le *pranam* devant Arnaud Desjardins, j'ai senti surgir en moi un violent mouvement de refus en même temps que montait cette interrogation vengeresse : « Mais pour qui se prend-il? »

Heureusement, je suis resté et, au lieu de me laisser emporter par un refus, j'ai posé des questions.

J'ai d'abord appris que le *pranam* n'était pas obligatoire et même qu'il n'était pas recommandé de le faire si on n'en ressentait pas vraiment le besoin.

J'ai surtout appris que, selon l'enseignement traditionnel, en me prosternant devant le gourou, ce n'était pas devant un homme que je me prosternais mais devant moi-même ou plutôt devant l'*Atman*, le Soi qui est en moi tout comme Il est en lui. La seule différence entre lui et moi, c'est qu'il connaît sa véritable nature alors que je l'ignore encore.

Enfin, ce que les détracteurs oublient presque toujours de dire, c'est qu'à peine le disciple est-il relevé que le Maître s'incline à son tour lentement, touchant lui aussi le tapis du front. C'est pour lui une façon de saluer l'Atman qui se trouve en plénitude en chacun de ses disciples.

Voilà qui est déjà plus clair. Où donc est le scandale? Au début d'un cours de judo ou d'aïkido, les élèves n'ont-ils pas coutume de s'incliner ou de se prosterner une ou trois fois devant le Maître? A cela, personne ne trouve à redire.

Fermons la parenthèse.

A peine Arnaud s'est-il redressé que des doigts se lèvent. Une question jaillit. Elle peut porter sur l'enseignement, mais aussi sur un problème de la vie quotidienne, sur un obstacle du Chemin, une souffrance psychologique... Peu importe! Arnaud s'empare de la question et, pendant près de deux heures, il la tourne et la retourne sous tous ses aspects, ramenant tout à l'essentiel, donnant les réponses de la tradition, mais aussi des conseils concrets qui peuvent profiter à tous.

J'avoue que, dès le premier jour, j'ai été séduit par la clarté, le bon sens et la sagesse de l'exposé.

J'arrivai avec la méfiance habituelle aux Occidentaux, prêt à juger et à condamner et cela d'autant plus que j'avais encore le poil hérissé par ce fameux *pranam* qu'il m'avait fallu faire; j'étais prêt à exercer cruellement mon esprit critique et j'ai senti, en quelques minutes, tomber toutes mes réticences.

Je n'ai pas vu passer les deux heures de l'entretien. J'étais sous le charme.

Étais-je donc en train de succomber à quelque sortilège?

Allais-je devenir, comme on m'en avait menacé, l'adepte d'une secte? La question ne s'est même pas posée. D'abord parce que la caractéristique d'une secte est d'élaborer un enseignement bien à elle et de prétendre ensuite que cet enseignement seul est la vérité hors de laquelle il n'y a point de salut. Rachel et moi, sur notre Chemin, nous avons rencontré des sectes et nous avons pu constater qu'elles étaient toutes exclusives et fanatiques.

Ici, l'enseignement est le fruit d'une tradition millénaire qui a conduit des milliers d'êtres à la Réalisation. Ce n'est pas l'enseignement d'Arnaud Desjardins, mais celui de tous les grands Réalisés qui ont fait de l'hindouisme l'une des fontaines les plus pures de la Sagesse.

Personne ici ne prétend détenir la Vérité. Il suffit pour s'en convaincre de jeter un regard sur les murs. Il y a bien sur les photographies des grands Sages hindous qu'Arnaud a rencontrés : Ramdas, le Sage au sourire d'enfant, Mâ Anandamayi la rayonnante et Ramana Maharshi dont on ne peut plus quitter le regard une fois qu'on l'a accroché... Mais il y a aussi Sa Sainteté le Karmapa, chef de l'école kagyu-pa du bouddhisme tibétain, des Maîtres soufis enturbannés et tout le monde sait que dans la pièce à côté, au-dessus du lit d'Arnaud, se trouve une grande reproduction du *Saint-Suaire* de Turin.

C'est cette ouverture, cette absence de fanatisme qui nous a d'abord séduits, Rachel et moi. « L'enseignement, répète souvent Arnaud, n'est pas destiné à faire de vous des hindous, mais de meilleurs chrétiens si vous êtes chrétiens, de meilleurs bouddhistes si vous êtes bouddhistes, de meilleurs musulmans si vous êtes musulmans. »

L'enseignement s'achève. Tous les dos qui s'étaient un peu avachis se redressent et les jambes qui s'étaient détendues reprennent leur position. Un silence vibrant s'installe, si habité que nous nous sentons sur le point de plonger dans une méditation, mais nous nous souvenons à temps qu'on nous a bien recommandé de ne pas fermer les yeux à la fin de l'entretien. Il se passe en effet quelque chose d'étonnant. Le visage d'Arnaud s'éclaire et perd d'un coup les tensions nées de la discussion, sa bouche se détend en un sourire. Lentement, il parcourt les élèves du regard, s'attarde sur l'un, revient sur l'autre... Cela ne dure que quelques minu-

tes, mais c'est d'une bouleversante intensité. Plus que les
paroles – nous recevrons à ce sujet de nombreux témoignages – c'est ce silence de la fin qui donne aux disciples ce
qu'ils sont venus chercher : la communication directe entre
eux et le Maître.

Le Maître? Voici le mot prononcé. Arnaud Desjardins
est-il vraiment un Maître? Et d'abord, qui est-il?

Sans doute est-ce le prestige de l'exotisme, mais lorsque
nous rencontrons un swâmi hindou dont le nom se termine
par *ananda*, un lama tibétain ou le cheik d'une école soufie,
nous ne nous posons pas ce genre de question. Nous avons
tout de suite tendance à les considérer comme des Maîtres,
quitte à être déçus en les connaissant mieux. Mais ici, nous
sommes en face d'un Occidental avec tous les conditionne-
ments que cela suppose. Devant un homme comme nous,
qui a connu la même enfance que nous, fréquenté les mêmes
écoles, nourri les mêmes désirs et les mêmes rêves et qui,
pourtant, agit comme un « gourou », dirige un *ashram* et
prétend nous transmettre en ligne directe l'enseignement
des grands Sages de l'Inde.

Est-ce bien vraisemblable? Rachel et moi, nous bénissons
ce livre parce qu'il va nous permettre de répondre à ces
questions et, pour cela, d'avoir avec Arnaud de longues
heures d'entretien, d'interroger ses familiers et ses disciples
et, avec tous, d'aller au fond des choses. Peut-être saurons-
nous enfin ce qui fait agir Arnaud Desjardins. Peut-être
apprendrons-nous comment il est devenu ce qu'il est.

1949. Ce qui frappe, dès qu'on a franchi la grande porte
vitrée, ce sont les couloirs. Des couloirs interminables,
peints et pavés de blanc, partant dans tous les sens et passant
devant des dizaines et des dizaines de portes toutes pareilles.
Des jeunes hommes y déambulent, en pantoufles et portant,
par-dessus leurs pyjamas, des robes de chambre molleton-
nées. Entêtante, une odeur de désinfectant règne dans tout
le bâtiment.

Tous ces jeunes qui se trouvaient dans ce sanatorium des
étudiants, en cette année 1949, avaient, pendant toute la
guerre, souffert de la faim, du froid et de la peur. Ils étaient
des proies idéales pour la grande tueuse qu'était encore la

tuberculose. On commençait tout juste à trouver en quantités suffisantes la streptomycine et les autres remèdes miracles venus des États-Unis, mais, pour beaucoup, ils arrivaient trop tard. Il ne fallait d'ailleurs pas un œil très exercé pour reconnaître ceux qui ne s'en sortiraient pas. Ils avaient la poitrine encore plus creuse que les autres, une toux plus persistante, une fièvre qui leur rosissait les pommettes et qui poussait régulièrement une pointe vers 5 heures du soir, une sorte d'humour désespéré, une humeur cyclique qui les faisait passer de l'extrême abattement à de brusques flambées d'une joie nerveuse et malsaine.

Avec le pneumothorax et la chirurgie thoracique, les grandes lignes thérapeutiques étaient alors la suralimentation, le repos et l'air pur. C'est pourquoi vers 3 heures de l'après-midi, lorsqu'on regardait de l'extérieur l'immense bâtiment, on pouvait voir, sur les galeries de cure, des malades enveloppés dans une couverture et allongés sur des chaises longues face à la sublime barrière des montagnes enneigées.

Parmi ces gisants se trouvait Arnaud Desjardins.

Si nous insistons sur cette année passée au sanatorium des étudiants, c'est qu'elle a été, selon ses propres termes, une étape très importante de sa vie.

Qui était-il alors ? Écoutons-le répondre à cette question :

« J'étais très idéaliste, faible, perdu, contradictoire, déchiré entre l'idéal spirituel, scout, religieux très exigeant et ma réalité, ou plutôt les réalités de l'existence. J'ai eu le sentiment, à vingt ans, qu'on ne m'avait pas du tout appris à vivre. J'étais vraiment perdu. J'avais l'impression qu'il y avait une sorte de barrière invisible et que, de l'autre côté, il y avait des gens qui étaient à l'aise, à qui tout réussissait et que moi, je ne serais jamais comme eux. »

Issu de l'austère bourgeoisie protestante de Nîmes, il a été élevé avec rigueur. Jamais, même au cours de l'adolescence, il ne s'est révolté contre l'éducation religieuse qu'on lui imposait. Il était ailleurs, tout simplement. Alors qu'on parlait pour lui d'une carrière dans l'Administration ou la banque, il rêvait d'être tragédien et, un jour, sociétaire de la Comédie-Française. « J'ai essayé tant et plus d'écrire des vers, raconte-t-il. J'en connaissais des milliers par cœur. »

Dès 1946, cette passion l'a amené au cours Simon. Encore aujourd'hui, il peut parler pendant des heures de ce fameux René Simon qui a formé tant d'acteurs et d'actrices. Il voit en lui un génie et le héros d'une histoire exemplaire. Né dans une famille pauvre, placé à la campagne dès l'âge de dix ans, il était parvenu, à force de volonté et d'intelligence, à se donner une vraie culture. Pendant les cours, il était capable de parler, toujours avec le même talent, de tout ce qui lui passait par la tête, de Jésus-Christ, de Socrate aussi bien que de ses souvenirs de la Grande Guerre.

Un jour, le cours avait été secoué parce qu'une élève s'était suicidée à la suite d'un chagrin d'amour. On s'attendait que René Simon prononçât les paroles d'usage. Au contraire, il se mit à tonner :

« Ce n'est pas admirable de se suicider. Ce qui est admirable, c'est d'avoir le courage de vivre. Moi, j'ai été ce qu'on appelle une " gueule cassée ", un de ces malheureux qui ont été blessés à la face pendant la guerre de 14. Il ne me reste que cette cicatrice, mais d'autres n'ont jamais retrouvé un visage humain. Ils doivent pour la vie se promener le visage caché par un voile que les médecins les plus aguerris tremblent de soulever. Ils n'ont plus d'yeux, plus de bouche. Eh bien! A cause de cette bouche qu'ils n'ont plus, ils ont pris pour devise : Sourire quand même! Voilà le miracle! »

Il faut voir Arnaud Desjardins mimer cette scène. Il faut l'entendre retrouver le ton pathétique de René Simon. Oui, il aurait été un bon tragédien.

Au lieu de cela et parce qu'il n'avait rien de solide à opposer aux arguments de son père, il lui fallut faire Sciences-Po et travailler par la suite dans une banque où il s'ennuyait tellement qu'il lui arrivait d'en pleurer.

C'est alors que la tuberculose vint le chercher.

Elle commença par lui coûter sa fiancée car son futur beau-père, un grand importateur de peaux de Mazamet, apprenant qu'il était tuberculeux, était venu trouver son père et lui avait dit :

« Votre fils est beaucoup plus malade que je ne le pensais. Il y en a pour très longtemps avant qu'on puisse parler de guérison. Je vous rends donc votre parole car aucun tuberculeux n'entrera dans ma famille. Dites à votre fils que je ferai tout pour que ma fille l'oublie. Qu'il n'essaie pas de la revoir. Tout son courrier, quelle qu'en soit l'écriture, sera ouvert. D'ailleurs, je vais l'envoyer en Argentine ou en Australie où j'ai des clients. »

Arnaud fut assommé par cette nouvelle. Il mit, dit-il, plus de vingt-cinq ans à s'en remettre, mais, et c'est bien caractéristique du Arnaud de ce temps-là, il ne tenta rien pour surmonter les interdictions du beau-père.

« La puissance du milieu était telle, dit-il, que j'ai accepté le verdict. C'était un milieu étroit où je n'entendais que des phrases telles que celles-ci : Ça ne se fait pas... Ces gens-là sont dans l'erreur... Les gens d'un bon milieu ne se mettent pas de la gomina dans les cheveux, ils n'ont pas de chemises foncées avec des cravates claires... »

Il se demande aujourd'hui si cette maladie n'a pas été pour lui provoquée par un refus de la vie bourgeoise.

« C'est terrible à dire, mais j'étais très romantique. J'ai fait de la tuberculose comme Chopin, comme l'Aiglon ou la dame aux camélias. »

Aujourd'hui que nous connaissons mieux le caractère psychosomatique de certaines maladies, nous pouvons comprendre cela. Il lui faudra vingt ans pour découvrir que la tuberculose a été « ma seule possibilité de briser les structures dans lesquelles j'étais totalement prisonnier ».

La fuite donc devant une vie qui lui faisait peur. Et aussi un refuge : « J'étais émerveillé à l'idée que la Sécurité sociale allait payer pour moi. Mes parents n'avaient pas beaucoup d'argent à l'époque et voilà que j'allais être soigné et que ça ne leur coûterait rien. Je n'en revenais pas : La société m'offrait une année de culture générale. »

Paradoxalement, cette année d'isolement et de repos fut l'une des plus ardentes de sa vie. Une année de rencontres.

Il y avait de tout au sanatorium des étudiants, des fils de bourgeois et des fils d'ouvriers, des marxistes, des trotskistes, des idéalistes de toutes sortes, tous unis par la même maladie. Lors des moments libres, les discussions étaient passionnées. On passait son temps à vouloir construire un monde idéal. Le marxisme était alors sans tache. Il n'y avait pas eu la révélation des crimes de Staline, la rupture entre la Chine et la Russie, la Hongrie, la Tchécoslovaquie, la

Pologne, l'Afghanistan... Emporté par l'enthousiasme de ses nouveaux amis, Arnaud fut tenté un moment, mais une sorte de voix intérieure l'empêcha de s'engager plus avant.

Il venait de découvrir une nouvelle passion. Un ami de son père lui avait offert une caméra et lui avait même procuré des pellicules. Il s'enthousiasma pour le cinéma et, avec son besoin de perfectionnisme, il profita de ses loisirs forcés pour étudier l'optique et la sensitométrie. Il réalisa même un film sur le sanatorium qu'il conserve précieusement encore aujourd'hui. Il faisait aussi de la radio car il existait une station intérieure au sana pour laquelle il confectionnait des programmes et montait une pièce par mois.

Le reste du temps, il lisait. Il serait plus juste de dire qu'il dévorait les livres de la bibliothèque et qu'il s'en faisait envoyer d'autres. Tout y passait : *le Deuxième Sexe* de Simone de Beauvoir, qui était alors le livre à la mode, les ouvrages de Freud publiés aux austères éditions Payot, des livres sur le cinéma et même sur la technique cinématographique. Ce fut l'époque où, peu après la mort de Gurdjieff, parut *les Fragments d'un enseignement inconnu*. Il le lut et le relut au point d'en connaître certains passages par cœur. Mais surtout, surtout, il tomba un peu par hasard sur un livre de Jean Herbert : *Spiritualité hindoue*. Un maître livre qui venait de paraître et qui, pour beaucoup, sera une révélation.

Ce fut pour lui l'entrée dans un nouveau monde. Une initiation aux Védas, au Védanta, au yoga, aux notions de Karma, de réincarnation, à la grande aspiration vers la libération finale. Il était bouleversé d'apprendre qu'il existait en Inde, au moment même où il lisait, des « Sages » capables de tout quitter et de se quitter eux-mêmes pour réaliser, selon leurs propres termes, leur « vraie nature ». Des noms explosaient pour la première fois dans son univers intérieur : Ramdas, Mâ Anandamayi, Ramana Maharshi, Sri Aurobindo... Ces hommes et ces femmes, il rêvait de les rencontrer, d'entendre leur enseignement, de suivre leur exemple. Il dévorait tous les livres qu'il pouvait trouver et qui parlaient d'eux.

Une passion était née. Un feu s'était allumé qui ne s'éteindrait plus.

« Ma vie au sana, dit-il, était partagée à 50 % entre l'intérêt pour la spiritualité et l'étude du cinéma. Je lisais tout ce qui me tombait sous la main, y compris des livres d'esthétique qui devaient – du moins je le croyais – faire de moi un artiste. »

Cinéma et spiritualité. Il ne le savait pas encore, mais c'est à partir de cette trame que va se tisser sa vie.

Il fallait d'abord guérir. Heureusement, le mal avait été pris à temps. Il connaissait des hauts et des bas, mais, dans l'ensemble, il était sur la pente ascendante. Il en éprouvait à la fois de la joie et une sorte d'angoisse.

Il était sensible, trop sensible à l'humour grinçant d'un de ses camarades qui ne cessait de répéter :

« Imbéciles! Vous n'avez qu'une seule idée, c'est de guérir alors que vous devriez vous cramponner ici. Guérir! Pour retrouver quoi? La foire d'empoigne, la queue devant les guichets de la Sécurité sociale, la course à l'emploi, les gens qui vous diront : " Laissez votre adresse, on vous écrira. "? »

Arrive le temps des « permissions ». On a cessé d'être contagieux. On laisse pour un temps le sanatorium derrière soi. On retourne dans le monde, dans un univers qui n'est plus du tout protégé et où le fait d'avoir été tuberculeux pèse lourdement. Il y a des maisons où on n'est plus invité, des petits neveux et des petites nièces qu'on n'a plus le droit de prendre sur ses genoux, des thés où on est convié et où on s'aperçoit qu'on est le seul à avoir une tasse blanche alors que toutes les autres sont bleues. Alors, on se demande : « Que vont-ils faire de cette tasse? La passer à l'étuve ou la jeter? »

Il était guéri et il voulait plus que jamais être comédien.

« C'était aussi affreux pour mes parents, se souvient-il, que si ma sœur avait voulu faire le trottoir. »

Il insista cependant, se remit à fréquenter le cours Simon. Jusqu'au jour où son père lui cria : « Tu es en train de tuer ta mère! »

La situation était sans issue. Il finit par céder; d'accord, il ne serait pas acteur, mais il décida qu'il serait un jour metteur en scène.

Le providentiel oncle Jean, qui lui avait déjà trouvé une place dans une banque, intervint une fois de plus. Puisqu'il ne voulait vraiment pas être banquier, il proposait de le faire entrer à la télévision où il avait des relations.

La télévision! Voilà qui arrangeait tout. Arnaud s'y précipita, mais il ne cessa pas pour autant de fréquenter le cours Simon où il se trouva même un jour dans le jury des examens.

Il n'y avait pourtant pas que le théâtre dans sa vie, loin de là. Dès sa sortie du sana, il avait retrouvé les groupes Gurdjieff qu'il avait connus deux ans plus tôt. Le vieux mage était mort, mais son enseignement restait vivant. Arnaud ne savait pas encore très bien où il voulait aller, mais il était frappé, percuté par certaines phrases.

Par celle-ci, par exemple :

« Personne ne fait jamais rien pour l'amour du mal : chacun n'agit que pour l'amour du bien tel qu'il le comprend. »

Il y a au premier abord quelque chose d'insoutenable dans cette pensée tirée des *Fragments d'un enseignement inconnu*. Quoi! Hitler, Himmler, tous les grands criminels de guerre nazis étaient persuadés qu'ils faisaient le bien en faisant rôtir des petits enfants juifs dans leurs fours crématoires!

C'est fou et c'est pourtant vrai si l'on se donne la peine d'y réfléchir. Et la conclusion est terrible, sur laquelle Gurdjieff insiste tellement : bonnes ou mauvaises, sages ou folles, les actions des hommes, nos actions à nous tous, sont déterminées par des chaînes de causes et d'effets qui se succèdent depuis le début du monde et sur lesquelles nous n'avons habituellement aucun pouvoir. Nous sommes conditionnés. Nous croyons avoir des opinions, mais elles ne sont pas vraiment les nôtres. Elles sont le fruit de notre époque, de notre milieu social, du pays dans lequel nous sommes nés, de notre petite enfance, des incidents de notre vie...

« Les hommes ne sont que des machins, proclame Gurdjieff, mais ils peuvent devenir des hommes. »

Jour après jour, Arnaud réalisait davantage que c'était cette chaîne de causes et d'effets qui déterminait ses émotions, ses opinions, ce qu'il aimait et ce qu'il n'aimait pas, ce qu'il craignait et ce qu'il espérait...

Implacable vision de la condition humaine. Fallait-il donc accepter de n'être qu'une mécanique?

Non, répond Gurdjieff. L'homme ordinaire est endormi, mais il peut s'éveiller, briser cette chaîne qui le maintient dans l'esclavage et recouvrer sa liberté. Ce qu'Arnaud traduit aujourd'hui dans son langage : « Le mal n'est ni le nazisme ni le fascisme, ni le communisme, ni l'armée, ni la police, ni la révolution, ni la réaction, ni la droite, ni la gauche, mais le mental et l'émotion. »

D'abord et avant tout, il faut donc vaincre les émotions négatives. Devenir neutre. Ne plus passer son temps à qualifier subjectivement les événements qui nous adviennent de bons et de mauvais, atteindre une vision objective, être capable de « faire ».

Ce ne sont que les premiers pas sur le Chemin, mais pour Arnaud Desjardins, ce fut le début d'une quête ardente qui ne cessera plus. Lui qui se sentait tellement prisonnier de ses émotions, lui qu'un adepte de Gurdjieff qualifiait de « petit jeune homme affolé », il voulait de toutes ses forces sortir de cette prison. Être libre. Plus rien n'allait maintenant compter dans sa vie que cette gigantesque aventure.

Pour avancer sur ce Chemin, il fallait des guides et depuis qu'il avait lu *Spiritualité hindoue* de Jean Herbert, Arnaud savait que ces guides existaient, qu'ils étaient vivants, qu'ils s'appelaient Sivananda, Mâ Anandamayi, Ramdas... Ces hommes et ces femmes qui pouvaient l'aider à sortir de sa détresse, il voulait à tout prix les rencontrer. Cela devenait une idée fixe. Non pas seulement aller les voir, mais vivre auprès d'eux, devenir leur disciple et faire connaître leur message à l'Occident.

Tout s'opposait à son projet. Il venait d'entamer à la télévision une carrière exigeante qui demandait une disponibilité totale et il venait aussi de fonder une famille en épousant Denise, une jeune femme elle aussi avide d'Absolu rencontrée aux groupes Gurdjieff. Il aurait pu se laisser vivre, gravir les échelons, devenir un réalisateur connu tout en conservant, à l'arrière-plan, la nostalgie d'un accomplissement qu'il aurait vite fait de déclarer impossible. Tant d'autres le faisaient autour de lui.

La qualité qui allait le sauver de cette médiocrité, c'était l'obstination. Disons plutôt la persévérance sur laquelle il insiste tellement dans ses entretiens.

« Je voulais comprendre, dit-il. Je ne pouvais plus accepter de " chérir des opinions ", d'élaborer " ma " vérité. Je voulais trouver quelque chose que je puisse ressentir comme *la Vérité*. Une vérité assez sûre pour qu'il vaille la peine de mourir pour elle.

« On me parlait dans ma jeunesse de donner sa vie pour la patrie; " Ceux qui pieusement sont morts pour la patrie ", chantait Victor Hugo. Lorsque j'étais scout, on nous faisait répéter : " Un scout doit savoir donner sa vie pour la patrie. " Moi, je ne comprenais pas. Ça m'impressionnait, mais je ne comprenais pas. Mon père avait failli donner sa vie pour la patrie; il avait été blessé deux fois pendant la guerre de 14. Moi, je me disais : " Je n'ai pas envie de donner ma vie pour la patrie; alors, je suis un monstre. " Ça me troublait beaucoup. Souvent, au cours de mon adolescence, je me demandais : " Y a-t-il quelque chose dont je puisse dire : je suis prêt à mourir pour cela ? " J'ai été bouleversé en voyant une photo publiée après la guerre sur laquelle de jeunes communistes souriaient face au peloton d'exécution. Je les admirais, mais je me sentais incapable de faire de la patrie un Absolu.

« Je pressentais que cette vérité existait pour laquelle j'aurais accepté de mourir. Je voulais la trouver. Et d'abord rencontrer les Sages qui, eux, la connaissaient. Ces Sages, je voulais les filmer, les faire connaître à l'Occident. »

Les filmer... Une grande idée venait de naître. Après tout, les films de télévision se font en 16 mm. N'importe quel amateur un peu doué peut tourner des images susceptibles d'être montées pour la télévision. Mais l'ORTF était une machine trop lourde. Il n'était pas question de détacher pendant plusieurs mois l'équipe minimum de quatre personnes.

Qu'à cela ne tienne! Arnaud décida de partir seul avec son break Peugeot et sa propre caméra. Il serait à la fois le réalisateur, le cameraman, l'éclairagiste, le chauffeur, le preneur de son... Cela ne s'était jamais fait. On lui dit que c'était une folle entreprise, mais il refusa de se laisser impressionner par les prophètes de malheur. Il triompha de toutes les résistances. Après tout, se dirent ses chefs, s'il veut tellement partir, qu'il parte! Mais à ses risques et périls. Si ses films sont bons, ils passeront. Aidé par son épouse, Arnaud engagea tous les frais.

C'était prendre un risque énorme, jeter toutes les sécurités par-dessus bord.

Tant'pis, il partit.

Les routes de l'Inde! Elles sont les plus éprouvantes. Pires que les routes incroyablement défoncées de la Turquie et de l'Iran, pires que les pistes d'Afghanistan où le soleil est si brûlant qu'il fait éclater les pneus, pires que la vertigineuse ascension de la Khyber Pass. En Inde, le danger, c'est la foule.

« Rien n'est plus épuisant, raconte Arnaud, que de conduire pendant des heures et des heures parmi les chariots, les troupeaux de buffles et de vaches, les énormes camions et parfois les singes, les chameaux et les éléphants et surtout les piétons nombreux comme devant une sortie d'usine ou les cyclistes qui dansent devant votre capot un ballet virevoltant et dont on ne peut prévoir la réaction au son bruyant de l'avertisseur... »

En certains endroits, lorsqu'il y a de l'ombre, il y a des gens qui dorment sur l'asphalte, ou qui écrivent, ou qui méditent. Tout au long de ces 14 000 kilomètres parcourus en Inde au cours de ce premier voyage, Arnaud ne pourra pas relâcher son attention un seul instant. C'est à l'entrée de Bénarès qu'il découvrit le sommet de la confusion. Il était épuisé, il roulait depuis Bombay et jamais la foule n'avait été aussi dense. Il avait beau appuyer sur l'avertisseur, nul ne se dérangeait. Il lui fallait rouler au pas dans la seule rue assez large pour être carrossable. Arrivés à proximité du Gange, Arnaud et Denise, qui était venue le rejoindre par avion, durent s'arrêter, laisser la voiture, demander à des enfants de les conduire. Ils s'enfoncèrent dans le dédale des ruelles grouillantes et obscures. Et soudain, au bout de la ruelle, l'ashram!

L'ashram. Qui n'a pas imaginé, en entendant ce mot, un lieu de sérénité et de silence, quelques silhouettes vêtues de blanc en méditation devant un sublime paysage. Ici, il fallait jouer des coudes pour franchir l'étroite entrée surmontée de guirlandes et jouer des coudes encore à l'intérieur. On se serait cru à la sortie du métro vers 6 heures du soir. A ceci près que le vacarme était épouvantable, fait de chants, de cris, de cloches, de cymbales, de coups de gong. Le gong surtout. Arnaud se souvient : « Tonitruant, sublime, déchirant, ébranlant le corps entier de ses trois coups répétés, étreignant le sentiment, imposant silence à la pensée, il élève dans l'admirable nuit d'automne le cri de la planète vers le ciel scintillant. »

Voici la terrasse. Admirable. Dominant le Gange vers lequel descend un large escalier. Et toujours la foule, des gens qui s'agitaient, d'autres qui restaient figés avec un doux sourire sur les lèvres.

Soudain, tout se tut. Un poignant silence descendit sur l'immense assemblée. Quelqu'un glissa à l'oreille d'Arnaud : « *Mother! Mother!* » Mâ Anandamayi était là. « Une femme qui paraissait tout au plus quarante ans, aux longs cheveux noirs défaits sur ses épaules, vêtue d'un sari tout blanc, plus belle que je l'avais rêvée, me souriait... »

... Me souriait, dit Arnaud, et plusieurs centaines d'assistants eurent au même moment la même impression : que Mâ souriait à chacun d'eux.

Lui, il se sentait comblé. Il avait tout quitté, triomphé de tous les obstacles, fait des milliers de kilomètres sur des routes impossibles avec, chevillé au cœur, l'espoir de rencontrer des Sages. Et c'était encore plus beau qu'il ne l'avait imaginé.

Les jours suivants, il passa le plus clair de son temps à l'ashram et découvrit les vraies dimensions de Mâ Anandamayi. Les Occidentaux la connaissaient alors mal parce qu'elle ne parlait pas un mot d'anglais et parce que les règles de son ashram ne semblaient guère faites pour eux. Mais pour les hindous, elle était la Sainte. Toute à tous. Attentive aux plus humbles pèlerins comme au mahatma Gandhi, au pandit Nehru, à tous les dignitaires de la République indienne qui lui rendaient visite.

Elle ne savait pas lire. Elle ne faisait pas de grandes phrases. Elle ne savait que rayonner. Prodigieuse existence que ses dévots ne cessaient de raconter. Il lui arrivait de rester de longues périodes sans s'alimenter et sans dormir plus de deux ou trois heures par nuit. Ce qui ne l'empêchait pas de continuer à recevoir des centaines de personnes et de passer des heures à distribuer à ceux qui l'entouraient le *prasad*, des mandarines, des bananes, des mangues ou des confiseries qu'elle avait bénies.

« La plupart des êtres qui l'ont approchée, dit Arnaud, ont ressenti le phénomène Mâ Anandamayi en eux et ont connu ce qu'était la Vie illimitée à côté de quoi notre vie n'est pas la Vie. »

Douce, souriante, maternelle, mais aussi, lorsqu'il le fallait, rigoureuse. Avant tout, Mâ était une éveilleuse. Sans complaisance. Si l'on veut sortir du cauchemar, échapper au temps, à la souffrance, à la peur, aux émotions, aux pièges du mental, il ne suffit pas d'être plein de bonnes intentions ou habité par un vague amour universel. Il faut du courage. Un effort patient, obstiné, héroïque.

« N'attendez plus, disait-elle. Le jour qui a passé ne reviendra jamais. Un temps d'une valeur incalculable est en train de s'enfuir. Consacrez vos jours à vous efforcer de vous rapprocher du Seigneur des humbles. Quand l'extrême vieillesse arrivera, vous serez trop léthargiques et trop faibles pour vous concentrer sur le nom de Dieu... Soyez très fermes dans votre résolution de cultiver jusqu'à la limite du possible les actions qui aident à une vie centrée sur Dieu. Entreprenez-les, même si vous n'avez aucun désir de le faire, comme on prend un médicament. Avec ou sans inclination, persévérez dans leur accomplissement de manière qu'aucun instant ne reste de libre où puisse se manifester l'agitation... Alors, quand vous lui aurez sacrifié sans réserve jusqu'au moindre des pouvoirs que vous possédez, si bien qu'il ne subsiste rien que vous puissiez dire votre propriété, savez-vous ce qu'Il fait à ce moment bienheureux? De votre petitesse, Il vous fait parfait, total et il ne reste rien alors à désirer ou à achever. Au moment où votre don et votre consécration de vous-même deviennent complets, à cet instant précis se produit la révélation de la Perfection ininterrompue et indivisible qui est à jamais révélée par le Soi. »

Le voilà donc cet enseignement tant attendu! Aller d'ashram en ashram auprès des grands Sages, c'est vivre dans un autre monde, mettre tout sens dessus dessous en nous et autour de nous, faire l'expérience de la Réalité qui se trouve au-delà de ce que nous connaissons.

Bouleversante expérience qu'Arnaud et Denise, après

avoir quitté Mâ Anandamayi, vont retrouver à l'autre bout de l'Inde, auprès d'un petit homme jovial, chauve et édenté : Swami Ramdas. Il a été père de famille et patron d'une usine employant quarante ouvriers. Un jour, il est parti sur les routes avec, pour seules richesses, le mantra qu'il répétait tout au long du chemin : « *Om Sri Ram, Jaï Ram, Jaï Jaï Ram.* » Tout, absolument tout ce qui lui arrivait était à ses yeux Ram, le Seigneur. Il a visité les grands temples, vécu dans des grottes où il se nourrissait de la Bhagavad Gîta et de l'Ancien Testament. Lorsqu'il a fondé son ashram, Anandashram (l'ashram de la joie parfaite), il a déclaré que son seul rôle serait désormais d'aider les autres à se souvenir de Dieu toute la journée.

« Nous sommes hypnotisés, disait-il, et nous devons être déshypnotisés. Croire que le corps est le Je, voilà l'hypnotisme. Nous sommes l'Atman. C'est comme une maladie mentale et nous devons être soignés et guéris. »

Sous une forme ou sous une autre, ils disent tous la même chose, mais Arnaud ne se lassait pas de les entendre. A Rishikesh, le premier ashram visité dès son arrivée, le haut lieu du yoga, il avait entendu Swami Sivananda insister sur la vigilance, sur la nécessité d'être sans cesse en éveil, observateur du déroulement incessant de nos pensées. Seule l'expérience vécue compte. Sans elle, il n'y a pas de Chemin spirituel.

Cette expérience, nombreux sont ceux qui l'ont vécue à Arunachala, la sainte montagne au pied de laquelle a vécu le Sage des Sages, Sri Ramana Maharshi qui atteignit la réalisation à l'âge de dix-sept ans. Il était mort depuis dix ans lorsque Arnaud arriva à l'ashram, mais des foules énormes y venaient en pèlerinage.

Filmer tout cela, les maîtres, les ashrams, les disciples; enregistrer l'enseignement, les cérémonies, les grands rassemblements de dévots... C'était, pour un homme seul, une difficulté inouïe. Chaque jour surgissaient de nouveaux problèmes, le plus lancinant étant d'avoir toujours l'électricité nécessaire aux moments voulus. C'était d'autant plus dur qu'il n'y avait pas d'excuse possible. Il fallait à tout prix que les films soient faits et qu'ils soient bons. On ne pouvait pas dire : « Ce n'est pas ma faute car la voiture était en panne, il n'y avait pas d'électricité, les cahots de la route ont fini par endommager les objectifs... »

Cette responsabilité totale, Arnaud le reconnaît, a été pour lui, tout au long de ses voyages, la plus magnifique ascèse. Aujourd'hui encore, c'est l'un des points forts de son enseignement : sur le Chemin, il n'y a pas d'excuse possible. Il ne sert à rien de dire : « Je n'ai pas pu faire ceci ou cela parce que... » Il faut à tout prix réussir. Seuls les hommes debout et pleinement responsables connaîtront la Réalisation. Le Chemin est avant tout le chemin du courage.

Le film était achevé. En le réalisant, Arnaud avait vécu des expériences inouïes et mille fois plus bouleversantes qu'il ne les avait imaginées dans ses rêves les plus fous.

Si bouleversantes qu'il ne pourra plus jamais, il le sait, s'accommoder de la banalité de la vie quotidienne, de la course au pouvoir et au statut social. Il était arrivé au point de non-retour. Il lui fallait poursuivre sa quête.

Heureusement, son film *Ashrams* fut un succès. Il allait pouvoir repartir, toujours en voiture, mais, cette fois-ci, non seulement avec Denise, mais avec leur fille Muriel, âgée de quatre ans et, plus tard encore, avec Emmanuel qui prit la route à l'âge de quatre mois et demi.

En 1961, il était auprès de Ramdas; en 1962 et 1963, il passa sept mois auprès de Mâ Anandamayi, de Ramdas et à l'ashram du Maharshi. Plus il allait et plus il se passionnait. Le petit jeune homme bien sage était devenu un nomade. Sa voiture était sa maison. Il y faisait régner un ordre minutieux de façon à pouvoir trouver sur-le-champ ce qu'il cherchait. Sa quête était devenue si ardente qu'il ne se préoccupait plus guère de la vie matérielle. Il supportait sans se plaindre les climats les plus extrêmes et mangeait ce qu'on lui donnait. Une seule chose comptait : passer le plus de temps possible auprès des Sages, s'imprégner de leur enseignement, se rendre transparent à leur rayonnement.

Au cours de l'hiver 1964-1965, à Dharamsala, il découvrit l'univers des Tibétains.

Fantastique dépaysement! Ces gens venaient d'un autre monde. Depuis 1959, ils étaient installés aux confins de l'Himalaya, réfugiés, misérables, luttant pour que leur culture survive. On racontait sur eux d'étranges choses. On disait qu'ils avaient des pouvoirs extraordinaires, qu'ils détenaient de troublants secrets et qu'ils vénéraient un panthéon fait de dieux aux visages terrifiants. Arnaud laissait dire, toujours habité par son idée fixe qui était de rencontrer des maîtres. Ces maîtres, il fallait souvent aller les chercher bien loin, par des chemins où l'on ne passait qu'à dos de mule ou à pied. Encore fallait-il, une fois qu'on les avait trouvés, gagner leur confiance, car ils ne se sentaient pas disposés à dispenser leur savoir à des étrangers.

Aidé par le *senior interpreter* du Dalaï Lama, Sonan T. Kasi qui devint son ami et séjourna chez lui à Paris, Arnaud allait de l'un à l'autre.

Le voici face à Kempo Kalou Rimpoché, un petit homme si émacié qu'on ne saurait lui donner d'âge. Il semblait si loin, si loin et pourtant les paroles qui tombaient de ses lèvres étaient si familières :

« Il n'y a rien à trouver, rien à gagner qui ne soit déjà là... La Vérité est là, ici même, dans cette cellule. La Vérité est en vous. Vous êtes le silence, la Vérité ; vous êtes le Bouddha. C'est là, c'est là, en ce moment, si simple, si proche. Et pourtant, nous le rendons si loin quand c'est si proche, si compliqué quand c'est si simple... Parce que le voile est là, l'attachement aux apparences, la croyance que vous n'êtes pas le Bouddha, que vous êtes un individu. »

Ainsi, Arnaud ne s'était pas trompé. Au-delà des apparences, des rituels, des coutumes, c'était toujours le même enseignement. Chez les Tibétains comme chez les Hindous, il y avait des hommes qui avaient passé leur vie à travailler pour découvrir leur nature véritable et qui y étaient parvenus. Des « Réalisés ».

Il voulait tous les rencontrer.

Voici Gyalwa Rimpoché, le chef de la secte des Kagyu-pa. « Un visage majestueux aux traits mongols accentués, beau comme une statue. » Il le reverra souvent par la suite et le recevra même dans son premier ashram auvergnat.

Voici, à Darjeeling, Kangyur Rimpoché. A peine Arnaud se trouva-t-il en face de lui qu'il eut le sentiment d'apercevoir une lueur dans la pénombre. C'étaient les yeux du lama. Et, face à ce petit homme mystérieux qui n'avait pas encore dit un mot, l'expérience surgit, fulgurante :

« Tous les souvenirs, toutes les images, tous les possibles

se présentaient à la fois. J'avais dix, cent cerveaux qui fonctionnaient en même temps... Je pouvais tenir dix raisonnements à la fois, vivre dix scènes de souvenirs (et de souvenirs oh combien oubliés) en même temps. Puis tout fonctionnement s'est arrêté, mais ce n'était ni l'inconscience, ni le blanc des évanouissements; c'était l'expérience du vrai silence transcendant la pensée et l'individualité, le nom et la forme, le temps et l'espace, et, surtout, la dualité. »

C'est alors que naquit une solide amitié entre Arnaud et le fils de Kangyur Rimpoché, Tulku Péma, qui dirige maintenant un centre de retraite en Dordogne.

Pourquoi faut-il, quand on connaît de tels états, redescendre sur terre? Il le fallait cependant, ne serait-ce que pour poursuivre la quête.

Voici Dudjom Rimpoché, le chef des Nyingmapas, aux longs cheveux noués en chignon et dont le regard était si profond qu'on avait le sentiment de s'y perdre. A huit ans, il enseignait déjà.

Voici surtout le Dalaï Lama, le grand moine Geluk-pas, le chef vénéré des Tibétains en exil. Il jouit d'un tel prestige que, sans son approbation, le film n'aurait pu être tourné. Il dit oui et toutes les portes s'ouvrirent. Au premier regard, il fit confiance à Arnaud et cette confiance, il ne la reprendra jamais plus. Lorsque des malintentionnés vinrent lui dire qu'il avait eu tort de donner son autorisation et que le nommé Desjardins n'avait en fait pour but que de vilipender le bouddhisme tantrique, il s'écriera :

« Ainsi, ni moi, ni mes maîtres ni aucun des grands gourous ou yogis, qu'ils soient geluk-pa ou bonnets rouges, n'a été capable de sentir sa trahison ou de deviner ses sentiments malgré leur prétendue clairvoyance et leur réputation de sagesse? Eh bien, vraiment, le bouddhisme tibétain ne mérite rien d'autre que tout le mal qu'il en dira. »

Jamais à cette époque, depuis Alexandra David-Neel et le célèbre lama allemand Govinda, aucun Occidental n'avait pénétré aussi profondément la substance du bouddhisme tibétain. Arnaud en fut blessé, ébloui. Mais ce n'était pas encore assez. Il voulait tout connaître. Les maîtres zen du Japon et surtout, peut-être, ces êtres mystérieux dont on affirmait qu'il était impossible à un étranger de les approcher : les Soufis de l'Afghanistan.

Quelle obstination il lui a fallu!

Chaque fois qu'en route vers l'Inde, il s'arrêtait à Kaboul, il demandait à voir des Soufis et, chaque fois, on lui répondait avec désinvolture : « Des Soufis? Mais il n'y en a plus depuis au moins trois cents ans! » Alors, sans trop insister, il se contentait de tourner un film sur l'Afghanistan de tous les jours.

Un jour enfin qu'il se trouvait au ministère des Affaires étrangères, un haut fonctionnaire, Rawan Fahradi, lui demanda :

« Ça vous intéresse toujours, les Soufis?

– Plus que jamais.

– Eh bien! j'en ai parlé au ministre de l'Intérieur. Vous aviez raison : il y a encore des Soufis en Afghanistan et nous avons décidé de vous permettre de les filmer. Nous sommes satisfaits des trois films que vous avez tournés sur notre pays et nous avons confiance en vous.

– Comment puis-je les rencontrer?

– Je vous conseille de vous adresser à un de mes amis. Nous avons fait ensemble nos études à Paris. Il était très brillant, mais il n'a pas voulu entrer dans la carrière politique. C'est un être à part. Il parle admirablement le français et si vous pouvez le convaincre de vous accompagner, il sera pour vous un parfait compagnon. Pour l'instant, il répare des postes à transistors dans un petit magasin de Kaboul. »

Ce sera pour Arnaud un nouvel ami, plus même, un frère, Mohhammad Ali Raouaq.

Arnaud se précipita chez lui, lui montra un exemplaire de son livre sur les Tibétains et lui dit : « Je voudrais faire la même chose sur les Soufis. »

Les voici partis sur les routes cailouteuses. Voici le premier village, la première confrérie, le premier soir.

« C'était beau ces nuits d'Orient, dans le silence, la pièce à peine éclairée par des lampes à pétrole et tous ces hommes barbus qui se serraient dans les bras les uns des autres en arrivant. »

Le Maître était assis sur ses talons. Une grande barbe en pointe et des yeux qui vous pénétraient jusqu'à l'âme.

En guise de bienvenue, il murmura cette phrase qui est la quintessence de tous les grands enseignements traditionnels :

« Un est. Deux n'est pas. » (*Yak art do nist.*)

Arnaud eut le bonheur de s'entendre dire par le traducteur :

« Le Maître vous fait dire que vous n'avez pas besoin de vous convertir à l'Islam. Puisque vous cherchez la Vérité, vous êtes un musulman, car il est dit : " Celui qui cherche Dieu d'un cœur sincère, nous le reconnaîtrons comme l'un de nous. " »

De village en village, l'émerveillement ne cessait de croître. Ces hommes qui ne se distinguaient pas des autres, qui travaillaient pour gagner leur vie, étaient des hommes selon son cœur : ils ne vivaient que pour Dieu. Ils pouvaient passer des nuits entières à répéter le nom d'Allah. Ils étaient d'une pureté exemplaire.

Ils étaient... car ils ne sont plus. Il y a quelques mois, Arnaud a reçu la visite d'un de ses anciens amis afghans. Ils ont regardé ensemble les deux films sur les Soufis. Lorsqu'un visage particulièrement cher apparaissait sur l'écran, Arnaud demandait : « Qu'est-il devenu ? » et, presque chaque fois, la réponse tombait : « Celui-ci a été pendu dans tel village... celui-là a été fusillé à Kaboul... »

« Chaque fois, raconte Arnaud, j'avais envie de crier : " Vous avez tué mon père ! " Du point de vue du régime communiste, ajoute-t-il, ils étaient nuisibles. On ne pouvait les accuser de corruption, ou d'être au service de la royauté. En fait, on ne pouvait les accuser de rien, sinon d'être des ferments de liberté. »

Pour l'heure, il ne pensait qu'à les filmer, à les faire parler pendant des heures et des heures, à participer à leurs prières, à s'imprégner de leur sagesse. Il fit avec eux deux films qui sont aujourd'hui des documents historiques d'une valeur exceptionnelle. Deux films que la télévision française s'est d'ailleurs bien gardée de rediffuser lors des événements d'Afghanistan.

Darjeeling à nouveau. Les lamas, les gompas et, barrant l'horizon, la prodigieuse barrière de l'Himalaya. Et puis, tout d'un coup, cette immense souffrance : l'impression d'avoir fait tout cela pour rien. Tous ces kilomètres, tous ces êtres exceptionnels rencontrés et filmés... A quoi bon si l'on n'est pas soi-même transformé, si l'on reste prisonnier de ses émotions, implacablement soumis à la chaîne des causes et des effets ?

Arnaud eut soudain, ce jour-là, le sentiment qu'il n'était qu'un marginal de la spiritualité, un curieux passionné, mais un curieux tout de même qui allait ici ou là voir ce qui se passait et qui, chemin faisant, était en train, selon ses propres termes, de « se faire un nom dans la spiritualité comme on se fait un nom dans les affaires ou dans les arts ». Il désespérait d'être un jour un véritable disciple, d'aller jusqu'au bout de son Chemin.

S'il est une phrase qu'on entend souvent répéter dans tous les ashrams, c'est bien celle-ci : « Lorsque le disciple est prêt, le maître vient. » Elle va se révéler vraie une fois de plus.

De retour chez Mâ Anandamayi, Arnaud retrouva son ami, le docteur Frédéric Leboyer, et celui-ci lui parla d'un maître bengali qu'il rencontrait chaque année et qui lui avait fait une impression énorme, un certain Swami Prajnanpad. Swami Prajnanpad ! Ce nom s'imposa soudain comme l'irruption de la lumière dans une chambre obscure. Depuis plus de six ans, Arnaud avait son adresse dans son portefeuille. Depuis six ans, il se disait qu'il devrait bien aller le voir et il temporisait sans trop savoir pourquoi. Cette fois-ci, il partit sans hésiter.

A peine était-il arrivé, à peine avait-il rencontré celui qu'il appellera désormais Swamiji, qu'il se sentit envahi par une joie intense. Ce Maître qu'il cherchait depuis si longtemps, il l'avait enfin trouvé ! Il y a ainsi des certitudes qui s'imposent avec la fulgurance de l'éclair.

Il ne s'agissait pourtant pas d'un gourou qui attirait les foules. Il n'avait pas le regard magnétique, il ne faisait pas de miracles, il n'avait pas le rire d'enfant de Ramdas, il ne prononçait pas des paroles de feu. C'était un homme déjà âgé et qui semblait fragile malgré sa haute taille et son aspect imposant. Mais, sous une gravité qui ne le quittait jamais, on pouvait lire l'amour dans ses yeux. L'amour pour toutes les créatures.

Ce qui ne l'empêchait pas d'avoir les pieds bien sur terre

et d'être remarquablement préparé à prendre en charge des Occidentaux ou des Indiens occidentalisés. D'abord parce qu'il parlait anglais, qu'il avait fait des études très poussées en mathématiques et qu'il s'était longtemps passionné pour la psychologie moderne. Connaissant les Occidentaux, il avait compris très vite qu'il ne pouvait agir avec eux comme les gourous d'autrefois agissaient avec des disciples issus directement des familles traditionnelles.

Cela demande une explication. Autrefois, dans la société indienne, l'enfant était roi. Tout tournait autour de lui et il recevait ce dont les enfants ont avant tout besoin : l'amour des parents et du cercle familial. Il était aussi comblé qu'il est possible de l'être et, parce qu'il était comblé, il était capable d'entrer de plain-pied dans l'enseignement de son Maître.

Ce n'est pas, hélas! le cas des Occidentaux ou des Indiens élevés dans des familles occidentalisées. La plupart d'entre eux n'ont pas reçu tout ce qu'ils étaient en droit d'attendre de leurs parents. Si intelligents et si instruits soient-ils, ils sont des infirmes, pour ne pas dire des arriérés émotionnels. Ils arrivent avec des problèmes énormes, des revendications essentielles non satisfaites, des frustrations, des souffrances aiguës. Ce manque de stabilité ne leur permet pas de tirer profit des enseignements ésotériques dispensés par les gourous. Car, comme le dit Arnaud : « S'il n'y a que désordre sur le plan psychique, il ne peut y avoir qualification pour la spiritualité. »

Swamiji avait compris cela. Il savait qu'il fallait commencer par donner aux êtres incomplets qui se présentaient devant lui ce qui ne leur avait pas été donné, qu'il lui fallait déblayer les plus gros problèmes émotionnels et il avait, pour cela, mis au point des techniques qui combinaient harmonieusement les connaissances de la psychologie occidentale et l'enseignement traditionnel.

Chez lui, le Chemin commençait par la maîtrise de soi et cette phase préliminaire durait souvent longtemps. « Il faut d'abord, disait-il, redresser ce qui a été tordu. » Ou encore : « Swamiji essaie d'aller au fond de vos nœuds, de vos empêchements principaux pour atteindre un jour la Réalité inaffectée. »

Encore fallait-il avoir les conditions favorables pour la

rechercher, cette Réalité inaffectée. Là intervint une sorte de miracle. Jusqu'ici, comme tout chercheur spirituel, Arnaud était tiraillé entre deux possibilités. Tout lâcher, quitter Paris, son travail, sa famille pour venir s'enfermer dans un ashram. C'était une tentation, mais c'était aussi une impossibilité. Il y avait Denise et les deux enfants, Muriel et Emmanuel. Et aussi le fait que c'est un Chemin beaucoup plus difficile pour un Occidental que pour un Indien. Fallait-il donc rester un chercheur spirituel à temps partiel? Consacrer au Chemin le seul temps des loisirs? On ne va pas loin comme cela. On reste dans la tiédeur et on arrive au bout de sa vie sans avoir vraiment progressé.

Le miracle, c'est justement que Swamiji offrait une troisième voie. Il affirmait qu'il était possible d'aller jusqu'au bout du Chemin tout en continuant à vivre dans le monde, à gagner de l'argent, à s'occuper de sa famille.

A la seule condition de bien comprendre une chose : lorsqu'on est en dehors de l'ashram, c'est le monde entier qui devient l'ashram et le gourou, c'est la vie elle-même.

Il faut faire le pas, accepter cette vérité bouleversante : chaque événement de la vie, petit ou grand, heureux ou malheureux, ne nous est donné que pour progresser sur le Chemin. Même et surtout les inquiétudes, les soucis, les contretemps, les maladies si l'on sait les accepter sans dualité, être, instant après instant, « un avec ce qui est ».

Ainsi, jour après jour dans la vie quotidienne, il est possible de progresser. Dire oui à tout ce qui arrive, cela paraît difficile, inhumain parfois. C'est pourtant le seul moyen de venir à bout, jour après jour, de ces émotions qui nous dispersent et nous empêchent d'avancer. Le seul moyen de devenir adulte, car l'adulte, selon Swamiji, c'est l'homme qui n'a plus d'émotions.

Telle est la voie de Swamiji. La voie qu'Arnaud Desjardins va suivre avec obstination. Voie simple mais difficile, crucifiante parfois. Mais Swamiji ne répétait-il pas souvent : « Le Chemin n'est pas fait pour les lâches » ?

Il y a des hauts et des bas, des moments d'exaltation et de découragement. Il y a le retour de peurs qu'on croyait disparues, le surgissement d'angoisses qu'on ne croyait pas avoir en soi, les refus qu'il faut surmonter. « Je veux bien dire oui à tout, mais pas à cela! » Malheureux! C'est justement à cela qu'il faut dire oui si tu veux faire un pas de plus. Tout cela appartient au domaine de l'indicible.

« En Swamiji, affirme Arnaud, j'ai trouvé quelqu'un qui m'a guidé, montré, aidé à voir. Quelqu'un avec qui j'ai fait le travail qui n'avait pas été fait jusque-là. Swamiji m'a permis de faire la synthèse de tout ce que j'avais compris, entendu, vécu, découvert. Il a permis que tout cela ne vienne pas enrichir le mental et l'ego. Il a fait tomber les illusions que je pouvais me faire à propos de ce que je croyais comprendre. »

A force de ne pas vouloir se faire d'illusions, on finit par ne pas se rendre tout à fait compte du chemin qu'on a parcouru. Heureusement, le Maître est là. Un jour qu'Arnaud lui demandait l'autorisation de lui amener quelques amis, il répondit :

« Non ! Non ! Swamiji est âgé. Swamiji ne recevra plus personne.

— Mais il y a tant de gens qui lisent mes livres et qui m'écrivent qu'ils sont prêts à faire le voyage pour vous rencontrer.

— Il y a beaucoup de gens intéressés, mais peu sont décidés à faire les efforts nécessaires et à payer le prix.

— D'accord, mais admettons que sur mille personnes qui m'écrivent, il y en ait cinq qui soient vraiment sérieuses, à qui puis-je les envoyer ? Qui va s'occuper d'elles ? »

La réponse a jailli, inattendue, incroyable. Un seul petit mot qui, d'un coup, va bouleverser sa vie et la transformer de fond en comble :

« Vous ! »

Cette réponse, Arnaud la reçoit comme un coup de poing en pleine figure.

« J'ai compris tout de suite ce que ça voulait dire, raconte-t-il, et j'en ai ressenti une impression terrible. J'étais au pied du mur. Il me faudrait bientôt franchir une étape essentielle. Moi qui voulais continuer à mener une petite vie tranquille, qui avais la possibilité de devenir un fonctionnaire de la télévision avec toutes les sécurités possibles, je savais que si je devais m'occuper des gens que Swamiji ne pouvait pas recevoir, il me faudrait leur donner tout mon temps.

« J'ai ressenti au plus profond de moi : Oh non ! Non ! Non !

Et puis, je me suis dit : " Mais vraiment, qu'est-ce que je veux? Voici des années que je prétends chercher, que je crois avancer sur le Chemin et je refuserais d'aller plus avant! " »

Il savait qu'il avait encore tout à faire avant d'enseigner aux autres et que, maintenant, ça allait devenir vraiment sérieux.

La qualification, c'est Swamiji qui va la lui donner deux ans plus tard, un jour qui était pourtant un jour ordinaire, au cours d'un entretien semblable aux autres. Swamiji lui dit :

« *To be free is to be free from having. Nothing else.* » (Être libre, c'est être libre de l'avoir. Rien d'autre.)

Cette parole provoqua elle aussi un fantastique refus, un Non! retentissant.

« Il est monté en moi, raconte Arnaud, une vision synthétique de tout ce à quoi j'étais attaché dans le domaine de l'avoir. Avoir de l'argent, une famille, la santé, une bonne réputation... avoir... avoir... avoir... Il me semblait impossible de perdre tout cela. C'était comme un surgissement de désespoir terriblement intense. Il y a eu en moi comme un grand mouvement intérieur, comme un tremblement de terre. C'était insupportable. Et puis je me suis entendu murmurer : " Tant pis! tant pis. Je saute le pas, je lâche tout, je fais confiance. " Cela s'est passé en quelques secondes et, après, je comprenais à peine ce qui était arrivé. Je ne me reconnaissais plus.

« C'était une incroyable victoire, un retournement complet. Bien sûr, il y a eu encore quelques remous, la force d'inertie des habitudes, des émotions, de vieux mécanismes mentaux, mais à partir de ce jour-là, quelque chose a chaviré. Le vieil homme n'est plus jamais revenu. J'étais prêt à faire ce que Swamiji me suggérait : créer un ashram. »

Cet ashram, le voici.

Une grande maison à la sortie d'un village médiéval, à deux pas du pont du Gard. Ce qu'on appelait autrefois une maison de maître avec ses deux étages et sa tour carrée coiffée d'un toit à quatre pentes. Ce qu'on ressent avant tout, dès qu'on pénètre dans le parc, c'est une impression de silence et de sérénité. Il y a des gens qui s'affairent, d'autres qui lisent assis sur des bancs, d'autres qui se promènent dans les allées de ce parc entièrement ceint de murs où l'on trouve des pelouses, des fleurs et, au fond, une sorte de labyrinthe serpentant au milieu d'arbustes toujours verts.

Lorsqu'on a fini le tour et qu'on approche des bâtiments, on baisse instinctivement la voix. Voici, sur les arrières de la maison, le chêne gigantesque au pied duquel, certains soirs d'été, Arnaud accorde des entretiens. De l'autre côté, des rangées de cyprès nouvellement plantés délimitent une sorte de cloître au centre duquel se trouve un bassin. C'est la zone de silence absolu.

L'hôtellerie est installée dans ce qui était autrefois les communs, mais elle est loin d'être assez grande pour loger tous les hôtes qui se succèdent ici. Si bien qu'une des caractéristiques principales de cet ashram pas comme les autres, c'est qu'on n'y loge pas. Les disciples doivent s'éparpiller dans les hôtels et les chambres d'hôtes du voisinage pour dormir et prendre leurs repas. Ils ne viennent d'ailleurs que pour des séjours relativement brefs.

Ceux qui ont besoin, pour se sentir à l'aise, d'une règle de vie stricte et minutée risquent d'être déçus. Ici, chacun est libre d'organiser son temps à peu près comme il l'entend. En principe, tout le monde arrive à 8 h 30. Le premier geste est d'aller consulter le tableau d'affichage qui se trouve à l'entrée de la maison car, pour éviter l'installation d'une routine, les horaires ne sont pas toujours les mêmes. Une fois connue l'heure de l'entretien avec Arnaud, on peut s'inscrire auprès du responsable pour travailler, car l'ouvrage ne manque pas. Il y a l'entretien de la propriété, la cuisine, l'installation de l'hôtellerie. Le travail manuel fait aussi partie du Chemin. Il est accompli sinon dans le silence total, du moins sans paroles inutiles.

On peut aussi lire et écrire dans la petite bibliothèque qui donne sur le « cloître » ou méditer dans la chapelle tibétaine.

Pourquoi une chapelle tibétaine dans un ashram qui se réclame de l'Advaïta Védanta ? Parce que Arnaud a conservé des liens très étroits avec les Tibétains, parce que Sa Sainteté le Karmapa est venu à l'ashram où le trône sur lequel il s'est assis est religieusement conservé, parce que Tulku Péma est venu lui aussi. Sur les murs, il y a des *tankas*, images de divinités peintes sur du tissu entouré de brocart et, sur le sol, un tapis tibétain représentant un dragon. La seule lumière est fournie par les lampes à huile qui brûlent jour et nuit. La règle veut que chaque fois qu'on pénètre dans la chapelle, ne serait-ce que pour la traverser, on fasse une prosternation.

Ainsi s'écoule la journée : silence, méditation, travail, face à face avec soi-même.

Le point fort – en dehors des entretiens particuliers qu'on peut avoir avec lui en cas de nécessité impérative – est, bien entendu, la réunion autour d'Arnaud.

Nous voici revenus à notre point de départ.

Arnaud Desjardins est là, sur sa petite estrade, enveloppé dans son tchador beige. Depuis plus de dix ans, il parle ainsi chaque jour pendant près de deux heures, sans jamais avoir sous les yeux aucune note, partant d'une question pour arriver à l'essentiel.

L'essentiel, c'est la Libération. Ce n'est pas l'enseignement d'Arnaud qui est donné ici, pas même celui de Swami Prajnanpad, mais, à travers eux et dans toute sa pureté, l'enseignement traditionnel de l'Advaïta Védanta transmis de maître en maître depuis des siècles et des siècles.

Se libérer de quoi? De l'ego, c'est-à-dire du petit moi. Mais l'égocentrisme se confond étroitement avec les émotions. Le premier travail sera donc – nous ne le répéterons jamais assez – de faire disparaître les émotions pour libérer les sentiments stables : amour, sérénité, communion.

« C'est l'ego qui a des émotions et tant que ces émotions, ces souffrances, ces désirs, ces peurs sont là, nous sommes condamnés à l'égoïsme... Cette distinction entre ce que nous aimons et ce que nous n'aimons pas commence à la naissance et toute la vie s'organise autour d'elle. Tant que cette opposition subsiste, il y a égoïsme... c'est-à-dire qu'une voix très forte en nous réclame tout le temps : Moi! moi! moi! »

Il y a au premier rang un jeune homme enveloppé dans un tchador qui écoute avec des yeux illuminés de joie. Tout le monde le connaît ici : il s'appelle Geoffroy d'Astier de la

Vigerie et il est l'assistant direct d'Arnaud, l'intermédiaire entre le Maître et les disciples. C'est lui qui reçoit, pendant au moins une heure et demie, tous ceux qui viennent pour la première fois.

Si nous donnons ici son témoignage, c'est que nous le trouvons exemplaire. Il est possible, à travers lui, de voir d'une façon concrète le chemin qu'on peut parcourir si l'on met, avec beaucoup d'application et de courage, l'enseignement en pratique.

Les émotions, Geoffroy sait ce que c'est.

« Avant de rencontrer Arnaud, raconte-t-il, je me sentais très mal dans ma peau et j'avais compris tout seul que c'étaient les émotions qui démolissaient ma vie. Je voulais me sentir mieux et je suis allé voir un homéopathe. Il m'a donné un médicament qui m'a littéralement empoisonné. Je me suis, du jour au lendemain, trouvé déconnecté de la réalité, déstructuré. Tout était éparpillé. Je ne pouvais plus concentrer mon attention, lire plus de quelques lignes, aller au cinéma... Je vivais dans l'angoisse.

« Un jour, un de mes amis m'a montré un livre qui traînait sur son lit et m'a dit : " Tu devrais lire ça. " C'était le second volume des *Chemins de la Sagesse* d'un certain Arnaud Desjardins. J'ai eu la curiosité de l'ouvrir et moi qui n'avais pas lu un livre depuis un an et qui n'avais aucune préoccupation spirituelle, je l'ai dévoré en quelques heures. J'avais l'impression d'être un homme en train de se noyer et qui trouve sous sa main une bouée de sauvetage. Je me suis dit : " Il faut que je rencontre cet homme! " Je l'ai rencontré après avoir lu tous ses livres et j'ai tout de suite essayé d'appliquer l'enseignement. Arnaud disait que l'émotion n'est jamais justifiée. Comment aurais-je pu ne pas être d'accord avec cette assertion puisque je pouvais la vérifier chaque jour? A partir du moment où j'ai été imprégné de l'enseignement, c'est toute ma vie qui s'est trouvée transformée, ma façon de voir les choses et même mes relations jusqu'ici difficiles avec ma mère et mon beau-père.

« Je n'ai même plus besoin de parler avec Arnaud. Son silence me suffit. Un silence tellement intense et où il se passe tant de choses. En réalité, il n'y a pas un seul silence qui ressemble à un autre, mais tous valent toutes les paroles du monde. Tout enfant, parce que ma famille avait joué un rôle important dans l'histoire récente de la France, j'ai rencontré des gens célèbres, les hommes politiques qui entouraient le général de Gaulle et le général de Gaulle lui-même ; j'ai connu aussi des écrivains, Joseph Kessel par exemple ; des champions, parce que j'ai été un international d'athlétisme et surtout des musiciens. J'étais pianiste et j'ai été un moment très proche de Leonard Bernstein. Il s'est pris d'amitié pour moi et il a même voulu m'emmener à New York. C'était un personnage fascinant. Un homme comblé. Il avait tout : il était riche, célèbre, génial, séduisant, il avait un charme fou et il pouvait satisfaire tous ses désirs. Pourtant, un jour, je l'ai entendu dire : " Je ne suis pas heureux. "

« Cela m'a paru incroyable. Que faut-il donc pour être heureux ? Tous ces gens célèbres que j'ai rencontrés, qu'avaient-ils donc à m'apprendre s'ils étaient toujours susceptibles d'être malheureux ? Moi, je n'avais qu'un seul but : me débarrasser des émotions qui m'étouffaient et eux, ils ne pouvaient rien faire pour moi. C'est pourquoi j'ai tout de suite été conquis par Arnaud. Vu de l'extérieur, ce n'est pas un personnage aussi flamboyant que Leonard Bernstein, mais il a réalisé en lui ce que je veux passionnément réaliser : ne plus avoir d'émotions, ne plus souffrir.

« Il y a encore quelques années, je croyais que j'allais consacrer toute ma vie à la musique. Il m'arrive encore de jouer du piano, d'écouter des disques ou d'aller au concert, mais j'ai renoncé à faire une carrière de pianiste. Dès mon arrivée ici, j'ai compris qu'il était absurde de passer six heures par jour à perfectionner un morceau de piano. Je me suis imaginé vingt ans plus tard en train de perfectionner ce même morceau. Tant de travail, tant de temps passé pour n'améliorer qu'un seul aspect de soi-même ! Alors que le yoga et l'enseignement, eux, améliorent tout l'être.

« Depuis que j'ai rencontré Arnaud, je ne veux plus vivre que pour l'Essentiel. »

Cet enseignement qui vise à transformer les êtres, voici déjà plusieurs années que nous essayons de le vivre, Rachel et moi, et que nous venons régulièrement assister aux entretiens d'Arnaud. Pourtant, il nous semble aujourd'hui presque impossible d'en rendre compte. C'est qu'il est d'une incroyable simplicité et qu'il y a – surtout lorsqu'on n'est pas arrivé soi-même au bout du Chemin – quelque chose de scandaleux à dire à des hommes qui souffrent et se débattent au milieu de difficultés matérielles, physiques et psychologiques : voyez comme c'est simple!

Eh oui! c'est simple. Si simple qu'on peut tout résumer en un seul mot, le mot oui. Dire oui au réel. Être un avec. Avec tout ce qui arrive, les joies aussi bien que les peines. Voilà la clé. Une clé universelle d'ailleurs, qui est la même pour tous les enseignements quels qu'ils soient. Il ne peut y en avoir d'autre. Le drame, c'est qu'il faut souvent toute une vie pour le mettre en pratique. Avec des avances, des reculs, des hésitations, des refus...

Le meilleur moyen pour comprendre en profondeur est encore de partir de notre condition d'aujourd'hui. Nous ne le savons pas et nous ne voulons pas le savoir, mais c'est une condition d'esclave. De cela, nous avons déjà parlé. Mais si nous insistons, c'est qu'Arnaud ne cesse d'insister lui aussi. Non pas dans l'abstrait. Au contraire, pour se faire mieux comprendre, il n'hésite pas à raconter comment il a pris lui-même conscience de l'esclavage dans lequel il vivait.

« A l'époque où je travaillais à la télévision, j'étais encore considérablement identifié à tous les fonctionnements du mental et, au lendemain d'une émission importante, en début de soirée, je me précipitais sur le kiosque à journaux pour voir ce que les critiques avaient dit à propos de l'émission de la veille. J'avais le sentiment que mon avenir professionnel et même – à tort ou à raison – mon avenir spirituel en dépendaient. Je lisais. Si j'avais été un sage, je serais resté neutre. Je me serais dit que ce qui était écrit dans le journal, c'était purement la Réalité ici et maintenant. Mais je ne savais pas contrôler mon mental qui se mettait aussitôt à interpréter. Imaginez qu'il y ait écrit : " Admirable soirée hier soir... " Inévitablement, une émotion heureuse se levait en moi. Et aussitôt intervenait ce qui aurait pu être si les critiques avaient été sévères. Imaginez maintenant qu'il y ait écrit : " Morne et prétentieuse soirée hier soir... " Cette fois-ci, c'était une émotion douloureuse qui surgissait. D'autant plus douloureuse que le mental, aussitôt, refusant la réalité, se mettait à imaginer ce qui se serait passé si la critique avait été élogieuse.

« Ainsi, l'article d'un journaliste que je ne connaissais pas et qui, peut-être n'avait rien compris ou qui était simplement de mauvaise humeur, suffisait pour provoquer en moi la déception, le désespoir ou la peur de l'avenir ou, au contraire, pour m'obliger à être fou de joie. Automatiquement. C'est à partir de ces exemples si simples et si concrets de notre existence de tous les jours que nous pouvons commencer à avoir prise sur le mental. La vigilance nous permet de voir comment il crée sans cesse un second monde irréel qu'il essaie de superposer au monde réel. Tout le Chemin consiste à revenir de deux à un. »

Il y a pis encore : nous passons notre temps à être partagés entre l'attraction et la répulsion, à aimer telle chose et à détester telle autre. Il suffit de nous observer pour comprendre à quel point cette habitude est puissante en nous. Si puissante qu'elle domine notre vie.

Voilà bien un terrible esclavage, car, ces attractions et ces répulsions, nous ne les avons pas choisies librement. Elles ne dépendent pas de nous mais d'une chaîne de causes et d'effets qui s'est mise en route avant notre naissance. En fait, la plupart de nos actes ne sont pas des actes d'adultes, mais d'enfants frustrés qui continuent à hurler dans le noir, qui veulent à tout prix être aimés comme ils ne l'ont pas été par leurs parents et qui, s'ils n'obtiennent pas ce qu'ils réclament – et ils ne l'obtiennent jamais – sont prêts à mordre et à se détruire.

Cette prise de conscience de ce que nous sommes vraiment est un moment tragique de l'existence. Mais un moment essentiel parce que c'est à partir de là que va naître le désir fou d'en sortir à tout prix, de rompre le cercle infernal. C'est ce besoin vital, frénétique, ce désir d'être enfin libéré qui précipite aujourd'hui tant d'hommes et de femmes chez les maîtres spirituels.

S'ils s'adressent où il faut, ils sont assurés de trouver la bonne nouvelle : Oui, il est possible de sortir de cette prison. De vivre autrement. De ne plus souffrir. D'être enfin disponible pour aimer son prochain. D'être libre enfin. A condition d'être prêt, tout au long du Chemin, à mener un combat de tous les instants.

Il s'agit d'un véritable *strip tease*, affirme Arnaud. Car il faut nous dévêtir jour après jour. Nous débarrasser de tout ce qui est changeant. Si nous nous regardons avec lucidité, nous nous rendons facilement compte que tout change en nous. D'instant en instant, nous vieillissons, et, d'instant en instant, nous pouvons voir changer nos états d'âme et nos humeurs. Nous pouvons embrasser notre femme avec amour et, cinq minutes plus tard, sentir monter en nous contre elle une folle colère. Nous ne sommes jamais deux fois le même personnage et il nous arrive d'être « hors de nous ». Nos goûts changent, notre vision des choses...

Le grand secret, c'est qu'il nous faut peu à peu relativiser tout ce qui change pour atteindre un jour ce qui ne change pas : la Réalité immuable. Au cinéma, il y a l'écran et le film qui est projeté sur cet écran. On peut projeter un film de guerre, d'amour ou de science-fiction, mais, dès que la bobine est terminée, l'écran redevient à nos yeux ce qu'il a toujours été. Il ne reste sur lui aucune trace de ce qu'il nous a permis de voir. Pas la moindre larme ou la moindre goutte de sang. Il est neutre, immuable.

« Ce monde, dit Arnaud, dans lequel il y aura toujours des naissances et des morts, des unions et des séparations, des réussites et des échecs, ce monde n'est que la surface des choses. Vous pouvez vous éveiller au monde réel, unique, immuable, qui est ce monde de perfection, de plénitude, d'infini, une conscience à laquelle rien ne manque, rien ne peut être enlevé ou ajouté. C'est cette Conscience que les Sages nous proposent. »

Oui, ce tumulte qu'il y a en nous peut un jour s'apaiser, puis disparaître. Il suffit de dire « Oui », d'accepter ce qui arrive, puisque, nous l'avons vu, les émotions naissent toujours d'un refus.

Il suffit de... C'est si facile à dire.

En fait, cela paraît fou. Pourtant, c'est bien parce qu'ils sont engagés sur ce Chemin que tant de gens viennent à Font d'Isière.

Qu'y trouvent-ils? Quelle aide pour mettre l'enseignement en pratique?

Nous ne pouvons pas répondre pour eux, ni même retranscrire ici leurs réponses. Cette expérience est trop intime, trop profonde pour être racontée par personnes interposées. Ce que nous pouvons dire, c'est ce qu'a été pour nous le « mode d'emploi » de Font d'Isière.

Rachel et moi, nous avons la chance de suivre le même Chemin. Nous n'en sommes pas moins profondément différents. Nous n'avons pas les mêmes demandes, ni la même façon de procéder. Elle est plus intense dans sa recherche, plus déterminée. Elle arrive en général aux entretiens habitée par une question qu'elle veut à tout prix poser et elle se place au premier rang pour mettre toutes les chances de son côté. Il s'agit pour elle de faire sauter, de pulvériser un obstacle qui se dresse sur son chemin, un obstacle psychologique le plus souvent sur lequel elle bute. C'est une émotion, une révolte, une culpabilité qu'elle veut brûler, un gouffre du passé qu'elle veut sonder, un dragon qu'elle veut apprivoiser.

Un jour, par exemple, elle demande :

« Que dois-je faire ? Je me révolte pour un oui et pour un non. J'ai toujours l'impression qu'on veut me soumettre, qu'on ne tient pas compte de moi et je vois sans cesse devant moi l'image de ma mère qui n'osait jamais élever la voix et qui, jamais, n'a pris ma défense lorsque mon père se laissait emporter par une colère injuste. »

La réponse d'Arnaud a jailli aussitôt :

« Essayez de comprendre pourquoi vous êtes ainsi. Comprenez d'abord ce monde biblique d'où vous venez et où vous avez grandi. Voyez-le et acceptez-le. Acceptez d'être la fille d'un patriarche biblique et d'avoir été projetée d'un coup en plein XXᵉ siècle. Vous êtes à la charnière de deux mondes et cette émancipation que les femmes font progressivement depuis tant d'années, vous avez à la faire brutalement. Il vous faut effacer tout un passé collectif qui se trouve inscrit dans vos gènes. Mais répondez-moi très franchement : votre mère était-elle heureuse ? »

Ce fut un véritable trait de lumière. Mais oui ! sa mère avait été heureuse, alors même qu'elle était soumise. L'image qu'elle se faisait de sa mère était fausse parce qu'elle projetait sur elle ses idées de femme en voie d'émancipation. Quel soulagement ! L'obstacle était levé.

Un autre jour, elle exprima sa souffrance de se sentir jugée et condamnée par des femmes qu'elle croyait ses amies.

Réponse :

« Ces femmes, vous les trouvez inconscientes, négligentes, mais n'êtes-vous pas vous-même inconsciente et négligente vis-à-vis des autres et, surtout, vis-à-vis de Dieu ? Et puis, si les autres vous déçoivent, c'est que vous attendez encore quelque chose d'eux. Sur le Chemin, il ne faut rien attendre des autres. Ils ne peuvent donner ce qu'ils n'ont pas reçu. Ils ont eux aussi leurs problèmes, leurs frustrations. Ils souffrent. Il faut tout attendre de Dieu seul, se plonger dans la folle insécurité de Dieu. Dire oui à tout. Être un avec. »

Ainsi, pour répondre à Rachel, Arnaud a employé le mot Dieu qu'il n'utilisera pas avec un ancien chrétien déçu et révolté qui a trouvé un sens à sa vie dans le non-dualisme des Upanishads. A tous, il répond personnellement. Il leur dit ce qu'ils peuvent entendre.

Cela n'a l'air de rien, ce ne sont que de petites phrases très simples, presque banales et pourtant, entretien après entretien, réponse après réponse, cela permet d'avancer, de déblayer, de purifier l'inconscient, de réduire les exigences du petit moi. Car il n'y a pas de Chemin sans une ardente lutte intérieure.

« Le Chemin n'est pas fait pour les lâches », répétait sans cesse Swamiji.

J'admire Rachel, cette détermination, ce courage, ce besoin vital d'explorer les cavernes de l'inconscient. Moi, j'ai plutôt tendance à me laisser aller. J'arrive sans question. Je suis heureux d'être là, de déposer pour un temps tout ce qui m'encombre, de m'émerveiller devant la simplicité des solutions qui me sont proposées.

J'écoute les questions. Certaines m'intéressent, d'autres non. Mais ce que je trouve extraordinaire, c'est qu'il ne me soit jamais arrivé d'assister à une réunion sans y trouver, ne serait-ce qu'en une phrase, de quoi me nourrir pendant tout le temps qui s'écoulera avant mon retour. Je ne donnerai que deux exemples, mais je pourrais en donner vingt.

Un jour, l'entretien s'est engagé sur l'éducation, un sujet qui, de prime abord, ne me passionne pas. J'étais donc un tant soit peu démobilisé lorsque j'ai reçu cette phrase : « Tout le Chemin consiste à aller de l'enfant à l'adulte. » Je n'y ai pas fait très attention le jour même, mais je me suis aperçu, une fois rentré chez moi, que la petite phrase me poursuivait et m'obligeait à descendre au fond de moi, là où je ne voulais pas aller. J'étais un homme mûr et pourtant, j'ai senti l'enfant vivre en moi, je l'ai entendu crier sa détresse. Moi qui croyais avoir eu une enfance heureuse, je me suis aperçu qu'elle n'avait été faite que de souffrances, de revendications non satisfaites, de révoltes enfouies. J'ai revécu toutes les frustrations, les manques d'amour, les abandons. C'est un dur travail que de vivre cela pendant plusieurs mois avec, pour seul appui, une simple petite phrase. Il faut pourtant passer par là. C'est le Chemin. Une fois qu'on y est engagé, on ne peut plus ignorer ou contourner les obstacles.

Un autre jour, j'ai entendu : « Il faut aller de la peur à l'amour. »

Mes peurs, j'avais toujours refusé de les voir. Je m'étais fait de moi l'image idéale d'un personnage solide et imperturbable et je découvrais soudain que j'étais pétri de peurs : peur de ne pas être aimé, peur de mourir, de ne pas avoir de quoi vivre, de ne pas être à la hauteur... Un véritable grouillement d'angoisses. L'une après l'autre, il m'a fallu voir en moi ces peurs essentielles, les regarder, les laisser vivre, les accepter, leur dire oui au lieu de les refouler et de les refouler encore. Me voir tel que j'étais. J'ai compris que je devais nécessairement passer par là si je voulais devenir un homme, un vrai et aimer les autres hommes d'un amour authentique. Comme il a fallu, dans *la Flûte enchantée*, à Tamino et à Pamina passer à travers les flammes pour atteindre le Royaume.

Quelle souffrance! Mais aussi quelle merveille de découvrir qu'il est possible peu à peu, si l'on veut s'en donner la peine, d'être délivré de tout cela, de sentir les émotions lâcher prise, de laisser derrière soi le vieil homme pour commencer enfin à vivre.

On pourrait interroger cent personnes et on obtiendrait cent témoignages différents, cent façons de procéder, d'utiliser l'enseignement. Mais tous sont en marche vers le même sommet, vers la découverte du grand secret, du seul secret : « Être un avec. » Il n'y a rien d'autre.

Oui, il s'en passe des choses lors des réunions. Pourtant, Arnaud nous a dit un jour :

« Si vous n'avez pas le temps ou le goût de tout faire, il est encore plus important pour vous d'aller au cours de Josette que d'assister à mes entretiens. »

Si l'on entre alors que la séance est déjà commencée, on a l'impression d'assister à un cours de yoga tout à fait ordinaire. Dans la grande salle qui sert pour les rencontres avec Arnaud les jours de trop grande affluence, une vingtaine d'élèves sont allongés sur des tapis.

Si l'on y regarde mieux, on s'aperçoit qu'ils se livrent à une curieuse occupation : ils bâillent. Une jeune femme passe au milieu d'eux. Sa démarche est si légère qu'elle semble danser.

« Encore, encore, dit-elle. Bâillez! Ne vous retenez pas! »

Étrange thérapie! « Pas si étrange que cela, affirme Josette. Chaque fois que nous vivons une situation difficile, des tensions naissent. Elles s'accumulent dans le corps, surtout dans la nuque, les épaules et le plexus solaire. Si on les libère dans le corps, elles sont aussi libérées dans le cœur. Le bâillement est l'une des meilleures façons de libérer les tensions. Il me permet aussi de mieux connaître les élèves, de les situer et c'est pourquoi je me promène au milieu d'eux.

« Travailler sur le corps, c'est souvent le moyen le plus rapide de pratiquer l'enseignement. Arnaud dit souvent aux disciples : je vous dis des vérités et vous n'entendez pas. Avec le corps, on ne peut pas tricher. Le travail se fait pour peu qu'on y mette un peu de bonne volonté. Les élèves découvrent des perturbations intérieures qu'ils ne soupçonnaient pas et les compensations qu'ils mettent en œuvre pour résister au stress. Ils découvrent surtout leurs limites et c'est le plus important car la limite est un maître. Si on ne la respecte pas, elle se rebiffe et crée de nouvelles tensions. Il faut donc avant tout trouver sa juste place. Ne pas prendre le corps pour une mécanique alors que c'est un temple. Vérifier chaque jour à quel point il est marqué en profondeur par les réactions aux traumatismes psychiques. »

Si Josette joue aujourd'hui un tel rôle à Font d'Isière, c'est qu'elle parle de ce qu'elle connaît. Le Chemin qu'elle propose aux élèves, elle l'a parcouru. Douloureusement. Les tensions, elle n'en manquait pas. Elle en a pris conscience pour la première fois grâce à son premier guide, Luigi Siccione.

« Pendant longtemps, dit-elle, il a été mon point d'appui essentiel. Il a commencé par me montrer que je me tenais mal, que j'avais les épaules voûtées, le dos cassé et, par conséquent, le regard mal placé. Il m'a donné le sens de l'exactitude corporelle. Surtout, j'avais confiance en lui car il vivait vraiment ce qu'il enseignait. »

1968 fut une année charnière dans la vie de Josette. Une année bénie puisqu'elle a rencontré à la fois Arnaud Desjardins et l'Église orthodoxe française.

Elle ouvrait son poste de télévision lorsqu'elle tomba par hasard sur une émission d'Arnaud. « J'ai vu son regard, dit-elle et je me suis dit : " Il faut que je rencontre cet homme ! " » Le lendemain, une de ses amies lui a proposé d'aller entendre des chants orthodoxes. A la fin de la cérémonie, elle a vu s'avancer vers elle un homme légèrement voûté et au regard lumineux qui lui a dit : « Petite, viens que je te nourrisse. » Il lui a donné du pain bénit. C'était Mgr Jean Kovalevsky, le fondateur de l'Église.

Un peu plus tard, en voyant une photo du Maharshi dans un livre d'Arnaud, elle s'est souvenue de la lumière qui brillait dans le regard de Mgr Jean. Alors, un rêve ancien est brusquement revenu à son esprit. C'était en 1962. Elle hésitait entre un palmier et un sapin, entre la montagne et la mer, le froid et le chaud. Elle a vu alors une haute montagne au sommet de laquelle se déployait un grand manteau bleu plein de clarté et elle a entendu un rire de femme « moqueur, léger, cristallin, un rire en cascade » à travers lequel jaillirent ces paroles : « Pourquoi hésites-tu entre l'un et l'autre ? Tu auras les deux. »

La Voie s'ouvrait devant elle en plénitude.

Arnaud n'avait pas encore d'ashram et il n'avait écrit que le premier tome des *Chemins de la Sagesse*, mais il la recevait pour des entretiens particuliers et, certains jours, il lui arrivait de prononcer des phrases qui la bouleversaient. Celle-ci, par exemple :

« Ne cherchez pas à ce que les événements se brisent sur vous comme la vague sur un roc. Ils doivent au contraire vous traverser comme si vous étiez un filet. Quand la vague est passée, vous restez la même. »

Sa recherche était si ardente qu'elle voulait tout connaître. C'est ainsi qu'en 1969, elle rencontra Maître Deshimaru et qu'elle adhéra tout de suite à l'enseignement du zen. Elle a pratiqué l'assise avec détermination, appris à se concentrer, organisé chez elle des séminaires de zen.

Elle aurait pu aller jusqu'au bout sur cette voie. Elle a pourtant préféré s'orienter directement sur l'enseignement d'Arnaud, comprenant qu'elle ne pouvait pas prendre un petit peu ici et un petit peu là.

« Si je devais exprimer, dit-elle, ce que Luigi, Arnaud et Deshimaru m'ont apporté, je dirais que je me suis aperçue grâce à eux que j'étais conditionnée; que je fonctionnais selon des normes apprises, que j'étais prisonnière de ce qui se fait et de ce qui ne se fait pas et que le cœur n'avait pas grand-place dans tout ça. Je pris donc conscience que la manière de vivre la plus juste était de se déconditionner, de devenir une femme libre de l'artifice et de l'artificiel. »

C'est aussi Arnaud qui lui donna, en 1974, l'occasion d'accroître encore l'intensité de sa pratique en lui proposant de venir s'occuper d'une maison qu'il venait d'acheter et où il voulait faire un ashram.

Ce fut une rude aventure. Tout était à faire. Il fallait faire des plans, surveiller les travaux. Elle s'installa tout près, dans une école désaffectée sans aucun confort. Lorsque s'ouvrit l'ashram, elle devint la femme à tout faire. Il lui fallut s'occuper des repas, de l'intendance, d'aller chercher les uns et les autres à la gare, de les initier aux règles de l'ashram et au silence, de tenir la comptabilité. Elle se souvient encore des soirs de verglas où il lui fallait rentrer chez elle pour y retrouver ses enfants à leur retour de l'école et où il lui fallait laver le linge de l'ashram qu'elle apportait dans de grandes bassines.

« Je faisais tout cela, dit-elle, tout en suivant mon propre Chemin, en essayant de comprendre le mécanisme de mes émotions, en laissant lever en moi les souffrances de l'enfance pour en être délivrée. Je devais tout remettre à jour, tout revoir. C'était d'autant plus dur qu'Arnaud était très sévère avec moi. Il comprenait que je m'étais totalement engagée et qu'il devait en échange s'occuper de moi avec fermeté. Je ne comprenais pas toujours cette fermeté. Elle me faisait mal.

« Mes difficultés venaient aussi des autres, de ceux qui venaient en séjour et qui, peu solides eux-mêmes, s'appuyaient sur moi en oubliant que je n'avais pas terminé mon propre Chemin. Heureusement, j'avais souvent l'occasion d'aller à Vichy où se trouvait une église orthodoxe. C'est là que j'ai découvert la miséricorde. »

Au cours de l'été 1975, Arnaud lui proposa d'aller en Inde et lui offrit le voyage. Ce fut l'émerveillement. Elle séjourna chez Mâ Anandamayi et y connut des expériences si fortes qu'aujourd'hui encore, elle refuse d'en parler.

Lors d'un second voyage, quelques années plus tard, elle visita tous les hauts lieux dont Arnaud lui avait si souvent parlé : la montagne d'Arunashala, là où vécut le Maharshi ; l'Anandashram de Ramdas. Elle rencontra un jour un moine qui, retiré dans la montagne, ne vivait que de quelques fruits et d'un peu de lait. Surtout, surtout, elle put s'asseoir aux pieds de l'un des plus grands saints de l'Inde : Sri Nisargadatta Maharadj.

« Lors de la première rencontre, raconte-t-elle, j'ai eu l'impression qu'il lisait en moi, qu'il savait tout de moi. Je désirais par-dessus tout, à ce moment, être libérée de la peur. Et voilà que, conduite auprès de ce Maître et poussée par Arnaud – car ce voyage, je n'avais pas demandé à le faire – je me suis trouvée mise au pied du mur et que j'ai vécu une expérience décisive de non-peur. Pendant toute cette expérience et tout ce temps passé auprès de Nisargadatta Maharadj, je me disais : " Comme Arnaud va être content ! " J'ai compris que j'exprimais là une attitude intérieure d'Arnaud lui-même. Arnaud n'a jamais attaché ses disciples à la forme qu'il proposait.

« Lorsque je suis rentrée en Europe, Arnaud est venu m'attendre à la gare. Je lui ai dit d'emblée : " J'ai vécu avec Nisargadatta Maharadj une expérience extraordinaire de libération de la peur. " J'ai vu son visage s'éclairer et il m'a dit : " Eh bien ! Vous allez pouvoir me donner les points essentiels de ce qu'il vous a appris et nous comparerons, car je viens tout juste de faire une réunion sur la peur. " C'était la preuve de l'unité, la preuve aussi qu'Arnaud ne chérissait pas d'opinions personnelles. J'étais sa disciple et, en même temps, j'étais libre de lui. »

Il en allait de même avec l'orthodoxie. A ses yeux, l'orthodoxie et l'enseignement d'Arnaud n'étaient pas contradictoires. Arnaud donne les clés et il ne cesse d'affirmer que si l'on pratique vraiment l'enseignement de Swamiji, on ne peut que devenir un meilleur chrétien si l'on est chrétien.

« J'avais trouvé, ajoute Josette, la rigueur chez Arnaud et la miséricorde chez les orthodoxes. Le songe de 1962 demeurait vrai. C'était à moi de faire la balance, sans excès ni d'un côté, ni de l'autre. »

Ce dont nous pouvons témoigner, c'est qu'au sortir d'une séance avec Josette, nous nous sentons étrangement légers, que nos visages sont détendus, notre respiration plus libre, notre esprit en repos. Comme si le fait de bâiller, de marcher naturellement, de tout mettre à sa juste place et de lâcher les tensions nous donnait une maîtrise plus assurée du corps et du mental.

Un peu plus tard, alors que nous nous promenons dans le parc, Rachel, avec son expérience d'abeille ayant butiné à de nombreuses disciplines pour faire son propre miel, me dit :

« J'ai le sentiment d'avoir trouvé avec Josette ce qu'il y a d'essentiel et de commun au yoga, au zen, au taï chi-chuan, aux arts martiaux, aux danses orientales, indiennes ou africaines. »

Un peu plus tard encore, nous aurons l'occasion de recueillir ce témoignage auprès de Véronique Loiseleur, auteur d'une très belle *Anthologie de la non-dualité* :

« Ce qu'il y a de si précieux quand on rencontre Josette en tête à tête, c'est qu'elle arrive à nous communiquer cette confiance dans la vie qui nous permet de lâcher prise – au moins momentanément – face à la situation difficile que nous traversons et de la voir se dénouer simplement parce que nous l'abordons avec une nouvelle attitude intérieure. Le cadeau personnel qu'elle nous fait, c'est de croire en chacun de nous. Tout en étant très lucide sur nos faiblesses et nos limites actuelles, on sent qu'elle nous perçoit toujours dans une dynamique, comme si elle nous voyait déjà sortis de nos problèmes et de nos conflits. Elle nous renvoie à une image de nous-mêmes plus profonde, plus sereine, plus heureuse. »

Il y a cependant des disciples qui sont trop bloqués et depuis trop longtemps pour pouvoir tirer un réel et surtout un durable profit des séances avec Josette. Ceux-là ne sont pas abandonnés pour autant. Ils ont un autre recours : les entretiens avec Denise Desjardins qui, séparée aujourd'hui d'Arnaud, reçoit dans une vaste maison familiale en bordure d'Uzès.

Elle est la gardienne de la tradition. Plus encore qu'Arnaud, elle émaille ses propos de « Swamiji disait que... » A l'heure où l'atmosphère de l'ashram est devenue manifestement plus religieuse, elle incarne la rigueur de Swami Prajnanpad. Elle s'est fait connaître par deux livres qui traitent de la mémoire des vies antérieures ainsi que par un autre ouvrage sur les relations affectives selon la tradition hindoue : *Mère, sainte et courtisane*. Elle donne des entretiens particuliers qui sont à première vue de véritables séances de psychothérapie mais qui vont beaucoup plus loin.

« Le but de la psychologie occidentale, dit-elle, est de guérir certaines peurs et d'aider les gens à fonctionner à peu près normalement. C'est utile et il faut le faire, mais ce n'est pas l'objectif véritable de la méthode de Swamiji. Le but consiste en une prise de conscience aiguë des rouages du mental et du processus de la pensée afin de pouvoir être, un jour, libre non pas de l'instrument qu'est notre mental, (intelligence, logique, raisonnement), mais de ses proliférations exagérées qui l'encombrent et le déforment. Tant que nous pensons être libres, nous ne descellons pas les barreaux de notre cage et nous ne pouvons même pas désirer en sortir. L'important devient alors de voir sa prison et les mécanismes particuliers qui nous conditionnent et nous maintiennent dans ce statut de prisonnier.

« Chaque personne est unique, Swamiji ne cessait de le répéter, chacun perçoit l'univers à sa façon et, aveuglé par ses émotions, freiné par le poids d'un passé qu'il ignore en grande partie, ne parvient pas à vivre " ici et maintenant ". Le Chemin commence alors par l'étude de nos émotions les plus fortes, la découverte de nos nœuds essentiels et de leur origine parfois très lointaine. Il s'agit ensuite d'essayer, dans la vie quotidienne, de rendre transparent cet écran émotionnel qui voile ou déforme le monde extérieur et nous empêche de le voir tel qu'il est. C'est ce même écran émotionnel qui recouvre et obscurcit ce qui nous est le plus intimement intérieur, cette Réalité indestructible, le Soi inaffecté par les phénomènes passagers et les états transitoires de conscience. Donc une méthode d'introspection et de connaissance de soi jusqu'aux parties les plus inconnues de nous-mêmes et en même temps un nettoyage profond du mental qui, une fois totalement purifié, n'est autre que notre état naturel, le Soi.

« *Adyatma Yoga*, yoga vers le Soi, tel était le nom donné par Swamiji à son enseignement. »

L'enseignement de Swamiji, Denise peut en parler pendant des heures. Il a été sa lumière sur le Chemin et cette lumière, elle considère que sa mission est de la partager avec les autres.

Tout a commencé pour elle avec la peinture alors qu'elle n'avait que treize ans. Très vite, elle est passée du figuratif à l'abstrait. Elle a fait des expositions à Paris et à l'étranger.

« Il m'est arrivé quelquefois, raconte-t-elle, de sentir que ce n'était plus moi qui peignais. Une énergie fantastique passait à travers moi. Je pense que chaque peintre a connu au moins une fois cela et qu'il passe le reste de sa vie à tenter de retrouver cette expérience. »

Elle était encore très jeune lorsqu'elle a pris conscience qu'elle se donnait tellement à sa passion qu'elle en arrivait à trop se fermer sur elle-même. Elle se coupait du monde.

C'est alors qu'un ami sculpteur, Étienne Martin, lui a parlé de Gurdjieff. Elle a lu les *Fragments d'un enseignement inconnu* et elle en a été enthousiasmée : « Il faut absolument que je rencontre ces gens », s'est-elle dit. Elle les a rencontrés et elle a aussi rencontré un certain Arnaud Desjardins qui faisait avec les groupes Gurdjieff ses premiers pas sur le Chemin. Ils se sont mariés très vite et, un an et demi après, elle a donné naissance à Muriel.

Peu après cette naissance, Arnaud a ressenti l'appel de l'Inde. Il est parti par la route avec son frère et elle est allée le

rejoindre en avion. Dès son arrivée à Bombay, elle lui a dit :
« On va aller voir Mâ Anandamayi.

– Impossible, répondit-il. Tu es venue beaucoup trop
tard. Bénarès est à l'autre bout du pays et nous perdrions
trop de temps. N'oublie pas que nous devons traverser la
Khyber Pass avant l'arrivée de la neige. Sinon, nous serons
bloqués, le film ne sera pas prêt à temps et je risquerai de
perdre mon travail. »

« J'ai lutté pendant deux jours, raconte-t-elle, et Arnaud a
fini par accepter. Ma première rencontre avec Mâ a été
inoubliable. Une sensation extrêmement puissante. Elle
m'avait fait asseoir juste à ses pieds. Moi qui arrivais avec
une multitude de questions, je n'avais plus rien à demander.
Elle nous a fait donner un peu de son repas personnel. Une
fois prise cette nourriture, j'ai vécu une expérience si
extraordinaire qu'aujourd'hui encore, je préfère n'en pas
parler. Arnaud m'avait fait promettre que nous ne resterions
pas plus de deux jours, mais huit jours plus tard, nous étions
encore à Bénarès et Mâ nous a demandé de la suivre dans
un autre ashram. Cela n'a d'ailleurs pas eu d'importance
car, peu après, nous avons eu un accident qui nous a obligés
à rentrer par le bateau, la voiture et nous. »

Denise avait découvert sa vraie patrie. Une patrie où elle
est persuadée d'avoir vécu lors d'une vie précédente. Désormais, elle va être de tous les voyages. Un jour, Muriel, qui
venait d'avoir ses trois ans, lui dit : « La prochaine fois, tu
m'emmèneras. » Elle promit et tint parole. Elle emmènera
de même Emmanuel par la route alors qu'il n'aura que trois
mois. Elle pourrait écrire un livre entier sur ses voyages. Un
livre qui serait passionnant car les aventures n'ont pas
manqué. On ne traverse pas ainsi la Turquie, l'Iran, l'Afghanistan, le Pakistan et l'Inde sans connaître de fortes
émotions, des pannes en plein milieu du désert, des nuits
passées dans d'étranges caravansérails où elle était la seule
femme et où il lui fallait imiter le meuglement de la vache
et le chant de la poule pour obtenir du lait ou des œufs.

« Ces voyages m'ont beaucoup appris, dit-elle. Emmener
avec soi deux enfants et vivre avec eux des situations
archi-difficiles, c'est une dure ascèse. Cela mène à l'effacement de l'ego ou, en tout cas, à une vigilance accrue. »

Elle n'oubliera jamais ce voyage sur les routes de l'Afghanistan au cours duquel il faisait tellement chaud que les pneus éclataient sans cesse. Un jour, en plein soleil, la voiture se trouva immobilisée. Le cric était cassé. Muriel avait cinq ans et risquait de souffrir de déshydratation. Denise la mit à l'ombre sous la voiture. Il aurait fallu humecter sans cesse ses habits pour que l'évaporation la rafraîchisse, mais il n'y avait pas assez d'eau pour cela.

Heureusement, une voiture vint à passer. Elle s'arrêta, mais le chauffeur ne semblait pas décidé à donner le coup de main sauveur. Il se disait pressé et il était sur le point de repartir lorsqu'un des rideaux de la portière arrière se souleva. Denise distingua une femme voilée qui regardait l'enfant. Elle donna l'ordre au chauffeur de réparer et disparut derrière le rideau.

Ces histoires, Denise ne les raconte pas souvent. Il faut même l'interroger avec une certaine obstination pour les obtenir. On sent que l'aventure ne l'intéresse pas vraiment. Malgré un grand amour pour les paysages grandioses et les grands espaces désertiques, elle n'a pas un tempérament d'exploratrice. Elle acceptait ces voyages et leurs dangers comme le prix à payer pour se rendre chez ces Sages qui la fascinaient. C'était avant tout auprès de Mâ qu'elle se sentait chez elle. Souvent comblée mais, parfois aussi, étrangement déprimée. A l'ashram de Mâ, la nuit de Shiva était la plus grande fête de l'année. On priait, on chantait, on méditait toute la nuit.

« A 5 heures du matin, raconte-t-elle, je suis montée sur la terrasse. Je voyais le jour se lever et j'ai vraiment eu une crise de désespoir existentiel. J'étais lasse et je pensais que je n'avançais pas sur la voie. J'avais avant tout besoin de parler à cœur ouvert avec un maître. Avec Mâ, c'était impossible parce qu'elle ne parlait pas l'anglais. Je posais des questions, elle me répondait souvent pendant dix minutes et on me traduisait tout cela en trois mots. C'était terriblement décevant. Lorsque Arnaud est allé voir Swamiji pour la première fois, il m'a écrit : " Il faut absolument que tu viennes. " J'ai répondu amèrement : " Je suis une usine à fabriquer des biberons, à langer et à laver. Je ne vois pas ce que j'irais faire chez Swamiji. " A son retour, Arnaud eut un véritable geste d'amour : il me proposa de garder les deux enfants pendant que j'irais chez Swamiji.

« Je suis partie dans notre auto avec un ami. Je suis arrivée tard le soir. Je me suis lavée dans le fleuve. J'étais dans de très mauvaises dispositions. Je me disais : " Ce Swamiji dont deux amis nous parlent tant, ce n'est pas pour moi. J'ai tout reçu de Mâ et je ne vois pas pourquoi j'aurais un autre maître. En tout cas, je ne me prosternerai pas devant lui. "

« Il était tard... Nous avons été reçus par deux serviteurs... Tout d'un coup, je vis arriver Swamiji, cette grande silhouette, cette immense stature... Imposant... Un visage plein d'amour et de gravité. Je l'ai regardé longtemps, longtemps et, sans réfléchir, je me suis retrouvée prosternée à ses pieds. Comme je ne restais que huit jours, il m'a dit qu'il me verrait le matin et le soir, deux heures par jour. C'était le début de mai et il faisait une chaleur terrifiante. Je dormais dehors près d'un seau plein d'eau pour pouvoir mouiller de temps en temps le sari dans lequel j'étais enveloppée. J'ai pu parler, exprimer entièrement mes problèmes. C'était tellement intense auprès de Swamiji qu'entre les entretiens, il me fallait tout le reste de la journée pour préparer les questions que je voulais poser. »

C'était fait. Tout comme Arnaud, Denise avait trouvé son Maître. Plus jamais, elle n'aura à en chercher un autre. Son contact lui était si essentiel qu'il lui arrivera de faire des voyages en Inde uniquement pour rester quelques semaines à l'ashram. Elle eut même le privilège, lorsqu'il vint pendant six mois dans une maison louée exprès pour lui à Bourg-la-Reine, de le servir et le soigner du matin au soir, ce qui ne fut pas toujours facile car sa santé délicate demandait une nourriture très pure.

C'est là qu'un soir, alors qu'ils étaient seuls, elle lui dit une fois de plus que son problème numéro un était de ne pas savoir « être un avec » ce qui arrivait, de ne pas pouvoir être en concordance parfaite avec l'autre, quelle que soit son attitude. Pourtant, c'est là le fondement de la non-dualité en action. Si la vérité d'un enseignement n'entre pas dans le vif de notre vie, celui-ci reste lettre morte.

« Si vous avez ces difficultés, lui dit Swamiji, c'est qu'un obstacle émotionnel surgi du passé vous empêche d'avancer. Déposez tous vos masques, cessez de vous contrôler, exprimez tout ce qui est en vous. Maintenant, fermez les volets et allongez-vous. »

« Je ne savais pas, raconte-t-elle, qu'avec ces deux petits mots " Allongez-vous ", ma vie allait changer et qu'une grande aventure commençait. Pendant le dernier mois du séjour de Swamiji à Paris, j'ai eu ces *lyings* tous les jours à 6 heures du matin. Ce fut un bouleversement intense. L'événement principal qui bloquait mon être est remonté très vite. Il était très difficile à assumer et il arrivait même parfois à Swamiji de me dire : " N'avez-vous pas en France quelque chose qu'on appelle cognac? Prenez-en un peu avec du lait et miel. " »

De lying en lying (c'est ainsi qu'on appelait chez Swamiji ces séances de descente dans les profondeurs de l'inconscient), elle apprit à se connaître, à aller jusqu'au fond des choses, à se reconstruire.

Lors de la fondation de l'ashram en Auvergne, elle resta à Paris pour les études de ses enfants, puis elle vint s'installer à Clermont-Ferrand. Elle se tint à l'écart jusqu'au jour où Arnaud lui demanda de l'aider à résoudre le difficile problème d'une jeune femme. Elle accepta avec crainte et tremblement en même temps qu'avec beaucoup de foi. C'est ainsi qu'elle mit le doigt dans l'engrenage. Depuis, elle a dirigé plus de 7 000 heures de lyings avec 130 personnes.

A tous, elle ne peut que répéter inlassablement les mêmes choses. Swamiji disait souvent que la vie est une tragédie et il est vrai que, lorsqu'on plonge dans l'océan de sa propre souffrance, on croit par moments mourir de désespoir.

Car chacun de nous porte au plus profond de lui-même un enfant qui pleure, qui ne cesse de hurler sa frustration et ses revendications. Cet enfant, nous faisons de notre mieux pour l'oublier, pour le faire taire ou, au moins, pour ne pas entendre ses cris. Nous nous inventons des occupations, des passions, des agitations, mais, à la moindre faille, le cri trouve le moyen de monter, et souvent, d'envahir complètement notre champ de conscience.

Pourquoi sommes-nous ainsi?

L'enfant naît assoiffé d'amour et sa mère, si attentive soit-elle, ne peut constamment combler cette soif. Partagée entre son mari, ses propres problèmes, sa vie à mener, elle ne peut se consacrer tout entière, vingt-quatre heures sur vingt-quatre, à son enfant. C'est donc souvent parce que notre besoin d'amour absolu n'a pas pu être suffisamment comblé dans notre enfance que nous vivons dans une nostalgie perpétuelle. Toutes nos actions, jusqu'à la fin de notre vie, peuvent s'expliquer par cette frustration primordiale. Là réside la vraie tragédie humaine et par là s'expliquent la plupart de nos difficultés et beaucoup des atrocités de l'Histoire.

Cet enseignement qui semble si moderne est un des enseignements traditionnels de l'Inde. Il a été élaboré plusieurs millénaires avant l'apparition de la psychanalyse. Mais il va plus loin.

Il affirme que cette souffrance est une bénédiction. Car d'une intense souffrance surgit aussitôt une demande très forte de changement L'être se tourne vers sa profondeur parce qu'il ne sait plus où se diriger. Il ose regarder en face cet enfant qui crie en lui. Il vit sa souffrance de plus en plus consciemment et, avec l'aide d'un Maître, il peut s'en libérer. Il peut découvrir enfin cette Réalité immuable qu'il porte en lui depuis toujours.

Pendant des années, Denise s'est penchée sur ces enfants qui pleuraient. Elle a fait ce qu'elle pouvait pour dénouer ce qui était noué, pour redresser ce qui était tordu afin de permettre enfin que puisse s'ouvrir le chemin vers l'Absolu.

Voici comment une disciple ancienne ressent ce Chemin :

« Je sais avec certitude que le lying est pour moi un instrument privilégié et efficace de réflexion et de progression. Je vérifie qu'il est comme un yoga, une méditation, une prière. Pas forcément à l'instant même, mais aussi lors de la préparation et dans tout l'après-lying. »

« Pour le lying, dit Arnaud, Denise est géniale. Mais moi, ce n'est pas l'aspect de l'enseignement de Swamiji qui me touche le plus... Je sens aujourd'hui que pour aider un grand nombre de gens, il faut aussi leur proposer des points d'appui religieux. Le point d'appui advaïtiste de Swamiji était terriblement austère. »

Ces petites phrases qui n'ont l'air de rien expriment le changement qu'a vécu l'ashram d'Arnaud Desjardins. Car un ashram est un être vivant. Plus le temps passe et plus l'approche semble se faire plus intérieure et moins psychologique. Plus religieuse aussi. Certains parmi les disciples ont du mal à accepter cette nouvelle orientation et aux yeux de plusieurs, Denise fait figure de gardienne de la tradition de Swamiji dans son intégralité. Aujourd'hui, elle n'est plus à Font d'Isière, mais elle continue à donner toute sa place à l'aspect d'introspection et de purification qui était si bien mis en valeur par Swamiji.

« De toute façon, nous dit Arnaud, vous ne devez pas donner l'impression que, Denise et moi, nous avons formé ce qu'on appelle ordinairement un couple idéal. Nos natures sont différentes, mais cet enseignement est tellement vaste qu'il peut donner lieu à des applications multiples. »

Tel est l'ashram de Font d'Isière. Un lieu où on apprend à vivre en étudiant ses comportements, en regardant ses émotions et en les laissant vivre. Sous la paix apparente, dans le silence, un sourd travail s'effectue en chacun de ceux qui sont ici. Travail qui se poursuit entre les séjours. Car on ne doit jamais s'arrêter sur le Chemin.

Cette phrase d'un disciple nous a frappés : « Je ne passe à Font d'Isière que deux ou trois semaines par an, mais même lorsque j'en suis loin, je sens vivre en moi l'amour qu'Arnaud nous porte à tous. »

C'est vrai, autant que le mot « oui », le mot « amour » est le maître mot de Font d'Isière. Car c'est bien l'amour, l'espérance de voir heureux le plus grand nombre possible de disciples qui poussent cet homme à donner tout son temps et toutes ses forces, à se laisser manger, jour après jour, sans prendre de repos.

Un jour, alors qu'il était à la télévision « l'invité du dimanche », quelqu'un lui a dit :

« Alors maintenant, vous êtes tout à fait spécialisé. Vous êtes recyclé dans la spiritualité et jamais vous ne tournerez un film d'amour. »

La réponse d'Arnaud a jailli comme un cri :

« Mais, cher monsieur, je n'ai jamais tourné *que* des films d'amour ! »

CHAPITRE III

AU CŒUR DU PÉRIGORD NOIR :
UNE COLLINE TIBÉTAINE

Je n'oublierai jamais le moment où les *radongs* se sont déchaînés. Les radongs, ces énormes trompes en cuivre qui mesurent plus de deux mètres et dont l'extrémité repose sur un petit chariot. Dans le temple, soudain, tout s'est mis à vibrer. Et dans ma tête aussi. Comme si la cuirasse qui m'entourait allait d'un coup voler en éclats, cette fameuse cuirasse que nous forgeons autour de nous pour nous protéger des émotions trop violentes et à laquelle nous tenons tant. Il n'y avait pas que les radongs, mais aussi le *damaru*, ce petit tambour que vient frapper une petite boule attachée par une ficelle chaque fois qu'on l'agite, des clochettes, une énorme paire de cymbales, les *kanglings* qui sont des petites trompes aiguës, des conques de tailles diverses et un énorme tambour suspendu comme un gong qu'une minuscule nonne frappait à tour de bras.

Tout cela donnait d'abord l'impression d'une cacophonie extrêmement puissante. Si puissante que je me suis mis aussitôt à résister, à tenter de me reprendre pour ne pas me laisser entraîner je ne savais où. Il m'a fallu plusieurs jours pour comprendre que ce que je prenais pour une cacophonie barbare était en fait une musique extrêmement subtile.

Plus tard, en lisant *le Message des Tibétains*, j'ai fait mienne cette phrase d'Arnaud Desjardins :

« Cette musique a le pouvoir de produire sur ceux qui l'entendent des effets extrêmement profonds. De chaque chose, les tantristes tibétains se sont dit : " Qu'est-ce que je peux en faire en fonction de mon but spirituel? " De la sensibilité de l'être humain aux sons, ils ont élaboré une musique essentiellement scientifique qui n'a pas pour but l'agrément ou la jouissance mais d'apporter une aide à certains moments de la vie spirituelle. »

Nous venions d'arriver et nous ne comprenions pas grand-chose à ce qui se passait. Que faisait donc par exemple ce moine qui, chaque fois que la musique se déchaînait, traversait nos rangs en portant à bout de bras un plateau chargé de petits gâteaux coniques, de nourritures, d'encens, de bouts de tissu, etc., et qui se précipitait dehors? Nous apprîmes plus tard que cet étrange manège, qui se renouvela plusieurs fois au cours de la cérémonie, était l'un des rites essentiels de la « puja du feu ».

Nous ne l'avions pas fait exprès, mais nous arrivions justement alors que venait de commencer l'un des rites les plus solennels du bouddhisme tibétain. Si solennel qu'il n'est célébré que pour de grandes occasions, une entrée en retraite par exemple, la venue d'un grand lama ou la nouvelle année.

Il s'agissait d'invoquer tous les Bouddhas, tous les Bodhisattvas, tous les Êtres éveillés de tous les univers et de leur demander de nous purifier et de purifier la terre entière. Une immense « communion des saints » pour employer le langage chrétien. Cette nourriture que le moine emportait, il allait la jeter dans un grand feu qui brûlait dehors. En offrant cette nourriture si précieuse, il offrait symboliquement tout ce qu'on pouvait offrir et, par-dessus tout, lui-même et chacun d'entre nous.

La musique servait de support à l'offrande. Tout se fondait en elle : la présence de tous ces Êtres de l'au-delà, de tous les éveillés de tous les temps et l'ardent désir de réalisation de tous ceux qui nous entouraient. Comme le dira Rachel : « J'avais l'impression que l'Univers tout entier était en résonance avec cette musique. »

Encore une fois, je le redis, je fis tout pour ne pas me laisser entraîner. Ma première réaction fut donc de résister et, pour ce faire, j'ouvris les yeux bien grands et je regardai autour de moi. Pour moi qui, depuis mon enfance, étais habitué aux églises catholiques, je ne pouvais souhaiter dépaysement plus radical.

Sur les murs, il y avait partout des *tankas*, ces peintures sur soie qui représentent les divinités du panthéon tantrique et qui sont avant tout des supports de méditation : Tchenrézi, émanation des Bouddhas qui personnifie la compassion, Tara, née d'une larme de Tchenrézi, le Bouddha de la médecine, la Roue de la vie...

L'autel occupait tout le fond et nous y vîmes tant de choses qu'il nous fallut par la suite près de deux heures pour nous les faire expliquer : des livres sacrés soigneusement rangés dans leurs enveloppes de soie et une multitude d'offrandes. Il y avait de l'eau dans des gobelets, parce que l'eau vient de la montagne et qu'elle est parfaitement pure ; de petites lampes à beurre qui brûlent jour et nuit, des fleurs et, façonnées dans de la pâte à modeler, de nombreuses *tormas*, c'est-à-dire des représentations des divinités avec leur entourage, des Bouddhas, des masques aussi dont certains étaient terrifiants. Plusieurs de nos questions restèrent sans réponse. Il faut, pour entrer dans certains mystères, avoir été initié par un lama.

Devant l'autel se dressaient deux trônes si énormes qu'ils semblaient tout écraser. Seul le Karmapa, le chef de la lignée des Kagyu-pa, a le droit de s'asseoir sur le plus élevé. Pour l'heure, le 16e Karmapa était mort depuis plus de deux ans et l'on attendait prochainement sa réincarnation. Avant de mourir, il a en effet laissé une lettre aux quatre régents qui gouvernent la lignée en son absence, lettre qui doit être ouverte à la date fixée par lui. Dans cette lettre, il décrit l'endroit où il doit renaître d'une façon assez précise pour qu'il soit facile de le retrouver. Le second trône est celui de lama Guédune qui est, nous le verrons, le maître spirituel de ce temple étrange.

La cérémonie durait depuis une heure et elle ne semblait pas sur le point de se terminer. Le temple était archiplein. Sur les côtés, dans des sortes de stalles, il y avait les moines et les moniales aux cheveux très courts, vêtus de leurs robes rouge bordeaux et presque tous européens. Les « fidèles », eux, étaient assis par terre. Nous fûmes frappés de voir à quel point ils étaient fervents, recueillis, intériorisés. Ce qui ne les empêchait pas de participer activement à la célébration.

Nombreux étaient ceux qui suivaient les psalmodies sur

des feuilles séparées et qui les remettaient en ordre ensuite avec une dextérité qui ne pouvait provenir que d'une longue habitude. (Les livres tibétains ne sont pas reliés.) A défaut de comprendre le tibétain, ils suivaient le texte sur une transcription phonétique. D'autres égrenaient avec une extrême rapidité leur *mala*, long chapelet qui permet de réciter le nombre de mantras voulu.

Je fus frappé de constater que presque tous ces dévots étaient jeunes et je ne pus m'empêcher de faire cette réflexion : pour se mettre au goût du jour, l'Église catholique a supprimé le latin et le chapelet. Et nous trouvions ici des jeunes qui suivaient d'interminables offices en tibétain et qui maniaient avec un plaisir évident des chapelets pas tellement différents de ceux de leurs grand-mères. Nous ne nous agenouillons plus guère dans nos églises, mais eux, il leur arrive de faire d'impressionnantes séries de prosternations. Nous avons évacué la mystique et nous l'avons remplacée par d'interminables discours sur la libération des peuples ou la justice sociale. Eux, ils s'engagent sur un chemin initiatique qui doit les mener à leur propre libération. Nous n'osons plus leur parler de morale et ils viennent chercher ici, auprès de lamas venus du bout du monde, des règles de conduite d'une rigueur à laquelle les jeunes d'aujourd'hui ne sont pas habitués.

Ne pas tuer, ne pas voler, ne pas mentir, ne pas boire d'alcool, mais aussi mener ce qu'on appelle ici « une vie sexuelle correcte ». Pour de nombreux jeunes, ces vérités d'autrefois sont des vérités d'aujourd'hui.

De nombreux jeunes, ai-je dit. Oui, ils sont nombreux et c'est bien, il me faut l'avouer, une des surprises de ce reportage.

On nous parle dans nos livres d'Histoire de l'extraordinaire développement du monachisme à certaines périodes du Moyen Age. On nous montre les monastères surgissant de terre, les ordres religieux se gonflant en une génération de foules ferventes et enthousiastes.

Nous n'exagérons pas en affirmant que, loin des projecteurs de l'actualité, c'est bien ce qui est en train de se passer, chez nous, dans la vieille Europe, avec le bouddhisme tibétain.

Pour la seule école Kagyu-pa – et il y a trois autres écoles qui se développent elles aussi – sept grands centres sont nés en France ces dernières années. Celui où nous nous trouvons, en plein cœur de la Dordogne, mais aussi les centres de Bourgogne, du Dauphiné, de Normandie, du Midi, de l'Auvergne. Auprès de ces centres, il y a souvent des lieux où de jeunes Occidentaux, garçons et filles, s'enferment pour la traditionnelle retraite de trois ans, trois mois et trois jours à l'issue de laquelle ils seront aptes à devenir lamas. De ces retraites, nous reparlerons un peu plus loin.

La France est sans doute l'un des points forts du bouddhisme tibétain en Europe, mais il y a maintenant des monastères ou des centres en Angleterre, en Écosse, en Allemagne, en Espagne, en Belgique, aux Pays-Bas. Il y a même eu, il n'y a pas si longtemps, un grand rassemblement à Gdansk en Pologne.

Aux États-Unis, le dharma se développe plus vite encore sous l'impulsion d'un lama extrêmement dynamique, le fameux Chôgyam Trungpa, onzième incarnation de Trungpa Tulku, héritier des lignées de Milarepa et de Padmasambhava. Destiné à devenir abbé du monastère de Sarmag, il dut quitter le Tibet en 1959 lors de l'invasion chinoise. Il resta trois ans en Inde, puis se rendit à Oxford pour y étudier la psychologie occidentale. C'est lui qui fonda en Écosse le fameux monastère de Samyé-ling. En 1970, il fit un voyage aux États-Unis et il s'y sentit tellement chez lui qu'il décida d'y rester. Depuis, il voyage d'un bout à l'autre du pays, enseigne à l'université du Colorado, fonde des centres un peu partout, organise des stages, traduit l'enseignement traditionnel et écrit des livres qui deviennent aussitôt des best-sellers. Sa technique consiste à faire méditer pendant quatre ans les nouveaux venus sur le calme de l'esprit. Après seulement, une fois qu'ils sont pacifiés, ils peuvent aborder l'enseignement du Vajrayana.

Canada, Brésil, Chili, Argentine... Aucun pays de l'Amérique n'échappe à la vague bouddhiste. Même Woodstock, village symbole de la révolution hippie, possède aujourd'hui son centre.

En Auvergne, là où se trouvait autrefois l'ashram d'Arnaud Desjardins, un centre de retraite vient d'être créé et les paysans des environs ont eu la surprise de se voir invités pour une journée « portes ouvertes ». Ils y sont venus, maire en tête, et ils ont entendu un véritable enseignement dispensé par lama Guédune.

Cela peut nous étonner, mais cela n'étonne pas les lamas. L'un d'entre eux, Tulku Péma, de l'ordre des Nyingma-pa, nous a rappelé que le Bouddha lui-même avait prédit à plusieurs reprises : « Mon enseignement ira d'ici au nord et du nord à l'ouest. » D'autres Sages ont annoncé qu'à l'heure du danger, le dharma (la doctrine) se répandrait dans le monde entier. Mao Zedong est entré au Tibet et c'est exactement ce qui est arrivé. Les bouddhistes se sont dispersés comme les fourmis se dispersent dans tous les sens lorsqu'on donne un coup de pied dans une fourmilière.

« Quatre ans avant l'invasion chinoise, raconte Tulku Péma, mon père savait ce qui allait arriver. Malgré les difficultés de la route, il a emmené, à dos de cheval, presque tous les livres sacrés de sa bibliothèque. Ces livres contiennent toute la Connaissance. Peu à peu, ils vont être traduits dans les principales langues de l'Occident. En nous chassant du Tibet, nous a dit un autre lama, Mao nous a rendu un grand service : il a permis au bouddhisme de prendre son essor. Vous, les Occidentaux, vous possédez le progrès matériel, le confort, mais cela ne vous donne pas la paix de l'esprit ou la liberté. En France, aujourd'hui, des centaines de personnes sont en train de faire la retraite de trois ans, trois mois et trois jours. Cela va continuer car l'enseignement du Bouddha correspond aux besoins profonds des Occidentaux. C'est un grand espoir. »

Une minuscule cabane au bout d'une prairie où nos pas laissent une traînée blanche dans la rosée du matin. Assis en tailleur sur une sorte de lit surélevé, lama Guédune, les yeux mi-clos, semblait perdu dans une insondable méditation. Rachel s'avança la première pour le saluer. Il ouvrit les yeux, sourit, lui fit signe d'approcher encore et, d'un geste vif, il lui saisit la tête, l'entoura de ses deux mains et se mit à réciter une prière qui, nous l'apprendrons plus tard, avait pour but d'attirer sur elle une pluie de bénédictions. Il la laissa aller, recommença avec moi, puis nous nous assîmes à ses pieds.

J'avais beau être habitué à me trouver dans les situations

les plus étranges, je ne pus m'empêcher d'être saisi. Il émanait de cet homme une force mystérieuse et je compris pourquoi, avant de mourir, le Karmapa avait dit de lui :

> *De son vivant, Guédune Rimpoché a atteint*
> *Le niveau de Dordje Tchang (Vasjradhara).*
> *Dans sa prochaine incarnation, le pouvoir de*
> *Lama Guédune sera inimaginable.*

Il était tout entier présent, attentif, et, en même temps, lointain, comme au-delà de toute atteinte. Il commença à parler, ou plutôt à psalmodier comme s'il était en train de prier dans le temple. Au bout de quelques phrases, il s'interrompait pour laisser à l'interprète le temps de traduire.

« Sur cette terre, il y a beaucoup de souffrances et ces souffrances proviennent du fait que l'esprit des êtres est agité par toutes sortes d'émotions qu'on appelle les cinq poisons. C'est parce qu'ils sont agités par l'émotion lorsqu'ils agissent que les êtres créent la souffrance... Seule la voie spirituelle nous permet de nous affranchir de nos propres perturbations... Dans l'état ordinaire, on pense toujours par rapport à soi. On crie : Moi! Moi! Moi!; on dit : " Je vais faire ceci " ou, " je vais faire cela " et dans tout ce qui nous conduit à agir, il y a cette motivation égoïste. Aussi longtemps qu'on agit avec pour seul but l'intérêt personnel, on s'interdit de voir la dimension véritable des choses.

« L'éveil, c'est faire ce retournement qui nous permet de prendre conscience des autres. Plus cette conscience se développe et plus nous trouvons le moyen de les aider réellement. Un seul homme, s'il agit pour les autres, peut créer autour de lui du bonheur pour beaucoup d'êtres. Si beaucoup d'êtres font de même, cela peut créer une situation de bonheur et de joie pour un nombre considérable d'êtres... Le but ultime, c'est que tous soient heureux. »

Pendant plus d'une heure, lama Guédune va ainsi distiller pour nous les grandes vérités du bouddhisme. Nous étions saisis par ses paroles, mais pourtant, à la réflexion, nous étions moins sensibles à ce qu'il disait qu'à ce qu'il était.

Qui est-il donc?

Lorsqu'on lui demande de raconter sa vie, il répond :

« Au début, quand on est conçu dans le ventre de sa mère, on est presque invisible. Puis on naît. Enfant, tout le monde nous aime beaucoup. On devient adulte, ensuite on vieillit, comme moi actuellement. Le corps s'affaiblit, les dents et les cheveux tombent. Ensuite, on meurt, le corps pourrit et disparaît, après quoi, il n'en reste plus rien. Je n'ai pas d'histoire de vie. J'ai bu du thé et mangé de la tsampa. C'est tout. »

Il est né en 1917 dans la province de Kham, à l'est du Tibet. Son père était sculpteur et gravait des mantras sur de gros rochers.

Il était encore tout petit lorsqu'il se sentit irrésistiblement attiré par la vie spirituelle : « Je passais, raconte-t-il, des nuits entières à pleurer sur les souffrances des êtres et sur mon incapacité à les aider. »

Il n'avait que sept ans lorsqu'il est entré au monastère de Tcho-Drak. Aussitôt, il s'est plongé dans l'étude des textes sacrés. A treize ans, il a fait sa première retraite d'un mois dans une petite maison. Il ne cessera plus d'en faire, la plupart du temps dans des grottes.

« A dix-sept ans, dit-il, j'ai pris les vœux de moine. Normalement, il faut avoir vingt et un ans pour les prendre. Mes parents m'ont prêté chacun deux ans. »

A vingt et un ans, il commença la grande retraite de trois ans, trois mois et trois jours. Cela lui parut si court qu'à peine sorti, il s'enferma pour sept ans dans une chambre minuscule, passant son temps à méditer ou à étudier les textes.

Sans doute y serait-il resté toute sa vie si son « lama racine » ne l'avait poussé dehors. Déjà, sa renommée avait franchi les limites du monastère et les fidèles étaient de plus en plus nombreux à venir lui demander sa bénédiction ou son enseignement. Ce fut pour lui une dure épreuve. Si dure qu'il ressentit le besoin de faire une autre retraite de trois ans à l'issue de laquelle il partit pour un long pèlerinage vers les principaux lieux saints du Tibet et du Népal.

Lors de l'invasion chinoise, en 1959, il se trouvait dans une grotte avec un seul compagnon.

« Les Chinois nous cherchaient. Nous sommes descendus dans un bois, au fond de la vallée, pour nous cacher. Nous avons appris que le Dalaï Lama et le Karmapa étaient déjà partis pour l'Inde et que les Chinois gardaient le col par lequel il nous fallait passer pour aller les rejoindre. Après trois jours, les soldats chinois apprirent notre présence dans le bois. Nous avons cherché partout une issue dans la vallée. Il y avait un endroit où serpentait un petit sentier près d'une cascade. Mais même ce lieu était gardé nuit et jour. Poursuivis, nous nous sommes trouvés très proches du camp des Chinois. Nous pouvions les voir manger, parler, prendre le thé et garder la route.

« Alors nous avons prié les trois joyaux avec une grande concentration et nous avons médité sur la vacuité. Ainsi, les sentinelles chinoises ne nous ont pas vus passer. »

Arrivé en Inde, il ne demandait qu'une chose : trouver une grotte ou une petite maison où il aurait pu se retirer pour reprendre le fil de sa méditation.

Un jour le Karmapa, qui rentrait des États-Unis, le fit appeler et lui dit :

« Les Occidentaux souffrent beaucoup. Ils sont sous l'emprise des émotions perturbatrices : l'orgueil, la jalousie, la haine, la peur... Il faut que tu ailles en Occident et que tu utilises le dharma pour apaiser leurs tourments. »

Il n'en crut pas ses oreilles. Lui qui ne rêvait que d'être ermite, allait-il donc devoir partir si loin de ses montagnes pour parler à des foules étrangères?

« Je ne sais pas enseigner, protesta-t-il. J'ai toujours vécu seul, dans la méditation.

— Tu dois partir, insista le Karmapa, et pour t'aider, je te donne mon neveu Jigméla. Jusqu'ici, tu as travaillé pour ton bénéfice personnel. Maintenant, tu dois aider les autres. Tu vas aller en France, en Dordogne. »

Pourquoi en Dordogne?

Pour le savoir, il nous faut maintenant faire la connaissance d'un autre personnage tout à fait hors du commun.

Tout au bout du chemin, en plein bois, surgit la surprise : un château auquel tous les enfants du monde ont un jour ou l'autre rêvé. Une cour d'honneur, des tours au sommet desquelles on s'attend à voir surgir une dame avec un haut chapeau pointu. A l'intérieur, un dédale d'escaliers et de couloirs où l'on se perd.

Nous voici enfin dans la grande pièce du bas, majestueuse, avec une cheminée où montent de hautes flammes. Le maître de maison est un jeune homme de soixante-trois ans, la barbe poivre et sel en broussaille, rayonnant d'un dynamisme intérieur qui fait briller ses yeux et donne à ses gestes une surprenante vitalité.

A peine sommes-nous assis qu'il se met à parler avec volubilité dans un excellent français teinté d'un léger accent tout à fait britannique :

« Nous sommes en train d'assister à la réaction de défense d'un organisme menacé. L'organisme, c'est notre planète; la menace, c'est la guerre nucléaire. Elle pèse sur l'humanité tout entière et sur chaque homme en particulier. Elle suffit pour expliquer l'étrange désenchantement qui s'est emparé des nations occidentales... »

Il y a dans la voix de Bernard Benson une telle passion et une telle urgence que nous renonçons pour l'instant aux questions que nous sommes venus lui poser. Mieux vaut le laisser parler.

« Si nous nous en tenons aux ressources de notre raison, continue-t-il, nous sommes perdus. Les grandes nations possèdent d'inimaginables stocks d'explosifs. Rendez-vous compte : si l'on faisait sauter en une seule journée tous les explosifs qui ont été utilisés pendant toute la durée de la Seconde Guerre mondiale, on pourrait recommencer, avant d'avoir utilisé tous les stocks existants, la même opération tous les jours, sept fois par semaine et cinquante-deux semaines par an pendant trente ans. En cas d'alerte, les chefs d'État n'ont que six minutes pour réagir et, en dix-huit mois, dans la seule Amérique, le Congressional Record a enregistré 147 fausses alertes, c'est-à-dire une toutes les trois heures et demie.

« Fatalement, dans ces conditions, tout doit sauter un jour. Ce n'est qu'une question de temps. Et lorsque ça sautera, tout sera fini. »

A ses yeux, l'humanité a encore une chance, la seule, d'éviter l'Apocalypse, c'est d'augmenter rapidement son potentiel de sagesse.

Car le drame, c'est qu'au cours des dernières quarante années, les hommes ont acquis une fantastique puissance alors qu'ils n'ont pas plus de sagesse que leurs ancêtres du temps des arbalètes. Le danger naît de cette disparité entre la puissance et la sagesse.

Est-il donc possible d'accroître très vite et dans des proportions considérables la sagesse de l'humanité?

Bien que cela paraisse fou, Bernard Benson n'hésite pas à répondre : Oui, c'est possible.

Il n'est pas nécessaire que, du jour au lendemain, tous les hommes deviennent aussi sages que Ramdas ou lama Guédune. Il suffirait qu'un nombre d'hommes et de femmes aussi grand que possible vienne puiser aux sources de la sagesse et qu'ils soient très vite assez nombreux pour atteindre la masse critique qui fera tout basculer.

Il raconte volontiers cette histoire : Après la guerre, les Américains ont envoyé tous les jours un avion dont la mission était de laisser tomber des pommes de terre sur la plage d'une île du Pacifique. Les singes de l'île se précipitaient et mangeaient les pommes de terre alors qu'elles étaient encore pleines de sable. Un jour, certains jeunes plus malins ont commencé à laver les pommes de terre avant de les manger. Les plus vieux ont observé leur manège et ont fini par faire de même, si bien qu'un jour, tous les singes de l'île ont pris l'habitude de laver leurs pommes de terre. Mais ce qui a bouleversé les savants, c'est que les singes d'autres îles, avec lesquels il n'y avait pas de moyen de communication possible, ont commencé eux aussi, avant de les manger, à laver les pommes de terre qu'ils recevaient par avion.

« La masse critique avait été dépassée, exulte Bernard Benson et poum!, ça a fait clink!

« Les hommes, ajoute-t-il, si ceux qui leur en donnent l'exemple sont assez nombreux, sauront peut-être se montrer aussi sages que ces singes et modifier leur comportement. En tout cas, que la terre soit destinée à être sauvée ou non, il faut tout faire, jusqu'au bout, pour empêcher la guerre. »

La guerre, il sait ce que c'est.

Il avait dix-sept ans en 1939 et il rêvait de s'engager dans l'aviation, mais les états-majors n'ont pas coutume d'envoyer les génies combattre comme de simples soldats. Car il était vraiment une sorte de génie. C'est lui qui a mis au point, si jeune, des torpilles télécommandées qui ont rendu d'inestimables services à la Royal Navy. Lui encore qui inventa les fusées à têtes chercheuses et, plus tard, l'aile delta pour les avions supersoniques.

« J'ai passé toute la guerre, dit-il, à inventer. »

A peine le dernier coup de canon eut-il été tiré que les Américains l'enlevèrent à son pays. Fabuleuse aventure! L'Amérique, à l'époque, était la terre promise pour les chercheurs, l'Eldorado des crédits illimités. Bernard Benson était en avance sur son temps et il se mit à inventer dans toutes les directions. D'étranges machines dont les brevets disparaissaient dans les coffres de la CIA, mais aussi, pour un ami français amputé, une main artificielle capable de palper les objets et, pour amuser ses filles, le crayon qui écrit tout seul et qui, sous le nom de *Busy buse buse* a connu aux États-Unis un immense et durable succès.

Tout paraissait possible dans les années 50 et, à force d'entreprendre, Bernard Benson s'est trouvé régner sur une trentaine d'entreprises industrielles. Arrivé pauvre en Amérique, il était devenu milliardaire. Bientôt, il aurait été le tsar de l'électronique.

Mais déjà il sentait monter en lui, au point d'en être obsédé, la menace de la guerre. Il avait fait construire dans son jardin un abri antiatomique et, de temps à autre, il organisait en pleine nuit des exercices d'alerte pour sa femme et ses sept enfants.

A quoi bon inventer encore, gagner toujours plus d'argent si tout cela, un jour, devait partir en fumée? Pouvait-il indéfiniment inventer des machines qui seraient peut-être un jour utilisées par les militaires pour déclencher l'holocauste nucléaire? Il n'avait que trente-six ans, mais sa vie, sous le poids de ces redoutables questions, était en train de basculer. Au point qu'il vendit ses sociétés l'une après l'autre pour pouvoir prendre son bâton de pèlerin de la paix. A la télévision, dans les journaux, dans les universités, il se fit le héraut du désarmement. L'un de ses livres, *le Livre de la paix*, est devenu un best-seller dans le monde entier et il voudrait maintenant emmener autour du monde dans un avion – l'oiseau de la paix – 320 enfants du monde entier. Deux par pays. Tous ensemble, ils crieront leur désir de paix aux chefs d'État qui ne pourront pas, sous la lumière des projecteurs, refuser de les recevoir.

Utopie? Peut-être. Mais il est vrai qu'à ses yeux, le danger est si pressant qu'il faut tout faire, tout, pour que l'opinion publique de tous les pays du monde puisse peser de tout son poids pour la cause de la paix.

Entre deux croisades, il visita les lieux de sagesse et c'est ainsi qu'il découvrit, au Népal et au Sikkim, les lamas qui, chassés du Tibet, tentaient de maintenir en vie le bouddhisme tantrique.

Il s'est aussitôt passionné parce que, à ses yeux, l'enseignement du Bouddha était tout à fait en harmonie avec la science. Un grand Rimpoché ne lui a-t-il pas dit un jour : « Vous ne devez pas croire ce que je vous dis aussi longtemps que vous n'en avez pas fait l'expérience directe » ?

« Lorsque je me trouve devant Kalou Rimpoché, dit-il, je vois un homme extraordinairement intelligent qui a su se débarrasser de son ego et qui, par-dessus tout, est habité par une compassion infinie pour tous les êtres. »

L'enfant prodige, le chercheur génial qui avait consacré une partie de sa vie à inventer des engins de mort, avait trouvé le véritable but de sa vie.

A cette époque, il venait justement d'acheter en Dordogne le château de Chaban et les 350 hectares qui l'entouraient. Tout naturellement, dans sa ferveur de néophyte, il proposa aux lamas de venir s'y installer et d'y créer un centre d'études bouddhistes.

« Le château ne nous intéresse pas, répondit le Karmapa. Nous n'aurions pas de quoi l'entretenir. Mais si vous pouvez nous donner un peu de terrain et quelques maisons, nous viendrons. »

Aujourd'hui, la colline sur laquelle se trouve le château est devenue une enclave tibétaine. Des mâts de prière se dressent un peu partout, des bannières claquent au vent. Là où vivaient autrefois nos plus vieux ancêtres, à deux pas du site préhistorique du Moustier, des foules de plus en plus grandes viennent découvrir l'une des plus anciennes sagesses du monde.

Si l'on prend la petite route partant du centre que nous connaissons déjà, on rencontre, quelques centaines de mètres plus haut, un centre appartenant à la lignée des Nyingma-pa. Un peu plus haut encore se situe l'emplacement du futur monastère Kagyu-pa, un ensemble de bâtiments qui sera certainement impressionnant. C'est le Karmapa lui-même qui a choisi cet emplacement. Tout près de là se dresse la maison de Dudjom Rimpoché, le chef de la lignée des Nyingma-pa. Nous n'avons pas pu visiter le centre voisin de Chanteloup car un groupe de jeunes et de moins jeunes étaient en train d'y vivre la fameuse retraite de trois ans, trois mois et trois jours sous la direction de Tulku Péma. Parmi eux, il y avait le fils de Bernard Benson qui, au sortir d'une de ces retraites, n'a rien eu de plus pressé que d'en recommencer une autre.

Pour atteindre le centre de Pao Rimpoché, il nous a fallu rouler plusieurs kilomètres sur une petite route. Une fois arrivés, nous avons eu l'impression d'être au bout du monde. Pao Rimpoché est un très vieux lama, un homme de la terre, solidement enraciné et dont la réputation de sagesse est très grande. Il vit ici avec un autre lama et avec un Lorrain joyeux et barbu qui, après l'avoir rencontré, a quitté son emploi d'expert-comptable pour venir se mettre à son école. « C'est ici, nous a-t-il dit, que j'ai découvert la joie, la vraie. » Dans des petites cellules accrochées au flanc de la colline, des adeptes peuvent venir vivre quelques jours ou quelques semaines de retraite dans le silence absolu.

Étrange et envoûtante colline, monastères et ermitages où l'on se sent si dépaysé et où l'air même que l'on respire semble empreint de spiritualité.

La grande prairie était noire de monde, le parking submergé par les voitures et les autobus. Pour accueillir la foule des dévots venus, en ce mois de novembre, assister à l'enseignement de Kalou Rimpoché, il avait fallu monter un grand chapiteau. Encore allait-il se révéler trop petit. Sans doute faudra-t-il en dresser un second lors du prochain passage du lama.

Extraordinaire sensation que de se trouver ainsi perdus au milieu de tous ces gens serrés les uns contre les autres et assis par terre. Ils sont venus de toute la région pour les trois jours que va durer l'enseignement. Ils ont rempli les hôtels des environs et certains d'entre eux ont dormi par terre sous le chapiteau ou sur les banquettes de la salle d'accueil. Il y avait des jeunes, beaucoup de jeunes, mais aussi des familles entières venues avec leurs enfants et, parfois même, avec les grands-parents.

Tous les murmures se turent d'un coup au moment où Kalou Rimpoché fit son entrée.

Kalou Rimpoché! Nous avions assisté à un de ses enseignements, six ans plus tôt, au. monastère de Pleige en Bourgogne. Il était déjà si frêle que sa vie semblait ne tenir qu'à un fil. Et nous le retrouvions toujours aussi menu, si maigre et si émacié qu'il était impossible de lui donner un âge. Pendant ces six ans, il avait fait six fois le tour du monde, enseigné en Inde, en Amérique du Sud, aux États-Unis, au Canada et dans la plupart des pays de la vieille Europe. Infatigable, il avait fondé de nouveaux monastères, créé des centres de retraite...

Il s'installa sur le trône qui avait été dressé pour lui. Était-il vraiment parmi nous ? Il semblait à la fois si lointain et si proche. Hors d'atteinte et pourtant attentif à chacun et plein de compassion pour tous. Heureusement qu'il avait un micro devant lui, car, laissée à elle-même, sa voix n'aurait pas porté loin.

L'enseignement proprement dit fut précédé par une longue liturgie à laquelle, ce premier jour, nous ne comprîmes pas grand-chose. Sonneries de trompes, mantras récités à une vitesse fantastique, périodes prolongées de méditation... La majorité des assistants connaissait aussi bien les textes tibétains que les chrétiens de nos églises connaissent le Pater Noster. Il n'y avait pas de doute : nous n'étions pas parmi des curieux ou des adeptes de passage, mais parmi des gens qui avaient choisi le bouddhisme et qui persévéraient dans leur choix.

Cela dura plus d'une heure. Ce n'était pourtant qu'une introduction.

Après la récitation d'un dernier mantra, le plus sacré, celui qui contient tout, le fameux OM MANI PEME HUNG, Kalou Rimpoché se mit à enseigner sur un ton qui tenait plus de la psalmodie que de l'exposé, s'arrêtant toutes les quinze ou vingt secondes pour laisser à son interprète le temps de traduire.

« Je vais vous parler aujourd'hui, dit-il, de la pacification de l'esprit. C'est extrêmement important car, avant d'entreprendre une méditation, il faut d'abord obtenir le calme du mental.

« En Orient, c'est plus facile. On dit aux gens que le Bouddha, la Dharma (la doctrine) et la Sangha (l'assemblée des guides) sont toute compassion, tout amour et les gens le croient sans chercher à raisonner davantage. Ils croient aussi qu'il est très important de faire des prosternations, de réciter des mantras, d'offrir des mandalas et que, s'ils font ainsi, ils accumuleront beaucoup de mérites. N'ayant pas fait beaucoup d'études, ils n'ont pas l'habitude de discuter sur la validité de ce qu'on leur dit.

« Ici, la situation est différente. La plupart des gens sont cultivés ; les études, la science, la technique sont à l'honneur. Les gens ont l'habitude de faire fonctionner leur esprit critique. Lorsqu'on leur parle du Bouddha, ils répondent : " Peut-être, mais ce Bouddha, est-ce qu'on peut le voir ? " Et lorsqu'on leur répond qu'on ne peut pas le voir, ils commencent à avoir des doutes.

« Vous devez vous débarrasser d'une telle attitude hésitante et dubitative. On ne peut pas montrer, comme on le ferait sur un écran de cinéma, ce qui est positif et ce qui est négatif. On ne peut pas dire : « Ceci est l'état de Bouddha, de Bodhisattva... Tous les phénomènes viennent de l'esprit et l'esprit est vie. Il n'a ni forme ni couleur. »

Nous devons nous arrêter ici : nous l'avons promis. Kalou Rimpoché lui-même a beaucoup insisté. Il a même demandé avec une certaine solennité aux assistants de ne pas noter ses paroles et de ne pas les enregistrer au magnétophone. Il s'agit ici d'un enseignement initiatique qui ne peut être dispensé qu'à ceux qui sont prêts à le recevoir. Non pas pour le plaisir du secret ou pour établir une hiérarchie entre initiés et non-initiés, mais simplement parce que, dispensé sans préparation, cet enseignement pourrait, pour certains, se révéler trop fort. On n'envoie pas quelqu'un qui sait à peine nager traverser la Manche à la nage.

Ce jour-là, seuls ceux qui avaient pris refuge ont pu rester sous le chapiteau.

Au demeurant, notre but n'est pas de donner un résumé de l'enseignement du Vajrayana, mais de rendre compte d'un phénomène qui est encore mal connu et qui est en train de prendre des proportions impressionnantes : la montée du bouddhisme tibétain dans nos vieux pays chrétiens.

Les jours suivants, une fois l'enseignement terminé, les adeptes eurent le privilège de vivre deux méditations dirigées par Kalou Rimpoché. Tout ce que nous pouvons dire de ces méditations, c'est qu'elles font largement appel à la visualisation de lumières, de formes et de couleurs, lesquelles visualisations conduisent ceux qui s'y livrent sans arrière-pensée à un état de complète harmonie avec l'univers. Depuis des années que nous essayons, en fréquentant les hauts lieux de l'aventure humaine, d'aller aux sources de la Connaissance, nous avons rarement ressenti une telle densité dans l'atmosphère, un tel recueillement et une telle joie que lors de ces méditations.

L'une des séances a commencé par une prise de refuge. C'est le début du Chemin.

Il y avait ce jour-là, rassemblés autour du trône, une bonne trentaine de candidats.

« Ce que vous vous apprêtez à faire est très important, leur a dit Kalou Rimpoché. Prendre refuge signifie trouver une protection pour cette vie et les vies futures contre les craintes, les souffrances, les angoisses... »

L'un après l'autre, les néophytes s'avancèrent, se prosternèrent à trois reprises, récitèrent des prières. A chacun d'entre eux, Kalou Rimpoché coupa une petite mèche de cheveux, noua autour du coup un fil rouge et donna un petit livret jaune sur lequel se trouvait la prière qu'il devra réciter au moins sept fois chaque jour ainsi que le nom d'initiation qui lui a été donné.

Beaucoup vont s'en tenir là et ils pourront assister à un certain nombre d'enseignements, mais ceux qui voudront aller plus loin pourront prendre les différents degrés d'initiation qui les amèneront à pacifier peu à peu les trois émotions fondamentales : l'ignorance, l'attachement et l'aversion. Trois émotions de base à partir desquelles naissent les 84 000 émotions secondaires qui nous font vivre dans la souffrance.

Car le seul but du bouddhisme tibétain, c'est de délivrer l'homme, d'une façon radicale et définitive, de toute souffrance. Souffrance de la naissance, de la vieillesse, de la maladie, de la mort et aussi de toutes les autres souffrances que, par notre folie, nous faisons venir sur nous.

Pour être délivrés, pacifiés, pour développer en nous la compassion pour tous les êtres, il n'y a qu'un seul secret : la confiance dont les trois joyaux que sont le Bouddha, le Dharma (la doctrine) et la Sangha (l'assemblée des guides). Une confiance qui doit être absolue. Comme celle de cette femme dont Kalou Rimpoché nous a raconté l'histoire :

« On dit qu'il y avait autrefois au Tibet une vieille femme qui avait beaucoup de foi. Elle avait un fils qui allait souvent faire du commerce en Inde. Elle lui dit un jour : " Puisque tu dois aller à Bodh Gaya, là où est né le Bouddha, tu dois absolument me ramener une relique. "

« Le fils partit pour Bodh Gaya, mais il fut tellement absorbé par ses affaires qu'il oublia complètement ce que lui avait demandé sa mère. Au moment où il préparait un autre voyage, elle lui dit : " Cette fois-ci, tu dois m'apporter cette relique. Si tu oublies encore, je me suiciderai devant toi. " Le fils oublia encore. La veille de son arrivée à la maison, il s'arrêta avec sa caravane pour prendre un peu de repos et préparer le thé. Il se souvint alors de ce que sa mère lui avait demandé et de sa menace. Il regarda à droite et à gauche et aperçut une carcasse de chien. Il prit une dent du chien, l'enveloppa dans trois soieries très précieuses, une blanche, une jaune et une rouge et, dès son arrivée, il la donna à sa mère en disant : " Voici une dent du Bouddha. "

« La mère plaça cette dent sur un autel, lui fit des offrandes, se prosterna devant elle et récita de nombreuses prières. Un jour commencèrent à sortir de cette dent de petites perles lumineuses semblables à celles qu'on voit quelquefois dans les bûchers funéraires des grands saints. Lorsque la femme mourut, par la grâce de sa foi et la grâce du Bouddha, il tomba une pluie de fleurs tandis qu'apparaissaient dans le ciel une multitude d'arcs-en-ciel. »

La confiance de cette vieille femme avait suffi pour transformer véritablement une dent de chien en dent de Bouddha.

Tout au long de son enseignement, Kalou Rimpoché ne cesse d'insister sur un point : nous ne nous rendons pas compte de la chance que nous avons. La chance, l'immense privilège d'avoir reçu un « précieux corps humain ».

« Une tortue aveugle habitant dans un grand océan et faisant surface tous les cent ans aurait plus de chance d'enfiler sa tête dans le trou d'un morceau de bois flottant à la dérive qu'il y en a d'obtenir un précieux corps humain. »

Pourquoi si précieux? Parce que seul, il permet d'obtenir le Plein Éveil, l'état de Bouddha. Cette chance, il ne faut à aucun prix la gaspiller car, si nous ne conduisons pas notre vie comme il faut, elle ne reviendra pas de sitôt.

C'est le grand enseignement de la Roue de la Vie si souvent représentée sur les tankas qui se trouvent accrochés aux murs des temples. La Roue de la Vie raconte tout le cycle des existences. Les six Royaumes.

Trois sont inférieurs : celui des animaux qui sont ignorants, celui des esprits avides qui souffrent de la faim et de la soif et enfin de l'Enfer où on souffre de la chaleur et du froid. L'Enfer n'est pas éternel comme celui de l'Église catholique. On peut en sortir, mais c'est terriblement long. Il faut autant de temps qu'il en faudrait pour vider un sac d'orge dans lequel on prélèverait un grain tous les cent ans.

Les trois royaumes supérieurs sont composés du royaume des dieux jaloux (les *asouras*), des dieux (les *devas*) et des humains. Il faut se méfier des mots : ces dieux ou demi-dieux ne sont pas des êtres parfaits, mais des êtres ordinaires qui ont un karma qu'on appelle divin. Les asouras sont jaloux et passent leur temps à se quereller. Les devas sont apparemment plus favorisés. Ils ne souffrent pas pendant leur vie, ils sont absorbés dans la méditation et obtiennent tout ce qu'ils désirent, mais à la fin de leur vie, tout cela disparaît. Sept jours avant leur mort, ils voient où ils vont renaître et c'est pour eux une insupportable souffrance. Puisqu'ils ont consommé tout leur karma positif au cours de leur vie de dieu, ils vont retomber dans les royaumes inférieurs, souvent même en Enfer.

De tous ces royaumes, seul le royaume humain permet de sortir de la souffrance. Voilà pourquoi il faut à tout prix utiliser convenablement cette vie qui nous est donnée. Plus on fait d'actions positives, moins on fait d'actions négatives, et plus on a de chances de renaître dans de bonnes conditions. Et, éventuellement, d'atteindre l'état de Bouddha.

Ajoutons que ceux qui ont obtenu cet état ont développé

en eux une si grande compassion qu'ils vont revenir sur la terre, vie après vie, pour aider les hommes et tous les êtres à obtenir l'Éveil. On les appelle des Bodhisattvas. Les rencontrer est une chance merveilleuse car c'est grâce à eux qu'un jour, l'univers tout entier connaîtra la Béatitude.

Je n'ai pu m'empêcher de demander à Punsok, le jeune moine belge qui a été pour nous un guide d'une érudition et d'une patience à toute épreuve, s'il acceptait tout ceci à la lettre : l'Enfer tibétain, le royaume des dieux jaloux, etc.

« Oui, a-t-il répondu, dans la mesure où tout ce cycle des existences n'a aucune existence propre. C'est le cœur de l'enseignement du Bouddha. L'univers entier, avec ses souffrances et ses bonheurs, n'existe que parce que nous y sommes profondément attachés. Nous créons le moi, l'ego et aussi l'autre, la dualité. De là naissent les émotions de désir, d'aversion et d'ignorance qui contaminent toute notre activité et créent le monde que nous connaissons, la conscience du moi. Si nous supprimons la conscience du moi, nous supprimons aussi la souffrance. Ainsi l'univers devient quelque chose de dynamique et chaque situation possède un potentiel d'Éveil et de Libération. »

C'était au cours de la puja du feu. Dans les stalles des moines et des nonnes, juste en face de moi, il y avait une jeune fille drapée dans sa robe rouge. Ce qui m'a frappé en elle, ce qui a fait que j'ai eu aussitôt envie de la connaître, c'est son regard. Un regard volontaire, hardi, avec, par moments, cette étrange concentration qui n'appartient qu'aux êtres tournés vers le dedans.

Après la cérémonie, lorsque je lui ai demandé si elle voulait venir parler devant notre magnétophone, elle a accepté aussitôt à la condition que nous ne dirions pas son nom. Elle a répondu à toutes nos questions sans hésiter, d'une façon directe, sans jamais chercher de faux-fuyants.

Jamais encore nous n'avions rencontré quelqu'un vivant à ce point la fameuse parabole des oiseaux du ciel et des lys des champs. Vivre un jour ici, un autre là, sans jamais se soucier du lendemain. Les chrétiens diraient de cette jeune fille qu'elle vit dans un total abandon à la Providence.

D'où lui viennent cette détermination, cette rigueur et, en

même temps, cette ouverture d'esprit et cette immense compassion qui, par moments, semblent jaillir d'elle?

C'est une minuscule bonne femme. Elle pourrait être belle, mais elle s'en moque. Elle a le crâne rasé et sa robe de nonne dissimule entièrement ses formes. Elle est canadienne. Son père est catholique, mais sa mère, « qui croit au karma et à la réincarnation », lui a dit un jour, alors qu'elle était encore toute petite : « Toutes les religions sont bonnes, tu choisiras la tienne lorsque le moment sera venu. »

Redoutable liberté qui va l'engager sur des chemins peu ordinaires. Tout ce qu'elle savait depuis sa toute petite enfance, c'était qu'elle voulait devenir religieuse. Elle n'avait d'attrait que pour Dieu. Bien que non baptisée, elle allait à la messe les jours de fête et, dès que cela lui a été possible, elle a fait des retraites chez les Carmélites. Sans doute aurait-elle été une bonne religieuse catholique si un jour, alors qu'elle avait treize ans, elle n'avait rencontré le *Bardo Thodol*.

Le *Bardo Thodol*, le livre des morts tibétains! Un ouvrage formidable probablement écrit au VIIe siècle et qui décrit ce qui se passe dans l'état intermédiaire entre la mort et une nouvelle naissance. La longue marche des esprits des morts à travers les régions infernales, depuis l'agonie, qui est décrite avec un réalisme hallucinant, jusqu'à la réincarnation. Un livre de sagesse ésotérique qu'elle a lu d'un trait. Elle n'y a d'abord pas compris grand-chose, car c'est un livre difficile pour les non-initiés, mais en le lisant, elle a senti monter en elle, sans qu'elle sache pourquoi, cette affirmation : je serai bouddhiste.

« Très bien, lui a dit sa mère, mais comment vas-tu faire? »

Elle se trouvait en effet sans guide, sans le moindre soutien, en plein cœur d'un pays chrétien. Tout ce qu'elle put faire au début fut d'acheter un *mala*, le chapelet tibétain et de l'égrener en répétant sans fin le mantra OM MANI PEME HUNG.

Le mot Tibet faisait naître en elle un frémissement qu'elle ne comprenait pas. Au point que lorsqu'elle eut rencontré enfin un maître zen et qu'il lui eut dit : « Je vais t'envoyer au Japon où tu pourras te faire religieuse », elle répondit :

« Non, c'est au Tibet que je voudrais aller et puisque ce n'est pas possible, je veux au moins aller dans l'Himalaya. »

« Le Tibet, dit-elle, brûlait dans mon cœur depuis ma petite enfance. »

Alors qu'elle était seule encore et qu'elle n'avait pas rencontré le moindre maître spirituel, sa détermination était absolue. Ce n'était pas du fanatisme, elle insiste beaucoup sur ce point.

« Il faut comprendre, dit-elle, que la Vérité est dans toutes les religions. Il faut aller où votre karma vous mène. Le Bouddha disait : " Si vous condamnez la religion d'une autre personne, vous condamnez la vôtre. " Un homme, disciple d'un maître hindou, vint un jour trouver le Bouddha. Ils ont discuté longtemps et, à la fin, l'homme s'est écrié : " C'est toi qui as raison et je vais te suivre ! " Mais le Bouddha lui a répondu : " Non ! non, non ! Retourne à ton Maître ! " »

Pour elle, il n'y avait pas de problème : elle se sentait de plus en plus irrésistiblement attirée vers le bouddhisme. Il lui fallait donc suivre son karma sans autre aide, au début, que des livres. Et comme il lui fallait bien vivre, elle poursuivait des études de théologie, écrivait dans des magazines et faisait des arrangements musicaux. Elle a même laissé dans un tiroir de sa chambre d'étudiante un roman ; une sorte d'itinéraire spirituel qu'elle n'a jamais pris la peine de proposer à un éditeur.

Elle ne connaissait le bouddhisme que de manière livresque, mais ce n'est que vers ses seize ans qu'elle s'y attacha et prit, sans en parler à personne, les cinq vœux principaux.

À vingt-sept ans, elle apprit que le Karmapa allait venir à Toronto, elle s'y précipita, assista aux cérémonies, prit refuge et put avoir un entretien avec le Karmapa.

« Toute ma vie s'en est trouvée transformée », dit-elle. Au point que, trois jours plus tard, elle prenait – solennellement cette fois-ci – des vœux temporaires qui sont maintenant devenus définitifs.

Elle n'était pas encore tout à fait satisfaite. Elle aimait bien la lignée Kagyu-pa et elle avait un grand respect pour le Karmapa, mais sans trop savoir pourquoi, elle se sentait attirée par les Nyingma-pa.

« J'aimais tout particulièrement, dit-elle, Gourou Rimpoché qui est une grande lumière. Je savais que les Nyingma-pa étaient les plus anciens (*Nyingma* veut dire ancien), qu'ils avaient été seuls jusqu'au Xe siècle, qu'ils avaient un rituel plus simple et plus dépouillé que les autres. Il y a chez eux des ermites, des yogis, des nonnes, des lamas mariés, si bien que toutes sortes de gens peuvent transmettre la Connaissance. En période de persécutions, lorsque les lamas sont pourchassés comme ils l'ont été lors de l'invasion des Chinois, des laïcs, hommes ou femmes, peuvent conserver et transmettre l'enseignement. »

Malheureusement, il n'y avait pas à l'époque de centre Nyingma-pa au Canada. Elle est donc partie pour les États-Unis, à New York d'abord, puis dans le Connecticut où elle a fait retraite sur retraite, heureuse comme elle ne l'avait jamais été. Elle vivait enfin le rêve qui l'habitait depuis sa petite enfance : elle était religieuse.

Comment allait-elle vivre ?

« Tu dois voyager, tu ne dois te fixer nulle part, lui avait dit le lama qui lui avait donné les vœux complets. Si tu te trouves dans un centre où il y a de quoi loger et manger, tu pourras y rester quelque temps pour étudier la dharma, apprendre le tibétain et même faire une retraite. Et puis tu t'en iras plus loin et plus loin encore. Tu vivras de ce qu'on te donnera. Si on t'offre de l'argent, tu accepteras ; sinon, tu t'en passeras. Il te suffira de prier. »

Elle ne s'est pas posé de questions, elle a accepté tout de suite ce genre de vie et, depuis, elle n'a pas cessé de voyager. Bien sûr, elle n'a jamais un sou devant elle, mais cela ne la trouble pas. Chaque fois qu'elle a vraiment besoin de quelque chose, cela lui est donné sans même qu'elle ait à le demander. Ainsi, lorsque son lama lui a dit qu'elle devait aller au Sikkim, quatre-vingts personnes se sont unies pour lui offrir le voyage.

Vers la fin de son séjour au Sikkim, son maître lui a dit qu'elle devrait partir pour l'Europe. Elle a dit oui sans savoir comment elle ferait et, quelques jours plus tard, elle a rencontré un Indien qu'elle n'avait fait jusqu'ici qu'entrevoir et qui lui a dit :

« N'aurais-tu pas besoin d'un ticket pour l'Europe ? »

En Europe, elle est allée de centre bouddhiste en centre bouddhiste, toujours aussi pauvre et toujours aussi abandonnée à la Providence. Ces derniers temps, elle a ressenti le besoin profond de faire une longue retraite et de la faire dans l'Himalaya. Lorsque nous avons parlé avec elle, elle venait de rencontrer un homme qui lui avait dit, sans autre introduction :

« Hello! Es-tu prête à faire une longue retraite?

– Oui.

– Alors, quand tu seras en Inde, je paierai pour toi. »

Pendant trois jours, elle ne l'a pas cru. Puis il lui a expliqué :

« J'ai fait le vœu solennel de t'aider. Tous les jours, j'irai à mon travail à vélo au lieu d'y aller en voiture et l'argent que j'économiserai sera pour toi. Cela suffira, car la vie là où tu vas est moins chère qu'ici. Je le ferai pendant sept ans pour que tu puisses faire une retraite un peu longue. »

Nous faisant les avocats du diable, nous lui avons demandé :

« Trouvez-vous normal d'accepter le sacrifice de cet homme? Le fait de vivre de ce que vous donnent des gens qui, souvent, ne sont pas riches, ne vous pose-t-il pas de problèmes? »

Ces questions ne l'ont pas embarrassée.

« D'abord, a-t-elle répondu, je ne demande jamais rien. J'aurais des scrupules si je n'étais pas fidèle à mes vœux, si je prenais cet argent pour me promener, si je ne pratiquais pas. Mais je pratique pour tous les êtres, je donne tout mon temps pour cela. Si je devais travailler, j'aurais moins de temps et je n'aurais sans doute pas la concentration nécessaire.

– Pratiquer, qu'est-ce que cela veut dire?

– D'abord et avant tout, développer en nous la compassion pour tous les êtres. C'est la vie même du bouddhisme. Ne pas faire d'actions qui puissent faire souffrir les hommes, les bêtes ou les plantes. Savoir qu'à tous les niveaux de l'existence, chaque cause a un effet. C'est ce que nous nommons le karma. Mener une vie aussi bonne que possible pour que la suivante soit bénéfique pour les autres.

« Tout est là et tout s'organise autour de cela. Mais il faut voir large. Ne pas tuer, ne pas voler – les deux premiers vœux – cela paraît évident, mais cela veut dire aussi, par exemple, ne pas voler le temps de quelqu'un, ne pas envahir son espace privé.

« Pratiquer, c'est aussi donner beaucoup de temps à la méditation, à la récitation des mantras, aux prosternations. C'est rester centrée, garder son corps, sa parole et son esprit.

— N'est-ce pas de l'égoïsme que de tant travailler à son épanouissement personnel?

— Non, parce que nous travaillons pour tous les êtres. Même lorsque nous aurons atteint la réalisation, ce ne sera pas fini pour autant. Nous ne serons vraiment sauvés que lorsque le monde entier sera sauvé. C'est pourquoi nous prenons le vœu de Bodhisattva : " Je n'entrerai pas dans le Nirvâna, je n'arrêterai pas de renaître jusqu'à ce que tous les êtres soient éveillés. "

— Ce vœu, tu l'as pris?

— Oui.

— Tu te rends compte à quel point, vue par des yeux de chair, ta vie peut paraître extraordinaire? Cet abandon total? Ce refus de toute sécurité?

— Ma vie n'est pas extraordinaire. Simplement, il y a tout un tas de questions que j'ai cessé de me poser. Il suffit d'avoir confiance et moi, j'ai fait mienne cette parole du Bouddha : " Si vous pratiquez, vous n'aurez jamais faim. " »

Faut-il donc être moine ou nonne pour pratiquer le dharma? Faut-il donner tout son temps, se livrer à une ascèse exigeante, renoncer à tous les petits bonheurs de la vie?

Telles sont les questions que nous nous posions à la fin du dernier entretien de Kalou Rimpoché, alors que le grand chapiteau était en train de se vider. Déjà, des gens marchaient vers les voitures. Ils allaient tous rentrer chez eux, retrouver la vie quotidienne et ses pesanteurs. Qu'allaient devenir l'enthousiasme, la magie des heures vécues ici? La vie allait-elle s'affadir jusqu'à la prochaine réunion? Que peuvent-ils faire, ceux qui ont été touchés par la grâce du bouddhisme pour garder vivantes en eux, à travers les vicissitudes du quotidien, la compassion et la confiance?

Il y a plusieurs réponses à ces questions.

Certains, sans se faire pour autant moines ou moniales,

décident de tout quitter et de venir s'installer à proximité d'un monastère pour pouvoir vivre dans la lumière du lama. D'autres, plus nombreux, rentrent chez eux et créent des structures qui leur permettront de pratiquer à domicile.

Voici Christiane. Nous l'avons rencontrée à l'issue d'un de ses entretiens avec lama Guédune, les yeux brillant d'une joie secrète.

Elle a été élevée par des religieuses, elle a cru un moment avoir la vocation, puis elle s'est mariée, elle a eu des enfants, elle est devenue professeur de yoga. Un jour, un de ses amis lui a dit : « Je veux te faire rencontrer un être réalisé. » Cet être réalisé était lama Guédune.

« Je suis restée trois mois auprès de lui, dit-elle. C'était le paradis. Depuis, je viens aussi souvent et aussi longtemps que possible. J'ai l'impression que lama Guédune est l'océan et que je suis la goutte d'eau.

— Mais tu étais une chrétienne fervente. Comment fais-tu pour ne pas te sentir dépaysée?

— J'étais chrétienne, mais je me rends compte aujourd'hui que je ne vivais pas vraiment ma foi. Il me manquait le fil qui conduit à l'essentiel. J'ai assisté à Pleige à une rencontre entre des moines chrétiens et des moines bouddhistes. C'était merveilleux. Je les sentais unis dans un même esprit. Les trois joyaux du bouddhisme, c'est la trinité et quand tu as confiance en eux, ils exaucent tes désirs. Je n'ai jamais aussi bien compris l'Évangile que pendant les trois mois vécus auprès de lama Guédune. Chacune de ses paroles m'y ramenait.

— Alors tu as décidé de venir t'installer tout près d'ici?

— Oui.

— Comment vas-tu vivre?

— Je continuerai à donner des leçons de yoga. Beaucoup de mes élèves viendront de Paris pour des stages et j'en trouverai de nouveaux sur place.

— Cela te suffira?

— Je n'ai pas besoin de grand-chose.

— Vas-tu prendre des vœux?

— Je vis déjà depuis longtemps la plupart d'entre eux. Il s'agit de vœux d'éthique personnelle. Mon désir profond est de tout faire pour libérer le plus grand nombre de gens possible. C'est pourquoi j'ai pris aussi le vœu de Bodhisatt-va. »

Ainsi sont en train de naître ici ou là, autour des centres et des monastères, de petites communautés élargies. Des gens s'installent dans des maisons proches, assistent aux cérémonies, aux enseignements et vivent sous la conduite d'un lama. Pour ceux qui restent chez eux, il y a les KTT *(Karma Teksoun Tcheuling)*, des lieux placés sous l'autorité spirituelle du Bouddha Karmapa où les enseignements des trois véhicules sont donnés.

Voici Patrick. Il a découvert le bouddhisme en 1969 par la lecture du *Message des Tibétains* d'Arnaud Desjardins. Mais il a pris son temps et fait de nombreux détours. Il a fait du yoga, a été un temps rosicrucien, s'est passionné pour l'astrologie et les régimes végétariens, ce qui l'a amené à fonder avec quelques amis une communauté dans l'Aveyron, une expérience qui a duré trois ans.

Rentré chez lui à Biarritz, un peu désorienté, il a lu par hasard – si l'on croit au hasard – que le Karmapa allait donner un enseignement en Dordogne. Il est venu sans trop savoir ce qui l'attendait et a pu obtenir un entretien avec le Karmapa. L'année suivante, ce dernier lui a dit :

« Tu as la chance de n'habiter qu'à trois cents kilomètres d'un être tel que lama Guédune. Tu dois venir régulièrement entendre ses enseignements et ceux d'autres lamas de passage. »

C'est ce qu'a fait Patrick. Mais il a eu très vite la sensation que sa vie était coupée en deux. Il y avait les moments de joie, les heures illuminées par la présence de lama Guédune et, entre deux visites, la retombée dans la routine. La lourdeur de la vie de tous les jours avec ses bousculades, ses conflits et ses sécheresses spirituelles.

Un jour, n'y tenant plus, il a demandé à lama Guédune de venir à Biarritz et il est parvenu, pour cette première visite, à rassembler un noyau d'une cinquantaine de personnes. A partir de ce jour, tout s'est enchaîné très vite. Lama Guédune est revenu, puis lama Jigméla, le neveu du Karmapa et d'autres lamas encore. Le nombre des participants a doublé et ils se sont mis ensemble pour acheter une maison à Cambo-les-Bains. Le premier KTT était né en France. Un centre d'études bouddhistes avec ses réunions, ses séances de méditation et la visite des lamas.

Depuis, les KTT surgissent un peu partout, créés par ceux qui veulent que le dharma fasse partie de leur vie quotidienne. Il y en a à Clermont-Ferrand, à Nantes, à Poitiers, à Toulon, à Agen, à Bordeaux, à Pau...

Il y en aura demain, c'est certain, dans toutes les villes d'une certaine importance.

Ce n'est pas propre à la France. Nous avons rencontré au cours de notre séjour des Espagnols qui ont fondé un KTT à Saint-Sébastien et qui nous ont appris qu'il y en avait d'autres à Madrid, à Bilbao, à Barcelone, centres installés dans des maisons qui ne servent qu'à cela ou dans l'appartement de l'un des membres.

Lama Guédune, qui a vécu trente ans en ermite, a dû récemment acheter une voiture pour pouvoir rendre visite à tous ces centres de spiritualité.

« Si nous pouvons créer ainsi beaucoup de centres, dit-il, beaucoup d'êtres entendront parler du dharma et auront la possibilité de recevoir des enseignements. Ils sauront ainsi comment examiner leur propre esprit et comment aborder la voie sans tomber sous l'influence des émotions perturbatrices. A court terme, les conflits du monde occidental seront apaisés. A long terme, ceux qui pratiquent le dharma pourront éviter les souffrances des trois royaumes inférieurs. »

Si je devais définir d'un mot le garçon qui se trouve maintenant en face de nous, j'utiliserais le mot « calme ». Un calme heureux qui ne peut venir que de la paix de l'esprit. Il est sorti il y a quelques semaines d'une de ces fameuses retraites de trois ans, trois mois et trois jours.

Ces retraites font beaucoup parler d'elles. Elles paraissent inhumaines à ceux qui regardent le bouddhisme tibétain de l'extérieur. Certains n'hésitent pas à les assimiler à un lavage de cerveau. C'est un phénomène d'autant plus intéressant que de plus en plus nombreux sont les gens qui se présentent pour entrer en retraite. Au point qu'il faut sans cesse construire de nouveaux centres. Nous ne les connaissons pas tous, mais nous savons qu'il y en a en Dordogne, en

Auvergne, en Bourgogne, en Normandie et dans le Dauphiné. En tout, à l'heure où nous écrivons, il y a plusieurs centaines de jeunes qui sont en train de faire retraite.

Bien entendu, nous n'avons pas été autorisés à les voir : rien ne doit troubler leur recueillement. Mais nous avons pu voir ceux et celles qui, déjà, sont sortis et plutôt que de rassembler un faisceau de témoignages qui seraient forcément superficiels, nous avons préféré aller plus à fond avec Christian, ce garçon qui nous a tellement impressionnés par son calme. Qui est-il ? D'où vient-il ? Comment a-t-il rencontré le bouddhisme ? Pourquoi s'est-il imposé cette longue et dure épreuve ? Que va-t-il faire maintenant ? Telles sont les questions que nous lui avons posées et nous pensons que le meilleur moyen de conserver la vie de son témoignage est de transcrire ici la conversation que nous avons eue avec lui.

« Je vais peut-être vous décevoir, nous a-t-il dit, mais j'ai eu une enfance tout à fait banale. Mes parents étaient catholiques. Ils m'ont envoyé au cathéchisme, mais ça ne m'intéressait pas. Je ne me sentais pas concerné. Dès l'âge de douze ans et sans trop savoir pourquoi, je me suis passionné pour l'hindouisme. Si l'on ne croit pas à la réincarnation, on ne peut pas comprendre ce genre de choses. J'ai lu la Baghavad Gîta, le Yoga de Patanjali et j'ai découvert le bouddhisme tibétain à travers les livres d'Alexandra David-Neel. En fait, je lisais tout ce qui me tombait sous la main.

« A seize ans, lors d'un voyage en Angleterre, j'ai rencontré un moine bouddhiste qui m'a donné l'adresse d'un homme qui vivait comme un moine tout en étant marié ; il s'appelait René Joly et il avait construit un petit monastère à Gretz, dans la région parisienne. Je suis allé le voir pendant plus de trois ans pour des week-ends de méditation. Ce n'était pas facile, car j'habitais Lyon. Ça me touchait, mais ce n'était pas encore ça. Mai 68 est venu tout balayer. J'étais très excité. Je faisais partie d'un tas de mouvements plus révolutionnaires les uns que les autres. J'ai défilé dans les rues de Lyon avec des banderoles. Je m'étourdissais, mais rien ne me satisfaisait. Ma vie n'avait pas de sens.

« A vingt ans, je sortais d'un grave accident qui m'avait laissé six mois à l'hôpital lorsque j'ai lu *le Message des*

Tibétains d'Arnaud Desjardins. J'en ai été tout retourné. J'ai trouvé l'adresse d'Arnaud chez son éditeur. Il habitait rue Soufflot. Je m'y suis précipité. C'est lui qui est venu m'ouvrir. Il m'a demandé si j'avais un rendez-vous, mais il m'a vu si déterminé qu'il m'a reçu. Alors je lui ai posé la question qui me brûlait les lèvres : " Tout ce que vous avez raconté dans votre livre est-il vrai? "

« Il m'a dit que c'était vrai. Je n'avais rien d'autre à demander. De chez lui, je suis allé me renseigner pour savoir combien coûtait un billet d'avion. C'était raisonnable : 1 050 francs aller-retour en charter, et, comme j'étais en vacances, je suis parti pour Darjeeling. Là-bas, j'ai utilisé le livre d'Arnaud comme un guide de voyage. Je suis allé voir un par un tous les maîtres dont il avait parlé. Seul Kalou Rimpoché était absent : il venait de partir pour le Canada.

« Un jour enfin, j'ai rencontré un maître qui m'a frappé plus encore que tous les autres. En m'asseyant en face de lui, j'ai eu l'impression que je l'avais toujours connu et que je me trouvais avec lui dans un monde idéal. C'était rassurant, mais c'était aussi déconcertant, car j'ai tout de suite compris que je ne pouvais rien lui cacher. Dans la vie normale, on a toujours envie de jouer un personnage. Ici, il me fallait enlever un masque, et puis un autre, et puis un autre encore. C'était un jeu très subtil. On croit être nu et on s'aperçoit, à la lumière du Maître, qu'on est encore masqué. Ce sont des dizaines de masques qu'il faut enlever. J'ai laissé repartir mon avion et je suis resté auprès de Kanjo Rimpoché pendant un an. Ce n'était pas facile, car Darjeeling se trouvait dans une zone interdite. Je ne pouvais rester qu'un mois, ensuite, il me fallait descendre pour obtenir un autre permis. Il fallait beaucoup de démarches, mais j'aurais fait n'importe quoi. Pour la première fois de ma vie, j'avais l'impression de faire quelque chose d'utile.

« Il m'a tout de même fallu rentrer en France parce que je n'avais plus d'argent et que mes parents s'inquiétaient, mais j'ai fait un second voyage en 1973. Lorsqu'il m'a fallu faire mon service militaire, j'ai demandé à être affecté à la coopération et d'être envoyé en Inde comme professeur de français. C'était fou. Je m'y prenais beaucoup trop tard et les places étaient rares. J'ai joué de culot. Je me suis présenté et j'ai dit : " Je viens pour la place vacante. " Le plus extraordinaire est qu'il y avait vraiment une place vacante pour l'Inde et que je l'ai obtenue.

« Pendant deux ans, j'ai donc pu voir mon Maître et suivre son enseignement. Il est mort alors que je terminais mon service militaire. Alors, j'ai suivi son fils, Tulku Péma, qui venait en Dordogne où M. Benson lui avait offert une maison et quelques hectares. En 1975, avec les quelques disciples qui se trouvaient autour de lui, nous avons décidé de construire un centre de retraite. Nous étions une vingtaine et nous avons tout fait nous-mêmes : 25 cellules, un temple, une cuisine, une salle à manger, trois salles de bains.

« A peine avions-nous terminé que nous sommes entrés en retraite. »

Il a dit cela tout calmement, comme s'il s'agissait de la chose la plus naturelle du monde. Nous avions tant de questions à lui poser que son monologue s'est alors transformé en dialogue.

« Vous ne vous en rendez pas compte, lui a dit Rachel, mais lorsqu'on leur parle d'un si long enfermement, les gens sont effarés.

– Ils le seraient moins s'ils faisaient eux-mêmes la retraite. En réalité, elle passe très vite.

– Qu'est-ce qui peut pousser un jeune Occidental à faire une démarche aussi radicale ?

– Le désir de faire coûte que coûte un pas en avant. La vie courante ne permet pas de se concentrer. Aussi motivé qu'on soit, s'il faut gagner sa vie, il faut passer de huit à dix heures par jour à faire autre chose que l'essentiel.

– Comment se passe une journée ?

– Elle est remplie du début à la fin, si bien qu'on n'a pas le temps de s'ennuyer.

« On se lève à 4 heures pour une méditation personnelle, chacun dans sa cellule. A 6 heures, on se réunit au temple pour une prière en commun. A 7 heures et demie, on prend le petit déjeuner en commun. A 8 heures et demie, on rentre dans sa cellule pour une méditation personnelle de trois heures avec un texte pour soutien. A midi, on déjeune en commun. On a alors une période de liberté au cours de laquelle on peut se livrer au nettoyage ou se promener dans l'enclos. De 1 heure à 3 heures, ou de 1 heure et demie à

4 heures, on reçoit l'enseignement du lama. Si le lama ne vient pas, on utilise cette période pour étudier. De 4 heures à 6 heures, méditation personnelle. A 6 heures, repas, puis, de nouveau, méditation de 7 heures et demie à 9 heures et demie. A partir de cette heure, ceux qui le veulent peuvent dormir, mais ils peuvent aussi continuer à étudier.

– Tout cela, sur le papier, c'est très beau, très sécurisant, mais ce ne doit pas être si simple. Il doit bien y avoir des moments où on se sent mal. Peut-on avoir des entretiens particuliers avec le lama?

– Il y a deux sortes de problèmes. Ceux qui sont d'un intérêt général, on peut en parler devant tout le monde lors de l'enseignement. Pour les problèmes personnels, on demande un entretien au lama.

– Il doit y avoir des périodes de crise?

– Bien sûr, ce n'est pas tout rose. Il y a des conflits, des tensions...

– Y a-t-il des abandons?

– Il y en a eu un cette fois-ci, sur vingt-trois.

– Si nous avons bien compté, il y a neuf heures de méditation par jour. Mais cela ne veut sans doute pas dire neuf heures passées dans le calme de l'esprit.

– Au début, il n'y a pas de calme du tout. Les Tibétains ne sont pas pour les méthodes calmes. Leur technique consiste d'abord à faire sortir de nous tout ce qui nous encombre. C'est parfois très, très violent.

« C'est comme si, tout d'un coup, on arrêtait de faire entrer des informations dans notre machine intérieure. Plus rien n'entre et on n'a plus à s'occuper que de ce qui est déjà là. Il n'y a plus aucune distraction, au sens fort du terme et tout ce qui est à l'intérieur ressort et apparaît avec beaucoup plus de force que d'habitude.

– C'est donc une période de purification?

– La première année n'est faite que de cela et c'est pourquoi elle est la plus dure. C'est là qu'interviennent des techniques qui peuvent surprendre. On pratique par exemple des visualisations de formes terribles qui correspondent à des tensions intérieures. Si on est très passionné, on visualise des déités passionnées. Si on est principalement troublé par la colère, on visualise une déité irritée et ce processus fait sortir notre haine et notre colère dans un paroxysme. Alors les lamas nous apprennent à voir ces émotions telles qu'elles sont et, à ce moment-là, grâce à des techniques que je ne peux décrire, elles perdent leur force et s'évanouissent. On finit par reconnaître qu'elles n'existent pas.

— Il faut être bien dirigé.

— Ah oui! Sinon, on risquerait de devenir fou. Il faut un lama d'une grande expérience. Ces pratiques sont plus ou moins gardées secrètes, les Tibétains insistent beaucoup là-dessus. Il serait très dangereux d'utiliser ces techniques par soi-même.

— C'est donc le travail de la première année?

— Certains ont besoin de trois ans pour faire le grand nettoyage.

— Est-il possible de s'entretenir avec les autres retraitants, de parler avec eux de ses problèmes?

— C'est possible.

— Cela doit créer des liens étroits, mais aussi des antagonismes?

— Ça commence toujours par des antagonismes. On constate d'abord qu'on n'est pas comme les autres, qu'on n'a pas les mêmes habitudes. En général, la première année est une année de conflits.

— Et après, tout s'apaise?

— Oui, ne serait-ce que par la force des choses. Quand on doit vivre avec quelqu'un pendant trois ans et qu'on ne peut pas sortir, il faut s'adapter et, finalement, accepter les autres tels qu'ils sont. On finit même par les aimer.

— Les hommes et les femmes sont séparés?

— Dans notre retraite à nous, nous étions séparés pour la nuit, mais, dans la journée, les repas et les enseignements étaient communs.

— Des idylles doivent se nouer?

— Dès l'entrée, nous prenons le vœu de chasteté pour toute la durée de la retraite.

— Que se passe-t-il lorsqu'on sort? Devient-on lama? Retrouve-t-on la vie de tous les jours?

— Peu importe. Le plus important n'est pas de changer ou non de vie ou de faire quelque chose de différent des autres, c'est de devenir maître de sa vie, quelle qu'elle soit, de contrôler les événements au lieu de se laisser emporter par eux, de donner un sens à ce qu'on fait et de pouvoir aider les autres. Certains d'entre nous seront lamas, d'autres se marieront, d'autres encore reprendront leur vie habituelle, comme cet ami, radio à bord d'un navire qui, au lendemain même de sa sortie, était déjà en mer.

– Et vous, qu'allez-vous faire?

– Moi, j'aime les langues. J'ai appris le tibétain sans difficulté. Je vais donc être traducteur de tibétain.

– Mais cela ne va pas vous permettre de gagner votre vie?

– J'ai deux possibilités : soit traduire des livres qui intéressent des éditeurs, soit travailler pour tel ou tel lama qui a besoin de textes pour ses élèves. Il faut savoir que le fonds de littérature religieuse tibétaine est immense et encore à peu près inexploité. Si je travaille pour un éditeur, je gagnerai ma vie tant bien que mal. Si je travaille pour un lama, la communauté me nourrira. De toute façon, je n'ai pas de gros besoins.

– Ce qui nous frappe, chez les gens qu'on rencontre ici, c'est une espèce de calme presque palpable, d'apaisement. Nous trouvons cela aussi chez vous. Est-ce donc le grand bienfait de la retraite?

– Je ne m'en rends pas compte. On peut être plus apaisé que je ne le suis. Il me semble qu'il y a encore en moi une violence intérieure. D'ailleurs, il est bien possible que je fasse une autre retraite, d'autres encore peut-être. Après tout, lama Guédune a vécu une bonne trentaine d'années dans des ermitages ou des grottes de l'Himalaya. »

Christian n'est pas le seul à penser ainsi. D'autres que lui ont déjà commencé une seconde retraite de trois ans, trois mois et trois jours.

Que cherchent-ils donc, ces jeunes gens qui s'échappent ainsi de notre univers occidental survolté, surexcité et menacé par les pires catastrophes? Pourquoi envoient-ils par-dessus bord le matérialisme qui leur propose pourtant tellement de rêves et de satisfactions?

Ils répondent tous la même chose : ils veulent être libres. Connaître la vraie liberté de ceux qui ont renoncé à tout et jusqu'à eux-mêmes.

Et ils font leur cette strophe d'un poème tibétain :

Où qu'il aille, le renonçant est libre
A quoi bon s'attacher aux lieux et aux objets, sources de
*   disputes ?*
Abandonne tout désir pour un endroit.
La terre inconnue est le lieu de l'Éveil.

CHAPITRE IV

KARLFRIED GRAF DÜRCKHEIM
LE VIEUX SAGE DE LA FORÊT-NOIRE

Je crois n'avoir jamais connu un silence d'une telle qualité. Un silence léger, aérien, indéfinissable et rendu encore plus vivant par le chant du petit ruisseau qui dégringolait de la montagne.

Le village était désert en ce dimanche après-midi et nous avons eu le plus grand mal pour nous faire indiquer la maison. Une maison de contes de fées qu'on devinait pleine de recoins mystérieux avec son toit de bardeaux, son balcon sculpté et son petit jardin plein de fleurs disposées en un savant fouillis.

Sur le montant de la porte, il y avait deux minuscules plaques en cuivre : Graf Dürckheim et Dr Hippius.

Rachel et moi, nous nous en ferons plus tard la confidence, nous fûmes pris d'une sorte de frisson intérieur.

Karlfried Graf Dürckheim! Il y avait dix ans au moins que ce nom nous poursuivait, depuis que nous avions lu avec enthousiasme le livre qui l'avait fait connaître en France et dont le titre *Hara* avait eu pour nous une saveur mystérieuse. Ce nom, nous l'avons depuis rencontré sur tous les chemins de nos pérégrinations spirituelles. Il était celui du vieux sage de l'Occident parti en quête d'une autre sagesse dans le lointain Japon, au pays merveilleux du tir à l'arc, de la cérémonie du thé, de l'aïkido et du zen, là où chaque geste prend une signification, qu'il s'agisse de servir le thé ou de confectionner un bouquet de fleurs.

« Malheureusement, nous avait-on dit, vous ne le verrez peut-être pas. Il est âgé maintenant, presque aveugle, souvent malade. »

Impressionné, j'ai hésité à sonner. Rachel, toujours plus audacieuse, le fit à ma place. Nous tendîmes l'oreille. Rien. Le silence se fit d'un coup encore plus pesant et il nous fallut pousser le bouton une seconde fois.

Enfin, au moment même où nous allions renoncer pour revenir plus tard, nous entendîmes des pas feutrés. La serrure tourna, la porte s'entrebâilla. C'était lui. Un homme en pantoufles, appuyé sur une canne, le corps droit encore, le front large, les yeux profondément enfoncés dans leurs orbites, le nez puissant, la bouche modelée par l'humour, les oreilles aux lobes un peu allongés comme celles des Bouddhas ou des Bodhisattvas traditionnels.

Nous dûmes nous expliquer car la secrétaire avait oublié d'annoncer notre venue. Lorsqu'il eut compris pourquoi nous venions, il ouvrit toute grande la porte, nous fit signe d'entrer et nous dit avec un sourire que nous n'oublierons jamais :

« Je ne vous attendais pas, mais je vous accueille. »

Il nous fit entrer dans une pièce minuscule et un peu sombre donnant sur une véranda qui s'ouvrait elle-même sur la montagne, s'assit devant une table chargée de papiers et, prenant le téléphone, il s'occupa lui-même, pendant près d'une demi-heure, à nous chercher un logement et une table pour nos repas.

Il trouva encore le moyen de s'excuser :

« Vous savez, je ne peux pas vous recevoir aujourd'hui. Je suis très occupé car je me marie après-demain. A quatre-vingt-neuf ans, c'est quelque chose! J'épouse madame Hippius, une collaboratrice avec laquelle je travaille depuis une bonne soixantaine d'années. Après, ajouta-t-il avec un sourire heureux, nous partirons en voyage de noces. Mais rassurez-vous, je vais trouver du temps pour vous. Revenez demain à 9 heures. »

A l'heure dite, nous étions dans son bureau.

« Je n'entends pas très bien, nous dit-il, je ne vois presque plus et j'ai en ce moment une jambe qui me fait des misères, mais je suis heureux de vous recevoir. Dites-moi exactement qui vous êtes et ce que vous voulez. »

Sans doute a-t-il été rassuré sur nos intentions car il s'est mis à parler dans un français limpide et plein de nuances. On aurait dit qu'il devinait nos questions avant même que nous les posions, si bien que cette rencontre a commencé par un long monologue ponctué de courts silences que nous nous gardions bien de troubler par d'intempestives questions. Il savait où il allait et il parlait avec une lucidité que des gens bien plus jeunes auraient pu lui envier.

« Maître Eckhart, que je considère comme mon maître, a dit un jour : " Où le moi sort, Dieu entre. " C'est cet instant-là qu'il faut savoir éprouver. Il faut aider les gens à reconnaître cet instant, tel est le sens de notre travail ici, dans ce centre que nous nommons initiatique, car le mot " initiatique " veut dire : ouvrir les portes au mystère que nous sommes nous-mêmes dans notre profondeur. Encore faut-il savoir distinguer ce qui n'est que platitude, ce qui est extérieur de ce qui nous touche vraiment dans notre profondeur. Ce sont deux choses essentiellement différentes.

« Les gens viennent ici et me disent : je suis un chercheur de Vérité. Je voudrais trouver le contact avec mon Être essentiel. Chercher, trouver... Ce sont des mots que nous devons éliminer de notre vocabulaire. Il ne faut jamais chercher. Est-ce que la rose veut aller chercher sa fleur dans sa racine ? Ce qu'il faut, c'est se laisser trouver. Toute la vie spirituelle est là. Car l'Être ne fait rien d'autre que de nous chercher. Et, notez-le bien, je ne parle pas seulement pour les grands mystiques, mais pour chacun d'entre nous. Se laisser trouver, cela veut dire : laisser le Divin s'exprimer en nous, à travers nous, s'ouvrir pour se laisser trouver... Hélas ! La plupart des hommes ne savent pas reconnaître ces instants privilégiés. Nous sommes ici pour les aider. Ils sont trop engagés dans les problèmes existentiels. Ils croient que l'Essentiel est une fantaisie, une vision quasi religieuse.

« C'est pourquoi l'assise que nous pratiquons ici est si importante, celle que les Japonais appellent *Zazen* et qui consiste à relier le ciel et la terre par la position juste, à faire cesser le tourbillon des pensées et des inquiétudes, à s'ouvrir. C'est extrêmement important, c'est la base même de notre enseignement. Avec, bien entendu, une respiration correcte. Dans l'assise, il y a quelque chose qui vous cherche et vous devez vous laisser trouver. Il n'y a rien d'autre à faire... Ce qu'on appelle le *satori* dans le zen, c'est l'expérience de l'Être. Une fois qu'elle vous prend, elle déchire votre vieille personne et vous êtes secoué au point que vous pouvez faire n'importe quoi. Souvent, vous éclatez de rire. Par-dessus tout, il faut se garder d'être pressé : l'expérience arrive quand elle veut et on ne peut rien faire pour la provoquer.

« J'avais un ami qui participait souvent à des groupes de zen. Parfois, un des membres recevait l'expérience et c'était alors une véritable explosion. Seul, mon ami n'avait jamais le moindre petit bout d'expérience et il en était triste. Pourtant, il faisait de son mieux. Il profitait de chaque occasion pour faire encore plus d'exercices. A Tokyo, quand il passait devant un petit jardin tranquille, il s'asseyait pour faire la méditation zen. Un jour qu'il se désolait, il laissa échapper ce cri : " Sapristi ! Je n'y arriverai jamais ! " Alors un petit vieux qui passait lui tapa sur l'épaule et lui dit : " Monsieur, ça ne presse pas. " Ces quelques mots d'un inconnu ont suffi pour le pacifier d'une façon durable.

« En réalité, tous les hommes ou presque vivent un jour ou l'autre une sorte d'expérience, l'impression qu'à un moment ou à un autre, tout est pure harmonie. Ils passent de l'autre côté. Ils font connaissance avec la Réalité profonde, mais ils ne savent pas reconnaître ces instants privilégiés, sentir ce que Jung appelait " le numineux ". Les enfants sont tout particulièrement aptes à ce type d'expériences. Je me souviens encore avec un frémissement intérieur de l'odeur de bois d'une maisonnette où je rangeais les outils dont je me servais pour jouer dans le sable. Ou du claquement du fouet que mes parents m'avaient offert ; ou encore de l'encens, de la clochette et des cierges de l'église de mon village natal. Ce sont des moments précieux où les odeurs, les sons et les couleurs se confondent. »

Hélas ! Cet enfant méditatif et si facilement émerveillé va se trouver très vite plongé dans l'horreur.

Il avait dix-huit ans lorsque éclata la guerre de 14 et sans doute n'échappa-t-il pas au délire d'euphorie collective qui accueillit cette sinistre guerre civile européenne. Né dans une famille où on avait depuis toujours la vocation de servir, il trouva tout naturel d'être déjà officier à dix-huit ans et responsable de la vie et de la mort de 80 hommes. Pendant quatre ans, il ne quittera pas le front, il sera de tous les coups durs et pourtant, il ne sera pas blessé une seule fois.

« Un jour, raconte-t-il, j'ai senti un choc. J'ai porté la main à mon épaule : une balle avait traversé ma capote. Je l'ai enlevée. Ma chemise était déchirée, mais il n'y avait même pas une goutte de sang. La courroie de mon masque à gaz avait atténué le choc. Je me suis aperçu plus tard qu'elle était sectionnée. Ce même soir, j'ai senti l'odeur de pomme qui indiquait l'arrivée des gaz. Sans masque, j'étais perdu. Alors, je me suis mis à courir pour éviter le nuage mortel. J'ai dû avaler quelques bouffées, mais cela n'a pas eu de suites. »

Il y a dans son bureau, juste derrière son fauteuil, un dessin de lui qui a été fait par un de ses camarades à l'intérieur du fort de Douaumont. Un jeune homme casqué, presque un enfant, au visage volontaire. Un vrai guerrier. Sur ce haut lieu de Verdun, il est intarissable. Chaque matin, il lui fallait quitter l'abri relatif de la forteresse pour aller visiter les unités de première ligne et s'informer de leurs besoins. Ce fut une expérience terrible. La terre était gorgée de cadavres et il lui arrivait de se diriger, plusieurs jours de suite, en prenant pour point de repère une jambe ou un bras qui se dressaient hors de la boue.

Devant nous, il déroula ses souvenirs et nous sentions qu'il les revivait, soixante-dix ans après, avec une bouleversante intensité. L'attaque du mont Kemmel, par exemple. Il fallait, pour se lancer à l'attaque, traverser un rideau d'obus. « Sautez dans les trous qui viennent de se faire ! » cria-t-il à ses hommes. Il avait remarqué que deux obus ne tombaient presque jamais à la même place.

« J'ai beaucoup appris pendant la guerre, dit-il, et d'abord à accepter la mort. Ce que nous vivions était terrible, mais jamais nous n'avions autant ri. Sans doute parce que nous avions déjà tout lâché. Il est vrai que j'étais officier et qu'il est plus facile d'être courageux lorsqu'on est reponsable des autres. Le plus étonnant est que j'aie pu vivre quatre années en pleine bataille sans avoir jamais tué un homme. Je n'ai jamais sorti mon revolver. Peut-être l'aurais-je fait si je m'étais senti directement menacé, mais je crois que je n'avais pas conscience du danger. »

Pour lui, l'armistice marqua le début d'un nouveau combat. En Bavière, les Spartakistes s'étaient emparés du pouvoir. Seuls les débris de l'armée, hâtivement réorganisés, étaient alors en mesure de les combattre. On lui demanda de mettre sur pied un bataillon mais, la nuit même où il devait attaquer, il fut réveillé en sursaut avec au cœur cette certitude que rien n'aurait pu ébranler : « Ton temps de soldat est terminé. Tu ne peux pas partir avec les autres. » Aux premières heures de la matinée, il alla trouver son colonel pour lui faire part de cet étrange trouble de conscience. « Heureusement qu'il me connaissait, raconte-t-il. Nous avions combattu ensemble pendant des années et il savait que j'étais brave. Il a fini par comprendre ce qui était pour moi une expérience de conscience absolue. »

Ce refus de les combattre n'empêcha pas les Spartakistes de l'arrêter. Il était pour eux un otage de choix, l'héritier d'une grande famille aristocratique qui possédait de vastes domaines. Il se retrouva dans la même cellule que son oncle qui avait été l'aide de camp de Louis II de Bavière. Ils s'attendaient d'un jour à l'autre à être fusillés. Un soir, tandis qu'ils jouaient aux cartes, ils virent entrer un homme qui leur dit : « Vous ne vous souvenez pas de moi, mais j'ai été domestique dans votre maison au moment de votre naissance. Aujourd'hui, je fais partie du gouvernement de la ville. Je sais qu'on envisage de vous exécuter, mais je vais peut-être pouvoir vous sauver si vous restez tranquilles. Surtout, ne faites rien pour vous faire remarquer. »

Cette longue attente de la mort fut pour Graf Dürckheim une expérience importante. Un pas de plus vers la grande Expérience qui, quelques années plus tard, allait transformer sa vie.

Il avait vingt-quatre ans et il venait souvent méditer avec quelques amis dans l'atelier du peintre munichois Willi Geiger. Un jour, une certaine madame Von Hattingberg, qui deviendra plus tard sa femme, ouvrit par hasard le *Tao te King* de Lao-tseu et se mit à lire à haute voix le onzième verset :

Trente rayons autour d'un moyeu : dans le vide médian réside l'œuvre du char;
On creuse l'argile et elle prend la forme de vases : c'est par le vide qu'ils sont des vases.
On perce des portes et des fenêtres pour créer une chambre : c'est par ces vides que c'est une chambre.

Par conséquent : ce qui est sert à l'utilité, ce qui n'est pas représente l'Essence.

« A ce moment même, raconte Graf Dürckheim, et sans que rien ne l'ait laissé prévoir, le monde a changé autour de moi. Tout a basculé. C'était vraiment l'Expérience profonde. La table n'était plus une table et tout ce qui était autour de moi était autre chose. C'était ce qui était, mais ce n'était pas ça. J'étais de l'autre côté, transpercé par l'Être. Cela a duré presque deux jours et, depuis, ma vie n'a plus jamais été la même. Par exemple, j'ai fait peu après un héritage considérable. En tant que fils aîné, je devais entrer en possession du château et des terres des comtes Dürckheim. Un matin, je me suis réveillé en entendant la petite voix : " Tu ne dois devenir ni propriétaire ni terrien; ton avenir est ailleurs. " C'était inimaginable. Jamais, dans notre famille, aucun fils aîné n'avait renoncé à la tradition. Comme les autres, j'étais attaché par toutes les fibres de mon âme à notre vieille propriété. Mais on ne résiste pas à la petite voix. J'ai renoncé à l'héritage.

« C'est vers cette époque que j'ai rencontré Maître Eckhart. Je ne sais pas combien de fois j'ai lu et relu ses traités et ses sermons. C'est avec eux que j'ai appris le lâcher-prise. Seul, le lâcher-prise permet l'irruption du Divin. »

Cette vie mystérieuse au plus profond des profondeurs ne l'empêcha pas de faire de solides études. En 1923, il obtint son doctorat de philosophie et celui de psychologie en 1930. Il fut tour à tour professeur à Leipzig, puis à Kiel.

Un jour, le ministre de l'Éducation lui demanda s'il parlait l'anglais. « Non, répondit-il, mais si c'est nécessaire, je le parlerai dans six semaines. » Il tint parole et put aller en Afrique du Sud pour assister à un congrès sur l'éducation. On l'envoya ensuite en Angleterre. Ces voyages l'enchantèrent, mais ils furent également pour lui une source d'amertume : en ces débuts du nazisme, il souffrait de la difficulté d'être allemand.

« Finalement, raconte-t-il, mon ministre a voulu se séparer de moi parce que je refusais d'être un nazi. Il m'a envoyé au Japon pour établir le contact avec des hommes de science allemands qui se trouvaient là-bas. On m'a demandé ce dont j'avais besoin et j'ai réclamé 80 bibliothèques composées chacune de 100 livres que je choisirais moi-même. Ces bibliothèques étaient destinées aux professeurs d'allemand dans les écoles japonaises. »

A peine était-il arrivé au Japon qu'il fut fasciné par l'univers du zen. Il alla de monastère en monastère, rencontra des maîtres et découvrit à travers eux la différence fondamentale entre le moi existentiel et l'être essentiel. Il comprit qu'il lui fallait ouvrir les oreilles pour être sans cesse à l'écoute de la petite voix. Être à l'écoute, c'est-à-dire s'ouvrir doucement, doucement à la chance d'être touché par l'Ineffable.

Un jour, un de ses amis s'écria en le rencontrant dans la rue :

« Venez, venez, mon Maître est ici!

– Quel Maître?

– Mon Maître de tir à l'arc. »

Il s'approcha et vit auprès de son ami un petit homme avec des yeux immenses et une petite barbiche effilochée. Un étrange dialogue s'engagea aussitôt :

« Êtes-vous ici pour longtemps? demanda le Maître.

– Pour plusieurs années.

– Quelles sont vos impressions du Japon? »

Graf Dürckheim parla pendant un certain temps, mais le Maître l'interrompit :

« Tout cela est très bien, mais c'est plat.

– Je m'en aperçois moi-même, mais que faire?

– Entrer profondément dans la Réalité.

– Que dois-je faire pour cela?

– Chercher la profondeur en un seul point. Avec le tir à l'arc par exemple.

– Mais je n'ai pas d'arc, pas de cible et mon jardin ne mesure pas plus de quatre mètres.

– Cela ne fait rien. Je serai le Maître, j'apporterai l'arc et la cible et nous commencerons demain. »

Il arriva le lendemain avec une grande cible qu'il plaça au fond du jardin. Étrange cible de paille qui n'avait ni rond ni point central, si bien qu'on ne savait pas où viser. Pour se donner un repaire, Graf Dürckheim plaça au centre une petite feuille bien verte.

« Quel mal vous a fait cette petite feuille? protesta le Maître.

– Mais il me faut un point pour viser.
– Vous n'avez rien compris. »

Ce qu'il y avait à comprendre était que tirer à l'arc n'était pas un simple exercice d'adresse. Jour après jour, mois après mois, année après année, Graf Dürckheim s'entraîna à décomposer et à accomplir parfaitement les quelque cent gestes qu'il lui fallait faire pour devenir un bon tireur. Car le but n'était pas d'atteindre la cible, mais de se livrer à un exercice intérieur permettant l'irruption du Divin.

Un jour, après deux ans de travail, le Maître lui dit :

« Vous venez de lâcher deux flèches et j'ai l'impression que vous auriez tellement voulu atteindre la cible.

– Oui, naturellement.

– Ce n'est pas cela. Ce qui compte, c'est la façon d'être là. Si une flèche touche le but, tant mieux, mais là n'est pas l'essentiel. »

Un beau matin enfin, une flèche partit sans qu'il s'en fût aperçu, et alla se ficher en plein centre de la cible. Le Maître lui enleva l'arc des mains, le serra dans ses bras et s'écria :

« Voilà! Cette fois-ci, vous avez lancé la flèche exactement comme il faut. Votre moi n'a pas participé à l'action. »

« Ce fut pour moi un très grand moment », conclut Dürckheim.

Hélas! L'époque n'était pas aux subtilités du tir à l'arc, de la cérémonie du thé ou de l'arrangement des bouquets de fleurs. Tokyo croulait sous les bombes et ce fut ensuite le double embrasement d'Hiroshima et de Nagasaki.

A peine étaient-ils arrivés au Japon que les Américains décidèrent d'interner tous les Allemands qui s'y trouvaient. Graf Dürckheim se retrouva dans une étroite cellule, accusé d'avoir monté à Shanghai un centre de propagande nazie. Shanghai, il n'y avait passé en tout que quelques jours, mais il n'eut pas l'occasion de le démontrer car il ne fut pas interrogé une seule fois sur sa propre personne au cours des seize mois de sa détention. On se contenta de lui demander des informations sur les autres.

« Au fond, se souvient-il, ce ne fut pas une période si désagréable. Personne ne me dérangeait dans mon zazen et, pendant les premières six semaines, je me suis réveillé chaque matin avec un nouveau poème qui s'était formé dans ma tête au cours de la nuit et dans lequel je prévoyais ce que j'allais faire l'année suivante. C'était un bon moyen de réagir contre la situation. Je passais des heures en méditation. Un jour, en ouvrant les yeux, je vis devant moi un général américain. Je me souviens distinctement de ses trois étoiles. J'ai refermé les yeux et lorsque je les ai rouverts, il avait disparu.

« Finalement, lorsque j'ai été libéré sans même avoir été jugé, j'ai demandé à un officier américain pourquoi on m'avait gardé enfermé si longtemps. " Vous savez, m'a-t-il répondu, il est toujours difficile d'admettre un malenten-du. "

« Je ne regrette rien. J'ai pu travailler sur moi-même sans risquer d'être dérangé, ce qui n'est pas si facile dans la vie ordinaire. Si je peux me permettre une pointe d'humour, je souhaite un séjour en prison à ceux qui veulent avancer sur le Chemin spirituel. »

Le voici de retour en Allemagne. Il n'avait plus rien et, dans le bouleversement général, il ne savait plus où aller. C'est alors qu'il rencontra, chez des amis communs, une de ses anciennes élèves de l'université de Leipzig. Elle l'invita chez elle et, en cette période de disette, elle trouva le moyen de lui faire une crêpe. A la fin du repas, alors qu'elle s'apprêtait à faire la vaisselle, il lui dit : « Laissez-moi faire. Lorsque j'étais en prison, il me fallait nettoyer les grands pots. Cela a été pour moi l'occasion de faire le vide, de ne pas m'identifier avec ce que je faisais, d'entrer dans une autre dimension. »

Elle fut bouleversée, car c'était pour elle un langage familier. Faire le vide, ne pas s'identifier... Si elle n'avait pas connu cela, sans doute serait-elle morte dans des conditions tragiques peu après la capitulation allemande.

Plus tard, elle lui raconta ce qu'elle avait vécu depuis le temps où, en 1929, elle étudiait la psychologie avec lui.

En 1932, elle avait terminé sa thèse sur l'expression graphique de l'émotion, ce qui l'amena à étudier en profon-deur la graphologie et la graphothérapie. Cette même année, elle avait épousé Rudolf Hippius, un Balte qui avait une grand-mère mongole. Dans l'Allemagne nazie, il n'était pas facile à un tel personnage de trouver sa place. Aussi s'exilèrent-ils à Posen. En 1942, avertis par un SS qu'ils devaient fuir, ils se réfugièrent à Prague où Rudolf avait trouvé un poste de professeur de psychologie.

La défaite allemande et le putsch communiste de **Prague** provoquèrent une véritable chasse à l'homme contre les citoyens d'origine allemande. Afin d'avoir plus de chance de s'en tirer, Maria et Rudolf se séparèrent. Il fut pris et déporté en Sibérie d'où il n'est jamais revenu.

Maria se retrouva seule avec ses trois enfants. Sans cesse pourchassée, elle sut faire face. Arrêtée, elle était sur le point de partir pour la Sibérie ou d'être jetée dans la Moldau lorsque la cuisinière de l'évêché où elle avait trouvé refuge lui dit : « Laissez-moi partir à votre place : vous avez trois enfants et je n'en ai pas. » Bien plus tard, elle eut le bonheur de voir revenir cette femme au grand cœur qui lui dit : « Je dois vous dire merci parce que, grâce à ce sacrifice, je suis devenue vraiment chrétienne. »

Elle avait évité la Sibérie, mais elle n'était pas sauvée pour autant. Pendant six mois, traînant ses enfants derrière elle, il lui fallut fuir, prise dans le flot des réfugiés, contrainte de mendier sa nourriture et harcelée par les soldats russes. Ce qui l'a sauvée, c'est qu'elle ne s'est jamais laissé dominer par la peur et surtout qu'aux pires moments, elle ne cessait de se répéter : « Je ne dois pas céder au vertige de la haine et surtout, surtout, je dois faire le vide. Je ne dois pas m'identifier à ce qui arrive, je ne dois pas être jalouse de ceux qui n'ont rien perdu. »

Un jour, elle tomba entre les mains d'un soldat tchèque qui lui dit : « Je peux faire de toi ce que je veux ; j'ai déjà tué plusieurs fugitifs. » Elle se centra sur elle-même et murmura : « Je n'ai pas peur, j'ai confiance. » Elle regarda l'homme droit dans les yeux et sentit monter en elle comme une colonne de lumière en même temps que l'homme perdait son pouvoir sur elle. Ce fut sa première grande révélation de l'Être. Finalement, le soldat abaissa son arme et lui dit : « J'ai l'impression qu'un axe vertical vous traverse et vous donne une force extraordinaire. Asseyez-vous, je vais vous raconter ma vie. »

Il était juif, il avait étudié pendant sept ans la philosophie à Hambourg et il aimait la culture allemande. Mais il avait perdu une partie de sa famille dans les camps. Il disait : « Je ne peux que haïr. » Il lui donna à manger plusieurs jours de suite avant de la laisser repartir.

Elle reprit son errance, parvint à se faire donner une petite charrette sur laquelle elle chargea ses enfants. Au moment de traverser un pont qui la conduisait enfin vers la sécurité, elle fut prise par les Russes. Elle donna sa dernière pièce d'or à l'effigie du tsar à un soldat. Il la prit, mais ne lui laissa pas le passage. Le lendemain, n'ayant plus rien, elle banda ses enfants comme s'ils étaient blessés, attacha le plus jeune sur son dos, prit les deux autres par la main et se lança en courant sur le pont. Elle arriva indemne de l'autre côté.

Une merveilleuse nouvelle l'y attendait. Un homme se présenta à elle, un homme qu'elle vit comme un grand ange sombre et qui lui annonça que son frère, partant pour les États-Unis, lui offrait de venir habiter la maison qu'il possédait près de Todtmoos en Forêt-Noire. Elle y arriva en même temps que les premières neiges. Retrouver des draps, de l'eau chaude, un bon feu... elle ne pouvait y croire. Symboliquement, en entrant dans la maison, elle plaça une rose au milieu d'une table vide.

« Je vais apprendre, se dit-elle, à posséder quelque chose sans le posséder. C'est cela l'esprit zen. » Pour vivre, elle se remit à la graphologie, travailla pour des journaux, des administrations, l'armée et développa la vraie vision de la totalité : voir la personne totale avant même d'entrer dans les détails de son écriture. Arriver à l'évocation de l'archétype et, de là, à l'évocation de l'Être. Trouver l'image divine en soi. Devenir ce qu'on a toujours été. Cette méthode est maintenant à la base de son enseignement, parallèlement à l'analyse jungienne et à l'alchimie.

Nous n'avions jamais entendu prononcer le nom de Maria Hippius avant notre arrivée, mais nous nous sommes vite aperçus qu'aux yeux des collaborateurs, elle jouait le rôle d'une inspiratrice pleine de connaissance et de sagesse.

Graf Dürckheim est arrivé en 1948 et, peu après, ils ont acheté la maison dans laquelle ils sont maintenant installés. Là est né l'institut.

Au cours des premières années, celui-ci était réduit à sa plus simple expression. Graf Dürckheim et Maria Hippius donnaient des consultations, mais, très vite, ils se révélèrent de si merveilleux thérapeutes qu'ils furent débordés. Si bien qu'ils ont été amenés, au fil des années, à engager des collaborateurs. Toujours plus de collaborateurs.

Ils sont maintenant une quarantaine et ce nombre même, dès notre arrivée, nous a posé un problème. Comment allions-nous faire? Les voir tous? Les interroger l'un après l'autre? Nous n'aurions recueilli, dans ces conditions, que des témoignages rapides et superficiels. Mieux valait, nous sembla-t-il, aller plus à fond avec quelques-uns. Les techniques sont diverses mais, dans leur diversité même, nous ne le répéterons jamais assez, elles n'ont qu'un seul but : écarter, faire disparaître les obstacles psychologiques qui s'opposent au surgissement du Divin.

Nous étions loin de savoir, en ces premiers jours, jusqu'où allait nous mener notre enquête.

« Vous devez absolument parler avec Sabine Venohr », nous avait dit Graf Dürckheim.

Hélas! au téléphone, elle refusa absolument de nous donner un rendez-vous.

– La technique de la glaise, nous dit-elle catégoriquement, on ne peut pas se contenter d'en parler. Il faut la vivre. Ce n'est pas dans la tête que ça se passe. »

Nous insistâmes, arguâmes de notre bonne foi et de la recommandation de Graf Dürckheim.

« Je veux bien vous recevoir, finit-elle par dire, mais à une condition : vous devrez faire vous-mêmes l'expérience de la thérapie. Vous verrez alors qu'il y a une grande différence entre parler d'une chose et la vivre. »

Nous acceptâmes aussitôt et je décidai de commencer. Après tout, depuis que nous avions entamé ce livre, nous avions tout fait pour vivre en profondeur les expériences que nous étions amenés à décrire. Nous avons fait un long séjour dans un ermitage de Carlo Carretto, vécu un stage d'initiation à la méditation dans la communauté orthodoxe de Béthanie; nous avons pris refuge chez les Tibétains et assisté à leurs enseignements; nous avons prié pendant des heures avec des Soufis, dormi sous la tente à plus de deux mille mètres d'altitude pour vivre les heures ardentes du camp de méditation de Pir Vilayat. Quant à Arnaud Desjardins, voici déjà plusieurs années que nous nous voulons ses

« apprentis disciples ». Ce livre doit être une expérience de
vérité et même si cela doit nous toucher plus profondément,
pourquoi n'en serait-il pas de même à Rütte?

Sabine Venohr habite un petit village à quelques kilomètres de Rütte. Un grand chalet moderne. Elle m'attendait sur
le pas de sa porte. Une femme solide et légèrement corpu-
lente avec de longs cheveux noirs qui lui tombaient sur les
épaules. Elle me sourit, me serra la main et me fit signe
d'entrer. Elle avait les gestes assurés de ceux qui se sentent
bien dans leur corps.

Visiblement, elle n'avait pas envie de parler. Ce n'était pas
un interviewer qu'elle entendait recevoir, mais un patient
comme les autres. Elle me demanda d'enlever mes chaus-
sures et m'introduisit dans une petite pièce dont la fenêtre
s'ouvrait largement sur la montagne. Il y avait au milieu un
haut guéridon recouvert de formica et, sur la droite, sous
un voile de plastique, une motte de terre glaise. Elle m'installa devant le guéridon et s'adossa au mur en face de
moi.

« Sentez le contact avec le sol, me dit-elle, et détendez-
vous. »

Là, j'étais à mon affaire. Il y a des années que je m'exerce
à prendre ce qu'on appelle un peu partout « la position
juste » : les épaules bien à leur place, la nuque détendue, la
tête droite avec le menton un peu rentré... Je me concentrai
sur le hara et je sentis s'éveiller en moi cette vie mystérieuse
à laquelle nous aspirons tous. J'étais en train d'oublier
l'épreuve qui m'attendait lorsque la voix de Sabine vint me
rappeler à la réalité.

« Sentez vos mains. »

J'obéis et mes mains se firent plus vivantes, commencèrent à rayonner.

« Allez prendre la quantité de glaise qu'il vous faut. »

La glaise était froide, gluante, désagréable au toucher.
J'eus du mal à séparer de la motte la quantité qui me
semblait juste. A peu près la valeur d'une balle de tennis, un
peu moins peut-être.

« Revenez devant le guéridon. Gardez les yeux fermés. Ce
que vous avez dans la main, c'est *votre* boule. Comment la
sentez-vous?

– Comme un corps étranger.

– Laissez vos mains en faire ce qu'elles voudront. »

C'était facile à dire. En vérité, mes mains ne demandaient qu'une chose : laisser tomber la boule. Après, je pourrais m'en aller. Je m'appliquai et je parvins à faire une balle presque sphérique.

« Prenez votre boule dans votre main droite. Laissez-la descendre et remonter. Que sentez-vous ? »

Je n'osais pas le dire, mais j'avais envie de la lui lancer en pleine figure, cette boule dont je ne voulais pas. Elle me dira plus tard que certains la lancent avec violence contre le mur. Mieux élevé, je me contentai de répondre :

« J'ai envie de m'en servir comme d'un projectile.

– Bien. Faites-la maintenant passer dans la main gauche. Laissez-la monter et descendre. Que ressentez-vous ?

– J'ai envie de jouer.

– Faites-le. »

Je lançai la boule en l'air, claquai des mains avant de la rattraper comme je l'avais fait si souvent lorsque j'étais enfant, recommençai et recommençai encore.

A ce moment précis, je compris que j'étais pris au piège. L'observateur que j'essayais d'être avait beau me dire que j'étais ridicule et qu'un monsieur d'un âge aussi certain que le mien ne devait pas jouer à la balle et se donner en spectacle devant une inconnue... L'impulsion était en moi. Je retrouvai mes gestes d'enfant qui lançait des boules de neige ou jouait à la balle au chasseur. J'étais littéralement en train de retomber en enfance et ce qui était grave, c'est que je n'avais même pas envie de résister. Je sentais que je ne pouvais pas rester en retrait, que je devais mener l'expérience jusqu'au bout et que j'allais vivre des moments difficiles.

« Prenez votre boule, me dit la voix. Explorez-la du bout des doigts. Prenez votre temps. Comment la sentez-vous ? »

Elle était chaude maintenant, élastique, presque vivante.

La voix insista :

« Comment la sentez-vous, cette boule ? »

J'aurais voulu retenir la réponse, tant elle me semblait banale, mais il était trop tard.

« Comme un sein. »

Il y eut un silence ; je n'étais pas allé jusqu'au bout de ma pensée. En vérité, j'aurais voulu dire : « Comme le sein de ma mère. »

Ma mère! J'étais stupéfait. Que venait-elle faire ici? Je m'attendais à coup sûr à être confronté avec mon père qui avait toujours été pour moi un personnage écrasant et qui n'avait jamais même fait semblant d'avoir envers moi la moindre affection. Cette image du père avec laquelle je m'étais battu si longtemps. Et voilà que, par je ne savais quelle aberration, c'était ma mère qui surgissait. Celle avec qui je n'avais jamais eu de vrais problèmes.

C'était pourtant bien elle. Je la tenais entre mes mains, chaude, vivante. Et tandis que, sous l'injonction de la voix, je passais sur elle mes doigts, un véritable film s'est mis à tourner dans ma tête. Des images que je n'avais jamais vues, des questions que je ne m'étais jamais posées.

Après tout, avait-elle si bien su m'aimer? Pourquoi, lorsque j'étais petit, me laissait-elle si souvent à la garde d'une de mes tantes ou de ma grand-mère? Pourquoi avait-elle décidé, pendant la guerre, de vivre dans un petit village perdu alors que si elle s'était installée au chef-lieu, elle aurait pu me mettre au lycée comme externe au lieu de m'envoyer dans ce vieux collège où j'avais tant souffert? Et voici que revenaient les nuits où je pleurais dans mon lit dans le grand dortoir glacé, les abandons, les séparations alors qu'il me fallait enfourcher ma bicyclette les yeux pleins de larmes.

J'ai toujours répété que j'avais eu une enfance heureuse et j'étais en train de réaliser que ce n'était pas vrai. J'en étais certain maintenant, puisque je la revivais, cette enfance, puisque je redevenais ce petit être souffreteux, mal dans sa peau, toujours plein de boutons et souffrant de crises d'entérite. Non, je n'avais pas été heureux! Tout cela sortait avec une violence extraordinaire. J'avais perdu tout contrôle. La voix vint interrompre ce bouillonnement :

« Qu'allez-vous faire de votre boule? »

Je résistai, je résistai de toutes mes forces mais mes doigts se fermaient malgré moi. Cette boule, j'allais l'écraser, la pulvériser. Déjà, je la sentais céder. Je me suis arrêté et j'ai entendu une petite voix qui murmurait en moi : « Il y avait aussi en elle de la tendresse. »

« Posez votre boule sur la table et regardez-la », me dit la voix.

Je n'avais aucune raison d'être fier de mon œuvre. Sur la table, il y avait une masse informe avec une fente courant tout du long, là où s'étaient enfoncés mes doigts.

Je ne sentais rien d'autre qu'un grand soulagement : l'heure était finie.

« J'ai rarement vu quelqu'un avoir si peu confiance en soi, me dit Sabine. J'ai rendez-vous lundi prochain avec votre femme. Peut-être devriez-vous venir à sa place. Vous pourriez continuer ce travail. D'ici là, surveillez vos rêves. »

J'étais bien tranquille : depuis longtemps, je ne rêvais presque jamais. Pourtant, vers 2 heures du matin, je fus réveillé en sursaut : je venais de faire un cauchemar.

Je me trouvais dans un univers à la Dubout, au milieu d'une foule pittoresque faite de petits hommes moustachus en chapeaux melons et d'énormes mégères mafflues. Il y avait des voitures réparées avec des bouts de ficelle. Je compris qu'on était en train de tourner un film. Soudain, le metteur en scène, qui ressemblait à Jean Renoir, cria dans son porte-voix : « Ça ne va pas. On recommence tout ! »

J'ai alors réalisé que j'étais l'un des acteurs du film et que j'étais poursuivi. J'avais peur ; j'ai sauté dans une voiture, mais elle s'est écroulée sous mon poids.

Je me suis retrouvé dans un grenier où il y avait trois jeunes garçons qui ressemblaient aux petits anges de *la Flûte enchantée* de Bergman. Je leur ai dit : « Descendez et quand les gens qui me poursuivent seront arrivés, dites-leur que je me suis sauvé par là. » Ils ont accepté et je me suis enfui de l'autre côté. J'ai sauté des murs, traversé des jardins et je me suis retrouvé devant la mer. Il y avait deux hommes avec moi et il nous fallait absolument fuir plus loin. Un cadavre, enfermé dans un sac en plastique, montait et descendait dans la mer comme un ludion. Nous essayâmes de sauter dans un canot à moteur, mais à peine l'eûmes-nous touché qu'il s'enfonça sous l'eau.

Je me suis réveillé à ce moment-là, mais je savais que j'allais être rattrapé par mes poursuivants.

Je passai la journée tant bien que mal, incapable de

comprendre pourquoi j'étais si troublé. J'étais timide, indécis, mal dans ma peau.

La nuit suivante, je fus de nouveau poursuivi, cette fois-ci dans une ville. J'étais un assassin. Il y avait avec moi un homme et une femme. L'homme fut arrêté. J'entrai dans un magasin avec la femme pour lui acheter une valise, une belle valise avec deux fermetures Éclair. Je vis que la vendeuse faisait des signes à la patronne et je compris que nous étions découverts et que nous allions être arrêtés d'un moment à l'autre.

Je me réveillai en pleine panique. J'étais surtout furieux contre moi. Pourquoi étais-je venu réveiller tout ce monde souterrain qui me laissait si bien tranquille? J'étais parvenu à me stabiliser, à m'entourer d'une solide cuirasse à l'intérieur de laquelle je fonctionnais tant bien que mal. J'aurais pu continuer ainsi jusqu'à la mort. Après tout, je n'étais pas si mal. Je décidai de ne plus retourner voir Sabine et même de quitter Rütte dès le matin. Je sentais la peur monter en moi. Cela dura à peu près deux heures et demie.

Peu à peu, les remous se sont calmés. « Voici des années, me dis-je, que tu essaies de suivre un Chemin spirituel, que tu vas de centre en ashram et d'ashram en monastère, que tu rends visite à des maîtres et que tu cherches à découvrir en toi le Divin. Tu viens de rencontrer un obstacle qui bloque la circulation de l'énergie divine et qui t'empêche de progresser. Cet obstacle, tu dois le faire sauter. Si tu ne le fais pas, tu resteras toujours dans l'infantilisme et le mensonge. » Et la certitude a fini par s'imposer : quel qu'en soit le prix, il faut continuer et aller jusqu'au bout.

Le calme est revenu. J'étais prêt pour la seconde séance. De nouveau le guéridon et la voix de Sabine :

« Prenez la quantité de glaise qu'il vous faut. »

J'en pris un peu plus que la première fois.

« Façonnez votre boule, faites-en ce que vous voudrez, toujours en gardant les yeux fermés. »

Toujours la même hésitation, les débuts difficiles.

« Que ressentez-vous?
– Je voudrais poser cette boule.
– Pourquoi?
– Je la sens hostile.
– Familiarisez-vous avec elle. »

Elle se réchauffait au creux de mes mains et, peu à peu, celles-ci se mirent à la pétrir. Soudain, je sentis mon pouce s'enfoncer, creuser deux orbites profondes, puis une bouche. La voix m'interrompit :

« Posez votre boule sur la table et regardez-la. Qu'évoque-t-elle pour vous ? »

Au premier regard, on aurait dit une tête de mort, mais je ne pouvais détacher mes yeux de la bouche grande ouverte.

« Alors ? insista la voix.

— C'est un cri, dis-je. »

Ce cri, j'aurais aimé le pousser, mais j'étais trop bien élevé pour cela. Et puis il y avait Rachel dans la pièce à côté qui se serait demandé ce qui arrivait. Mais comme je le sentais prêt à jaillir, d'un geste du pouce, j'élargis encore la bouche.

Une fois encore, j'étais pris par l'action.

Ce cri qui jaillissait, c'était le mien, le cri de l'enfant abandonné. Une supplication : Aime-moi ! aime-moi ! aime-moi !

Comme lors de la dernière séance, les souvenirs se sont précipités.

Lorsque je venais en vacances, pendant la guerre, dans la petite maison que ma mère avait louée au bord de la rivière, je dormais dans la même pièce qu'elle sur un matelas posé par terre. Le matin de bonne heure, elle m'appelait : « Viens faire un câlin. » J'attendais ce moment. Je me précipitais, me blottissais dans ses bras et, pendant une heure, nous le faisions, ce fameux câlin. Elle me parlait de mon père qui était en train de la quitter et elle me criait sa souffrance, le traitait de « salaud » et me racontait tout ce qui, entre eux, était allé de travers. Des choses qu'une mère n'aurait jamais dû raconter à son enfant. Pourquoi me disait-elle tout cela ? Pourquoi m'imposait-elle de si lourds problèmes à moi qui étais si petit ?

Je réagissais comme je le pouvais, la serrais contre moi, lui disais que je l'aimais, que je l'aimerais toujours et que je la protégerais lorsque je serais grand. Mais je savais au fond de moi qu'il y avait dans tout cela quelque chose de malsain.

Face au guéridon, je revivais ces scènes comme un film accéléré et je sentais monter en moi un tremblement que, bientôt, je ne pourrais plus contrôler.

« Ouvrez les yeux, me dit la voix, et regardez votre boule. »

Était-ce donc cela que mes mains avaient modelé, une petite figure si triste, si vulnérable? Et soudain, je vis ma mère malheureuse, pathétique. Une femme timide, désarmée devant la vie, humiliée d'être abandonnée par un homme qu'elle sentait tellement plus intelligent et plus puissant qu'elle. Elle aussi, elle avait besoin d'être aimée.

« Qu'avez-vous envie de faire de votre boule? me demanda la voix.

– J'ai envie de l'aimer, de la serrer contre moi.

– Faites-le. »

Je ne savais comment la prendre. Maladroitement, je la serrai entre mes deux mains, la posai sur mon cœur.

« Posez-la maintenant et regardez-la à nouveau. »

Ce fut un moment extraordinaire. Cette boule que j'avais pétrie, je réalisai que ce n'était pas moi qu'elle représentait, que ce n'était pas non plus ma mère, mais toute la souffrance du monde, un cri gigantesque, un hurlement de douleur. C'était si déchirant que je me sentis un moment submergé par tant de malheur. Heureusement, la voix vint à mon secours :

« C'est fini pour aujourd'hui. Revenez demain. Vous êtes au bord d'une découverte. »

Lorsque je revins le lendemain, la tête était sur le guéridon. Si triste, si seule que, sans le respect humain qui toujours m'habite, j'aurais éclaté en sanglots.

A nouveau, je voyais ma mère, ma mère humiliée et assoiffée d'amour. Et les souvenirs se mirent à défiler sans qu'il me soit possible de les contrôler.

J'avais douze ans, j'étais amoureux d'une petite Polonaise réfugiée dans notre village et qui habitait juste en face de chez nous; je ne pensais qu'à elle, je la suivais de loin lorsqu'elle montait chercher du lait. Je n'avais pas encore osé l'aborder. Elle s'appelait Francesca, elle avait un petit visage triangulaire, un visage de chat avec de grands yeux noisette et de longs cheveux châtains.

Un jour que, partis en bicyclette, ma mère et moi, nous montions une côte à pied, je ne pus retenir mon secret : « Tu sais, dis-je effrayé de mon audace, j'aime Francesca. »

Ma mère s'arrêta et me regarda dans les yeux. Jamais je

n'oublierai la méchanceté de ce regard. Elle dit, les lèvres pincées :

« Qu'est-ce que tu me racontes? Regarde-toi! Tu veux aimer les filles et tu n'es qu'un nabot! Un nabot! »

C'était tellement horrible que je ne répliquai pas. J'enfourchai ma bicyclette et, laissant ma mère sur place, je me mis à pédaler avec fureur.

Face à Sabine, dans cette petite pièce, j'étais redevenu l'enfant que j'avais été, petit pour mon âge, maigre à faire peur, timide. Un nabot! Je me revoyais grimpant la côte plus vite que je ne l'avais jamais grimpée, fou de misère et d'humiliation. Je n'étais plus qu'un cri. C'est à ce moment-là, au paroxysme de la douleur, que la lumière se fit. Bien sûr que ma mère n'avait pas su m'aimer comme j'aurais eu besoin de l'être. Mais il y avait pire. Elle s'était emparée de moi, elle m'avait confisqué. J'avais fini par me voir comme elle me voyait. Pour elle, mon père était tout. Elle l'aimait encore d'une certaine façon des années et des années après son abandon. Moi, je n'étais rien, je ne pouvais être qu'un raté. Et toute ma vie, je le réalisai avec une acuité fantastique, je m'étais conformé à cette image qu'elle avait de moi. Dans tous les domaines.

Lorsque je lui amenais un de mes livres sorti tout chaud des presses, elle ne le regardait qu'à peine. Je ne sais même pas si elle le lisait. En tout cas, elle ne m'en parlait guère. Si elle me parlait de mon travail, elle ne me disait jamais : « Où en est ton livre? », mais « Et ton truc, ça marche? ». A ses yeux, je ne pouvais faire que des trucs. Seul mon père savait faire de bons livres. C'était fou! Mais le plus fou était que je m'étais laissé prendre à ce jeu. Je n'avais pas confiance en ce que j'écrivais, pas confiance en moi tout court et ce n'était pas étonnant puisque je me voyais comme elle me voyait.

Et tout à coup, la certitude éclata : c'était fini! Je ne serais plus jamais comme ça. J'allais être moi-même enfin. Sans m'en rendre compte, je fis le geste de repousser ma mère loin, très loin. Sans colère, sans haine, parce qu'il fallait que je sois moi enfin.

« Reprenez contact avec le sol, me dit la voix, revenez en vous-même. Que sentez-vous? »

Une allégresse extraordinaire. L'impression qu'une vie

riche et passionnante s'ouvrait enfin devant moi, que je
sortais des ténèbres.

J'ouvris les yeux. Ma boule avait disparu et Sabine me
dit :

« Maintenant, allez chercher la juste quantité de glaise
qu'il vous faut. »

J'en pris autant que mes mains pouvaient en contenir et
j'en rajoutai encore un peu.

« Laissez faire vos mains. N'intervenez pas. »

Je descendis au plus profond de moi et mes mains, mes
mains seules, se mirent à pétrir, à étirer la masse de terre, à
la creuser, à évaser les bords et à les évaser encore. Je serrai
la base à deux mains. C'était une sorte de tronc que je
tordais. Je voulais créer une spirale, je tournai, je tournai
jusqu'au moment où je sentis que, si je continuais, mon
œuvre allait se briser. Je travaillai ainsi pendant au moins
un quart d'heure, arrangeant un détail ici, un détail là,
toujours les yeux fermés. Vint le moment où je dis d'un ton
définitif : « C'est fini ! »

« Bien, me dit la voix, alors ouvrez les yeux. »

Qu'elle était belle, ma sculpture ! Je tournais autour d'elle,
je m'en remplissais les yeux. Elle était pure harmonie.

« Regardez, me dit Sabine en la faisant tourner devant
moi, tout est mouvement. Comparez ce que vos mains
viennent de faire avec ce qu'elles ont fait les deux autres
jours. » Je revis la petite boule informe du premier jour, la
sinistre tête du second et je comparai avec l'aboutissement
de tout ceci : mon chef-d'œuvre.

« Si vous deviez donner un nom à ce que vos mains
viennent de faire, quel serait-il ? »

Je n'ai pas eu besoin de réfléchir. La réponse a jailli avant
même qu'elle n'ait été formulée dans ma tête :

« La danse ! »

Est-ce une messe, un concert, une rencontre autour d'un
gourou ? Jamais, depuis que nous avions commencé nos
enquêtes, nous n'avions rencontré des gens aussi concentrés.
Ils étaient assis par terre, tournés vers un homme d'une
quarantaine d'années, légèrement chauve et dont le nez était
chaussé d'épaisses lunettes.

Lui, il chantait. Tout seul et, la plupart du temps, sans instruments. Pouvait-on vraiment parler de chant? Nous l'avions senti dès les premières notes, c'était vraiment autre chose. Un chant qui venait d'ailleurs et qui possédait l'étrange pouvoir de faire jaillir en ceux qui l'écoutaient des sensations qu'ils n'avaient jamais auparavant ressenties pleinement. Un chant de liberté, ou plutôt de libération.

La voix cascadait, grimpait, dégringolait, faisait des trilles, devenait rauque ou aiguë. On ne pouvait l'écouter en prenant ses distances : on était obligé de se laisser prendre, absorber, digérer. Mais soudain, que se passait-il? Tandis que la voix poursuivait ses variations, on entendait à l'arrière-plan une sorte d'accompagnement. Une mélodie très haute, très douce et qui semblait surgir des cavernes de l'âme. Je regardai autour de moi, je cherchai parmi les assistants un deuxième chanteur et il m'a fallu un quart d'heure pour comprendre que ces deux voix si prenantes venaient d'un seul et même chanteur. Deux voix pour un seul homme et qui déroulaient deux mélodies différentes.

Ce chanteur s'appelait Michaël Vetter. « Vous devez absolument le rencontrer, nous avait dit Graf Dürckheim. Il est prodigieux. Lorsqu'il est à Rütte, il vient me voir tous les jours vers midi et nous chantons ensemble. »

Le concert terminé, le silence s'installa. Un silence vivant, habité, puis les assistants s'en allèrent l'un après l'autre sans faire de bruit, comme s'ils voulaient conserver en eux, le plus longtemps possible, la magie de cette soirée.

Michaël Vetter nous reçut dans la petite pièce qui lui sert à la fois de cuisine et d'atelier, assis par terre devant une table basse. C'est là qu'il compose, qu'il peint et calligraphie des caractères japonais.

« J'étais encore un petit enfant, dit-il, lorsque j'ai commencé à écrire, à peindre, à chanter et à faire de la musique. Pour moi, tout cela était la même chose. Je n'aurais pas su le dire, mais, en réalité, c'était autant de façons de prier. Car j'étais un homme de prière. Très tôt, je voulais devenir prêtre. J'étais fou de musique, si fou que je devins très vite le disciple, puis l'ami de Stockhausen. Une belle carrière s'ouvrait devant moi. C'est alors, en 1970, que Stockhausen m'emmena au Japon. J'y partais pour un mois et j'y suis resté douze ans. La plupart du temps, j'ai vécu dans un monastère zen sous la direction d'un Maître qui est mort récemment et qui n'avait que trois disciples. Auprès de lui, j'ai compris qu'il y avait une profonde connexion entre le zen et l'art. Par exemple, le chant, pour un Japonais, fait partie de la méditation et on pourrait dire la même chose de la peinture ou de la calligraphie. »

Il parlait doucement au début, en cherchant ses mots. Maintenant, il s'emballait. Nous sentions qu'il était empoigné par son sujet et qu'il nous livrait le plus intime de sa vie et de sa foi.

« Qu'est-ce que la musique? Pas seulement des instruments ou des voix. Avant tout, la musique est vibration. Pas seulement la musique d'ailleurs, mais tout ce qui existe. Dieu, qui est un compositeur de génie, a créé la vibration, la Grande Vibration de la création et chacun d'entre nous est un petit créateur dans ce grand système. On nous répète sans cesse que nous sommes arrivés à l'ère planétaire. C'est sans doute vrai, mais à cet âge nouveau, il faut un nouveau langage, un langage universel et ce sera celui de la vibration. Car la vibration signifie avant tout la communication. Méditer, c'est communiquer à un niveau supérieur. Et la musique est le langage où la communication et la méditation se rencontrent.

« Là est notre espérance. Si elles vont dans le bon sens, dix personnes réunies pour écouter de la musique, au lieu de se renfermer sur elles-mêmes, ne cessent de communiquer entre elles et avec l'Ineffable. Le nouvel âge sera celui du langage de la musique, du langage universel qui n'a pas besoin de mots. »

Il ne se contente pas de parler. Ce musicien mystique est aussi un réalisateur. Il veut créer dans le monde entier une chaîne de centres dans lesquels on enseignerait la communication au-delà des mots.

Il a déjà commencé. Une vingtaine de centres fonctionnent en Allemagne. D'autres vont se créer en Europe autour d'animateurs formés par Michaël Vetter. Il voyage de l'un à l'autre.

« A ma façon, dit-il, je fais de la politique, car c'est cela la vraie politique. Les gens ne savent pas pourquoi ils vivent et de là vient la grande crise que nous connaissons. Ils doivent comprendre que tout est communication et que Dieu aime la communication. Seule la musique totale, la Vibration, peut donner aux hommes une nouvelle raison de vivre. »

Graf Dürckheim ne dit pas autre chose. Car le but final, aussi bien pour lui que pour Michaël Vetter – ne craignons pas de le répéter – est de favoriser en l'homme le surgissement du Divin, cette expérience qu'on ne peut décrire avec des mots et qui libère en nous le paroxysme de la Joie. Cette expérience, Michaël Vetter en est persuadé, la musique peut la rendre accessible à un nombre croissant d'hommes et de femmes engagés sur un Chemin initiatique. Afin qu'ils connaissent eux aussi cette jubilation si bien décrite par Graf Dürckheim :

« Chaque fois que l'Être nous empoigne, l'arrière-plan psychique change. Une puissance, une joie, un amour apparaissent qui semblent incompréhensibles et dénués de tout motif à ce " moi " qui cherche à tout saisir rationnellement. »

« Sentez votre main droite, entrez en contact avec ce que vous ressentez. Maintenant, très doucement, laissez votre main descendre et s'approcher du sol. Plus doucement encore. Prenez la respiration qui vous aide le mieux. Sans forcer. Encore. Attendez, je vais vous aider un peu. En touchant votre poignet, je constate qu'il y a beaucoup de tensions. Lâchez tout. Voilà. Qu'est-ce que ça donne comme atmosphère ? »

C'est à peine si j'ai entendu la question tant, tout d'un coup, je me suis senti bien. Si bien que j'ai poussé un énorme soupir de soulagement. Était-ce possible ? Comment pouvais-je me sentir si heureux alors que le docteur Leupold m'avait tout juste effleuré le poignet ? Comment croire que la détente d'une si petite partie du corps ait pu entraîner sur-le-champ un tel bien-être général ?

Cela, c'est le miracle de la *Leibtherapy*, de la thérapie du corps. Une technique mise au point par Graf Dürckheim et qui a pour but l'ouverture, l'expansion du corps.

« Miracle est un bien grand mot, corrige le docteur. Simplement, dans certaines conditions, un relâchement, même minime, suffit pour créer un changement d'atmosphère. Vous vous êtes contenté de vous sentir bien, mais il y a des gens qui sentent subitement remonter les choses du passé. C'est pourquoi il faut être très prudent : on devient vulnérable quand on s'ouvre. »

Nous avons été stupéfaits d'apprendre que le Dr Leupold pratiquait l'enseignement de Graf Dürckheim depuis près de quatorze ans. Il paraissait tellement jeune. Il venait tout juste de passer sa thèse et d'ouvrir à Todtmoos un cabinet de médecine générale qu'il tenait soigneusement séparé de ses activités au centre de Rütte.

Lorsqu'il est venu pour la première fois, en 1971, il était en plein désarroi. Les études de médecine qu'il avait commencées lui semblaient absurdes, ne serait-ce que parce qu'elles n'allaient pas au fond des choses. Il était déchiré entre ce qu'il appelait les deux aspects du monde : celui de la vie quotidienne et un appel profond, irrépressible pour l'aventure spirituelle. Lui fallait-il donc tout quitter pour se retirer sur une montagne ?

A cette époque, il n'y avait pas encore de collaborateurs à Rütte. Seuls Graf Dürckheim et Maria Hippius assuraient le travail. Ils furent pour lui un exemple et ils apportèrent, par leur vie même, la réponse aux questions qu'il se posait. Ils travaillaient dans le quotidien, tenaient leur place dans le monde, se mettaient au service des autres tout en vivant une vie spirituelle intense. Ils conciliaient parfaitement les deux appels de la vie active et de la vie contemplative.

C'est ainsi qu'il décida, en 1978, de s'installer définitivement dans le grand chalet qu'il occupe avec sa femme et leurs deux filles, tout près de celui de Graf Dürckheim. Ainsi également qu'il est devenu l'homme de la *Leibtherapy*.

Une technique si précise et si puissante que celui qui la pratique doit avant tout savoir être prudent.

« La détente telle que nous la pratiquons ici, dit le docteur Leupold, c'est de la dynamite. Vous l'avez constaté, je me suis contenté de détendre votre poignet droit et cela a suffi pour vous plonger dans une autre atmosphère. Cela peut aller très loin, faire surgir des choses enfouies depuis longtemps dans l'inconscient. C'est pourquoi je ne procède que par petits mouvements. Ce n'est pas spectaculaire, mais c'est efficace. J'essaie d'adapter mon travail aux besoins de celui qui est en face de moi. Parfois, je travaille sur les pieds; d'autres fois, je procède par petites vibrations, par des massages légers... Peu importe le moyen, l'essentiel est de permettre au patient de se contacter lui-même au niveau le plus profond. »

Se contacter soi-même, descendre dans ses profondeurs... A chaque instant, on entend ici des formules de ce genre. Tel est le but, mais il faut procéder par étapes. Il faut commencer par sortir du quotidien banal et c'est déjà une rude aventure. Surtout, qu'il s'agisse de la *Leibtherapy* ou de toute autre technique, il ne faut pas se lancer tête baissée dans l'expérience de Rütte. Peut-être même, si on en croit le docteur Leupold, faut-il commencer par se faire peur.

Car il ne faut pas vouloir brûler les étapes, risquer de faire éclater trop brutalement la cuirasse qu'on a au fil des ans construite autour de soi. Après tout, dans la vie ordinaire, la plupart des gens parviennent à fonctionner à peu près normalement. Ils n'ont pas résolu leurs problèmes, ils vivent dans leurs peurs et, parfois, leurs angoisses, mais ils ont accumulé des sécurités et des habitudes qui les empêchent d'être en contact avec elles. Ces sécurités, ces habitudes, il ne faut pas les faire disparaître d'un seul coup. Mieux vaut aller à petits pas, ne pas vouloir tout faire d'un coup, revenir plusieurs fois. Ne pas prendre de risques. Et cela d'autant plus que l'attitude de la plupart des gens est ambiguë. Ils veulent être libérés, mais ils ne veulent pas vraiment faire ce qu'il faut pour cela.

Certains arrivent ici bien décidés à liquider leurs problèmes, à faire disparaître leurs peurs ou leurs inhibitions, mais bien peu osent aller au fond des choses, se poser la question essentielle, la seule vraie question : quel est au fond le vrai but de ma vie?

Deux pour cent des gens qui viennent à Rütte, si l'on en croit le Dr Leupold, osent d'emblée se poser cette question et un demi pour cent de ces deux pour cent sont assez humbles ou assez courageux pour trouver la vraie réponse. Dès qu'ils la pressentent, ils se mettent à fuir. Ils louvoient, hésitent, temporisent. Ils craignent avant tout d'avoir à changer leurs vies, de faire les révisions déchirantes qui s'imposent.

On les comprend, ces hésitants, car il s'agit pour eux d'une véritable épreuve de vérité. Si un couple n'est pas un vrai couple, il risque de se rompre ; si une vocation n'est pas une vraie vocation, elle risque de s'évanouir. Pour être fidèles à eux-mêmes, certains peuvent être amenés à changer de métier ou de genre de vie. Il y a de quoi hésiter avant de se donner à fond et c'est bien pour cela qu'il faut procéder par étapes.

Le chemin de Rütte est donc un chemin de patience. La plupart des gens ne viennent que pour une dizaine ou une quinzaine de jours, puis ils reviennent l'année suivante et l'année suivante encore...

Qui sont-ils, ceux qui viennent ici?

« Si tous ceux qui sont mal dans leur peau venaient à Rütte, affirme le Dr Leupold, il nous faudrait accueillir un tiers de la population. En réalité, il faut d'abord envoyer une lettre manuscrite qui sera lue et analysée par Maria Hippius. A la suite de cette analyse graphologique, si elle décide d'accepter le demandeur, elle lui propose des activités qui semblent correspondre à ses besoins, si bien que lorsqu'il arrive, les rendez-vous sont déjà pris. Il faut avoir au moins un début d'approche spirituelle. La plupart des gens ont déjà lu les livres de Graf Dürckheim. Ils savent ce qui les attend. »

Beaucoup – et ce fut pour nous une surprise – souffrent de traumatismes liés à la guerre. Ils sont même de plus en plus nombreux.

Il y a ceux qui sont assez âgés pour avoir participé à la guerre. Pendant des années, ils n'en ont presque pas parlé. Ils ont posé un lourd couvercle sur ce qu'ils ont vécu. Mais ils étouffent sous ce couvercle. Plus de quarante ans après, tout commence à ressortir et c'est un véritable déluge. Il y a aussi ceux qui étaient enfants et qui ont connu des expériences abominables. Ceux même qui n'ont pas connu la guerre souffrent parfois d'une pesante culpabilité.

« La culpabilité, ne cesse de répéter le Dr Leupold, c'est ce qu'il y a de plus grave. »

C'est aussi la culpabilité qui amène ici de nombreux prêtres et religieux. Ils souffrent souvent d'avoir perdu le contact vital avec le Divin et de ne pas savoir guider les gens, surtout les jeunes, qui font des expériences spirituelles.

Chaque cas est unique et c'est pourquoi il n'y a pas de recette miracle. La grande aventure de Rütte est une aventure individuelle. En dehors de Johanneshof dont nous parlerons plus loin, il n'y a pratiquement pas d'enseignement collectif et il est même conseillé, au sortir des séances, de ne pas se disperser, d'éviter les conversations inutiles, de veiller jalousement sur la lente alchimie de l'âme. La montagne se prête aux longues promenades solitaires.

« La Nature est une aide puissante sur le Chemin spirituel, dit le Dr Leupold. Elle apaise, guérit, favorise la naissance d'une nouvelle sensualité, permet l'intégration. Il est passionnant de voir ce qui se passe dans le cœur et l'esprit des gens, de les voir s'ouvrir, se transformer. Petit à petit, ils réalisent qu'il ne s'agit pas pour eux de perfectionner les formes extérieures, mais qu'ils sont uniquement engagés sur un Chemin intérieur. Peut-être leur faudra-t-il cheminer pendant dix ans et plus, mais au moins ils sont en route. Ils ont déjà le pressentiment du Divin. »

Elle est arrivée en pleine détresse. Elle ne savait plus qui elle était et elle se sentait de plus en plus irrésistiblement attirée par le suicide. Si nous lui avons demandé de nous raconter son histoire, c'est qu'elle est exemplaire. Des sauvetages comme le sien, on en accomplit beaucoup à Rütte. Pour les gens d'ici, il n'y a pas de cas désespéré et nombreux sont ceux qui ne croyaient jamais guérir et qui proclament aujourd'hui leur joie de vivre.

Elle a téléphoné à Rütte et on lui a dit d'écrire. Elle avait peur. « Je suis folle, se disait-elle. Ils vont le voir dans mon écriture et ils vont me refuser. »

Par retour de courrier, Maria Hippius lui a écrit de venir.

Jour après jour, elle a eu la possibilité de se raconter, de revivre son étrange calvaire.

Jusqu'à l'âge de trente-sept ans, elle a eu le sentiment d'être parfaitement intégrée dans la vie. Elle travaillait à la télévision, au département des relations internationales, s'occupait des ventes et des achats de progammes, voyageait beaucoup, trouvait la vie intéressante.

Un jour, en janvier 1976, elle a fait une chute dans son appartement et, pendant qu'elle était à terre, elle a eu soudain l'horrible sentiment d'être déchirée en mille morceaux. Éclatée. Défaite. Elle s'est mise à hurler. Sa mère, avec laquelle elle habitait, s'est précipitée et elle a senti se

lever contre elle une violente agressivité. Elle lui a crié
qu'elle ne voulait plus la voir, elle a sauté dans sa voiture et
elle est allée se réfugier chez une amie.

Deux mois plus tard, elle a rechuté. Elle s'est mise à avoir
des hallucinations, à voir des choses qui n'existaient pas, des
morts parmi les vivants. A force de volonté, elle a néan-
moins continué à travailler, espérant que tout allait s'arran-
ger.

« Au cours de la troisième attaque, raconte-t-elle, je me
suis désintégrée. » Elle se croyait folle, ne voulait plus voir
personne, se réfugiait dans des maisons vides que des amis
acceptaient de lui prêter. Elle dut quitter son travail pour
entrer en clinique. Elle se mit à faire d'étranges rêves dans
un langage qu'elle ne comprenait pas. Elle réalisa que c'était
à cause de sa mère qu'elle ne pouvait rêver dans sa langue
maternelle. Elle ne s'en trouva pas mieux pour autant. Elle
ressentit le besoin de quitter son pays et, avec lui, tout ce qui
la rattachait à son enfance. Elle avait d'excellents amis au
Costa Rica et elle partit les rejoindre. Elle vécut un temps au
bord de la mer dans une cabane au toit de roseaux. De plus
en plus, elle était hantée par le suicide. A quoi bon continuer
à mener cette vie de misère alors qu'il serait si simple de se
laisser emporter par la mer? Ne voulant pas mourir chez
ses amis, elle rentra en Allemagne.

A peine y était-elle arrivée qu'elle rencontra une femme
qui lui conseilla d'aller à Rütte.

« La première fois que j'ai parlé avec Maria Hippius,
raconte-t-elle, elle m'a parlé de la correspondance entre
l'intérieur et l'extérieur et de la nécessité de remettre
ensemble le dehors et le dedans. Elle m'a raconté les mythes
d'Horus et d'Osiris et leurs prolongements chez les Celtes. Il
s'agissait d'êtres qui avaient été mis en mille morceaux et
reconstruits sur un autre plan. Là, j'ai commencé à comprendre qu'il fallait reconstruire et que je pouvais le faire.
J'ai eu la chance d'avoir Maria Hippius toujours auprès de
moi, attentive, patiente... Lorsqu'elle me sentait en danger,
elle se mettait à méditer près de moi et la force qui se
dégageait d'elle me permettait de recentrer ce qui était en
moi en train de se disperser. Ce processus a duré cinq ans et
j'ai trouvé une aide énorme dans les thérapies qui sont pratiquées ici. J'ai fait la cuisine et j'ai travaillé au secrétariat.

« Une nuit, j'ai rêvé d'argile. C'était si fort que j'en ai parlé à Maria. Elle m'a dit : " C'est le signe que tu dois travailler avec l'argile. " Cela n'existait pas encore à Rütte. Il m'a fallu innover et j'ai eu beaucoup de mal. J'avais peur d'ouvrir mes sens, de sentir l'énergie dans la pièce. Ce fut une lente progression. Je finis par comprendre que lorsqu'on travaille l'argile et qu'on est vraiment dedans, le mot juste finit toujours par venir. Un mot qui ne vient pas de la tête, mais de la sagesse intérieure.

« Un jour enfin, alors que je travaillais depuis trois ans avec l'argile, Maria Hippius m'a dit : " Tu as maintenant une grande expérience et tu devrais recevoir des patients. " J'ai été prise d'une peur immense, mais la confiance que me faisaient Maria Hippius et Graf Dürckheim a libéré en moi une énergie dont je n'étais pas jusqu'ici consciente. Je suis finalement allée voir ma mère en apprenant qu'elle était malade. Elle m'a avoué qu'elle souffrait depuis son enfance d'une névrose. J'arrivai avec en moi une sorte d'agressivité. J'avais les poings serrés et soudain, j'ai vu une lumière. J'ai ouvert les mains et j'ai compris que je lui pardonnais vraiment. C'était bon. Plus tard, j'ai demandé à Maria Hippius d'où venait cette lumière qui m'avait fait ouvrir les mains. Elle m'a répondu : " Aujourd'hui, on appelle cela la grâce, mais, pour les Anciens, c'était le cadeau des dieux. " »

C'est ainsi que Sabine, qui revient de si loin, est aujourd'hui thérapeute, cette même thérapeute si expérimentée et si généreuse avec laquelle j'ai vécu l'expérience rapportée plus haut.

Plus elle rencontre de patients et plus elle vérifie cette grande loi selon laquelle la plupart des souffrances psychologiques viennent des problèmes que nous avons eus avec nos parents.

« J'ai reçu un jour, raconte-t-elle, un homme qui était très perturbé. Pendant une séance, il a vu un cercueil fermé. Il s'est alors senti si mal que son ventre s'est mis à gargouiller. Je l'ai aidé comme j'ai pu et, peu à peu, il a commencé à soulever le couvercle du cercueil. Il en a vu sortir un être qu'il n'a d'abord pas reconnu, mais il a senti en même temps et pour la première fois depuis longtemps l'énergie couler à travers tout son corps. La nuit suivante, il a rêvé que son père était dans la tombe et qu'il arrivait à avoir avec lui une vraie conversation. Ce fut un rêve très important car ce père, qui était très connu, l'avait toute sa vie écrasé. Au point qu'il en était bloqué et qu'il ne s'accordait pas le droit d'exister. Il a fait un grand pas, mais il doit prendre son temps. Il est déjà venu cinq fois.

« Le mot clé, chez nous, est le mot prudence. Ainsi, j'ai reçu un homme dont la seule présence suffisait pour faire monter en moi un violent malaise. A l'âge de trois ans et demi, en 1945, il avait été mis contre un mur avec ses parents pour être fusillé! Depuis, il avait comme des trous dans l'inconscient. Je suis allée voir Maria Hippius et je lui ai dit que j'avais peur des étranges réactions de cette personne. Elle a regardé son écriture et elle m'a dit que le temps n'était pas encore venu pour lui de découvrir le contenu de son inconscient. " Il n'a pas de structures. Il va tomber dans le trou ", a-t-elle ajouté. Elle lui a conseillé d'aller d'abord faire des exercices. Maintenant, il est dans une communauté qui l'épaule et où il fait du tissage. Plus tard, lorsqu'il sera prêt, il pourra entamer le processus d'individuation. »

Johanneshof. Une grande maison à une dizaine de kilomètres de Rütte. De la cour, à travers les vitres du dojo, on aperçoit dans le clair-obscur des formes qui se découpent comme des ombres chinoises. Ce sont des élèves qui dansent. D'autres, ailleurs, font du taï chi chuan, d'autres encore de l'aïkido. Certains travaillent au jardin, sans hâte, comme s'ils accomplissaient des gestes sacrés. Quelques-uns, assis sur l'herbe, sont plongés dans une profonde méditation.

Tous sont ici, ils nous le disent, pour « apprendre une nouvelle manière de vivre ». Les plus déterminés peuvent rester jusqu'à un an. Jamais plus, car il n'est pas bon de créer de nouvelles habitudes ou de fuir le monde. En principe, ils mangent au réfectoire, mais, s'ils ont besoin de solitude, ils peuvent préparer et prendre leurs repas dans de petites cuisines aménagées à cet effet. Chaque soir, de 6 heures à 7 heures, la maison plonge dans le silence. Chacun se retire dans sa chambre pour se retrouver face à lui-même.

« Johanneshof est un enfant de Rütte, nous dit Hildegarde Wiedemann. Certains êtres ont besoin de vivre en communauté. Ils doivent apprendre à tirer profit des conflits qui naissent inévitablement lorsqu'on vit très près les uns des autres. Il faut regarder ce qu'il y a derrière. A force de regarder, d'essayer de comprendre, on s'aperçoit qu'un grand amour peut naître d'un grand conflit, que le cœur qu'on croyait fermé peut s'ouvrir. Découvrir cela, c'est le but du travail que nous faisons ici. »

Lors de notre premier entretien avec lui, Graf Dürckheim nous avait vivement conseillé de parler du dessin méditatif avec Hildegarde Wiedemann. Nous voici donc tout en haut de la maison, dans la grande pièce où elle reçoit ses élèves. On se rend compte tout de suite que cette jeune et belle femme a été professeur. A peine sommes-nous assis en face d'elle qu'elle entre dans le vif du sujet :

« C'est Maria Hippius qui a développé le dessin méditatif à partir de la graphologie. Ell est partie du fait que les deux principaux archétypes de l'écriture sont le cercle et la croix. Le cercle, c'est le principe rond, le féminin, le commencement de tout. Si vous voulez, c'est le paradis terrestre, le lieu où on se sent bien. Le sein maternel. Si on trace une verticale dans le cercle, c'est le principe masculin qui entre et alors tout commence. La création naît de cette rencontre. La barre horizontale, c'est l'obstacle. L'homme est au centre de la croix, là où les deux barres se rencontrent. C'est dans ce cœur qu'il y a la rose, ou, si vous préférez, l'amour. C'est là et là seulement que l'homme est profondément Homme, qu'il devient le Grand Homme, le Vrai Homme. Tel est le symbolisme de la Croix. »

J'avoue que j'ai eu du mal à suivre et qu'il m'a fallu demander des explications. En fait, il s'agit de revenir à l'harmonie, à l'état adamique et cela peut se faire à travers le dessin méditatif.

Il faut se placer en face de la monitrice, les yeux fermés, tout oublier, se détendre, caresser longuement le papier, prendre le temps qu'il faut. Lorsque l'élève est prêt, la monitrice lui suggère de dessiner une forme. Un cercle par exemple. Il doit conserver les yeux fermés et tracer des cercles et des cercles. Sans se presser. C'est comme une méditation. A un moment ou à un autre, l'impulsion lui viendra de faire autre chose. Qu'il le fasse alors, qu'il laisse venir ce qui lui vient : des traits, des croix, des carrés, des rectangles, toutes les formes possibles et imaginables, toujours les yeux fermés. C'est incroyable ce qu'on peut faire lorsqu'on est dans l'état voulu. Il arrive d'ailleurs souvent que la violence surgisse, que le crayon parte dans toutes les directions et déchire le papier.

C'est que montent des profondeurs des sentiments, des revendications, des angoisses, des peurs qu'on ne soupçonnait pas. Elles étaient là, tout au fond de nous, ces angoisses, et c'est grâce au dessin méditatif qu'elles vont trouver le moyen de s'exprimer. Un jour, alors que nous étions dans la cour en attendant d'être reçus, nous avons entendu une élève qui, en pleine séance, s'est mise à pleurer à gros sanglots. Comme quoi avec si peu de moyens en apparence, une feuille de papier et un crayon, on peut provoquer des révolutions.

Le plus important, c'est la conversation qui suit entre la monitrice et l'élève. Ce dernier dit ce qu'il a ressenti et la monitrice doit donner son interprétation.

« Ce n'est pas une analyse, insiste Hildegarde Wiedemann, mais une purification de l'inconscient. Il ne s'agit pas d'être mieux dans sa peau, mais de se trouver soi-même, d'établir un contact avec l'Être profond. Il arrive que, soudain, le Moi disparaisse vraiment. Alors, il ne reste plus que " Je suis ". »

Il faut du temps pour cela. Surtout, il ne faut pas avoir peur de bouleverser sa vie, de rompre avec les habitudes les mieux établies, avec les satisfactions légitimes. Il faut se laisser conduire par le Divin qui sait mieux que nous ce dont nous avons besoin.

Lorsqu'elle est venue pour la première fois à Rütte, il y a plus de dix ans, Hildegarde Wiedemann était solidement établie dans la vie. Elle était mariée, professeur de musique et de pédagogie. Son avenir semblait tout tracé. Simplement, comme elle sentait qu'elle avait besoin d'autre chose, elle faisait des séances de méditation sous la direction d'un moine. C'est lui qui lui a conseillé de venir à Rütte. Soit dit en passant, il a depuis quitté les ordres, s'est marié et il est aujourd'hui l'un des collaborateurs de Graf Dürckheim.

Elle, elle a été conquise d'emblée par Maria Hippius.

« J'ai frappé à la porte, dit-elle, et c'est elle qui m'a ouvert. Depuis cet instant, elle n'a cessé de jouer dans ma vie un rôle essentiel. Elle m'a fait comprendre que ce que je pressentais était vrai, que ce n'étaient pas des idées, des fantaisies. J'ai pu unifier le monde " normal " et celui que je portais en moi. »

Elle est revenue souvent, et puis un jour, elle a décidé de tout quitter, de plonger dans l'insécurité pour venir s'installer à Rütte. Son mari l'a accompagnée. Il voulait comprendre ce qui se passait, mais il n'était pas fait pour cette vie et ils se sont séparés. Il en va ainsi sur le Chemin : seuls les mariages qui sont de vrais mariages et les vocations qui sont de vraies vocations peuvent tenir le coup. On ne peut pas, on ne doit pas se gêner l'un l'autre dans la recherche de l'Essentiel. Un jour ou l'autre, tous les compromis volent en éclats.

J'ai vécu la joie de redevenir un enfant.

Lorsque je me suis assis en face d'elle, devant une grande feuille de papier blanc, Régine Helke a placé à ma droite et à ma gauche des petits gobelets emplis de peintures à l'eau, des couleurs très vives qui m'ont aussitôt donné envie de jouer avec.

« Choisissez les couleurs que vous aimez, m'a dit Régine, plongez-y les doigts, fermez les yeux et dessinez ce que vous voulez, ou plutôt ce qui viendra. »

Quelle joie, une fois rompue la barrière du respect humain, de s'amuser ainsi ! J'ai mis au bout de mes doigts du rouge un peu criard, du bleu, du vert, du jaune canari et, les yeux fermés, je me suis mis à barbouiller le papier à grands gestes en mélangeant tout. J'avais le sentiment que tout était permis, que je pouvais tout libérer en moi et c'était d'autant plus fort que, déjà, j'avais vécu l'explosion due à l'expérience de la glaise. J'ai « travaillé » ainsi pendant dix minutes.

« Ouvrez les yeux maintenant », m'a dit Régine. Quelle surprise ! Je m'attendais à trouver une sorte de chaos coloré et j'étais en face d'un tableau pas du tout fou et qui me semblait beau, avec une grande flamme rouge en plein centre, une spirale verte sur la droite, une sorte de forêt sur la gauche et, tout en haut, s'épanouissant, des bulles de couleur.

Je n'eus pas le temps de contempler mon « œuvre » davantage. Déjà, Régine mettait devant moi une feuille vierge plus grande encore que la précédente. Cette fois-ci, je me contentai de tapoter un peu partout sur la feuille avec le bout des doigts. Le résultat m'apparut sous la forme d'un arbre étrange qui n'aurait été fait que de feuilles de toutes les couleurs. Un bouquet échevelé. J'éprouvai un sentiment d'insatisfaction. Cela manquait de structures. J'aurais voulu faire une œuvre achevée, parfaite et je ne voyais que des particules en ébullition.

J'abordai donc le troisième dessin avec le désir de faire un chef-d'œuvre. Hélas! Ce ne fut qu'un fouillis. Je regardai ma montre. Il me restait le temps de faire un quatrième essai. Je m'y lançai à corps perdu. Je me souviens que je me trouvais dans une sorte d'état second. Je ne savais plus ce que je faisais. J'avais perdu le contrôle de mes mains qui, tout à fait indépendantes, travaillaient seules. A un moment donné, j'eus le sentiment qu'il fallait m'arrêter. J'ouvris les yeux et je poussai un soupir de soulagement.

Cette fois-ci, mon « tableau » existait. J'avais même le sentiment qu'il bougeait, qu'il respirait. C'était un grand jaillissement de bonheur qui partait d'un gros cœur vert et qui s'épanouissait jusqu'au sommet de la feuille. De grosses flammes bleues, rouges ou vertes brûlaient très fort, d'où jaillissaient vers le haut des gerbes d'étincelles. Comment avais-je pu, les yeux fermés, créer une telle harmonie? Je sais bien que c'était une harmonie pour moi tout seul, purement subjective et que personne d'autre que moi ne pouvait ressentir. Telle qu'elle était, elle traduisait mon état intérieur du moment. Elle était l'aboutissement des autres dessins. La pure flamme de la Joie.

« Il est dommage que vous ne puissiez rester plus longtemps, me dit Régine. En une seule séance, vous ne pouvez qu'entrevoir les possibilités de cette méthode. Il y aurait beaucoup de choses à dire sur ces dessins, beaucoup de découvertes à faire, mais mieux vaut ne pas entamer un processus qu'il nous faudrait interrompre prématurément. Le but de ce travail, c'est l'individuation. Il s'agit de découvrir la personne que l'on est vraiment. Le dessin a l'avantage de rendre ce cheminement visible. Bien sûr, avant de commencer, il faut déjà être touché en soi, avoir le désir plus ou moins conscient de trouver l'accès vers ce que Graf Dürckheim appelle " la Grande Vie ". Dépasser son être physique pour devenir un Être spirituel. »

Elle a dit cela avec une énergie qui naît d'une inébranlable conviction. On sent qu'elle est tout à fait à l'aise dans ce monde tout de même un peu étrange. Elle parle le français sans accent.

« Ce n'est pas étonnant, dit-elle. J'ai fait mes études à Paris, à l'école des Beaux-Arts et aux Arts déco. J'y étais en mai 68 et j'ai été prise alors d'une véritable frénésie. Je suis descendue dans la rue, j'ai occupé l'Odéon. J'avais le sentiment de vivre une grande et belle aventure. Un jour cependant, lors d'une manifestation, alors que le boulevard Saint-Michel ressemblait à un fleuve coulant à ras bord, j'ai fait une expérience terrifiante. J'ai eu soudain l'impression de ne plus être maîtresse de mon destin. Je faisais partie d'une foule aveugle, je n'étais plus qu'une goutte d'eau dans un torrent que rien ne pouvait arrêter. J'ai compris qu'on pouvait tout faire d'une masse en folie. N'était-ce pas sur de tels phénomènes de masse que Hitler avait construit son pouvoir?

« Je suis rentrée en Allemagne en plein désarroi et, aussitôt, j'ai rencontré une amie qui m'a parlé de Graf Dürckheim et qui m'a prêté son livre *Hara*. En le lisant, j'ai eu comme une illumination et je me suis écriée : " C'est cela que je cherche! " Je suis arrivée à Rütte au cours de l'été 1968. J'y suis revenue plusieurs fois, de plus en plus passionnée et, un jour, j'ai appris que Maria Hippius faisait des cours de dessin guidé, un dessin qui vous révèle votre être profond. J'ai travaillé avec elle, j'ai lu Jung et Neumann, j'ai fait du zen avec Graf Dürckheim. En 1972, je suis devenue collaboratrice à temps complet.

« Il y avait un maître japonais qui venait tous les ans pour rencontrer Graf Dürckheim. Un être fabuleux, tout petit, tout ridé avec un regard d'une profondeur extraordinaire et un merveilleux sens de l'humour. Lorsqu'il m'a demandé, en 1978, si je voulais le suivre au Japon, je n'ai pas hésité une seconde. En partant, je n'avais aucune idée de ce qui m'attendait. La vie dans notre monastère était d'une rudesse dont nous n'avons pas idée en Occident. Il fallait travailler sans cesse, faire d'interminables jeûnes... J'ai surtout souffert du froid. Je ne cessais de grelotter, même dans mon lit. Eux, ils trouvaient normal de sortir pieds nus dans la neige. Ce qui m'a sauvée, c'est que j'étais la seule femme dans un monastère d'hommes. J'ai eu droit à une chambre pour moi toute seule et je m'occupais de Rôshi (mon maître), je le servais comme on sert un enfant, je le suivais dans ses déplacements.

« Au cours de ces dix-huit mois, j'ai souvent été désemparée. Même si le but est le même, le cheminement des Orientaux est si différent du nôtre. J'ai été jusqu'au bout de mes possibilités. Une fois rentrée à Rütte, il m'a fallu plusieurs années pour me remettre tout à fait. Ce qui m'a passionnée avec Rôshi, c'est qu'il recherchait au niveau le plus profond la rencontre entre l'Orient et l'Occident. Il insistait beaucoup pour que je ne me coupe pas de mes racines. D'ailleurs, je n'ai jamais été aussi enracinée dans le christianisme qu'après l'avoir rencontré. Il disait toujours qu'il ne fallait pas mélanger les Chemins. Il prêchait sans cesse la patience. " Le bouddhisme, disait-il, est venu de l'Inde en Chine et il a fallu plusieurs siècles pour qu'il se mélange avec le taoïsme. Plus tard, il est venu au Japon et il a fallu attendre très longtemps pour voir surgir le zen japonais. Maintenant, il arrive en Occident et il faudra deux ou trois cents ans pour qu'il y trouve vraiment sa place et qu'il s'harmonise avec le christianisme. " " C'est vous, a-t-il dit à Dürckheim, qui êtes responsable de l'adaptation du zen en Occident. "

« C'est bien pour cela qu'il était passionné par ce que nous faisons ici. Graf Dürckheim est chrétien et veut le rester. Il n'a pas la prétention de faire la synthèse entre l'Orient et l'Occident. Il dit : " Nous faisons une méditation dans le style zen et c'est tout. " Il ne veut pas faire de nous des bouddhistes, mais de meilleurs chrétiens. Il utilise le zen parce que le zen peut aider tous les hommes, quel que soit leur cheminement, à s'approcher du but unique : trouver en nous le Divin. »

Pendant tout le temps que Régine a parlé, je n'ai pas pu

détacher mes yeux du portrait de ce **Maître** japonais qu'elle a tant aimé. Un tout petit homme sous une ombrelle avec un sourire inoubliable. Elle s'en est aperçue et m'a tendu le portrait en disant : « Gardez-le ! » Il est maintenant sur mon bureau.

Il est mort il y a deux ans, au moment même où **Régine**, sa disciple préférée, mettait une fille au monde. Comme Teilhard, il avait souvent répété qu'il souhaitait mourir le jour de Pâques. Comme pour Teilhard, son vœu a été exaucé.

La jeune fille pose la main sur la poignée de la porte et la tourne doucement, doucement, comme si elle voulait entrer sans faire de bruit. Toujours au ralenti, elle pénètre dans la pièce. Elle fait un petit pas, un autre, puis un autre encore. Elle s'arrête, hésite. « Essaie encore », lui dit Karin. Elle lève le pied droit pour faire un autre pas. Soudain, elle est saisie d'un tremblement qu'elle ne peut pas contrôler. Le visage convulsé par la peur, elle se détourne et s'enfuit au fond de la pièce en criant : « Si j'avais fait un pas de plus, il m'aurait pulvérisée ! »

Le « il » dont elle parle, c'est son père. Un père qu'elle juge tyrannique et qu'elle a quitté il y a cinq ans dans des conditions désastreuses. « J'ai décidé de ne plus te revoir et je n'ai plus besoin de ton argent », lui avait-elle écrit.

Ce matin-là, au cours d'une séance avec Karin Reese, l'une des collaboratrices de Rütte, elle avait dit :

« Je crois que le temps est venu de me réconcilier avec mon père.

— Peut-être, a répondu Karin, mais avant de le faire, tu dois être sûre que tu es prête.

— Comment le saurais-je ?

— Imagine que cette chambre est un restaurant et que ton père t'y a donné rendez-vous vers 6 heures. Tu arrives à 6 h 05 alors qu'il est déjà là. Tu vas jouer la scène au ralenti en prenant bien conscience de chacun de tes gestes. Commence par sortir, par ouvrir la porte et par te demander si tu veux vraiment avancer... »

Bien évidemment, l'expérience a été négative : la jeune fille n'était pas prête. Il faudra, pour qu'elle le soit, de nombreuses autres séances. Finalement – et cela n'étonnera pas ceux qui ne croient pas au hasard –, c'est le père qui s'est manifesté le premier. Il a envoyé à sa fille des poèmes qu'il avait écrits lorsqu'il avait son âge à elle, de très beaux poèmes un peu dans le style des haïkus japonais. Un peu plus tard, il est venu et les retrouvailles ont été pleines d'une joie véritable.

Une fois de plus se vérifiait la loi qui veut qu'un jour ou l'autre, tous les hommes et toutes les femmes aient à affronter des problèmes nés des relations avec le père et la mère.

« Ce n'est pas étonnant, affirme Karin Reese, car ces problèmes vont beaucoup plus loin qu'il n'y paraît. Derrière le père et la mère, il y a les parents transpersonnels, les archétypes qui se manifestent à travers les parents. Il faut du courage pour s'en sortir et aussi quelqu'un pour vous aider. C'est pour cela que je trouve ce travail passionnant. »

Depuis que nous sommes ici, nous sommes éblouis par les qualités humaines et les connaissances psychologiques que nous découvrons chez les collaborateurs de Graf Dürckheim et de Maria Hippius. Karin Reese n'échappe pas à cette règle. Elle était encore une petite fille lorsqu'elle a rencontré ce qu'on appelle ici le « numineux », c'est-à-dire une découverte de l'Être essentiel, de la petite voix qui vient de l'autre côté et qui parle au cœur de tout homme pour peu qu'il soit à l'écoute.

« Je n'avais pas plus de cinq ans, raconte Karin, et je me trouvai sur le balcon de la chambre de mes parents par une belle matinée de juin. Il y avait une petite fille qui courait sur le gazon avec un cerceau et, tout à coup, j'ai senti que l'air avait une qualité tout à fait particulière. Tous mes sens étaient ouverts. J'étais bien. Tellement bien, tellement dans la plénitude que je n'ai jamais oublié cet instant.

« Un peu plus tard, je me souviens d'avoir vu, au mois de mars, le gazon qui apparaissait au fur et à mesure que la neige disparaissait. Je regardai la séparation entre la neige et le gazon et je me suis sentie déchirée au plus profond de moi. »

Ce n'est pas pour rien que, lors de sa première rencontre avec les gens qui viennent le voir, Graf Dürckheim fait tout son possible pour qu'ils se souviennent de choses de ce genre vécues dans leur petite enfance. Ces expériences du « numineux » sont essentielles au sens fort du terme. Elles sont des pierres d'attente. En fait nous passons notre vie, souvent sans le savoir, à essayer de retrouver l'état que nous avons connu lors de ces affleurements du Divin. Heureux sommes-nous si nous comprenons qu'il ne s'agit pas là d'instants de la vie ordinaire, existentielle, mais de la vie essentielle.

C'est bien parce qu'elle voulait retrouver ce « paradis perdu » que Karin Reese s'est lancée sur les routes du monde. Elle a quitté ses parents à quinze ans, s'est retrouvée en Angleterre, s'est mariée à dix-neuf ans, a divorcé à vingt et un, a fait de longs séjours aux États-Unis au plus fort de la vague hippie.

Nombreux sont ceux qui se sont perdus dans ce parcours classique des années 70 aux États-Unis. Elle, elle est rentrée à Munich avec un livre, a connu le succès, donné des conférences, rencontré beaucoup de gens... Mais elle se sentait déchirée entre les expériences de transcendance qu'elle avait faites et les multiples peurs qui continuaient de l'assiéger. Elle se sentait « pleine de nœuds ». Un jour, elle reçut la visite d'un garçon qui avait lu son livre et qui voulait absolument la rencontrer parce qu'il était en train de fonder, près de Munich, un centre de *Gestalttherapie* semblable à ceux qui existaient alors en Californie. Ce garçon était un neveu de Graf Dürckheim et c'est grâce à lui qu'elle est venue à Rütte pour la première fois.

Elle venait en principe pour faire un reportage, mais, dès sa première rencontre avec Maria Hippius, elle a été touchée au cœur. Venue pour une semaine, elle est restée trois mois. Elle a fait surtout de la méditation et du dessin. Elle a souffert aussi, car le Chemin est souvent difficile, et puis elle est partie passer quelque temps dans un ashram en Inde.

« Au retour de l'Inde, dit-elle, j'ai compris que je ne pouvais plus rester dans l'agitation de la ville. Alors, je suis venue ici. J'y suis depuis treize ans et je suis heureuse. C'est paisible, il y a le contact avec la nature et la présence de Graf Dürckheim est pour nous une nourriture. »

Elle nous a longuement parlé de son travail et du bonheur

d'aider les gens à voir clair en eux-mêmes, à se rendre de plus en plus transparents pour laisser monter en eux le Divin.

Afin de mieux comprendre ce qui se cache derrière ce terme de *Gestalttherapie* qu'elle emploie si souvent, Rachel a travaillé avec elle pendant que je faisais l'expérience de la terre glaise avec Sabine Venohr. Je lui laisse la parole pour décrire ce qu'elle a vécu.

Le récit de Rachel :
Sur le balcon, il y avait des pierres de toutes tailles, de belles pierres de la montagne.

« Tu vas te servir de ces pierres, me dit Karin, pour représenter ta famille. »

Je n'hésitai pas une seconde. Je pris la plus grosse pierre, la plus encombrante, pour représenter mon père. Je la mis tout en haut de l'espace qui m'était réservé. A côté d'elle, je plaçai la plus plate, la plus effacée. C'était ma mère. Légèrement en dessous, je plaçai une grosse pierre pour mon frère aîné, une autre à peine plus petite pour mon second frère et quatre pierres minuscules pour mes deux sœurs, pour mon petit frère et pour moi-même. Je ne réfléchissais pas en faisant cela. J'avais le sentiment que mes mains agissaient seules et que, de toute façon, elles n'avaient pas d'autre voie pour représenter ma famille. L'ensemble formait une sorte d'arc.

« Pourquoi n'as-tu pas fermé ton arc vers le bas? »

La voix de Karin, pourtant très douce, provoqua en moi un tressaillement, presque un peu d'affolement et je me mis à réfléchir.

« Parce que, finis-je par répondre, lorsque j'étais petite, notre maison était toujours ouverte. Pleine d'oncles, de tantes et de cousins pour lesquels mon père tenait table ouverte. " Je veux, disait-il, que ma maison soit la maison du bon Dieu. " Cette générosité a fini par le ruiner et nous l'avons durement ressenti.

– Pourquoi as-tu placé ton père si haut? »

Je ne sus que répondre. Cela me paraissait tellement évident. Mon père était à mes yeux un personnage formidable. Il ne pouvait être ailleurs.

« Regarde bien, insista Karin. Ta maison n'a pas de base et c'est vous, les plus petits, qui la portez et surtout qui portez le poids écrasant de vos parents. C'est ainsi que tu vois ta famille et ton enfance et tu n'es pas encore délivrée de cette image. Il faut changer cela, c'est très important. Refais ton jeu. »

Je repris donc mes pierres et je fis de mon mieux pour créer de nouveaux rapports. Je plaçai mes parents au centre et je me mis tout contre eux, mais je ne sus pas comment placer les autres pièces. J'étais bloquée.

« Ce n'est pas encore cela, me dit Karin. L'autorité du père a été si forte qu'elle pèse encore sur toi. Pour le représenter, tu as conservé la plus grosse pierre et tu l'as placée au centre. Tu t'es blottie contre elle et tu as oublié tes frères et tes sœurs. De plus, tu n'as toujours pas fermé le bas de ton arc. Cela signifie que tu dois avant tout t'enraciner, te construire de solides fondations. Devenir importante à tes propres yeux. Normalement, c'est toi que tu aurais dû placer au centre de ta famille et tout aurait dû s'agencer autour de toi. Tu dois t'installer dans ton centre. C'est vital pour toi. Remarque bien la relation ambiguë que tu as avec l'autorité. Tu la détestes et pourtant, tu la désires. Tu en as besoin. Je suis sûre qu'il t'arrive encore de jouer à la petite fille avec ton mari. Tu dois laisser tout cela. Être toi-même. »

La séance n'avait pris qu'une heure, mais j'étais épuisée. Il m'avait suffi de jouer avec quelques pierres pour sentir remonter du plus profond de moi-même des souffrances et des revendications que j'avais si longtemps étouffées. Tout ce que je venais de découvrir, je le connaissais plus ou moins, mais je m'en croyais délivrée. En réalité, j'étais marquée comme avec un sceau par mon enfance.

Ce matin-là, je regrettai de n'être à Rütte qu'une passante, de ne pouvoir faire qu'une seule séance avec Karin et je me promis bien de revenir dès que nous aurions terminé ce livre.

Ce que je ne savais pas encore, c'est que les différentes techniques qui sont utilisées ici se complètent les unes les autres. En fait, les collaborateurs se réunissent souvent et ils passent en revue les patients qui travaillent avec eux. S'il arrive que l'un d'eux soit particulièrement en difficulté, ils l'entourent discrètement pour l'aider à passer le cap difficile.

Le lendemain, j'avais rendez-vous avec Régine Helke pour une séance de dessin.

Avant de commencer, j'ai voulu raconter à Régine le rêve que j'avais fait la nuit précédente après ma séance avec Karin. Je faisais une crise d'une violence inouïe et je criais à Jean-Pierre que j'étais devenue une femme libre et indépendante et que je voulais être traitée comme telle. Je ne voulais plus voir en lui l'image de ce père qui m'avait écrasée. J'aurais pu parler pendant une heure, mais Régine ne m'a pas laissé étaler mes états d'âme.

« Trempez vos doigts dans la peinture, me dit-elle, fermez les yeux et essayez de transposer ce rêve sur le papier. »

Je pris du rouge, du jaune et du brun et, les yeux fermés, je laissai travailler mes doigts tout en essayant de retrouver les sentiments qui m'avaient agitée au cours du rêve.

Hélas! Lorsque j'ouvris les yeux, je me trouvai face à un dessin informe. Il y avait en bas comme une mare rouge d'où jaillissait, dressant la tête, un serpent, rouge lui aussi. En haut, un rectangle jaune strié de rouge s'ouvrait vers le ciel; à droite, une espèce de boudin brun. Ces trois dessins n'étaient pas reliés les uns aux autres.

« Recommencez », me dit Régine.

Je recommençai pour obtenir à peu près les mêmes résultats, un peu plus stylisés.

J'étais un peu déçue mais, en même temps, bien décidée à faire jaillir sur le papier la violence que j'avais ressentie. Je choisis la peinture rouge parce que cette force incroyable que je sentais en moi ne pouvait être que rouge. Je fermai les yeux et je me concentrai sur cette énergie qui montait de mon ventre et qui tentait de s'exprimer à travers mes doigts. Je travaillai avec fougue.

Cette fois-ci, je fus heureuse du résultat. J'avais créé une spirale écarlate qui avait belle allure, entourée de deux buissons jaunes. Elle était belle, ma spirale, mais Régine vint doucher un peu mon enthousiasme :

« Regardez, votre spirale n'a pas de base. Elle n'est pas enracinée. Elle monte dans le vide. »

Je me souvins que, la veille, mon arc familial n'avait pas de base non plus. Je décidai de m'appliquer et je pris du bleu pour former cette base qui me manquait si cruellement. Ma spirale, cette fois, était magnifique. Elle montait et se tordait comme une flamme rouge striée de bleu. Elle s'échevelait vers le haut comme si elle voulait atteindre le ciel. Hélas! Elle n'était pas enracinée pour autant. J'avais bien fait une base, mais cette base et la spirale ne coïncidaient pas.

Je pris une autre feuille et je repartis. Mes doigts couraient, formaient la spirale de l'énergie vivante qui montait en moi, libre, épanouie.

Quand j'ouvris les yeux, ce fut l'éblouissement. Je me trouvai devant une œuvre qui me sembla parfaite. J'aimai son équilibre. Elle occupait toute la largeur et toute la hauteur de la feuille de papier. C'était une flamme qui jaillissait avec une puissance extraordinaire et la racine rouge plongeait dans une masse brune qui représentait la terre. Je compris que j'avais dessiné un arbre merveilleux et puissant. Il était sorti de moi d'un seul jet alors que je n'avais jamais jusqu'ici été capable de tenir un crayon.

« Il est très beau, votre arbre, me dit Régine.

— Oui, répondis-je, grisée. Je l'admire et je l'aime. Je me sens légère comme un oiseau.

— C'est plus qu'un arbre, insista Régine. C'est un buisson ardent.

— Oui, et c'est dans le buisson ardent que Dieu parle.

— Et n'oubliez jamais que le buisson ardent, le buisson de Moïse, c'est la racine de votre religion et de votre culture. »

Nous étions si heureuses toutes les deux que nous avons éclaté de rire.

Moi, j'étais soulagée d'un grand poids. En deux jours, je le sentais, j'avais fait un travail énorme. Un travail que je devais absolument faire si je voulais être libre.

C'est ainsi qu'on va au fond des choses et des êtres dans ce petit village de la Forêt-Noire. Ainsi qu'on apprend à trouver la position juste pour que la vie, elle aussi, soit juste.

« C'est avant tout, écrit le vieux Maître de Rütte, la façon dont l'homme se tient en position verticale qui indique si son rapport avec la terre et avec le ciel est juste. Si sa position est correcte, il relie vraiment la terre au ciel ; si son attachement inférieur ne met pas en danger sa verticale qui, à son tour, ne constitue pas un reniement des racines souterraines...

« Pourquoi ces exercices? Il s'agit de développer en l'homme un état d'être qui lui permette de répondre à sa destination la plus haute qui est de manifester l'essence divine à travers l'Être essentiel. »

CHAPITRE V

LES CHARISMATIQUES :
L'ESPRIT-SAINT A TRANSFORMÉ NOS VIES!

Ils dansaient, chantaient et faisaient la ronde. Ils riaient, s'embrassaient, se serraient dans les bras les uns des autres. Ils étaient heureux et ils lançaient vers le ciel leurs « Alléluias! »

Combien étaient-ils? Au moins trois mille, peut-être plus. Ici, à Ars, ils étaient bel et bien en train de réaliser la prophétie du saint curé qui avait un jour déclaré :

« Tant de gens viendront ici que le village ne pourra pas les contenir. »

Et il était bien vrai que le village éclatait et qu'il avait fallu dresser des tentes et des chapiteaux dans les prairies environnantes.

C'est sous l'un de ces chapiteaux, un beau soir d'été, qu'un garçon de quinze ans escalada le podium et cria à la foule :

« Savez-vous à qui vous ressemblez, vus ainsi du haut des marches? A de petits enfants qui ont soif de pardon. Et quand les petits enfants ont fait des bêtises, que font-ils? Ils vont se jeter dans les bras de leurs parents. »

Le pardon... Voici lancé l'un des mots clés de cette semaine. Ou plutôt, comme on dit ici le plus souvent : la Réconciliation.

Chaque pardon donné est une lumière qui s'allume.

Ce même soir, comme pour concrétiser ces paroles, tous les participants sont allés se confesser aux prêtres qui étaient assis ici ou là en pleine nature. A peine avaient-ils reçu l'absolution qu'ils allumaient un cierge et tous ces cierges qui, dans la nuit, se dirigeaient vers la croix immense, formaient une puissante traînée de lumière.

La soirée du lendemain fut une soirée de guérison. Car le pardon est aussi guérison. Ils étaient tous assemblés sous le grand chapiteau. Ils priaient et l'on sentait que, d'instant en instant, leur prière se faisait plus intense. Soudain, une voix s'éleva :

« Il y a une guérison qui est en train de se faire dans un rein droit. La maladie a été douloureuse et les médecins n'y pouvaient plus rien, mais le malade va être guéri. »

Des acclamations s'élevèrent. Des « Alléluias ! » et des « Merci Seigneur ! » Tous semblaient réellement persuadés qu'un miracle était en train de se produire.

D'autres voix s'élevèrent dans la foule :

« En ce moment précis, trois personnes de l'assemblée commencent à guérir d'un cancer. »

Pour les gens qui ne connaissaient pas le Renouveau charismatique, il y avait de quoi s'étonner et, sans doute, de s'indigner. Quelles preuves avaient ces prophètes d'un nouveau genre que ces miracles qu'ils annonçaient avec un tel aplomb étaient en train de s'accomplir dans le secret ? Ne s'agissait-il pas là d'un phénomène d'exaltation et tous ces gens qui applaudissaient et sautaient de joie à chaque annonce n'étaient-ils pas victimes d'une ambiance d'illumination collective qui leur enlevait tout libre arbitre ?

Comme pour terrasser les sceptiques, une voix s'éleva, dominant le tumulte :

« Le Seigneur est en train de guérir une femme de quarante-six ans qui souffre d'une arthrose du genou droit ! »

Aussitôt, on vit une religieuse se lever de son fauteuil roulant et s'avancer au milieu de l'assemblée, les mains levées vers le ciel.

L'enthousiasme se mua d'un coup en délire.

Qui aurait pu, dans une telle atmosphère, résister à la contagion de la joie ?

Les charismatiques... Depuis le début de notre quête, nous tournions autour d'eux sans nous décider à les aborder franchement.

« N'y allez pas, nous avait-on dit et répété. Vous ne pouvez pas parler d'eux dans un livre qui se veut consacré à l'ouverture. Ils sont insupportables, persuadés d'être les seuls à posséder la vérité et, par conséquent, intolérants. Ils se croient les seuls purs. Ils ont des pratiques aberrantes. Ils prient dans un langage incompréhensible et ils affirment que c'est l'Esprit-Saint qui leur inspire ce charabia. Ils prétendent avoir, à l'instar des apôtres, le pouvoir de guérir. Ils forcent ceux qui entrent chez eux à renoncer à la méditation et au yoga et ils vont jusqu'à les obliger à brûler les livres dans lesquels, jusqu'ici, ils trouvaient leur nourriture spirituelle... »

Arrêtons là cette litanie. Nous pourrions la continuer longtemps encore et, avouons-le, il nous est arrivé par moments d'être ébranlés par les arguments des adversaires du Renouveau. Heureusement, nous n'avons pas pour habitude de nous en tenir à des on-dit. Nous aimons bien aller voir par nous-mêmes, quitte à avoir travaillé pour rien au cas où l'enquête se révélerait décevante.

D'ailleurs, dans un livre qui veut rendre compte de l'extraordinaire résurgence de la spiritualité, comment ne pas parler d'un mouvement qui est train de se répandre dans le monde entier à une vitesse fulgurante ? Tous les continents sont atteints. Partout surgissent des groupes de prière et, à partir de ces groupes, des communautés qui aspirent à vivre la vie des premiers chrétiens.

Pour nous en tenir à la France, il est difficile de suivre l'expansion des communautés. Elles sont partout, elles croissent sans cesse, elles rassemblent autour d'elles des masses ferventes. Elles se nomment Pain de vie, l'Emmanuel, la Théophanie, Le Lion de Juda, Le Chemin Neuf, Berdine, le Puits de Jacob... et nous n'avons pas l'intention de les citer toutes. Elles rassemblent des milliers de membres permanents et des dizaines de milliers de sympathisants. Elles touchent tous les milieux. Elles ont chacune leur visage propre, mais elles partagent les mêmes charismes : la guérison, le parler en langue, l'enthousiasme...

A l'intérieur du christianisme, elles font éclater toutes les barrières. Catholiques, protestants de toute obédience, orthodoxes, tous sont atteints. Ils restent officiellement des « frères séparés », mais ils se rejoignent pour prier et, souvent, pour vivre ensemble. Par-dessus tout, ils veulent qu'on puisse dire d'eux ce qu'on disait des premiers chrétiens : « Voyez comme ils s'aiment! »

Comment pourrait-il en être autrement puisqu'ils vivent la même aventure spirituelle, les mêmes expériences et qu'ils partagent les mêmes charismes?

Toutes ces raisons et, nous l'allons voir, bien d'autres encore, nous ont persuadés qu'il n'était pas possible de passer sous silence un tel phénomène.

Une fois de plus, comme chaque fois que nous avons commencé un chapitre, nous avons été confrontés au même redoutable problème : comment rendre compte d'une façon satisfaisante et en si peu de place d'un phénomène aussi foisonnant? Nous avons vite compris que nous ne devions pas nous disperser et que le plus sûr moyen d'aller au fond des choses était encore d'entrer dans l'intimité d'une communauté.

A peine avions-nous franchi la grille que nous avons failli faire demi-tour. C'était trop beau pour être vrai. Devant nous s'ouvrait une allée seigneuriale bordée de très beaux arbres et au bout de laquelle on apercevait un monumental château. C'était pourtant bien là que nous avions rendez-vous, au château de Tigery, à quelques kilomètres de Corbeil, une magnifique demeure comme en faisaient construire les grands bourgeois ou les aristocrates désireux de vivre à l'abri des foules. Au fond du parc où il devait faire bon chasser autrefois, une religieuse marchait en récitant son chapelet.

Ce château abritait les sœurs du Cénacle, un ordre qui ne pouvait plus assumer le poids de cette maison et qui a demandé à la communauté du Chemin Neuf d'en occuper la plus grande partie.

C'est le silence qui nous a d'abord frappés et nous avons très vite compris pourquoi : une quarantaine de stagiaires se trouvaient là pour suivre, pendant un mois, les exercices de saint Ignace qui doivent se dérouler dans un silence absolu.

Parmi ces stagiaires, nous n'allions pas tarder à l'apprendre, il y avait plusieurs séminaristes envoyés par le cardinal Lustiger.

Voilà qui, d'emblée, nous a donné à réfléchir.

Nous avions rendez-vous avec Laurent Fabre, le « berger » de la communauté du Chemin Neuf.

« Si vous voulez comprendre quelque chose au Renouveau charismatique, nous a-t-il dit, vous devez partir de l'Écriture et, tout particulièrement, des Actes des Apôtres. Il y a eu un grand événement, le jour de la Pentecôte, qui a transformé de fond en comble ceux qui y assistaient. Et tout de suite après – ce ne fut peut-être pas par hasard – sont nées les communautés chrétiennes. Il y a là un lien de cause à effet. Comme si recevoir l'Esprit-Saint, c'était partager, prier ensemble, transformer sa vie. C'est cela la logique de l'Esprit-Saint : aller vers l'amour fraternel, le partage, la communauté. Nous sommes en train de redécouvrir cette vie communautaire des premiers siècles.

« Sans doute le message s'est-il affadi, car, par la suite, chez les chrétiens et tout particulièrement chez les catholiques, on a trop facilement réservé la vie communautaire aux religieux. Les autres, les gens ordinaires, n'avaient plus qu'à se contenter d'une vie ordinaire. Je suis très heureux que des séminaristes fassent les exercices de saint Ignace aux côtés de gens mariés. Ils peuvent ainsi se rendre compte que ces gens mariés vivent tout comme eux dans le silence pendant trente jours, qu'ils aspirent eux aussi à la sainteté, qu'ils ont une mission dans l'Église et que, finalement, ce ne sont pas les seuls religieux ou les prêtres mais tous les hommes qui sont appelés.

« Depuis une dizaine d'années maintenant, il apparaît dans l'Église catholique de plus en plus normal que des hommes et des femmes mariés vivent ce qu'on appelait autrefois " les conseils évangéliques ", c'est-à-dire la pauvreté, ou, plus exactement, le fait d'être libre par rapport à l'argent, une certaine disponibilité dans les relations, l'humilité, l'obéissance, la soumission fraternelle...

« Relisez Luc, chapitre 14, verset 25. Vous y verrez Jésus s'adresser à de grandes foules. Et c'est à ces grandes foules et non à un petit nombre qu'il dit : " Si quelqu'un vient à moi sans haïr son père, et sa mère, et sa femme, et ses enfants, et ses frères, et ses sœurs, et jusqu'à sa propre vie, il ne peut pas être mon disciple. " Cet appel à la radicalité de l'Évangile n'est pas seulement pour quelques élus, mais pour tous.

Ce ne sont plus seulement les clercs, les célibataires, les spécialistes, les professionnels qui vont avoir autorité pour la parole de Dieu, mais le peuple de Dieu tout entier. Déjà, ce que nous vivons dans notre communauté est officiellement reconnu par l'Église et c'est un pas important. Déjà, des couples peuvent s'engager pour la vie.

« Pourquoi insistons-nous tant sur le partage des biens? Parce que c'est d'un bout à l'autre en filigrane dans l'Évangile. Aimer les autres, c'est aussi partager. A notre époque, il devient urgent qu'il y ait des lieux de partage. Sinon, j'en suis persuadé, nous courons à la catastrophe. Il y a un écart croissant entre les pays riches et les pays pauvres et il y a de par le monde un certain nombre de nations qui sont véritablement en faillite. Les gens qui ont compris cela doivent montrer qu'il est possible de partager, de simplifier ses besoins, de vivre autrement. Le partage ne s'arrête d'ailleurs pas là. On doit partager ce qu'on a, mais aussi ce qu'on est, arriver à une certaine simplicité, à une vraie transparence dans les rapports. Cette démarche de vérité – nous nous en rendons de mieux en mieux compte – est source de libération et de guérison. Les hommes de notre temps et surtout les plus jeunes aspirent à la vérité. Il faut donc qu'ils puissent trouver des îlots de vérité. Il y a tant de gens qui sont seuls, qui vivent repliés sur eux-mêmes. »

Après ce premier entretien – Rachel et moi nous nous l'avouerons plus tard –, nous avons poussé un soupir de soulagement. Tout cela sonnait juste et nous étions loin de l'exaltation un peu folle ou de l'intolérance fanatique dont nous avaient parlé les détracteurs du Renouveau. Nous savions maintenant que nous pouvions continuer notre enquête. Du moins nous sentions-nous sur un terrain solide.

Restait à savoir ce qui avait bien pu amener un homme aussi équilibré que Laurent Fabre, ce jésuite rompu à l'ascèse et à la théologie, à fonder l'une des communautés les plus dynamiques du Renouveau charismatique.

Au départ, rien ne semblait l'y prédisposer. Issu d'une famille tout à fait bourgeoise, il avait déjà dix ans de formation jésuite et il était en train de terminer sa théologie à Lyon lorsqu'un de ses confrères américain est venu s'installer à son étage.

C'était en 1971 et, à cette époque, personne en France n'avait entendu parler du Renouveau. La vie poursuivait son train-train.

Cet ami américain racontait des choses étranges. Il revenait d'Ann Harbor dans le Michigan où une nouvelle Pentecôte, semblait-il, était en train de se lever. Les dons qui existaient dans l'Église primitive resurgissaient. On parlait en langue comme au temps de saint Paul, on chassait les démons, on guérissait les malades... Des foules de plus en plus nombreuses et de plus en plus enthousiastes se pressaient là-bas.

Laurent ne prêtait qu'une attention distraite aux propos de son ami. L'histoire de l'Église et surtout des églises protestantes abonde en renouveaux de ce genre, feux de paille presque aussitôt éteints qu'allumés. Ils ont eu souvent pour conséquence de créer de nouveaux clivages et de diviser ainsi encore un peu plus les églises chrétiennes.

« Ça ne m'intéressait pas tellement, se souvient Laurent. Pourtant, je suis tombé un jour sur une revue où on racontait qu'un monastère en difficulté avait été renouvelé grâce aux charismatiques. Cela a commencé à m'intriguer. Un jour, nous nous sommes retrouvés à trois ou quatre dans une petite chapelle pour y prier ensemble. C'était assez inhabituel car, d'habitude, les jésuites prient plutôt dans leurs chambres. Ce jour-là, mon ami américain s'est mis à prier d'une drôle de façon. Il prononçait, sur un rythme accéléré, des mots sans aucune signification. J'ai compris qu'il parlait en langue et ceci m'a gêné. A la sortie, j'ai demandé à un de mes collègues : " Mais que lui est-il arrivé ? " et il m'a répondu : " Si ça l'aide pour prier, ça ne me dérange pas. " Moi, ça me dérangeait. »

Laurent travaillait alors tout particulièrement la psychologie. Il s'est dit que son ami américain devait avoir des problèmes et il est allé frapper à sa porte. Au bout de deux heures de conversation, il a enfin compris que le Renouveau avait véritablement transformé la vie de Mike et qu'il valait la peine de l'étudier un peu plus.

Il a lu tous les livres qu'il a pu trouver et il s'est rendu compte que s'il était toujours gêné par les manifestations sortant de l'ordinaire, par le fait de parler en langue ou par les guérisons, au moins n'y avait-il rien de contradictoire entre le Renouveau et les études bibliques qu'il était en train de terminer. Ces « charismes » qui le mettaient mal à l'aise, il les retrouvait en abondance dans l'Évangile, les Actes des Apôtres et les Épîtres de saint Paul.

Petit à petit, l'idée faisait son chemin et il a eu ce qu'il appelle aujourd'hui une « réaction de bon sens ». Il s'est dit que la question qu'il se posait n'était pas de celles qu'on pouvait résoudre avec la tête mais qu'il devait essayer, se jeter à l'eau et qu'après tout, il ne risquait rien. Accompagné de son ami Bertrand Le Pesant, il est allé frapper à la porte de son voisin de palier et lui a dit :

« Mike, tout ce que tu nous a dit ne peut être que très important. Accepterais-tu de passer un week-end avec nous pour aller plus à fond ? »

Le visage de Mike s'est éclairé d'un large sourire. Une date a été fixée pour le mois suivant et, pour la première fois, Laurent a écrit dans son carnet de rendez-vous ces deux mots qui, par la suite, y reviendront si souvent : Saint-Esprit.

La veille du jour fixé et malgré toute sa foi, Mike a été pris d'inquiétude. Alors que, dans la chambre à côté, Laurent était en train de rédiger son courrier, il s'est mis à prier : « Seigneur ! Envoie-moi de l'aide. Ces deux jésuites sont un peu compliqués ; ils font de la psycho et ils ont l'habitude de se servir beaucoup de leurs têtes... »

A peine avait-il terminé sa prière que l'aide est arrivée sous la forme de deux jeunes Américains qui sont venus frapper à sa porte. Charismatiques et protestants, ils arrivaient de Ann Harbor et après être passés par Taizé, ils se rendaient à Jérusalem en auto-stop. Ils s'appelaient Mark et Oliver. Mark était un Juif devenu épiscopalien. Il avait reçu un jour dans la prière l'ordre d'aller en France. « Seigneur, avait-il demandé, si Tu veux que j'aille en France, donne-m'en les moyens. » Cette même nuit, il avait reçu un coup de téléphone d'un parent avec lequel il était fâché depuis longtemps et qui lui avait dit : « Je veux me réconcilier avec toi. Est-ce que tu as besoin de quelque chose ? – Oui, avait-il répondu, d'un billet pour la France. »

Si nous entrons dans tous ces détails, ce n'est pas pour faire de la petite histoire mais parce que, chez tous les charismatiques rencontrés, nous avons trouvé cet émerveillement devant les choses de la vie. Pour eux, il n'y a pas de hasard. Tout est Providence. Petits ou grands, les événements de la vie quotidienne sont des signes ou des réponses à leurs prières. Ils veulent que leur vie soit dirigée par l'Esprit-Saint. A la limite, ils entendent appliquer la fameuse phrase de saint Paul : « Ce n'est plus moi qui vis, c'est le Christ qui vit en moi. »

« Laurent! s'écria Mike en entrant en trombe dans sa chambre, viens voir le cadeau de Dieu! » Le cadeau, c'était bien évidemment les deux garçons arrivés tout droit d'Amérique.

Le lendemain, tout le monde s'entassait dans une vieille 2 CV pour aller dans un petit chalet situé au-dessus de Grenoble, à 1 000 mètres d'altitude.

« Le samedi, se souvient Laurent, nous avons prié ensemble, nous nous sommes raconté des histoires, nous avons beaucoup ri. Il y avait une simplicité dans la prière, une spontanéité, une fraîcheur que je n'avais jamais connues. Le soir, puisque après tout nous étions venus pour ça, Bertrand et moi, nous avons dit : " Priez pour nous afin que nous soyons renouvelés. " Je me suis mis à genoux. J'étais auprès du feu et pourtant, je me suis mis à trembler de tous mes membres. Je sentais que j'abordais une étape essentielle de ma vie. Ils ont prié, nous ont imposé les mains, ont chanté des " Alléluias ". J'étais mal à l'aise. Je me disais : " Seigneur! Je veux bien faire ta volonté, mais je ne veux pas tomber dans des trucs bizarres... " Je n'ai pas dormi de la nuit. J'étais déçu de n'avoir rien senti, contrarié d'avoir résisté.

« Le lendemain, on s'est expliqué. Bertrand Le Pesant, qui se trouvait dans le même état d'esprit que moi, a dit : " Quand vous avez prié pour moi au coin du feu, j'ai eu l'impression de participer à un culte vaudou. C'est trop américain pour moi. " Je pensais comme lui, mais sans trop savoir pourquoi, je me suis senti poussé à dire : " Écoutez, c'est vrai que nous n'avons pas trouvé ce que nous cherchions, mais nous devons continuer à prier. A ce moment précis, j'ai fait un acte de foi. J'ai pris ma Bible, j'ai fermé les yeux, j'ai murmuré : " Seigneur! Ta parole est dans ce livre " et j'ai ouvert au hasard. Je suis tombé sur le Psaume 51 :

Pitié pour moi, Seigneur, en ta bonté.
Dans ta tendresse, efface mon péché...

« J'avais prié ce psaume des centaines de fois et pourtant j'ai été bouleversé comme je ne l'avais jamais été. Ces paroles, j'en étais sûr, étaient pleines de sens pour moi. J'ai senti que je devais me reconnaître pauvre et pécheur devant Dieu pour accueillir l'Esprit-Saint. Ma vie a basculé d'un coup. Comme si quelque chose s'était ouvert en moi. A partir de ce jour, par exemple, l'Écriture a eu une résonance qu'elle n'avait jamais eue auparavant, une simplicité, une vérité, une proximité... »

Lorsqu'on a vécu de tels moments, aller plus loin devient une impérieuse nécessité.

Laurent demanda à partir pour les États-Unis. Il se plongea (cette fois sans réticences) dans l'enthousiasme charismatique, alla de groupe en groupe, de la côte Est à Los Angeles. Il prit ainsi connaissance de l'ampleur du phénomène. Partout, le Renouveau explosait, chez les catholiques comme chez les protestants de toute obédience. Des groupes de prière se créaient et, à partir de ces groupes de prière, des communautés. Partout, Laurent entendait la même « prophétie » : Dieu était en train de rassembler son peuple.

« C'est cela, dit-il, le Renouveau charismatique. Une poussée de l'Esprit-Saint, le souffle dynamique de la Pentecôte. Le Christ est au milieu de tout ça et des milliers de gens, des centaines de milliers se mettent en mouvement. »

Rentré en France, il n'eut rien de plus pressé, avec l'accord de ses supérieurs, que de s'intégrer à un groupe de prière. C'était en 1972. Il sera ordonné prêtre l'année suivante. L'idée de fonder une communauté le tarabustait, mais il rêvait d'une communauté qui rassemblerait des gens venus de tous les horizons et qui serait donc nécessairement mixte et interconfessionnelle. Sans cela, il n'aurait qu'un petit rassemblement de catholiques célibataires et mâles. Il rêvait... mais il n'y croyait guère. Il avait le sentiment que jamais ses supérieurs n'accepteraient une telle aventure et cela d'autant moins que le Renouveau était encore peu connu et passait pour un mouvement exalté et un peu inquiétant.

Il s'apprêtait donc à demander à poursuivre aux États-Unis une formation de psychologue lorsqu'un de ses amis jésuite, ordonné lui aussi depuis peu, vint le voir et lui demanda :

« – Que fais-tu l'an prochain?

– J'avais pensé très fort au projet de communauté dont je t'ai parlé, mais j'y ai renoncé.

– Pourquoi?

– Parce que nos supérieurs n'accepteront jamais une communauté mixte.

– Tu sais, tu as peut-être du discernement pour les autres, mais permets-moi de te dire que pour toi, tu n'en as pas lourd.

– Tu crois que ça pourrait marcher?

– Pourquoi pas? Si c'est le Saint-Esprit qui te pousse dans cette voie, n'hésite pas à demander. Joue le jeu de la confiance. Tu verras bien. D'ailleurs, si tu as besoin d'une maison pour ta communauté, j'en connais une qui ne te coûtera sans doute pas cher. Elle se trouve au 49, montée du Chemin Neuf. »

Le soir même, Laurent Fabre se mettait à sa machine et rédigeait son projet : « Je compte, l'an prochain, vivre en communauté... »

Sans doute le Saint-Esprit était-il dans le coup, car la réponse fut positive.

Quant à la maison, le propriétaire acceptait de la prêter et même d'engager 20 000 francs pour les travaux les plus urgents. C'était une grande et belle maison sur la colline de Fourvière, dominant le vieux Lyon.

Ainsi est née la communauté du Chemin Neuf. Au début, ils étaient sept célibataires, garçons et filles. Ils sont aujourd'hui 300 adultes et 300 enfants.

Parmi ces sept, il y avait Jacqueline Coutellier, une jeune Lyonnaise travaillant comme secrétaire de direction dans une entreprise de travaux publics de Saint-Étienne. Depuis longtemps déjà, elle se sentait mal dans sa peau. Elle était tiraillée entre le monde des affaires, la vie quotidienne qui

ne la satisfaisait pas et une vie plus profonde et plus riche
dont elle sentait le besoin sans très bien comprendre
pourquoi.

Quelque temps avant, elle avait rencontré Mike, l'ami
américain de Laurent qui l'avait amenée à son groupe de
prière. Ce fut pour elle le début du Chemin.

« Quand on a prié pour moi, raconte-t-elle, j'ai compris
d'un coup que je tournais le dos à Dieu depuis longtemps et
j'ai éclaté en sanglots. Au cœur de cette détresse, j'ai été
poussée à dire : " Écoute, Seigneur! Je suis disponible pour
Toi. " »

Un peu plus tard, aux environs de Pâques 1973, elle a reçu
« l'effusion de l'Esprit ».

Cette expression mérite qu'on s'y arrête. Pour peu qu'on
fréquente un peu le monde du Renouveau, on l'entend sans
cesse prononcer, toujours d'une voix teintée à la fois
d'enthousiasme et de nostalgie. Nous avons voulu en savoir
plus et avons posé des questions. Les expériences sont
diverses. Elles peuvent être paisibles ou bouleversantes,
mais toutes ont un point commun : elles représentent pour
celui qui les vit une nouvelle naissance. C'est le baptême
dans l'Esprit. Une nouvelle Pentecôte. Une explosion de joie
indicible et qui transforme la vie de fond en comble, qui
donne la force et le courage. Tous nous ont dit la même
chose : dans leur vie, il y a un avant et un après. Sans doute
auront-ils encore des difficultés, des doutes ou même des
reculs, mais ils resteront branchés sur l'Essentiel.

Je sais qu'ils ne se retrouveront pas dans ce que je viens
d'écrire : ce n'est pas avec des mots qu'on peut raconter
l'indicible, le cœur à cœur, le retournement de tout
l'être...

A son tour, Jacqueline est partie pour les États-Unis et tout
au long du voyage, elle a eu le sentiment de « vivre au cœur
d'un peuple rassemblé pour la louange ». Tout naturellement, lorsque, à son retour, Laurent lui a fait part de son
idée de fonder une communauté mixte, elle a dit oui avec
enthousiasme. Elle a quitté son travail et entamé une licence
de théologie.

Les sept se sont installés dans la maison du Chemin Neuf
et, très vite, Jacqueline a compris qu'entrer en communauté
n'était pas forcément entrer au paradis.

« Parce que j'avais été beaucoup aimée dans ma famille, dit-elle, je croyais qu'il n'était pas difficile d'aimer les autres. Dès les premiers jours, je suis un peu tombée de mon arbre. J'ai vécu un véritable décapage, j'ai découvert le mystère du mal. D'autant plus qu'au début, nous avons eu le sentiment d'être aux prises avec des forces contraires. L'une d'entre nous, notre benjamine, une assistante sociale de vingt-trois ans, Brigitte, a été dès son entrée frappée d'un cancer. Elle est morte dans la communauté en février 1975 après un combat d'un an et demi qui l'a amenée à une acceptation sereine. Tous, et elle la première, nous avons porté pendant tout ce temps cette forte parole de Jésus : " Si le grain ne meurt... " »

Cette petite communauté, si humble en ses débuts, est maintenant devenue une grande entreprise. Il nous suffit d'ouvrir les yeux pour nous en persuader. Jacqueline nous reçoit dans le centre de formation des Pothières, un vaste château situé à la lisière du Beaujolais. Par la fenêtre grande ouverte, dans le lointain, on voit miroiter la Saône. Le parc est magnifique et les communs sont assez vastes pour permettre d'installer des logements supplémentaires et des salles de réunions.

Cela nous amène à dire un mot de ce qu'il faut bien appeler une sorte de miracle. Un miracle qui n'étonne que nous, tant il est bien évident, aux yeux des membres de la communauté, que l'Esprit-Saint ne cesse d'agir pour lui permettre de vivre et de s'étendre.

Comme le dit souvent Carlo Carretto : « Si ce que tu fais, tu le fais pour le Seigneur, alors n'aie pas de soucis : il te donnera les moyens de le faire. »

La preuve?

Aux environs de 1976, alors que la communauté était en pleine expansion, il devint évident qu'un des besoins essentiels était la formation. Formation à la vie spirituelle, à l'Écriture, à la vie communautaire; connaissance de l'Église, approche de l'œcuménisme, théologie... Pour cela, il fallait un centre.

On peut parler de hasard, mais c'est à ce moment précis que le château des Pothières fut donné à la communauté. Très vite, il devint trop petit, tant sont grands les besoins spirituels qui hantent nos contemporains. Il fallait un autre lieu pour organiser des séminaires ou pratiquer les exercices de saint Ignace. Qu'à cela ne tienne : au moment précis où ce besoin s'est fait sentir, un homme qui connaissait le Renouveau a offert une maison forte qu'il possédait dans l'Isère.

Le centre de la communauté éclatait de toutes parts. La maison du Chemin Neuf se révélait trop petite pour accueillir les nouveaux arrivés. C'est ce moment même que les sœurs du Cénacle choisirent pour offrir à la communauté de venir s'installer dans leur couvent devenu trop grand pour elles. Un immense bâtiment, tout un pâté de maisons plein de couloirs, de cours et de jardins. Un havre de paix et de silence en plein cœur de Lyon, à deux pas de la gare de Perrache. De quoi loger tout le monde et créer un foyer pour une quarantaine d'étudiants.

Ainsi va la vie au Chemin Neuf. Pourquoi n'auraient-ils pas confiance puisque tout leur est donné à point nommé? Le jour où le besoin d'un ordinateur s'est fait sentir pour gérer le budget et faciliter l'organisation des grandes réunions, quelqu'un, comme par hasard encore, a décidé d'en offrir un.

N'y a-t-il pas là un danger? Cette communauté qui, au départ, se voulait si pauvre, ne risque-t-elle pas de devenir riche, propriétaire d'immeubles nombreux et de biens de toute sorte? Saint François d'Assise l'avait bien vu : c'est le danger qui guette tous les ordres naissants et c'est bien pourquoi il avait ordonné à ses premiers disciples de ne rien posséder.

« Nous devons rester vigilants, nous a dit Jacqueline, mais cela ne nous inquiète pas vraiment. Nous savons que la communauté est appelée à disparaître et, à ce moment-là, tous nos immeubles et tous nos biens collectifs reviendront à l'évêché. »

La cloche du déjeuner est venue interrompre notre entretien et nous nous sommes retrouvés dans la grande salle à manger avec une quarantaine d'hôtes de tous âges et de toutes conditions. Ils étaient là pour le cycle A, c'est-à-dire pour une période de formation de trois mois. Il y avait des étudiants et des retraités, des familles venues avec leurs enfants aussi bien que des prêtres ou des religieuses.

A la fin du repas, un membre de la communauté est venu

donner un résumé des nouvelles du jour, afin que les retraitants ne soient pas coupés du monde. Moi qui ai été journaliste pendant vingt-cinq ans, j'ai été impressionné par la qualité de cet exposé. J'ai demandé des explications et j'ai appris qu'il avait été fait par Dominique Ferry, un ancien grand patron de presse qui a tout quitté pour venir vivre ici avec sa famille. J'ai constaté ainsi que la communauté savait utiliser la compétence de ses membres. Nous aurons d'ailleurs d'autres occasions de nous en apercevoir.

Donc, tous ces gens faisaient le cycle A. Cela veut dire qu'il leur avait fallu trouver le moyen de se libérer de leurs obligations professionnelles pendant un trimestre, ce qui n'est déjà pas si commun.

D'où venaient-ils? Pour la plupart, des groupes de prière qui sont disséminés dans toute la France. Souvent aussi d'autres communautés ou organismes de charité tels qu'ATD ou l'Arche de Jean Vanier. La plupart d'entre eux, si on leur demande pourquoi ils sont venus, disent qu'ils ont ressenti le besoin de s'arrêter pour faire le point ou qu'ils sont à la veille de prendre une grande décision qui va engager toute leur vie. Il est de fait que tous ceux qui veulent entrer dans la communauté doivent, au préalable, avoir fait cette session.

Le moins qu'on puisse dire est qu'ils y vivent de fortes expériences. « Un temps de réflexion et d'écoute », leur dit-on lors de leur arrivée. Certes, mais il ne s'agit pas d'une écoute passive.

Ils ont chacun leur chambre parce que le recueillement est indispensable. Ils prennent leurs repas en commun à midi, tandis que, le soir, les familles dînent chez elles. Tout comme les membres de la communauté, ils sont répartis en fraternités de sept à dix personnes, fraternités au sein desquelles ils se réunissent pour aller plus en profondeur. C'est une école d'autant plus exigeante qu'on ne se choisit pas et qu'on y insiste par-dessus tout sur la transparence.

« Transparence. » Ce mot revient sans cesse dans le langage de la communauté. C'est que dans la vie ordinaire, nous avons tendance à être opaques, ne serait-ce que pour nous protéger. Alors que si l'on veut être dans la vérité, il faut savoir se faire transparent. Cela est impossible à l'homme et c'est pourquoi il faut demander à Dieu cette transparence. De la transparence naît la confiance; de la confiance, l'amour fraternel.

L'unité de travail du cycle A, c'est la semaine. On travaille cinq jours et, pendant le week-end, on peut se détendre. Ceux qui n'habitent pas trop loin peuvent même rentrer chez eux.

En temps normal, il y a beaucoup de prières, personnelles ou en groupes, des conférences et des cours de théologie, mais certaines semaines sont des moments particulièrement forts.

La semaine dite de Béthanie, par exemple, qui est axée entièrement sur la relation avec l'autre. Pour aimer l'autre, il faut d'abord apprendre à se connaître et à s'aimer soi-même. Il faut faire disparaître la peur, car on ne peut aimer en vérité aussi longtemps qu'on est encore habité par la peur. Il faut s'ouvrir, se livrer. Il y a au cours de cette semaine des jeux qui sont de véritables exercices de confiance. L'un des participants, par exemple, doit se laisser bander les yeux et conduire par la main. Au bout d'un moment, il doit dire tout ce qu'il a vécu. Ou bien on doit aller chercher quelque chose dans la nature, le rapporter aux autres et expliquer pourquoi on a choisi cela.

Ces jeux sont intéressants car ils témoignent de la place qu'est en train de prendre la psychologie dans la formation donnée par la communauté. Dans les premiers temps, celle-ci était superbement ignorée. Il suffisait, pensait-on, de s'abandonner à Dieu pour que tous les problèmes soient résolus. L'expérience aidant, les responsables se sont rendu compte que certains blocages, s'ils étaient négligés, rendaient plus difficile la progression dans la voie spirituelle. Ces blocages, il faut donc les faire sauter et c'est bien pour cela que sont de plus en plus nombreux les « accompagnateurs » formés à la psychologie.

Une autre semaine est consacrée aux exercices de saint Ignace, lequel était à sa façon un psychologue avisé. N'a-t-il pas mis en valeur l'importance du corps dans la prière? N'a-t-il pas longuement parlé de ce qu'il appelle « l'application des sens » et ne s'est-il pas préoccupé, comme certains yogis, du rythme de la respiration? Cette semaine d'exercices est considérée par certains comme une préparation au mois complet qui est, nous l'avons vu, proposé par la communauté et qui est – ceux qui l'ont fait s'accordent à le reconnaître – une extraordinaire expérience d'ascèse et d'approfondissement de la foi.

La semaine la plus importante est, pour beaucoup, la semaine de désert. On en parle longtemps à l'avance et elle est attendue avec impatience par certains, avec crainte par d'autres. C'est qu'il s'agit d'une épreuve de vérité. Lorsqu'on se trouve face à soi-même dans le silence, on ne peut plus tricher. Les seules aides sont un texte de l'Écriture qui est donné chaque jour et une conversation avec un accompagnateur, conversation à cœur ouvert au cours de laquelle on peut parler de ses problèmes et reconnaître la façon dont Dieu nous parle.

Trois mois d'une telle austérité, cela peut paraître long, mais tous ceux qui ont fait le cycle A disent qu'il passe très vite et certains arrivent à la fin avec le désir de recommencer.

De plus en plus nombreux sont d'ailleurs ceux qui demandent à faire un an ou deux.

Ceux qui ne peuvent échapper si longtemps à leurs obligations professionnelles n'en sont pas pour autant privés de formation. Ils peuvent s'inscrire au cycle B qui, s'étalant sur deux ans, leur offre un week-end par mois en dehors des vacances scolaires et deux semaines de formation par an.

Ceux qui veulent aller plus loin encore, qui se préparent par exemple à exercer un ministère dans l'Église, disposent du cycle C qui dure également deux ans. Ils suivent le stage de formation pendant la matinée et, l'après-midi, ils peuvent exercer en dehors leurs activités professionnelles. Ils peuvent également suivre, le soir, des cours de théologie à la faculté catholique de Lyon.

Ajoutons, pour être complets, que des stages spéciaux sont organisés pour les jeunes de dix-huit à vingt-cinq ans.

Diverses sont les formules, nombreux sont les stages et pourtant, ils sont toujours pleins. Pour les week-ends, ce sont 150 à 200 personnes qui débarquent aux Pothières. Pour le cycle A une bonne quarantaine. En tout, plus de 4 000 personnes passent chaque année. Et ce ne sont pas les projets qui manquent pour accroître encore la gamme des sessions.

L'un des moments les plus forts de notre entretien avec Jacqueline a été celui où elle nous a parlé de sa guérison. « Guérison ». Un mot qui est au moins aussi souvent employé dans la communauté du Chemin Neuf que les mots « Formation » et « Transparence ». Comme il est d'ailleurs souvent employé dans l'Évangile. Parmi les frères, comme aux premiers temps de l'Église, certains exercent ce qu'ils appellent « un charisme de guérison ».

Qu'est-ce que cela signifie exactement? Plutôt que de nous lancer dans des explications abstraites, suivons le chemin parcouru par Jacqueline.

« J'avais un problème organique intestinal. Je vivais avec, mais il me rendait la vie difficile. Je n'étais pas à l'aise avec mon corps, mais lorsqu'on me conseillait de demander la guérison, cela m'agaçait.

« En 1979, je suis allée à Lourdes afin de faire un article pour notre revue. J'ai interviewé une clarisse américaine qui avait un authentique ministère de guérison. Dès qu'elle m'a vue, elle m'a dit que j'avais besoin d'être guérie et elle m'a conseillé de prier. J'ai fait ce que j'ai pu, mais elle a affirmé que je résistais à la guérison, ce qui était d'autant plus dommage que j'avais moi-même le don de guérir. En la quittant après avoir appris cette nouvelle, j'étais comme une gamine à qui on vient de donner un train électrique et qui ne sait pas s'en servir. Heureusement, mon scepticisme s'effilochait et, une fois rentrée, j'ai eu l'occasion d'assister à un rassemblement œcuménique, une semaine entière consacrée à la guérison. Là, j'ai enfin demandé la prière et j'ai vraiment été guérie. Moi qui souffrais depuis des années et à qui les médecins avaient conseillé de prendre mon mal en patience parce qu'il n'y avait pas de guérison possible dans mon cas, voici que, du jour au lendemain, j'ai cessé de souffrir et que j'ai pu me passer complètement de médicaments.

« Peu après, j'ai constaté que j'avais vraiment le don de guérir. Entendons-nous bien : je ne fais pas de miracles. Il m'est arrivé de participer à des prières de guérison pour des personnes qui ont été guéries d'un cancer ou pour des épileptiques qui ont pu cesser de prendre des médicaments, mais ce n'est pas automatique. C'est un travail qui demande beaucoup de foi, d'abandon et de discernement. Il ne s'agit pas de vouloir la guérison pour la guérison. Il faut sans cesse se souvenir de cette parole de Jésus : " Cherchez d'abord le Royaume de Dieu et Sa justice et tout le reste vous sera donné par surcroît. " Le reste dont Il parle, c'est aussi la guérison. Ce qui nous est demandé, c'est de recevoir notre vie de Dieu. La plupart du temps, il doit y avoir une démarche individuelle de la personne qui veut guérir. Il faut faire comme ont fait les aveugles qui ont crié sur le passage de Jésus. Si quelqu'un fait cette démarche, alors on prie à deux ou trois, on impose les mains, on demande au Seigneur d'entendre notre prière et de venir guérir au nom de Jésus.

« Souvent, la guérison se fait par étapes et il doit y avoir de notre part un travail d'accompagnement. Il arrive que la personne ne sache pas s'abandonner, qu'elle ait besoin d'être soutenue. C'est pour cela qu'il y a des guérisons-fusées et des guérisons-tortues. Pour le malade, nous l'avons souvent remarqué, le pardon est essentiel. Obtenir le pardon, mais aussi le donner. La tendresse de Dieu... n'est-ce pas ce dont les hommes ont le plus besoin? »

Cette conversation, avouons-le, nous a laissés perplexes. Parler ainsi de guérison par l'Esprit-Saint, n'est-ce pas entrer dans l'irrationnel? Et lorsqu'on entre dans l'irrationnel, on ne sait pas jusqu'où on peut aller.

Nous avons décidé d'aller plus à fond et cela ne nous a pas été difficile car plusieurs médecins font partie de la communauté.

Nous avons donc demandé un rendez-vous à Bruno Fabre, le frère de Laurent, qui est entré dans la communauté depuis huit ans et qui vit dans la maison du Chemin Neuf avec sa femme Nicole qui est pasteur protestant et leurs deux enfants.

« Lorsque j'étais étudiant en médecine, nous a-t-il dit, je me croyais heureux alors que je n'étais qu'insouciant. J'ai vécu une crise très aiguë, au point d'arrêter la préparation de l'internat et de partir pour Israël. C'est à Lourdes, un peu plus tard, que j'ai entendu la parole qui a transformé ma vie. Je priais pour une femme qui avait un cancer et, soudain, j'ai senti qu'elle s'accrochait à moi et je l'ai entendue murmurer à mon oreille :

« " La guérison du malade passe par celle du bien-portant. "

« Du coup, j'ai senti qu'elle avait raison, que j'étais vraiment malade et je suis parti à la recherche d'un lieu de guérison. Je me disais : " Médecin, guéris-toi toi-même. Tu t'occupes des malades, mais qu'es-tu vraiment dans ta vérité devant Dieu et devant tes frères ? "

« Ce lieu de guérison, c'est dans la communauté que je l'ai trouvé et c'est à peu près en même temps que j'ai rencontré Nicole et que je l'ai épousée, en 1980, alors que j'avais trente-cinq ans. Si on m'avait dit que j'épouserais une femme pasteur, je serais parti en courant. Je l'aurais certainement imaginée avec de grosses lunettes et un chignon, tant j'avais une idée caricaturale des protestants. »

Une fois de plus, alors qu'il cherchait à s'installer, le hasard a bien fait les choses. Il souhaitait créer un cabinet dans le quartier Saint-Jean et il y a trouvé une ancienne quincaillerie, à deux pas du Chemin Neuf, assez grande pour y loger un autre médecin et deux psychologues, tous de la communauté.

Avant tout, Bruno se veut un médecin comme les autres, un généraliste, un médecin de quartier. Il consacre au moins une demi-heure à chaque patient. C'est qu'il ne se préoccupe pas seulement des symptômes, mais de l'homme total, c'est-à-dire de l'homme physique, psychologique et spirituel.

20 % environ de ses malades viennent de la communauté ou des groupes de prière. Dans ces cas-là, il arrive que la prière fasse partie de la thérapie. Il arrive même que plusieurs membres de la communauté viennent avec les médecins pour prier sur un malade et il arrive aussi que ce malade soit guéri.

« J'ai vu arriver un jour un de mes collègues, raconte Bruno. Il devait être opéré deux jours plus tard d'un énorme calcul qui le faisait beaucoup souffrir. Il craignait l'opération et il était très déprimé. Je l'ai amené à la maison et, avec quelques frères, nous avons prié sur lui. Deux jours plus tard, au téléphone, il m'a annoncé qu'il sortait de chez son radiologue, que le calcul s'était fragmenté de lui-même et avait été évacué. On peut toujours parler de hasard, mais le plus important, c'est que mon collègue était décrispé et que lui qui ne semblait pas prédisposé à cela, il s'est engagé sur le Chemin spirituel. C'est cela que j'appelle une guérison totale. »

Bruno parle souvent de Paul Tournier, un médecin suisse qui a maintenant plus de quatre-vingt-dix ans et qu'il considère comme un prophète. Après avoir assisté un jour à une réunion d'hommes d'affaires qui mettaient la prière au centre de leur vie, il s'est mis lui aussi à prier tous les jours et il s'est aperçu que sa relation avec ses malades s'était transformée du tout au tout. Alors, il leur a envoyé à tous cette circulaire :

« J'ai décidé de soigner à la fois le médical, le psychologique et le spirituel. Vous allez devoir prendre rendez-vous avant de venir me voir car je ne veux pas recevoir plus de neuf malades par jour. C'est le seul moyen d'avoir avec chacun d'entre vous une relation singulière. »

C'est ainsi que veut agir Bruno Fabre. Il reconnaît que le gros problème est celui de l'approche. Bien sûr, il est bon de prier pour un malade, de lui imposer les mains et de l'orienter éventuellement vers la guérison spirituelle. Encore faut-il être prudent parce que, dans certains cas, ça ne peut tout simplement pas marcher. Certains malades sont si bloqués qu'il leur faut nécessairement passer par la psychologie.

« Je me sens mal à l'aise, affirme Bruno, lorsque quelqu'un arrive en me disant : " Je viens vous voir parce que vous êtes un médecin chrétien. " Car alors, cela risque d'empêcher le malade de faire le travail psychologique qu'il doit absolument faire. J'ai connu par exemple une personne qui avait une telle haine pour son père qu'elle en était bloquée. Si bloquée qu'elle ne pouvait même pas réciter le *Notre Père* en entier. Elle ne s'en rendait pas compte, mais c'était pourtant ainsi. Lui parler de pardon, de réconciliation, ça n'aurait pas marché. Il a d'abord fallu lui faire comprendre le lien psychologique qui l'attachait à son père. Alors et alors seulement, la réconciliation spirituelle a été possible.

« Je connais bien les limites de la psychologie et de la psychanalyse. Je sais que la lucidité n'a jamais guéri personne et que l'inconscient est un sac sans fond. Mais je sais aussi qu'il y a des nœuds si serrés, des blocages si

profonds qu'ils empêchent la vie spirituelle de prendre son
essor. La culpabilité par exemple n'est pas seulement
spirituelle. Elle est aussi psychologique et elle a de telles
racines que, la plupart du temps, on ne peut faire l'économie d'un travail en profondeur. Sinon, on met les gens dans
une situation impossible. On semble leur dire : " Si tu ne
guéris pas, c'est que tu n'as pas assez de foi ", ce qui
augmente leur culpabilité. »

Il s'agit donc vraiment d'une médecine de l'homme total.
On comprend que de jeunes médecins se passionnent pour
cette nouvelle vision. Mais nous sommes encore dans le
connu. C'est avec la « thérapeutique du pardon » que nous
entrons dans un domaine encore largement inexploré.

Une thérapeutique exigeante parce qu'elle demande beaucoup de temps d'une écoute patiente et éclairée. Avec un
peu d'expérience, on se rend très vite compte que nombreux
sont les malades qui font de l'hypertension ou des ulcères
d'estomac parce qu'ils s'entendent mal avec leur belle-mère,
leur fils ou leur patron.

Seul le pardon peut apaiser ces conflits et cela signifie
aussi bien pardonner à l'autre que de se pardonner à
soi-même. Sur ce sujet, Bruno Fabre pourrait raconter des
dizaines d'histoires. Retenons-en trois.

Il a vu arriver un jour dans son cabinet une femme qui
souffrait d'insuffisance veineuse. Elle avait des œdèmes
énormes que rien ne pouvait résorber. Pourquoi Bruno
aurait-il réussi là où plusieurs médecins avaient échoué?
Cette femme avait vécu une histoire tragique : sa petite fille
avait été violée et assassinée par un jeune voisin de quatorze
ans. Bruno s'est mis à l'écoute et il a compris qu'elle ne
pouvait pas pardonner à l'assassin de sa fille et que c'était ce
refus du pardon qui l'empoisonnait. On ne peut pas vivre
convenablement – c'est certain – lorsqu'on est torturé par la
rancœur ou la haine.

A l'issue d'un long travail, la patiente a fini par réaliser
que, peut-être, elle pourrait tout de même pardonner, ou
plutôt que si elle ne le pouvait pas, Quelqu'un d'autre
pouvait le faire à sa place.

Un jour enfin, elle a eu le courage de demander à Dieu de
l'aider à pardonner. La nuit suivante, elle a rêvé au meur-
trier, à ce petit voisin qu'elle connaissait si bien. Elle l'a vu

comme un beau jeune homme souriant et, au réveil, elle a senti profondément qu'en dépit de tout, elle était réconciliée avec lui. Dans les jours qui ont suivi, tous ses œdèmes ont disparu et ils ne sont plus jamais revenus.

Une autre femme, qui avait de grandes difficultés sexuelles avec son mari, a revécu tous ses accouchements et a compris qu'elle lui en voulait de lui avoir fait plusieurs enfants non désirés. Elle a pu lui pardonner du fond du cœur et elle a connu aussitôt une guérison totale.

Un jour, au cours d'une session, Bruno a été appelé au chevet d'une jeune fille qui souffrait d'une épouvantable migraine. Cela lui arrivait souvent et rien ne pouvait la soulager. Il a pris le temps de lui parler et il a senti que quelque chose n'allait pas. En fait, les jours suivants, la jeune fille a réalisé qu'elle ne pouvait oublier d'avoir eu avec son frère des relations quasi incestueuses. Elle a demandé le pardon, a réglé une fois pour toutes ce vieux problème qui empoisonnait sa vie et ses migraines ont disparu.

Bien entendu, dans des cas de ce genre, il faut souvent suivre le patient au niveau psychologique, ne serait-ce que parce que l'Esprit-Saint agit lui aussi au niveau psychologique. Mais depuis la fondation de leur cabinet, Bruno et ses confrères ont vécu assez d'expériences extraordinaires pour pouvoir prononcer cette phrase révolutionnaire :

« Le pardon guérit. »

Une phrase révolutionnaire? Mais l'Évangile, affirment les gens du Renouveau, ne cesse de la crier sur les toits.

Oui, le pardon guérit. Mais cette parole a d'autant plus de valeur qu'on la trouve dans la bouche de médecins. C'est une chose qui nous frappe beaucoup depuis que nous fréquentons les charismatiques : il y a chez eux beaucoup de médecins. Une centaine d'entre eux, venus de tout le Renouveau, se réunissent régulièrement pour prier ensemble et confronter leurs points de vue.

Ils ont envoyé à leurs malades cette lettre commune dans laquelle on trouve ces phrases significatives :

« Très souvent, il nous arrive de penser que nous soignons les effets sans déraciner les causes véritables de votre maladie... Pour votre santé, laissez-nous vous dire qu'il est

peut-être encore plus urgent et nécessaire de vous réconcilier avec les autres et avec vous-même que d'acheter des
médicaments!... Les manques de paix, les tensions, l'absence
de confiance et de miséricorde... bref, les carences de
l'amour sont les véritables poisons de notre santé... Moins de
médicaments et plus de miséricorde, voilà ce que nous vous
souhaitons pour cette année qui vient... Écrire une lettre
importante... faire paisiblement la vérité, se réconcilier,
pardonner à sa femme, à son fils, à son frère... prendre du
temps pour s'écouter soi-même et accepter tel ou tel échec...
voilà les ordonnances que nous osons faire... Laissez-vous
réconcilier par le Christ. Il est le médecin véritable... Dans
certains cas, nous avons constaté que le jeûne et la prière
avaient plus d'efficacité que n'importe quel médicament. En
particulier la prière de louange, celle qui consiste à se
décentrer de soi-même pour se tourner vers ce Dieu qui est
Père et qui nous ouvre dans la joie aux véritables dimensions
de la vie... »

Pourquoi y a-t-il tant de médecins chez les charismatiques? Jean-Hubert et Philippe vont nous donner la
réponse.

Jean-Hubert d'abord. Il voulait être géologue. Né dans
une famille de tradition chrétienne, il s'est à dix-sept ans
posé le problème religieux en ces termes :

« Pour l'instant, j'ai le sentiment que le christianisme ne
correspond pas à ce que je cherche, mais je dois en faire
l'analyse. Je ne peux pas tout rejeter d'emblée. J'ai besoin de
savoir ce qu'est la foi et si je me rends compte que ça ne me
convient pas, je bazarderai tout. »

Il n'a rien bazardé du tout. Au moment même où il se
posait ces graves questions, il a rencontré un vieux curé de
campagne qui l'a touché simplement parce qu'il vivait ce
qu'il prêchait.

Peu après, il a rencontré Jean Vanier, le fondateur de
l'Arche, qui a consacré sa vie aux handicapés.

« Jean Vanier nous a ce jour-là parlé d'un coup de
téléphone d'une mère qui voulait placer son fils à l'Arche.
C'était pour elle un grand espoir, mais il n'y avait plus de
place. Alors que nous étions tous autour de lui, Jean Vanier
s'est accusé de lâcheté pour n'avoir pas osé prendre le
téléphone. Devant l'humilité de cet homme, j'ai découvert

que j'avais un double visage : je n'étais pas au fond de moi ce que je paraissais être aux yeux des autres. Là était ma misère. Ma conversion date de là. »

Il a dit cela d'une façon tout à fait naturelle, comme si cela allait de soi. Nous, une fois de plus, comme chaque fois que quelqu'un nous raconte le moment qui a fait basculer sa vie, nous avons été émerveillés. Cela paraît si simple, si évident et pourtant, quelle force cela doit avoir pour engager définitivement une existence.

« Le fait d'avoir découvert l'amour de Dieu consacrait ma vie, a ajouté Jean-Hubert. Et puis un jour, une amie à qui j'expliquais que la géologie était avant tout l'étude des roches, m'a répondu : " Moi, ce qui m'intéresse, c'est l'Homme. " Cette parole est restée en moi. »

Elle est si bien restée en lui qu'il a entamé des études de médecine en même temps qu'il fondait, avec quelques camarades, une petite communauté qui n'avait rien à voir avec le Renouveau.

Les premières années, il s'est demandé s'il avait vraiment une vocation de médecin, mais cette question elle-même a volé en éclats lorsqu'il a commencé à soigner. « Le contact avec les malades, dit-il, m'a donné une joie extraordinaire. J'ai tout de suite compris qu'il ne s'agissait pas seulement d'apporter un traitement médical, mais d'établir des liens, d'écouter dans l'amour. »

Ce qu'il y a d'extraordinaire dans ces conversions, c'est qu'elles conduisent les convertis sur des chemins qu'ils n'auraient jamais pensé prendre. Jean-Hubert avait toujours eu la certitude qu'il se marierait et puis un jour, il a été frappé par le passage de l'Évangile où Jésus déclare que certains se feront eunuques à cause de Lui et ajoute : « Comprenne qui pourra. »

« Moi, s'écrie Jean-Hubert, j'ai compris que j'avais compris. Que j'avais la vocation du célibat. »

Parce qu'il avait reçu, à la fin de sa troisième, un livre de prix sur l'Afrique, il est parti pour l'Afrique où il s'est livré, pendant plusieurs années, à un travail systématique de prévention.

« Là, dit-il, j'ai découvert que l'Amour pouvait s'incarner. »

Philippe est lui aussi parti pour l'Afrique et lui aussi a choisi de devenir médecin parce qu'il avait rencontré le Christ et qu'il désirait se mettre au service de ses frères. Il a fait ses études tandis qu'il était dans la communauté et il vient de terminer sa thèse sur les méthodes naturelles de régulation des naissances. Il est aujourd'hui au Congo avec sa femme, dans un diocèse où l'évêque, un ancien condisciple de Laurent Fabre, a demandé à la communauté de venir l'aider. Six autres membres du Chemin Neuf sont partis : un autre couple et quatre célibataires dont une femme médecin.

Disons par parenthèse que nous avons souvent entendu cette phrase : « L'évêque nous a demandé d'assurer tel ou tel ministère. » Fondations de foyers d'étudiants, de centres de formation, prise en charge d'activités exercées autrefois par des ordres religieux qui ne peuvent plus les assumer... Les appels sont nombreux et souvent pressants. Ce qui montre à quel point la communauté est insérée dans l'Église.

Philippe nous a raconté sa vie en Afrique, mais c'est pour une tout autre raison que son témoignage nous a semblé exemplaire. Pour une histoire d'amour.

Avant de lui donner la parole, nous sommes tout à fait conscients qu'en cette période de libération sexuelle, son témoignage peut paraître tout à fait rétro. Si nous nous sommes décidés à le publier, c'est parce que, même s'il est extrême, ce n'est pas un témoignage isolé. Tout au long de nos reportages, nous avons rencontré des dizaines et des dizaines de jeunes désireux de vivre une grande aventure amoureuse dans la fidélité. Pour eux, ils le proclament, le temps de la liberté sexuelle a été un temps de graves frustrations. Ils veulent revenir et ils n'ont pas peur de le proclamer, à ce que nous appelons les valeurs traditionnelles, c'est-à-dire au mariage, à la fidélité, à la famille. Nous ne cacherons pas que cela a été une des grandes surprises de notre enquête.

Voici donc le témoignage de Philippe :

« J'ai rencontré Myriam dans la chorale d'un petit village. Elle avait quinze ans et j'en avais dix-sept. J'ai entrepris de la courtiser, mais elle m'a tout de suite arrêté. Elle m'a dit qu'elle ne m'épouserait jamais. Un peu plus tard, pour se débarrasser de moi, elle m'a annoncé qu'elle voulait se faire religieuse. J'ai refusé d'y croire et je me suis dit qu'elle ne résisterait pas à mon charme. Par la suite, nous avons fait du scoutisme ensemble, puis, avec ses parents, elle est entrée dans le Renouveau. J'ai commencé à l'accompagner dans certains week-ends. Je n'étais pas vraiment touché, j'y allais plutôt pour être près d'elle. Et puis un jour, j'ai fait une sorte de marché avec Dieu. Je lui ai dit : " D'accord, je viens, mais Tu me donnes Myriam. "

« C'est alors qu'avec quelques amis, nous avons fondé une communauté au sein de laquelle nous avons tenté de vivre la transparence et le pardon. Mon amour pour Myriam ne cessait de grandir, mais j'ai senti tout de suite que je ne pouvais pas faire avec elle comme j'avais fait avec d'autres filles. Par exemple, avant de l'embrasser vraiment dans la paix et dans la joie, il a fallu que je lui avoue ce que j'avais fait avec d'autres. Puis nous sommes allés demander la Réconciliation.

« C'est cette exigence constante de transparence qui a plus que tout marqué notre amour. Ensuite, nous avons senti le besoin de nous confier au groupe, d'avouer ce que nous étions en train de vivre, de demander la prière pour que nous puissions grandir ensemble. Moi, j'avais du mal à suivre. Pendant six mois, j'ai continué à marchander avec Dieu, jusqu'au moment où j'ai compris qu'Il m'avait pris au mot, que Myriam m'aimait et qu'elle avait confiance en moi. Je crois que c'est cela qui m'a converti en profondeur. Ce qui, pour nous, a été constructeur, c'est que nous avons décidé d'attendre de pouvoir nous marier pour vivre notre sexualité. Une longue attente de cinq ans. Je n'aurais pas voulu vivre une année de plus comme ça, mais ça a été merveilleux. Aussi, pour notre mariage, la fête a-t-elle duré deux jours. »

Cette insistance sur le couple, sur sa solidité et surtout sur la transparence est l'une des caractéristiques de la communauté. On répète partout que la famille est malade et on semble considérer son déclin comme inéluctable. Les gens du Chemin Neuf s'insurgent contre cette vision pessimiste et même ils sont bien décidés à tout faire pour redonner au mariage sa vraie signification. C'est pourquoi ils ont fondé le groupe Cana.

Il s'agissait au départ de sessions organisées pour les

couples et les familles. La demande s'est révélée telle que le succès a été foudroyant. Pour la grande session d'Ars, en 1985, il y avait 400 couples et 700 enfants. Pendant une semaine, ils ont prié ensemble, ils ont témoigné et ils se sont réunis en petites fraternités pour faire le point de leur vie de couple. La plupart d'entre eux semblent d'accord pour affirmer qu'ils ont vécu des choses très profondes. Le but est d'arriver à une nouvelle naissance du couple. Les moyens sont le partage et surtout le pardon.

Le pardon, nous l'avons vu, peut guérir des maladies. Il peut aussi redonner vie à des couples usés ou même sur le point d'éclater.

Retournement, réconciliation, dialogue, tels sont les maîtres mots. Et cela marche si bien qu'en 1986, il a fallu prévoir deux sessions d'une semaine, sans parler des week-ends qui ne cessent de se multiplier.

« Cana, nous a dit un responsable, c'est l'une des activités les plus prometteuses de la communauté, celle qui correspond à un besoin essentiel. Pourquoi Cana? Parce qu'il arrive que dans un couple, le vin de l'amour perde un peu de sa qualité, ou même qu'il devienne pratiquement comme de l'eau. On voudrait dire à tout couple que même si la vie s'affadit, il est possible de lui redonner toute sa saveur. »

Encore faut-il que de telles sessions aient un prolongement. C'est bien ce qui est en train d'arriver. Nombreux sont ceux qui sont venus à Ars et qui ont décidé de s'engager au service des couples. Ils ont formé une nouvelle fondation qui a commencé avec 150 couples. Des gens qui veulent aller plus loin, qui acceptent de recevoir une formation, de s'accompagner les uns les autres, d'aider à l'organisation et à l'encadrement des grandes sessions, de s'occuper des nombreux enfants qui viennent avec leurs parents et qui font eux aussi, à leur niveau, une démarche de réconciliation.

Entendons-nous bien, il ne s'agit pas de faire de la technique. Certes, la psychologie a son rôle à jouer, mais les sessions sont avant tout des sessions d'évangélisation. Tout est dans l'Évangile. Ce sont la découverte de Dieu, le pardon, la conversion qui doivent transformer les relations entre l'homme et la femme. « Cherchez d'abord le Royaume de Dieu... »

Bob et Ghislaine ont été les premiers à nous parler de Cana. Ils ont joué un grand rôle dans l'organisation des premières sessions et leur témoignage a d'autant plus de poids qu'ils ont été eux-mêmes un couple en difficulté.

Ce témoignage, nous l'avons recueilli au cours d'une soirée qui s'est prolongée fort avant dans la nuit et qui a certainement été l'un des points forts de notre reportage.

Tout a commencé à Sidi-bel-Abbès aux heures les plus sombres de la guerre d'Algérie. Bob était officier de garde lorsqu'il vit débarquer un jour dans la cour de la caserne une grande jeune fille. Elle était la nouvelle infirmière. Il lui a pris sa valise et l'a aidée à s'installer. Très vite ils se sont aimés et ils ont décidé de se marier.

A peine avaient-ils fait connaître leurs intentions qu'ils ont vu arriver par le premier avion les parents de Ghislaine. C'est qu'elle appartenait à une famille qui ne donnait pas sa fille sans avoir pris au préalable des renseignements détaillés sur le futur. Son père était en effet président-directeur général d'une grande banque lyonnaise.

« En m'épousant, constate Bob, Ghislaine faisait bel et bien une mésalliance. Mon père à moi avait une modeste affaire de cartonnage et j'étais destiné à la reprendre après lui. Je n'avais d'ailleurs pas le choix car je n'avais aucun diplôme. Mes beaux-parents organisèrent notre mariage à Lourdes. Cela avait l'avantage d'être loin et de limiter ainsi le nombre des gens qui se croiraient obligés de venir y assister. C'était mieux ainsi car, déjà, nous attendions notre fille aînée. »

Bob ne va pas tarder à s'apercevoir qu'il n'est pas facile de se faire admettre dans une famille où la réussite sociale avait beaucoup d'importance. Il va se piquer au jeu. En vérité, il se sentait attiré par un milieu dont il découvrait peu à peu les lois et les règles de vie. Il se mit à travailler sans mesurer ni son temps ni sa peine, entra chez un promoteur où il devint vite directeur commercial. Il brassa de grosses affaires, se laissa absorber par une vie mondaine qui le séduisait et qui était surtout faite de réceptions, de bridges et de whisky. Il acheta dans le quartier ultra-chic des Brotteaux un superbe appartement de 180 m² avec une belle terrasse et, plus tard, un yacht. Il pouvait avoir le sentiment d'être arrivé. Il se trouvait tout à fait bien.

Arriva mai 68. Dans le quartier des Brotteaux, il ne se passait rien, mais Bob et Ghislaine, poussés par la curiosité, allèrent vers le centre de la ville où on entendait des explosions. Ils se retrouvèrent derrière une barricade sur la place des Cordeliers, dans un nuage de gaz lacrymogène. Des blessés gisaient ici et là. Ghislaine se souvint qu'elle avait été infirmière et elle entraîna Bob à la recherche de médicaments. Ils revinrent avec des blouses et des brassards et organisèrent une petite antenne médicale.

Il était 4 heures du matin lorsqu'ils rentrèrent chez eux. Le quartier était désert, comme si rien, jamais, ne devait troubler sa tranquillité. Ils eurent le sentiment d'arriver dans un autre monde.

« Notre prise de conscience a commencé ce soir-là, affirme Ghislaine. Nous avons commencé à nous poser des questions que nous ne nous étions jamais posées parce que, jusqu'ici, nous avions vécu dans un univers très protégé. »

Il est vrai que c'est à partir de ce moment-là que la vie mondaine qu'ils aimaient tellement a commencé à perdre de sa saveur. Au point qu'ils décidèrent d'aller vivre à la campagne. Oh! pas trop loin, assez près en tout cas pour que Bob puisse aller à son travail tous les jours. Justement, les parents de Ghislaine possédaient, à quelques kilomètres de Lyon, une propriété d'apparence vraiment seigneuriale. Bob et Ghislaine s'installèrent dans une petite maison à l'entrée du parc où déjà il leur était arrivé de passer des vacances.

Ils se prirent à rêver de fuite. Ils voulaient aller dans l'Ardèche pour y élever des chèvres, mais ils savaient bien qu'au fond, c'était un rêve impossible. Ils avaient des enfants, des relations, des habitudes de luxe qu'on n'abandonne pas si facilement. Ils étaient comme tant de gens qui se sentent mal dans leur peau, qui ne sont pas satisfaits de ce qu'ils vivent, mais qui savent d'autant moins en sortir qu'ils n'ont pas le courage de se livrer à des révisions déchirantes. Leur situation était d'autant plus pénible qu'ils avaient le sentiment qu'un fossé était en train de se creuser entre eux. Leur situation n'était pas nette.

Il y avait tout près d'eux un noviciat des Petits Frères de

Foucauld et comme ils étaient en quelque sorte les châtelains du village, ils y étaient invités de temps en temps.

« Je les aimais bien, raconte Bob, ces jeunes religieux, mais je me sentais tout à fait étranger à ce qu'ils vivaient. L'un d'entre eux, Manu, a commencé à organiser, avec deux ou trois couples, un petit groupe de réflexion. Nous y avons été invités et comme Ghislaine était attirée, je l'ai accompagnée, mais je me sentais loin de tout ça. J'étais trop absorbé par ma vie professionnelle. En vérité, je m'éloignais de plus en plus de Ghislaine. Je n'arrivais plus à la comprendre.

« Nous étions sur le chemin de devenir ce qu'on appelle un couple en difficulté lorsque, en 1974, nous avons vu arriver à Grenay François et Laurence, un tout jeune couple qui cherchait sa voie. Nous avons échangé avec eux, et aussi avec Jean-Pierre et Christine. Jean-Pierre était professeur de lettres. Il avait quitté l'enseignement pour se faire maçon et il vivait auprès des Petits Frères. Il en bavait, mais son engagement me posait un problème. Un jour, il nous a annoncé la visite d'un couple venu de l'Arche de Lanza del Vasto. En réalité, il s'agissait de charismatiques. Ils nous ont parlé de leur rencontre avec Jésus. C'était la première fois que j'entendais des chrétiens parler avec un tel enthousiasme de leur expérience spirituelle. Je sentais qu'ils vivaient ce qu'ils disaient, qu'ils étaient vrais et je les admirais de pouvoir ainsi témoigner. Par contraste, j'ai senti que ma vie était superficielle, hypocrite et mensongère.

« Après avoir parlé, ils nous ont dit : " Si vous voulez, on va prier. " Et tout d'un coup, j'ai vraiment eu l'impression qu'ils priaient comme si le Seigneur était présent. Je n'avais jamais vu cela. Ça m'a fait un effet! A la fois quelque chose de très fort et une espèce de peur. Après leur départ, Ghislaine et moi, nous n'avions qu'une envie : les retrouver. Nous leur avons écrit pour leur demander si nous pouvions aller les voir. Ils nous ont répondu qu'ils étaient accablés de demandes et qu'ils allaient organiser un week-end pour tous ceux qui désiraient les rencontrer.

« Sans doute ai-je vécu là le week-end le plus bouleversant de ma vie. Le plus difficile aussi, car toute la journée du samedi a été pour moi un terrible combat. Je me demandais ce que je faisais là et je me disais par moments que tous ces gens étaient fous. J'étais incapable d'entrer dans la prière de ces 170 personnes. J'en avais envie, mais je ne le pouvais pas et c'était d'autant plus difficile que nombreux étaient ceux qui chantaient en langue, ce qui peut sembler absurde à ceux qui ne sont pas habitués. A un moment donné, Jackie Parmentier, le " berger " de la communauté de Sainte-Croix a demandé à tous ceux qui voulaient donner leur vie au Seigneur de s'avancer afin que la communauté puisse prier pour eux. Ghislaine m'a poussé le coude et m'a demandé : " Tu viens, on y va? " J'ai répondu : " Tu es folle! Il n'en est pas question! " J'étais très énervé, agacé. Du coup, elle n'a pas osé y aller non plus.

« Nous n'avons pas fermé l'œil de la nuit. Je crois que si nous avions été plus près de Lyon, nous serions rentrés chez nous pour ne plus revenir. Le lendemain matin, un pasteur nous a donné un enseignement qui m'est passé un peu au-dessus de la tête et puis, en fin de matinée, il y a eu un temps de prière. Alors là, ça a été fantastique! Une vraie Pentecôte! Sans avoir fait de démarche personnelle, nous nous sommes retrouvés une bonne douzaine comme Paul sur le chemin de Damas. Moi, j'étais à genoux par terre, en larmes et, pendant au moins vingt minutes, j'ai vécu une fantastique expérience de Dieu, une visitation, une théophanie. J'ai vu tout ce qui n'allait pas dans ma vie. Mes larmes, qui coulaient sans que je puisse les arrêter, n'étaient pas des larmes de culpabilité. J'avais le sentiment que tout ce qui m'encombrait sortait, sortait... C'était un soulagement, une libération, une rencontre avec Jésus qui me disait : " Bon. Eh bien! Maintenant, c'est fini. Viens et suis-moi. Ne t'attarde pas sur le passé. " C'était le 24 mars 1974. Il y a eu un avant et il y a eu un après.

« Quand j'ai pu rouvrir les yeux, je me suis rendu compte que Ghislaine était en train de vivre exactement la même chose. Nous sommes rentrés chez nous et pendant plusieurs jours, nous n'avons cessé de planer. Nous étions pleins de Dieu. Après, mais après seulement, j'ai commencé à me poser des questions. J'avais des idées complètement éculées sur Dieu. J'en étais resté au Dieu de mon enfance, à celui qui faisait peur. Ça ne correspondait pas du tout à la rencontre que je venais de faire. Je me suis rendu compte que je ne savais pas prier et que je ne connaissais pas la Bible. C'était tout juste si je connaissais la différence entre l'Ancien et le Nouveau Testament.

« Dans notre vie, tout s'est trouvé transformé du jour au lendemain, y compris notre vie de couple. »

Ici, il nous faut faire une pause. Nous touchons là à un des points les plus forts de l'enseignement du Chemin Neuf. Lorsqu'on rencontre Dieu au plus profond de soi-même, c'est toute la vie qui doit en être illuminée et, par conséquent, il ne doit plus, il ne peut plus y avoir de zones d'ombre. Même les secrets les plus cachés doivent être un jour remis à Dieu. Tout ce qu'on n'osait pas exprimer doit pouvoir se dire. On appelle cela « la transparence » et il faut souvent des années pour y parvenir. Car plus on descend au fond de soi et plus on trouve de fenêtres qui ont besoin d'être ouvertes, de coins qui doivent être balayés.

« La première fois que j'ai entendu prononcer ce mot "transparence", se souvient Ghislaine, je me suis dit : "Tu peux toujours courir..." Et puis, petit à petit, nous avons compris que nos passés respectifs pesaient lourd entre nous. Les blocages nous empêchaient de progresser. Il nous a fallu cinq mois pour pouvoir faire, au cours d'une retraite, une démarche d'aveux et de pardon réciproques. Je peux dire que c'est à ce moment-là que notre couple est vraiment né. Mais je peux dire aussi que ça n'a pas été facile. Il nous a fallu dire tout ce qui avait été notre mensonge pendant dix-sept années de mariage. Nous avons beaucoup souffert et cela d'autant plus que nous avons ressenti l'obligation de tout dire, d'aller loin dans le détail. Il fallait aller jusqu'au bout, vider la poubelle et surtout, pardonner. Après, nous avons reçu ensemble le sacrement de la réconciliation et c'est à partir de là que tout a redémarré.

« Alors a commencé pour nous, reprend Bob, un travail de réajustement du couple. Moi, j'avais perdu une bonne partie de ma place à la maison. Je m'étais laissé absorber par l'extérieur. Ghislaine a dû se pousser pour que je puisse revenir. Pendant longtemps, le partage a été difficile entre nous. Les mots eux-mêmes étaient des obstacles. Nous avions du mal à nous entendre, à comprendre ce que l'autre voulait dire. Nous nous heurtions, nous nous boudions et, en même temps, il y avait entre nous une grande communion.

Chacun voyait l'autre changer. C'était merveilleux et, en même temps, ça faisait un peu peur. »

Il est vrai que lorsqu'on est engagé sur ce Chemin, il y a parfois de quoi avoir peur. Car on ne peut plus vivre comme avant.

Ils étaient bourgeois, ils dépensaient leur argent sans trop compter, ils recevaient souvent, buvaient beaucoup de whisky et passaient leurs vacances en famille sur leur yacht... Et voici qu'un jour, un prêtre leur a parlé de l'univers des prisons. Tout d'un coup, ils ont basculé dans un monde dont ils ne soupçonnaient même pas l'existence. Ils sont devenus visiteurs de prison et, une chose en entraînant une autre, ils ont fini par faire de leur magnifique appartement un centre d'accueil pour les prisonniers fraîchement libérés. Afin de pouvoir prier en groupe, ils ont recouvert d'une moquette le parquet du grand salon sur lequel on dansait. Et les paumés, les marginaux ont commencé à défiler.

Si nous insistons sur cette période, c'est qu'elle nous semble avoir une grande signification. Elle montre bien ce qui arrive à ceux qui se sont laissé séduire par l'appel du Divin.

Tout doit changer et c'est bien pour cela que Bob a commencé à se sentir mal à l'aise dans sa profession. Lui qui était si fier d'avoir réussi et d'être devenu un jeune cadre dynamique que ses beaux-parents pouvaient estimer, voici qu'il est devenu la proie du doute. Il dirigeait à cette époque une équipe d'une trentaine de vendeurs dans une affaire qui avait en chantier en permanence de 1 500 à 2 000 logements. Directeur commercial, il s'occupait du marketing, de la publicité, des programmes, de la mise au point des logements... Aux environs de 1975, lorsque l'immobilier a connu ses premières difficultés, il a commencé à se poser des questions.

Plus les appartements se vendaient difficilement et plus il fallait pousser à la vente. Un jour, il s'est aperçu qu'un de ses adjoints avait vendu à un jeune ménage un appartement qu'ils auraient – compte tenu de leurs ressources – le plus grand mal à payer. Il a convoqué les jeunes gens et leur a dit : « Honnêtement, je ne crois pas qu'il soit sérieux de vous engager dans un achat comme celui-ci. Vous allez être obligés de vous priver de tout. » Ils ont été convaincus et ils ont résilié la vente.

Lorsqu'on est directeur commercial, on ne doit pas avoir de tels coups de cœur. On ne doit pas non plus défendre avec trop de chaleur les employés menacés de licenciement. Au bout de quelque temps, Bob a dû quitter son entreprise.

« Ce licenciement, dit-il, était une réponse à une question. »

Depuis des mois en effet, Bob et Ghislaine sentaient le besoin de changer radicalement leur vie. Ils l'avaient déjà simplifiée en vendant leur voilier, en cessant d'organiser de somptueuses réceptions ou d'acheter des objets inutiles ou coûteux, en acceptant de partager leur appartement avec des marginaux. Ils voulaient aller encore plus loin, s'engager totalement et sans esprit de retour. « Nous avions envie, disent-ils, de couper avec le monde dans lequel nous vivions, le monde des affaires, du fric et de la frime. Nous voulions nous mettre au service des hommes. »

Ils étaient de plus en plus préoccupés par le sort de ceux qui sortaient de prison, de tous ces malheureux qui, une fois purgée leur peine, se retrouvaient sur le pavé, souvent abandonnés par leurs familles, incapables de trouver un logement parce qu'ils n'ont pas de fiche de paie ou de fiche de paie parce qu'ils n'ont pas de logement, handicapés auprès de leurs employeurs éventuels par leur casier judiciaire... Le problème était immense. Ils savaient qu'ils ne le résoudraient pas, mais au moins pourraient-ils aider quelques-uns parmi les plus défavorisés, de vrais paumés qui, laissés à eux-mêmes, n'auraient d'autre ressource que de replonger aussitôt dans la délinquance.

Avant tout, il fallait leur trouver du travail. Bob remit sa cravate d'homme d'affaires et fit une véritable étude de marché. Il trouva un « créneau » dans la sandale en cuir. Encore fallait-il connaître le métier. Lui qui n'avait jamais touché un outil de sa vie, il s'inscrivit dans un centre de formation professionnelle de cordonnier. Ce fut pour lui une rude époque. Il avait presque quarante-cinq ans et il lui fallut passer six mois loin de chez lui aux côtés de jeunes apprentis. A la fin du stage, il acheta des machines d'occasion.

Dès son retour à Lyon, il se mit en quête d'un atelier. Justement, Bruno Fabre venait de trouver cette ancienne quincaillerie dans laquelle il voulait installer son cabinet médical. Il y avait encore de la place et Bob y installa ses machines tandis que la DDASS acceptait de l'aider à démarrer.

« La pédagogie de Dieu est extraordinaire, dit Bob. Il nous amène où Il veut, mais à notre rythme. Il tient compte de nos faiblesses et de nos lourdeurs. Il laisse mûrir les projets. Par exemple, quand il nous a fallu vendre notre bateau – Dieu sait si nous l'aimions et si nous aimions la mer – cela nous a été facile parce que nous avions eu le temps de nous y préparer. Après ça, nous avons revendu notre appartement et cela s'est fait tout seul. Et puis, nous avons décidé de demander notre entrée dans la communauté. La vie de communauté est à la fois très riche et très difficile. On ne se choisit pas et on doit se frotter aux autres. Tout va bien avec ceux qu'on aime naturellement et qui deviennent presque des frères, mais la vraie réussite, c'est de parvenir à avoir des relations très profondes avec ceux pour lesquels on ne ressent pas de sympathie instinctive.

« Le plus important, c'est de savoir accepter les conflits quand ils se présentent et de les utiliser pour grandir. L'essentiel pour nous, nous ne le répéterons jamais assez, c'est de servir le Christ ensemble. Alors on se rend compte à quel point on va loin. Donner sa vie ensemble pour le Seigneur, ce n'est pas 1 + 1 = 2. C'est 1 + 1 = 6 ou plus. »

Sans doute est-ce à cause de cette nécessité d'aller toujours plus loin que la communauté, nous l'avons constaté, n'encourage pas la routine. Il faut répondre à l'appel de l'Esprit et ne pas hésiter à quitter les activités entreprises pour se lancer dans d'autres. L'atelier de Lyon marchait bien, les efforts commençaient à porter leurs fruits, tout baignait dans l'huile lorsque l'évêque de Grenoble a demandé à la communauté de venir prendre la place des sœurs de Saint-Vincent-de-Paul devenues trop peu nombreuses pour assumer leurs tâches.

Voilà pourquoi nous avons trouvé Bob et Ghislaine à Grenoble au début d'une nouvelle aventure. Ils ont tout quitté au premier appel et ils seraient aussi bien partis en Afrique ou au bout du monde si on le leur avait demandé.

Ghislaine règne maintenant sur une immense cuisine où il faut préparer chaque jour 170 repas pour les personnes âgées. Elle dirige l'équipe de bénévoles qui va les porter à domicile. Un travail pour lequel elle n'était pas préparée et qu'elle a pris à bras-le-corps avec son énergie habituelle. Elle trouve le temps pour tout, pour la cuisine et l'intendance, pour rendre visite aux plus abandonnés, s'occuper des deux filles qui sont encore au foyer, patronner les fraternités Cana, assister à des réunions qui se terminent souvent tard dans la nuit.

Quant à Bob, il a dû repartir à zéro. Il a fondé un nouvel atelier de fabrication de sandales, mais cette fois-ci, il a décidé de vivre l'expérience dans la vérité totale, c'est-à-dire sans demander de subventions, afin que ceux qui travaillent avec lui ne se sentent plus des assistés, mais des travailleurs comme les autres. C'est un souci nouveau car il faut à tout prix équilibrer le budget, mais c'est un pas de plus vers la dignité.

Déjà, il a d'autres projets. Il se soucie de l'après-atelier. Les gens qui passent chez lui au sortir de la prison ne peuvent y rester indéfiniment. La vocation de l'atelier est de les aider à franchir un cap difficile, mais après, ils doivent pouvoir voler de leurs propres ailes. C'est facile à dire dans l'absolu, mais en période de chômage, alors que des travailleurs tout à fait qualifiés ont du mal à trouver un emploi, les paumés sont perdus d'avance. Ils n'ont pas de références professionnelles, ils ne savent pas se présenter, « se vendre » comme on dit et ils ne peuvent même pas espérer une formation professionnelle car, partout, il y a des listes d'attente de deux ou trois ans. Plus de temps qu'il n'en faut pour rechuter et se perdre définitivement.

Que faire? Pour l'instant, toute l'équipe est à la recherche d'une solution. En attendant, on résout les problèmes au jour le jour. L'essentiel est d'agir et de savoir pourquoi on agit.

« Cet amour que nous avons reçu si gratuitement, affirme Ghislaine, nous avons besoin de le donner aux autres. Nous avons envie de leur dire que ce que le Seigneur a fait pour nous, Il peut le faire aussi pour eux. Nous voulons être une présence aimante : c'est la seule raison de notre engagement. »

Une présence aimante... C'est bien ce que veulent être par-dessus tout Patrice et Bernadette.

Il y a longtemps que nous entendions parler de la maison forte où ils habitent. Nous imaginions quelque chose de grandiose, mais nous avons été encore plus impressionnés que nous ne nous y attendions. Orgueilleuse maison qui, sur les franges de l'Isère, domine toute la région. Une vraie demeure seigneuriale. Les fenêtres sont à meneaux, les escaliers à vis et la salle des gardes est intacte avec son magnifique plafond et sa monumentale cheminée.

Voici déjà plusieurs années que le propriétaire – un sympathisant – avait proposé Montagneu à la communauté mais celle-ci a attendu pour accepter que soit venue la nécessité de s'agrandir encore. Les Pothières ne suffisaient plus pour accueillir tous les stagiaires. Alors la communauté a dit oui et comme il y avait beaucoup d'aménagements à faire, elle a confié la propriété à un architecte, Patrice, qui est aussitôt venu s'y installer avec sa femme Bernadette et leurs trois enfants.

Avant tout, la maison de Montagneu devait être un lieu de refuge, un endroit où les blessés de la vie pourraient venir récupérer quelque temps, faire le point avant de repartir sur des bases nouvelles. En trois ans, des centaines d'hommes et de femmes sont passés ici, des chômeurs, des déprimés, des alcooliques, des drogués, des sortis de prison, des mères célibataires n'en pouvant plus de se battre seules, des couples en instance de divorce ou, plus simplement, des gens qui avaient perdu le goût de vivre.

Ce n'est pas dans une institution qu'ils arrivent, mais dans une grande famille dont ils vont partager la vie quotidienne. Afin que les problèmes ne deviennent pas trop oppressants, ils ne doivent pas être plus de quatre à la fois et, en principe, rester plus de quinze jours. Quinze jours qui sont pour beaucoup un temps fort, l'occasion de déposer leur fardeau avant de redémarrer et cela d'autant plus qu'ils peuvent, par la suite, être suivis, encadrés par des groupes de prière. Chacun d'entre eux, tout au long de son séjour, est « accompagné » par un membre de la communauté avec qui il peut avoir de longs entretiens.

« Souvent, dit Bernadette, nous sommes dépassés. Il y a des cas si incroyables qu'on se demande bien ce qu'on peut faire. Toutes les paroles qu'on pourrait prononcer semblent soudain vides de sens. En ce moment, par exemple, je me sens particulièrement désarmée parce que je me trouve devant quelqu'un qui tourne en rond sans parvenir à sortir de sa sphère. Il voudrait partager vraiment notre vie, mais il ne cesse de répéter : " Je n'y arrive pas. C'est comme s'il y avait un fossé entre nous. " Dans des cas comme celui-ci, nous ne pouvons que constater notre impuissance. Heureusement, c'est souvent à partir de ce moment-là que le Seigneur commence à agir. »

Jour après jour, Patrice et Bernadette, Julia et les autres membres de l'équipe ne cessent de lutter pour sortir de leur misère ceux qui viennent à eux. Ils n'ont pour arme que l'amour, la prière, une présence constante et une attention de tous les instants.

En parlant avec Patrice et Bernadette, nous avons voulu savoir ce qui avait pu pousser un architecte en pleine réussite à quitter son métier et la maison qu'il venait de construire avec amour pour venir se mettre au service des plus malheureux.

« Je suis né, raconte Patrice, dans une famille de tradition catholique. Mon père était militant de l'Action catholique ouvrière. J'ai donc reçu ce qu'on appelle une éducation chrétienne et un certain sens du service gratuit. Ce qui ne m'a pas empêché, à partir de mon adolescence, de vivre plusieurs années assez vides. Heureusement, peu après avoir quitté Rouen, ma ville natale, pour Marseille, j'ai rencontré un groupe d'étudiants chrétiens. A partir de ce moment, j'ai commencé à faire des choix : la non-violence, l'objection de conscience et, comme cela ne suffisait pas pour répondre à toutes les questions que je me posais, j'ai fait plusieurs retraites chez des trappistes et des bénédictins.

« C'est au monastère de La Pierre-qui-Vire, lors d'une retraite, que j'ai vécu l'expérience qui a transformé ma vie. Un moment de très, très grande lumière dont je ne puis rien dire, sinon que j'ai pu toucher du doigt la proximité de Dieu. C'était si extraordinaire qu'à la sortie de l'office, un compagnon m'a dit : « Mais que t'est-il arrivé? Tu sembles transformé. » Oui, je l'étais, et cette lumière est restée en moi plusieurs semaines. Il pouvait m'arriver n'importe quoi, je ne savais que louer. Bien plus tard seulement, j'ai compris qu'il s'agissait de ce que nous appelons ici " l'effusion de l'Esprit ". »

Il nous faut interrompre le récit de Patrice pour constater un fait troublant : tous les témoignages recueillis au cours de ce reportage, ou presque tous, ont un point commun : à la base de la conversion, il y a une rencontre, un bouleversement de tout l'être, une expérience indicible mais si forte qu'elle suffit pour lancer ceux qui l'ont éprouvée sur des chemins de lumière. A partir de là, ils sont prêts à tout abandonner de leur vie passée, à quitter leurs habitudes, leurs sécurités, leurs petits conforts et leurs rêves pour se livrer entièrement à cette puissance qui leur a été, d'un coup, révélée. Cette expérience essentielle peut prendre des formes diverses, s'accompagner de larmes, de rires, de tremblements, de paroles en langue, peu importe. Ce qui compte, c'est que, toujours, elle amène un retournement. Certes, après une sorte de « lune de miel » qui peut durer plusieurs semaines, il faut de nouveau affronter les dures nécessités de la vie, mais on n'est plus seul. La vie a changé de signe. Comme nous l'a dit un membre de la communauté : « A partir de ce moment-là, même s'il y a des hauts et des bas, on va vers le plus. »

C'est bien ce qui est arrivé à Patrice. Il a eu son diplôme, obtenu le statut d'objecteur de conscience et est parti pour la Semaine sainte en Provence, dans un camp dirigé par un jésuite. Il y a rencontré Bernadette qui, elle aussi, était engagée dans une aventure spirituelle. Ils ont cheminé à deux, sont passés par Taizé, ont fait plus de 200 kilomètres à pied sur les chemins de saint Jacques de Compostelle, ont visité les ermitages de saint François.

Une fois mariés, ils ont retapé une vieille maison dans les environs de Marseille, ont rencontré le Renouveau en 1975 et ont décidé de faire le cycle A, ce qui les a amenés à démarrer, avec quelques amis, une petite expérience communautaire.

« Moi, dit Bernadette, je n'ai pas tout de suite été attirée par le Renouveau. Ces gens me faisaient un peu peur avec leur façon de lancer des " Alléluias" à tout bout de champ et de parler ou chanter en langue. J'étais plutôt mal à l'aise. »

Ils sont pourtant revenus à Lyon pour une semaine communautaire au Chemin Neuf. Lors de l'assemblée de prière, Laurent Fabre a dit : « Que ceux qui se sentent appelés à un service auprès des plus pauvres s'avancent afin que nous puissions prier pour eux. » Ils n'avaient pas prévu de le faire, mais ils se sont avancés, poussés par une force qu'ils ne comprenaient pas.

Dès le lendemain, Laurent leur a parlé du projet d'accueil de Montagneu.

« Il faut dire, reconnaît Bernadette, que cela touchait chez nous une corde sensible. Depuis notre mariage, nous faisions tout pour que notre maison soit ouverte. Chaque fois que des gens passaient chez nous, nous avions le cœur en fête. Tout de même, pendant trois mois, nous avons résisté. Et puis un soir, nous avons écouté une cassette sur la pauvreté et l'abandon et nous nous sommes dit : si nous restons ici, nous restons accrochés à quelque chose alors qu'il faut tout lâcher. Cela a été pour nous un trait de lumière. Nous étions sur le point d'emménager dans la maison que nous venions de terminer. Nous l'avons mise en vente et nous sommes venus à Montagneu. »

Lorsqu'on donne à Dieu, Il donne à son tour. Patrice avait cru devoir renoncer à son métier en entrant au Chemin Neuf et voici qu'aujourd'hui, il l'exerce dans des conditions auxquelles il n'aurait jamais osé rêver. D'une part, il travaille à mi-temps, en libéral comme il dit, pour la mairie du village voisin, mais surtout, il a la joie d'avoir sur place un chantier passionnant. Il lui a fallu d'abord retaper la maison forte et les communs et, par la suite, construire trois bâtiments neufs pour les sessions et les exercices de saint Ignace qui vont être donnés à Montagneu : 150 lits, des salles de réunion, des cuisines... Tout cela couronné par la construction d'une chapelle dans une vieille grange, le rêve de tout architecte. « Ce qui montre bien, dit-il, la vérité de cette parole du Christ : " Cherchez d'abord le Royaume de Dieu et Sa justice et tout le reste vous sera donné par surcroît ". »

Elle est la doyenne de la communauté. Elle est fine, délicate et elle a le visage apaisé de ceux qui ont beaucoup souffert et qui ont trouvé le repos. Du moins le repos intérieur, car, dans la vie quotidienne, elle est tout aussi occupée qu'au temps où elle était en pleine activité.

Si nous donnons son témoignage, c'est parce qu'elle nous a conquis dès les premiers mots de notre conversation avec elle. C'est aussi pour souligner que les gens dits du troisième âge ont une place de choix dans cette communauté qui, décidément, n'a pas fini de nous étonner. Nul n'est exclu. Jour après jour, le Chemin Neuf s'est construit à l'image de la vie. Il y a des enfants (ils sont plus de trois cents), des prêtres, des célibataires consacrés ou non, des gens mariés de tous âges et il y a aussi des grands-parents. Tous ont leur rôle à jouer.

Elle s'appelle Marie. Elle est née dans une famille très chrétienne, ce qui est le cas, nous l'avons remarqué, de la plupart des membres de la communauté. Elle est issue, comme on dit ici, de la bonne bourgeoisie lyonnaise.

Elle raconte sa vie tout simplement, sans réticence ni fausse pudeur. Nous lui avons dit que nous avions besoin de son témoignage et elle nous le donne sans même nous demander ce que nous en ferons. Elle parle avec facilité et ses yeux s'éclairent, par moments, de lueurs malicieuses. Il lui arrive même d'éclater de rire.

Elle nous parle de sa mère qui lisait Thérèse d'Avila et Jean de la Croix, de son père qui possédait une affaire de tulles et dentelles, qui avait fait la guerre de 14 comme officier d'artillerie et qui, sorti du cauchemar, n'avait plus vécu que pour deux grandes idées : rassembler les anciens combattants allemands et français dans un combat commun pour la paix et lutter pour que les ouvriers aient des allocations familiales et des logements décents.

Élevée dans ces idées, elle a voulu être infirmière et assistante sociale et elle a obtenu une bourse de la fondation Rockefeller pour aller voir aux États-Unis comment on formait les infirmières. Ce qui l'a tout naturellement amenée, à son retour, à diriger une école d'assistantes sociales à Lyon, puis l'école Rockefeller.

Lorsque la guerre a éclaté, elle s'est engagée dans la défense passive et y a rencontré son mari qui était médecin.

Elle a tout quitté pour l'épouser et devenir sa collaboratrice, travaillant dans un quartier pauvre où, déjà, s'entassaient les immigrés.

Surmené, le cœur malade, son mari est mort en la laissant seule avec quatre garçons dont l'aîné avait dix-huit ans et le plus jeune huit. Elle avait déjà cinquante ans et elle a eu du mal à retrouver du travail. Infirmière, elle a été placée sous les ordres de ses anciennes élèves dans un centre antituberculeux.

« Ce fut dur, dit-elle, mais j'étais soutenue par une foi très profonde dans la communion des saints et par la certitude que mon mari était toujours présent. Pour moi, l'espérance, c'est d'être pendue par une seule main au bout d'une corde, au-dessus d'un précipice et de se dire : tu ne dois pas lâcher parce que l'autre bout de la corde est dans la main du Seigneur! Le Saint-Esprit a toujours été pour moi un excellent compagnon. »

Lorsque est venue pour elle l'heure de la retraite, elle s'est dit : voici le temps de la prière. Et comme la prière ne va pas sans l'action, elle a aussi voulu se rendre utile. Cela ne lui a pas été difficile. Elle avait un frère dominicain, charismatique, qui lui a demandé de l'aider à créer une maison d'accueil pour des gens en difficulté. Elle y est allée, mais elle s'est aussi inscrite à la faculté de théologie de Lyon pour des cours d'exégèse du Nouveau Testament.

Les charismatiques l'attiraient beaucoup tout en l'inquiétant un peu. Elle se laissa donc inviter à un week-end par un jeune cousin qui n'était autre que Laurent Fabre.

« J'ai été très impressionnée, se souvient-elle. En rentrant dans ma vieille 2 CV, j'étais pleine de joie et je chantais à tue-tête. »

Elle a fondé un groupe de prière qui se réunissait une fois par semaine dans son appartement, puis elle s'est inscrite pour le cycle B, c'est-à-dire pour un week-end de formation par mois. Au cours de ces week-ends, elle se trouvait dans une fraternité où le plus âgé avait vingt-huit ans et elle s'y sentait tout à fait bien. Elle a dû donner son témoignage et elle s'est entendue dire des choses auxquelles elle n'avait jamais pensé. Surtout, elle expérimentait la joie de se donner, de s'abandonner, de se laisser guider, de faire confiance. Elle vivait avec Abraham, Moïse et tous les grands personnages de la Bible qui savaient se laisser mener où les conduisait l'Esprit. Si bien que lorsque Laurent lui a proposé d'entrer complètement dans la communauté, elle a tout naturellement dit oui, ce qui lui a valu une étonnante expérience, une effusion de l'Esprit tout à fait originale.

« En quittant la rue Henri-IV après avoir pris ma décision et accepté de m'occuper de la porterie, je me suis dit : " J'ai fait beaucoup de choses dans ma vie, mais je n'ai jamais été sœur tourière. " Alors, sans que rien ne l'ait laissé prévoir, j'ai été prise d'un immense éclat de rire. Je me suis pris les pieds dans mon parapluie, je suis tombée, je me suis relevée et je suis repartie en riant. Les gens me regardaient d'un drôle d'air. J'ai ri pendant deux jours d'un rire qui venait du fond de moi-même. C'était une libération. J'avais été fille de la bourgeoisie, directrice d'école, femme de médecin et je n'étais plus que sœur tourière. Et j'étais heureuse de l'être, de laisser mon grand appartement et mes chères habitudes. Maintenant, entre deux visites et deux coups de téléphone, j'ai le temps de prier et surtout j'ai compris que la forme de prière qui me convient le mieux est celle de Moïse sur le mont Horeb, la prière d'intercession. Intercéder, pour moi, c'est prendre quelqu'un dans mes bras et le présenter au Seigneur qui sait mieux que moi ce qu'il faut faire.

« Lorsque je me réveille la nuit sans raison, je me dis : il faut que je prie. Je ne sais pas pourquoi, mais il le faut. Je ressens une sorte d'urgence.

« Je vais aussi à l'hôpital des Invalides prier avec les malades. C'est très beau de vivre ça avec eux. Ce qui leur fait le plus de bien, c'est quand je leur confie quelqu'un pour qui ils peuvent prier tous les jours. »

Elle est heureuse, Marie. Ses yeux pétillent de joie et c'est bien là une des grandes réussites de la communauté : donner à des gens âgés la possibilité de ne pas s'enfermer dans la vieillesse, mais de vivre en équipe au milieu de jeunes, d'assurer la permanence de la prière, de créer autour d'eux du bonheur.

Comme nous l'a dit Julia, une autre « grand-mère » de la communauté qui vit à Montagneu et « accompagne » les plus démunis : « Depuis que je suis entrée au Chemin Neuf, je n'ai pas connu une seconde d'ennui. »

Nous voici loin des châteaux, des maisons fortes et des grands parcs aux arbres centenaires. Nous sommes dans la banlieue de Lyon, en face d'une colossale HLM qui occupe tout le plateau de la Duchère, juste devant un lycée-caserne. On aperçoit au loin l'autoroute qui file vers Paris.

Il nous est difficile d'imaginer que la spiritualité puisse fleurir et s'épanouir dans un décor aussi anonyme. Pourtant, c'est bien là que nos amis du Chemin Neuf nous ont envoyés en nous disant : « Vous allez voir un petit îlot de chrétienté. »

C'est que tous les membres de la communauté ne vivent pas en communauté de vie. Certains restent en famille dans leur maison ou leur appartement, ce qui ne les empêche pas d'être membres à part entière. On appelle cela des fraternités de quartier et c'est à la porte de la responsable de cette fraternité que nous sonnons dès notre sortie de l'ascenseur.

Elle s'appelle Claire, elle est solide, bien plantée, une vraie fille de la terre et il est vrai qu'elle est née la troisième de six enfants dans une ferme de la région de Saint-Étienne, ce qui est une originalité car rares sont, dans la communauté, ceux qui sont issus d'un milieu rural.

Elle se raconte sans difficulté. C'est d'ailleurs ce qui nous a frappés au Chemin Neuf : on sent que les membres de la communauté sont habitués à donner leur témoignage et surtout à aller jusqu'au fond, n'hésitant pas à raconter des choses tout à fait personnelles.

Jusqu'à l'âge de dix-sept ans, Claire n'a pas eu de problèmes. La religion était pour elle aussi évidente que la respiration. Aller à la messe le dimanche et au catéchisme le mercredi faisait partie de la vie. Mais son frère est mort d'une leucémie à vingt ans alors qu'elle en avait dix-sept. Pour elle, ça a été la coupure avec Dieu. On lui avait appris qu'Il était tout-puissant et tout amour. Elle ne pouvait plus le croire. Elle se sentait, selon son expression « athée en profondeur ». Pendant cinq ans elle a continué à aller à la messe pour ne pas faire de drames avec ses parents, mais elle ne croyait plus à rien. Jusqu'au jour où elle a rencontré Régine Maire, une ancienne institutrice devenue religieuse, qui l'a emmenée dans un groupe de prière.

« J'y suis allée, dit-elle, comme je serais allée au cinéma. Moi qui avais découvert une dimension de fraternité dans le syndicalisme, j'ai trouvé là une fraternité encore plus chaude. J'ai été accueillie comme si j'avais été de la famille. C'est la seule raison pour laquelle j'ai continué à aller au groupe de prière. Je crois bien que, les six premiers mois, je n'ai pas vraiment prié une seule fois. »

Il arrive ainsi que la grâce travaille sans même que nous en soyons conscients. Claire est bien persuadée aujourd'hui que Quelqu'un, alors, l'avait déjà prise par la main et que c'est ce même Quelqu'un qui, un peu plus tard, l'a conduite à Tigery pour une session de quatre jours avec une quarantaine de jeunes. Le samedi saint, le groupe devait aller animer une veillée pascale à Melun mais il fut décidé d'aller auparavant prier pendant une heure dans l'oratoire du Château.

« Posée à côté de moi, raconte Claire, il y avait une Bible. Sans trop savoir pourquoi, je l'ai ouverte au hasard et je suis tombée sur le Psaume 138 que, stupéfaite, je me suis entendue lire à haute voix :

« " Je te rends grâce, Yahvé, Père très bon, parce que tu as entendu les paroles de ma bouche... "

« C'était la première fois que j'exprimais quelque chose dans l'assemblée. Je me souviens que, tandis que je lisais, je me disais en moi-même : " Mais Dieu n'a pas entendu les paroles de ma bouche, puisque je n'ai rien dit. "

« C'est alors que j'ai connu l'effusion de l'Esprit. Je me suis mise à trembler de tout mon corps. C'était si violent que j'avais le sentiment que tout le monde devait me voir et se demander ce que j'avais. Et soudain, j'ai été envahie par une joie extraordinaire. Moi qui étais en permanence plus ou moins déprimée, j'ai été guérie en un instant et pour toujours. Comme si tombait de moi un pesant fardeau que j'avais traîné sans même m'en rendre compte. J'étais stupéfaite. J'étais persuadée que pour recevoir l'effusion de l'Esprit, il fallait la demander et je n'avais rien demandé. J'ai compris que c'était la joie parfaite et qu'elle était donnée gratuitement. Nous sommes allés à Melun, nous avons animé la veillée pascale et nous avons ensuite fait la tournée des cafés pour annoncer la Résurrection. J'ai vécu là des moments d'euphorie extraordinaires.

Je chantais, je sautais de joie. Christ était vraiment ressuscité.

« Nous sommes rentrés à Tigery à 3 heures du matin. Lorsque j'ai pénétré dans ma chambre, j'ai vu l'amie qui la partageait avec moi qui pleurait, pleurait, allongée sur son lit, comme si elle ne devait jamais s'arrêter. J'ai compris qu'elle était désespérée parce qu'elle attendait beaucoup de cette réunion de prière et qu'elle n'avait rien reçu. Je lui ai demandé, stupéfaite de mon audace : " Veux-tu que je prie pour toi ? " A peine avais-je posé la main sur sa tête qu'elle a connu à son tour l'effusion de l'Esprit. C'était fantastique ! »

Voilà comment Claire, qui se croyait « athée en profondeur », a senti en elle la présence de Dieu. Une expérience qui, lorsqu'on l'a vécue, ne laisse plus aucun doute. Tout naturellement, elle a parlé à Laurent Fabre de ce qui lui était arrivé et de son désir d'aller plus loin et de transformer radicalement sa vie. « C'est curieux, lui a-t-il répondu. Tu me parles de cela au moment même où nous envisageons, avec quelques amis, de vivre en communauté. » Elle a donc été l'un des premiers membres du Chemin Neuf. Elle a abandonné son travail, s'est inscrite à la faculté de théologie tandis que, pour apporter son écot à la communauté, elle faisait des ménages.

Tout n'a pas été rose, tant il est vrai qu'il n'est pas facile de vivre ensemble. Claire a même quitté la communauté pendant deux ans. Elle s'est occupée de l'aumônerie d'un lycée de Saint-Étienne, puis elle est revenue à Lyon où elle a pris la responsabilité de l'aumônerie du lycée Lamartinière et lorsqu'elle a repris sa place au Chemin Neuf, elle a décidé de vivre en fraternité de quartier.

Ils sont neuf qui habitent à quelques minutes les uns des autres dans ce quartier de HLM : un couple de retraités, une divorcée qui vit avec sa fille, une veuve de soixante-dix ans, deux couples qui ont chacun trois enfants et Claire. Ils ne se sont pas choisis et pourtant ils ont décidé, comme ils le disent, de « faire fraternité ». Ils se retrouvent deux fois par semaine chez les uns ou les autres pour prier ensemble et partager leurs expériences. Tous les quinze jours, toutes les fraternités de la région lyonnaise se retrouvent rue Henri-IV pour une réunion de prière. Ils font enfin tout leur possible pour dîner ensemble une fois par semaine à la fortune du pot.

Ce sont des liens très forts qui, très vite, s'établissent. En apparence, la vie continue. Ceux qui travaillent poursuivent leurs activités, mais tous s'accordent pour dire que leur vie est transformée. Pas seulement d'ailleurs au niveau de la spiritualité, car l'entrée dans la communauté suppose, sans qu'il y ait de code précis, une réelle simplification de la vie. Bien vite, on voit cesser les dépenses inutiles. Matériellement, l'appartenance à la communauté est symbolisée par la dîme, ce qui veut dire que chacun des membres des fraternités de quartier donne 10 % de ses revenus. Là encore, il n'y a pas de règle fixe. Ceux qui n'ont que le strict minimum pour vivre donnent moins ; ceux qui ont plus donnent plus. L'essentiel, comme au temps des premières communautés chrétiennes, c'est que personne ne soit dans le besoin.

Avant tout, il faut de la souplesse. Ce ne sont pas les hommes qui sont au service de la communauté, mais la communauté qui est au service des hommes. Chacun doit trouver sa place, même ceux qui sont isolés, loin de tout. Chaque cas est un cas particulier et Laurent Fabre insiste tout spécialement pour qu'il en soit ainsi.

Un cas particulier, en voici un, celui de Régine, cette même Régine dont Claire nous parlait tout à l'heure, celle qui l'a emmenée pour la première fois dans un groupe de prière. Elle est grande et racée, un peu austère peut-être, mais charmante. Elle nous a raconté son itinéraire avec précision et sans émotion apparente.

Son père était juif et polonais, sa mère corse et catholique. Lui était passionné par la politique. Elle vivait une foi profonde : « Si bien, dit Régine, que j'ai sucé la foi comme le lait de ma mère et que je n'ai jamais eu de problème à ce niveau. »

Elle a tout de même fait comme tout le monde sa crise d'adolescence. Jeune fille, elle a même vécu un temps en marge de l'Église avec un homme divorcé. Et puis elle a fait un retour sur elle-même et elle est entrée au couvent chez les sœurs du Cénacle, un ordre semi-contemplatif qui conjugue à la fois l'aide sociale et les longs temps de prière et d'adoration. Elle a été très heureuse dans la vie religieuse. Elle se sentait bien adaptée et elle vivait sans problème son célibat.

Au bout de huit années, tout naturellement, elle a demandé à prononcer ses vœux définitifs et elle a subi le plus grand choc de sa vie en entendant la Mère supérieure lui dire :

« Ma petite, cela ne se peut. On voit bien que vous n'êtes pas faite pour vivre ici. »

C'est ainsi qu'a commencé pour elle une crise terrible. Tout son projet de vie s'écroulait d'un coup. Heureusement, elle connaissait depuis deux ans la communauté du Chemin Neuf, elle allait aux réunions de prière et partageait de très près la vie des frères. Il lui a fallu replonger dans les soucis de la vie quotidienne, chercher un appartement, un emploi. Elle s'est retrouvée dans un organisme qui s'occupait de recaser les cadres au chômage.

Il était de plus en plus évident pour elle qu'elle allait entrer définitivement dans la communauté lorsqu'elle a rencontré celui qui allait devenir son mari, un veuf, père de deux enfants. Malheureusement, s'il était sympathisant envers le Chemin Neuf, il n'entendait pas y vivre. « Je sais bien, disait-il, que si j'y mets le petit doigt, je vais être pris tout entier et je ne le veux pas. »

C'était une situation nouvelle et la communauté a dû s'adapter, faire céder les règles, la distinction entre fraternités de vie et fraternités de quartier, créer pour Régine un statut spécial. C'est fait. Elle est membre à part entière, elle s'est engagée à vie, elle a d'importantes responsabilités, elle fait même partie du conseil, mais elle habite à l'extérieur. Elle vient travailler tous les jours, soit rue Henri-IV, soit au cabinet médical où elle est psychologue.

« J'ai été heureuse au couvent, dit-elle, et je suis tout aussi heureuse dans le mariage, mais ce n'est pas le même engagement, ni le même bonheur. Quand on se fait religieuse, on se donne en une seule fois. Dans le mariage, c'est beaucoup plus un abandon au jour le jour, un recommencement perpétuel et cela peut mener, à la longue, à plus de profondeur. »

Nous avons longuement parlé avec elle parce qu'elle

connaît tout de la communauté et surtout du mouvement charismatique en France et dans le monde. Ce n'est pas étonnant car, en plus de son travail de psychologue dans le même cabinet que Bruno Fabre, elle est responsable de *Tychique*, la revue de la communauté.

Pourquoi Tychique? A cause d'une phrase de saint Paul tirée du chapitre 6 de l'Épître aux Éphésiens :

« Je désire que vous sachiez, vous aussi, où j'en suis et ce que je deviens; vous serez informés de tout par Tychique, ce frère bien-aimé qui m'est un fidèle assistant dans le Seigneur. Je vous l'envoie tout exprès pour vous donner de nos nouvelles et réconforter vos cœurs » (Éphésiens, 6, 21-22).

Tychique dépasse largement la cadre de la communauté et s'adresse à tous ceux qui, de près ou de loin, s'intéressent au Renouveau charismatique. Il y a six numéros par an. Trois « normaux », tirés à 3 000 ou 3 500 exemplaires et trois « spéciaux » tirés à 6 000 exemplaires et consacrés à des sujets bien précis tels que l'accompagnement, le groupe de prière, Marie, etc.

Régine avoue que son souci numéro un est un souci d'ouverture. Elle reconnaît qu'à ses débuts, la communauté a connu la tentation du sectarisme, tentation née sans doute, comme c'est si souvent le cas, du désir de se retrouver entre soi et de se protéger du monde extérieur. C'est beaucoup pour éviter ce danger qu'ont été organisés les cycles A et B, ainsi que les exercices de saint Ignace. Pour cela aussi que la communauté s'est largement ouverte à l'œcuménisme et que *Tychique* demande souvent des articles à des protestants et à des orthodoxes. Régine n'exclut d'ailleurs pas d'aller plus loin et de solliciter un jour la collaboration de rabbins ou de maîtres soufis.

Lorsqu'on lui demande quel est le trait distinctif du Chemin Neuf, elle répond : « l'accompagnement ». C'est une règle absolue : chaque membre de la communauté, quelle que soit son ancienneté ou sa fonction, doit être accompagné, c'est-à-dire se faire aider par un frère ou une sœur sur son chemin spirituel. Un frère ou une sœur qu'il choisit parmi ceux ou celles qui ont reçu une formation pour cela. Car il n'est pas bon d'avancer seul.

Qu'est-ce qu'un accompagnateur? Régine le définit ainsi :

« Ni guide moral de vertus à acquérir, ni tuteur pour volonté défaillante, ni indicateur précis pour la prière, mais simplement une aide fraternelle pour aider à déchiffrer et comprendre l'expérience spirituelle, à devenir capable de nommer ce qui est vécu et par là – dans la reconnaissance et la fidélité à l'amour du Seigneur – à grandir dans la liberté des enfants de Dieu... »

En fait, l'accompagnateur est un peu ce qu'était autrefois – quand il y en avait encore – le directeur de conscience. Il doit être capable de reconnaître les obstacles et les moments favorables, les avancées et les reculs... Il doit aider l'autre à se mieux connaître et à mieux comprendre l'action de Dieu en lui.

Rude tâche et pleine de périls. Orientation qui donne à la communauté du Chemin Neuf son visage propre, qui crée entre les membres des liens subtils et les aide à cheminer dans la profondeur. Prise en charge simultanée des dimensions psychologiques et spirituelles. Ce sont peut-être ce sérieux et ce souci constant d'approfondissement qui expliquent l'extraordinaire extension de la communauté.

Ils étaient sept il y a dix ans, ils ont mis longtemps pour être une trentaine, ils sont maintenant plus de trois cents adultes et trois cents enfants. Ils ont hésité au début à prendre la maison du 49, montée du Chemin Neuf parce qu'ils la trouvaient trop grande. Ils occupent maintenant, nous l'avons dit, un immense couvent en plein centre de Lyon et plusieurs châteaux. Au départ, ils étaient centrés sur Lyon et maintenant, ils débordent de partout. Aux Pothières et à Montagneu, nous l'avons vu, mais aussi à Grenoble, à Chambéry, à Saint-Étienne et, depuis peu, à Genève où un groupe de prière s'est créé dont les membres sont en train de faire le cycle B. Tout cela pour la région lyonnaise.

La région du Midi possède des centres à Marseille et à Montpellier, tandis que la région parisienne est en pleine extension. Il y a le château de Tigery, le foyer d'étudiants de la rue Madame que Mgr Lustiger a demandé à la communauté de gérer; il y a une communauté qui s'est créée à Strasbourg, une autre au Congo dont nous avons parlé et enfin une à Jérusalem.

Tout cela en une dizaine d'années.

Extraordinaire expansion! D'autant plus extraordinaire

que, par choix et par souci d'aller plus à fond, nous n'avons parlé que d'une seule communauté du Renouveau. Mais il y en a d'autres et elles se multiplient en France, en Europe, en Afrique ou dans les deux Amériques. Chacune d'entre elles a sa physionomie propre, mais elles ont toutes en commun l'enthousiasme, l'insistance sur les dons de l'Esprit-Saint tels le don de guérir ou de parler en langue.

« Le Renouveau, nous a dit un charismatique, c'est tout un peuple en marche. »

Cette réunion de prière du mardi soir, nous l'attendions avec impatience. On nous avait dit et répété qu'elle était le point culminant de la semaine et qu'on ne pouvait rien comprendre au Renouveau si on ne l'avait pas vécue. On avait ajouté qu'il s'y passait souvent des choses extraordinaires, des conversions ou des guérisons, par exemple. En un mot, que l'Esprit-Saint y était chez Lui comme Il était dans le Cénacle au soir de la Pentecôte.

A peine entrés, nous nous sommes sentis plongés dans une atmosphère de ferveur exceptionnelle. Il est vrai qu'un certain nombre de membres de la communauté priaient depuis une bonne heure pour que soit présent, dès les premiers instants, le frémissement de la prière.

La porte de la chapelle s'ouvrait directement sur la rue, une grande chapelle, presque une église, qui servait autrefois pour l'adoration permanente des sœurs du Cénacle au temps où elles étaient assez nombreuses pour occuper tout le couvent de la rue Henri-IV. Elle a été quasi vide pendant longtemps et voici qu'elle est pleine à nouveau, chaque mardi soir, à l'heure de la prière.

Pleine à craquer, au point que, ce soir-là, il y avait des gens partout, assis sur les gradins, dans les stalles, par terre et jusque derrière le podium. C'est tout juste si les organisateurs ont pu préserver un espace vide dans le chœur. Nous apprendrons plus tard qu'il y a eu, ce soir-là, plus de 400 personnes, un beau chiffre pour un mardi ordinaire.

Des membres du Chemin Neuf, bien sûr, et des habitués, mais aussi des gens qui accompagnent des amis, voire même de simples curieux, car la porte est grande ouverte et tout le monde peut entrer.

On nous avait dit : « Si vous allez dans les réunions de prière, vous allez assister à des scènes d'hystérie. Vous allez voir des gens se lever et baragouiner sur un ton inspiré des phrases incompréhensibles. Vous allez en voir d'autres se tordre au moment où on leur imposera les mains, comme s'ils étaient en proie à de furieux démons. » Nous attendions donc le déclenchement de ces phénomènes avec une certaine inquiétude, bien décidés que nous étions à garder la tête froide et à ne pas nous laisser entraîner.

Rien de tout cela n'arriva. Au contraire, plus le temps passait et plus le silence s'approfondissait. Puis la réunion s'organisa autour de passages de la Bible. Et voici qu'une jeune femme se leva pour commenter ces textes. Elle se présenta en quelques mots :

« Je suis membre de la communauté, fille d'un pasteur protestant et pasteur moi-même. »

Elle s'appelle Nicole Fabre, elle est la femme de Bruno, le médecin dont nous avons donné le témoignage. Sa présence donne soudain à la réunion un aspect œcuménique.

C'est que l'œcuménisme est l'une des passions du Chemin Neuf. Les protestants sont admis à bras grands ouverts dans cette communauté catholique et leur présence montre bien que, sans faire d'œcuménisme sauvage, on peut vivre et prier ensemble en attendant que les théologiens des deux bords se soient mis d'accord sur des problèmes qu'ils sont les seuls à juger épineux.

Nicole affirme qu'elle se sent bien au Chemin Neuf. Il est vrai que le dialogue avec les catholiques lui est familier depuis longtemps. Vrai aussi qu'elle a grandi avec pour livres d'images les histoires de l'Ancien Testament. Elle s'enthousiasmait pour David et les frères Macchabée comme d'autres s'enthousiasment pour Tintin ou Astérix ; à ceci près que les personnages de la Bible étaient pour elle des personnages vivants, des personnages d'aujourd'hui.

Elle était encore très jeune lorsque ses parents l'ont emmenée à une réunion du Renouveau qui était alors en train de naître. Ce jour-là – découverte capitale – elle a compris que ce n'était pas elle qui allait vers Dieu, mais Dieu qui venait à elle. Un Dieu Père qui connaissait tout d'elle et qui l'aimait comme aucun être humain n'aurait pu l'aimer. Elle se sentait transformée et c'était d'autant plus bouleversant que ses parents, eux aussi, lui semblaient transformés par le Renouveau. La vie de famille est devenue plus transparente ou, selon son expression, « imprégnée de pardon ».

Tout naturellement, Nicole a voulu faire des études de théologie. Non pour devenir pasteur, mais pour approfondir sa foi. A peine avait-elle terminé ses études que la « commission des ministères » lui a proposé de s'occuper d'une paroisse. Elle avait vingt-deux ans et elle a demandé à réfléchir. Elle a fini par accepter à condition d'être envoyée dans une ville moyenne. On l'a nommée à Marseille.

Elle y est restée trois ans et elle a été amenée très souvent à travailler avec des prêtres catholiques, ne serait-ce qu'à l'occasion de mariages mixtes.

Sans doute serait-elle encore à la tête d'une paroisse si elle n'avait rencontré Bruno : « Pour que l'œcuménisme puisse se faire, dit-elle, il faut faire tomber les murailles de la peur. Car c'est la peur qui nous empêche de nous rejoindre. Peur de la différence, peur d'être absorbé par l'autre, peur aussi d'une sorte de confusionnisme à cause duquel les gens ne sauraient plus s'ils sont catholiques ou protestants. Ces peurs sont illusoires. Elles doivent s'évanouir. C'est aussi pour cela que je suis entrée dans la communauté. »

Nous regardons les visages autour de nous. Parmi ces catholiques, nul ne semble choqué ou étonné d'entendre une femme pasteur commenter l'Évangile. Oui, décidément, les temps ont bien changé.

La réunion se poursuit. L'heure est venue, pour ceux qui le désirent, de demander la prière. Ils s'avancent dans le cercle qui a été laissé libre, s'agenouillent. Certains mettent les bras en croix. Qu'ils demandent une guérison pour eux ou pour quelqu'un d'autre, une conversion, un peu plus de lumière ou de foi, l'assemblée tout entière prie pour eux et c'est très impressionnant. Tous ceux qui ont l'habitude de ces réunions de prière savent qu'il se passe alors des choses très importantes, que des vies sont transformées, lancées dans de nouvelles directions, que des hommes et des femmes sont renouvelés, que surgissent les effusions de l'Esprit.

Par moments, sans que personne n'ait donné de signal, une sorte de rumeur monte de l'assemblée. Elle s'enfle, s'épanouit. Les paroles sont incompréhensibles. Il s'agit d'ailleurs moins de paroles que d'un murmure spontané, très calme et étonnamment harmonieux. C'est l'Esprit qui passe et qui pousse ceux qu'Il a choisis à parler en langue. C'est beaucoup moins spectaculaire qu'on ne nous l'avait laissé entendre. C'est aussi beaucoup plus prenant. Un moment d'éternité.

Oui, un moment d'éternité, car c'est bien de cela qu'il s'agit. Tout ce que nous avons vu au cours de notre enquête, les stages de formation, les exercices de saint Ignace, la recherche du dépouillement qui permet plus de disponibilité, la prière en commun, le parler en langue, le don de guérison, la recherche de la transparence, tous ces moyens, en réalité, n'ont qu'un but : laisser vivre en soi l'Esprit-Saint, se laisser façonner par Lui, apprendre à s'abandonner. Croire qu'avec Lui, tout est possible. Se laisser saisir par le Christ, pour employer la formule du Père Peyriguère, un disciple de Charles de Foucauld.

Dans le Renouveau, on ne vit pas en communauté pour vivre en communauté, mais pour découvrir ensemble, pour sentir ensemble, pour goûter ensemble la présence de Dieu.

« C'est la logique de l'Esprit-Saint, affirme Laurent Fabre, qui conduit à la vie communautaire. On la croyait réservée aux religieux. La bonne nouvelle, c'est qu'avec le Renouveau, elle est maintenant réservée à tous. »

CHAPITRE VI

LES SOUFIS : GOÛTER LA SAVEUR DE DIEU

Le vieil homme avait fière allure, drapé dans sa djellaba immaculée et coiffé d'un étrange bonnet doré. Si fière allure qu'en le voyant descendre vers nous, nous nous demandions s'il n'était pas le cheikh lui-même. Parvenu au bas de l'escalier, il lâcha la rampe et nous nous aperçûmes qu'il était aveugle. Il s'avança en tâtonnant, se saisit d'une chaise et nous fit signe de venir nous asseoir près de lui.

« L'avion d'Oran est arrivé avec un peu de retard, nous dit-il, et le cheikh Ben Tounès m'a téléphoné pour me demander de vous faire patienter. Êtes-vous musulmans?

– Pas du tout, répondis-je, je suis catholique et Rachel, juive d'origine, est orthodoxe.

– Alors, voilà une belle réunion. Juifs, chrétiens, musulmans, ne sommes-nous pas des frères? Vous savez, le cheikh répète toujours que tout homme qui est soumis à Dieu, quelle que soit sa religion, est un bon musulman. »

Rachel et moi, nous nous l'avouerons plus tard, nous nous sentîmes soulagés dès cet instant même.

C'est que nous n'étions pas venus sans réticences. De nos jours, l'Islam fait peur. Sans doute est-il, pour les Occidentaux, chargé de trop d'images négatives, de clichés profondément enfoncés dans notre subconscient : le fatalisme, la guerre sainte, le terrorisme, les vitupérations de l'imam Khomeyni...

Certes, nous avions déjà entendu parler des soufis. Nous avions vu les films d'Arnaud Desjardins et nous avions parlé avec lui de ses séjours en Afghanistan; nous nous étions plongés avec délice dans les poésies de Rûmi et de Saadi, nous avions lu Ibn Arabi et Sohrawardi ainsi que les livres de notre ami Jean Chevalier, grand amoureux du soufisme. C'est d'ailleurs sur son conseil que nous étions ici. Sur son conseil aussi que, juste avant de venir, nous avions vibré en relisant une fois de plus le récit de la passion d'Al Hallaj, le grand saint de l'Islam qui est mort crucifié après qu'on lui eut coupé les mains et les pieds et qui s'est écrié du haut de sa croix :

> *Ô mon Dieu,*
> *Je vais entrer dans la demeure de mes désirs*
> *Et y contempler tes merveilles.*

Lorsqu'on le descendit de la croix pour le décapiter, après des heures et des heures de souffrances sous les moqueries de la foule, il trouva encore la force de crier à très haute voix :

« Ce que veut l'extatique, c'est l'Unique seul avec lui-même. »

Tous ces textes, ces poèmes, ces récits, nous en étions nourris et nous savions que le soufisme était l'un des sommets de la mystique universelle. Tout de même, nous avions le sentiment de pénétrer dans un monde étrange et étranger. Le vieil homme, par son ouverture d'esprit et parce qu'il nous accueillait comme des frères, nous a d'un coup mis à l'aise.

Il nous demanda pourquoi nous venions et lorsqu'il eut compris, nous vîmes son visage s'éclairer.

« Quelle bonne idée vous avez eue de venir ici! s'exclama-t-il. Vous ne pouviez mieux tomber. Vous allez voir : vous allez goûter le cheikh Ben Tounès. »

Ce verbe goûter, il l'avait dit en portant devant sa bouche les quatre doigts réunis de sa main droite, comme s'il nous eût parlé du plus délicieux de tous les mets.

Pour nous faire passer le temps, il nous raconta sa propre histoire, sa vie à Mostaganem où se trouve le siège central de l'Ordre, son séjour ici pour soigner ses yeux. Il nous parla de son amour pour Dieu, de son cheminement, de ses émerveillements...

Il en était là lorsque s'ouvrit la grande porte vitrée qui

donnait sur la rue, laissant le passage à un jeune homme
vêtu d'un imperméable de bonne coupe et tenant à la main
une serviette en cuir noir. Il s'avança vers nous et nous
tendit la main. « Excusez-moi, nous dit-il, mon avion a eu du
retard. » Nous nous attendions à voir arriver un personnage
impressionnant, barbu et enturbanné et nous nous trouvions
en face d'un jeune homme sur lequel personne n'aurait eu
l'idée de se retourner dans la rue et qui aurait pu être notre
fils.

Rachel, qui sait moins que moi dissimuler ses sentiments,
ne put s'empêcher de lui demander en lui serrant la main :
« C'est vous ?

– Eh oui ! c'est moi, répondit-il. Venez donc dans mon
bureau. »

A travers un dédale de couloirs, il nous conduisit dans une
vaste pièce où se trouvait un bureau tout à fait fonctionnel et
des bibliothèques de livres en arabe et en français. Il nous fit
asseoir sur un divan.

Nous lui dîmes ce que nous venions chercher auprès de
lui.

« Je suis tout à fait disposé à vous aider, nous dit-il, parce
que je vois bien que vous êtes sincères, que vous n'écrivez
pas ce livre pour vous, mais pour rendre service. Il faut
parler de Dieu, notre monde en a besoin. Il court après le
bonheur alors que le vrai bonheur, le seul qui soit durable,
c'est de se souvenir de Dieu à chaque instant de sa vie. Tout
est fait aujourd'hui pour nous Le faire oublier. Même la
mort, ce but suprême de toute vie, cette expérience extraordinaire, on fait tout pour l'occulter, pour empêcher les
hommes de la vivre en pleine conscience... »

Pourquoi ne pas le dire ? Dès les premiers instants, nous
avons été sous le charme. Il est vrai que le cheikh était jeune
et qu'il ressemblait à un cadre dynamique, mais il parlait
avec une surprenante autorité que nous sentions surgie des
profondeurs. Il y avait aussi ses yeux où brillait en permanence une flamme de tendresse. En face de lui, nous
existions, nous étions importants, nous le sentions, nous le
savions et nous ne pouvions pas ne pas le savoir. Nous nous
sentions si bien que nous en avons oublié de brancher notre
magnétophone.

« Cela ne fait rien, nous dit-il. Laissez votre appareil

tranquille pour aujourd'hui. Il y a des moments où il vaut
mieux ne pas avoir de mécanique entre soi. Cela n'est pas
favorable au contact vital qui doit s'établir. »

Nous sommes restés avec lui environ une heure et nous
avons presque tout oublié de ce qu'il nous a dit ce jour-là.
Tout ce que nous conservons, c'est un sentiment de plénitude et de joie. Oui, pour notre première rencontre avec
l'Islam, nous avions découvert un être totalement ouvert et
axé sur l'Essentiel. Tout le contraire d'un fanatique. Et nous
comprîmes pourquoi ce tout jeune homme avait été porté à
la tête d'une confrérie qui doit bien compter au bas mot,
disséminés à travers le monde, une centaine de milliers
d'adeptes.

« Nous nous reverrons, nous dit-il en guise d'adieu. Vous
viendrez déjeuner avec moi et nous pourrons parler autant
que vous voudrez. Mais auparavant, j'aimerais que vous
reveniez samedi et dimanche prochains pour assister au
troisième congrès de la femme musulmane qui va se tenir
ici. »

A première vue, l'idée d'assister à un congrès de la femme
musulmane ne nous emballait pas. N'allions-nous pas vivre
deux jours de bavardages, de revendications féministes ou
sociales? Nous n'avons pas une tendresse particulière pour
les prêtres ou les maîtres qui passent leur temps à « faire du
social » alors qu'autour d'eux le monde a tellement besoin
qu'on lui parle de Dieu. Nous avons tout de même décidé
d'y aller, ne serait-ce que parce que le cheikh lui-même nous
l'avait demandé.

La grande salle du premier étage était pleine et il avait
même fallu rajouter des chaises un peu partout. Il y avait
certes une majorité de femmes, mais une petite majorité
seulement. Deux grandes surprises nous attendaient.

Bien sûr, puisqu'il s'agissait d'un congrès de la femme, les
problèmes de la vie quotidienne n'étaient pas absents :
éducation des enfants, crèches, organisation du temps, grave
problème des adolescents... Mais ce qui, par-dessus tout,
nous a frappés, c'est la ferveur religieuse qui, d'un bout à
l'autre, n'a cessé de régner. Cela nous a permis de toucher
du doigt l'une des grandes orientations du soufisme : le

sacré n'est jamais séparé du profane. Dieu est présent au cœur des problèmes les plus concrets et tout est fait pour que tous les actes de la vie, même les plus humbles, soient sacrés.

D'ailleurs, nous nous en apercevrons tout au long de notre enquête, les soufis ont à cœur de ne pas se distinguer des autres hommes. Ils s'habillent comme tout le monde, suivent scrupuleusement le rituel, font les ablutions, les cinq prières quotidiennes, le Ramadan... Dans la vie courante, ils ont un métier. Ils sont commerçants, mécaniciens, informaticiens, médecins, écrivains... Nous en avons rencontré qui avaient des postes importants dans des multinationales et d'autres qui étalaient leurs petits éventaires sur les marchés. Ils se marient, ont des enfants, ils sont immergés dans le monde comme le levain dans la pâte. Mais ils ne vivent que pour Dieu et ils suivent, sous la conduite de leur Maître, l'ardent Chemin des chercheurs d'Absolu. Voilà pourquoi, tout au long de ce congrès, alors même qu'on discutait de problèmes précis et urgents, nous avons eu l'impression d'assister à une retraite de spiritualité. « Avant de vouloir changer le monde, a dit une intervenante, nous avons le devoir de nous changer nous-mêmes. »

Seconde surprise : lorsque nous pensions femmes musulmanes, nous pensions femmes arabes, berbères ou noires. Or, tout autour de la grande table où étaient réunies les organisatrices, sous la présidence éclairée de Béthoul, au milieu des Algériennes, des Marocaines ou des Sénégalaises, il y avait des Françaises et même une Anglaise et une Suissesse.

Ainsi, chez les soufis comme chez les Tibétains et les hindouistes nous avons trouvé des déçus du christianisme qui étaient souvent des gens de qualité. « Ce sont souvent les meilleurs qui s'en vont », nous a dit un prêtre un soir d'amertume.

« Je suis catholique de tradition, nous a affirmé une convertie, j'ai été élevée chez les franciscaines, mais je n'ai jamais trouvé dans un prêtre l'élévation spirituelle que j'ai trouvée chez tel swami hindou, chez tel lama ou chez tel maître soufi. »

Jugement sévère, excessif, injuste. Des prêtres et des religieux mus par une intense recherche de l'Essentiel, nous en avons rencontré et ce livre en témoigne. Mais combien aussi avons-nous rencontré de gens, des jeunes surtout, qui ont cherché en vain dans leur propre Église et qui l'ont quittée parce qu'ils refusaient de se plier au conformisme et de s'assoupir dans le ronron d'une paroisse où, bien souvent, on sait si bien se donner bonne conscience à bon marché.

« Il m'arrive de temps en temps d'aller au Temple, nous a dit un ancien protestant devenu soufi, et je suis heureux d'y aller parce que j'ai le sentiment de m'y trouver avec des gens qui, s'ils ne sont pas toujours inspirés, n'en sont pas moins des gens de bonne volonté, mais ma femme, depuis qu'elle a découvert le soufisme, n'a jamais pu rester le temps d'un office, tant cela lui paraît triste. »

S'il en était besoin, cela serait, nous semble-t-il, un argument de plus pour l'ouverture aux autres religions. Ils sont si nombreux ceux qui végétaient dans une tradition mal adaptée à leurs besoins et qui, passés ailleurs, se sont trouvés lancés dans une exaltante aventure spirituelle. Si nombreux aussi ceux qui ont retrouvé la saveur de leur propre tradition parce qu'ils ont découvert ailleurs le sens de la vie mystique qui, elle, est universelle.

Donc, tout autour de la grande table, au milieu de leurs sœurs africaines, il y avait aussi des Européennes.

Laissons-les parler.

« Je m'appelle Myriam, je suis suissesse et je poursuis à Paris des études universitaires. Mes parents se sont convertis à l'Islam avant ma naissance, mais ils m'ont laissée libre de mon choix et, pour que ce choix soit éclairé, ils m'ont donné une éducation mixte. J'ai appris à connaître l'Islam, mais j'ai aussi suivi des cours de religion chrétienne jusqu'à l'âge de seize ans.

« Finalement, j'ai choisi l'Islam. Sans doute parce que j'ai eu un guide qui m'a fait découvrir une religion avec laquelle je me sentais en harmonie et où l'extérieur, le rituel étaient constamment vivifiés par une flamme intérieure. L'Islam pénètre ma vie, même ma vie quotidienne; il est pour moi un guide qui me donne des appuis sur lesquels je puis compter à chaque instant. Il dirige mes actes, mes paroles, mes pensées. Il est un protecteur qui me permet d'affronter le monde actuel et de m'y épanouir. »

Ce témoignage est exemplaire en ce qu'il renverse bien des idées reçues. Nombreuses sont les femmes qui affirment se trouver bien au sein de l'Islam.

Takya, par exemple.

Elle est anglaise et, depuis son enfance, elle est habitée par le désir fou de ne vivre que pour Dieu.

« Il n'y pas eu de coupure, dit-elle. Je n'ai pas rejeté ce que j'étais avant. Je ne me sentais pas mal dans l'Église anglicane. Simplement, un jour, j'ai ressenti l'impérieux besoin de quitter la ville et de faire un retour sur moi-même. J'ai eu l'occasion de partir enseigner en Algérie, mais j'ai retrouvé là-bas, avec le soleil en plus, les problèmes que je connaissais en Angleterre. J'ai eu besoin d'une rupture plus totale encore. J'ai pratiqué le yoga, étudié le taoïsme, j'ai écrit des poèmes et des contes, mais ce n'était pas assez pour moi. Une seconde fois, j'ai tout quitté et je suis allée m'installer en pleine campagne algérienne. J'avais une chèvre et je vivais de son lait. J'étais coupée de tout. Cela a duré six mois. Je continuais à faire du yoga, je lisais le livre des morts tibétains, mais j'ai aussi appris à pratiquer la prière musulmane et à lire le Coran. Dans la journée, je quittais ma petite maison sans eau, ni gaz, ni électricité et je partais dans la montagne pour y faire paître ma chèvre. Ce fut le début d'une autre vie.

« Un jour, j'ai eu une vision. Celle d'une tortue très sage qui allait devenir le personnage principal d'un conte que j'étais en train d'écrire. Cela peut paraître inexplicable, mais cette tortue, je savais qu'elle représentait le cheikh Al Alawi dont j'avais souvent entendu parler. J'ai eu l'étrange impression qu'il venait d'entrer dans ma vie. Une autre fois, je l'ai vu devant moi. Ce n'était pas un rêve. J'étais debout et il était là. Je ne peux pas donner tous les détails de cette vision parce qu'ils sont trop bouleversants et trop intimes. A la fin, le cheikh m'a dit ce que je devais faire. C'était exactement le contraire de ce que je souhaitais : je devais retourner dans le monde. Moi qui me trouvais si bien dans mon ermitage, j'ai résisté. Alors, il m'a dit : " Si tu refuses, c'est moi que tu rejettes. " Une fois de plus se vérifiait ainsi la vieille loi selon laquelle la *tarika* (la confrérie) vous donne souvent ce que vous ne souhaitez pas. Je suis donc rentrée en ville. Je me suis plongée dans l'Islam, j'ai lu le Coran, pratiqué les prières supplémentaires. Peu après, je me suis mariée avec un Algérien et je suis venue à Paris où mon mari voulait faire ses études de médecine.

« Je voulais quitter le monde et maintenant, je mène la vie trépidante que je croyais ne plus pouvoir supporter. J'ai un mari, deux enfants, une maison, une voiture, je passe trois ou quatre heures par jour dans le métro, je suis conseillère pédagogique dans une société multinationale, un métier qui me donne de lourdes responsabilités et qui m'amène souvent à voyager. Je ne sais pas comment je fais, mais je trouve encore le moyen de venir ici le plus possible. Je mène une vie pleine, riche, qui ne me laisse pas le temps de regretter ma cabane et ma chèvre.

– Comment est-on ressentie quand on est occidentale et qu'on se fait musulmane ?

– Ce n'est pas toujours facile. Je suis musulmane de cœur. Je vis la religion avec une grande intensité, mais je n'ai pas pris le temps d'officialiser ma situation. Je ne suis pas allée proclamer ma foi à la mosquée. Sans doute me faudra-t-il le faire quand je voudrai aller à La Mecque, car alors le papier officiel sera indispensable. Mais pour le moment, je n'en éprouve pas le besoin.

« Pour ma mère, mon changement de religion a été très difficile à supporter. Elle l'a d'abord compris comme un rejet de tout ce qu'elle était. Ce fut d'autant plus dur qu'elle en avait eu comme le pressentiment. Avant mon départ pour l'Algérie, elle m'avait dit : " Surtout, ne fais pas de bêtises. Ne te fais pas musulmane. " Maintenant, elle me voit heureuse et bien que je sois loin, très loin de ses idées et de ses valeurs, elle me trouve plus proche d'elle que par le passé. Les musulmans m'accueillent bien parce qu'ils voient que je suis sincère. A leurs yeux, une Européenne musulmane, c'est un miracle. Habituellement, la femme européenne représente pour eux la débauche et la sophistication. Eux aussi, vous le voyez, ils se laissent prendre par des clichés. »

Elle est persuadée qu'il y aura de plus en plus, dans les années à venir, de musulmans occidentaux. C'est pour elle un mouvement irréversible. Ils seront attirés, pense-t-elle, non pas tellement par l'Islam traditionnel que par ces centres d'intense spiritualité que sont les confréries soufies et cela d'autant plus que les jeunes sont particulièrement sensibles à l'ouverture d'esprit qui y règne.

« Ce n'est pas parce que je suis musulmane que je me suis coupée du christianisme, affirme-t-elle. Au contraire, il me semble que j'en comprends mieux la profondeur. Au fond de chaque tradition, il y a le message éternel qui ne change pas. L'esprit est le même chez les musulmans et chez les chrétiens. Jésus est la plus grande lumière qui ait jamais existé sur cette terre.

– Pourquoi, dans ces conditions, avoir choisi l'Islam ?

– Parce que j'ai besoin d'être guidée. Le Christ est un modèle, mais un modèle que je ressens comme inaccessible parce qu'il était trop parfait et qu'il n'était pas de ce monde. Le Prophète, au contraire, était un homme du monde. Il était commerçant, il a été marié, il a bien connu tous nos problèmes et il nous a laissé des règles faciles à suivre. Les cinq prières quotidiennes, par exemple, qui nous amènent à penser à Dieu au moins cinq fois par jour. Cela vaut pour tous les hommes. Il n'y a pas dans l'Islam cette coupure entre le sacré et le profane. Et il n'est pas nécessaire de passer par un intermédiaire pour aller à Dieu. »

Sur le Ramadan, elle est intarissable. Elle y voit une grâce extraordinaire, une preuve de la miséricorde de Dieu.

« Pendant cette période, explique-t-elle, nous sommes obligés de nous regarder en face, nous ne pouvons pas ne pas voir nos faiblesses. Car ce n'est pas la forme extérieure qui compte, le simple fait de ne pas manger entre le lever et le coucher du soleil. C'est le fait de profiter de cela pour faire un retour sur nous-mêmes. Bien sûr, il nous faut continuer à travailler comme d'habitude, mais je me sens poussée à trouver un peu plus de temps pour la méditation, la contemplation, pour entendre le Coran. Je vois ce qui m'éloigne de Dieu comme au microscope. Si, par exemple, je me mets en colère pendant le Ramadan, c'est pour moi comme une grosse tache noire. Vraiment, je vous souhaite de faire un jour le Ramadan. Il n'est pas nécessaire d'être musulman pour cela. Tous les hommes ont besoin de purification et le Ramadan est sans doute ce qu'on a trouvé de mieux. »

Ce long témoignage nous a fait réfléchir. Parce que nous

avons trouvé chez les jeunes Occidentaux qui décident d'entrer dans les confréries soufies des motivations tout à fait semblables à celles qui poussent d'autres jeunes à « prendre refuge » chez les Tibétains ou à aller vivre dans un ashram hindou. Au départ, une même déception devant le christianisme, une aspiration à marcher vers l'Absolu, un besoin de purification qui ne recule pas devant des austérités qui faisaient autrefois partie de l'ascèse chrétienne, mais qui ont été évacuées pour mettre l'Église au goût du jour. Un désir de rituel aussi qui pousse ces jeunes à réciter d'interminables chapelets, à faire des prosternations et à répéter, parfois des nuits entières, le nom de Dieu.

Un besoin d'universalité aussi. Tous nous l'ont dit : ils se sentent bien avec ces frères tunisiens, algériens, sénégalais ou marocains, dans la joie de prier ensemble et de faire voler en éclats les barrières du racisme.

Il est significatif que ce soit une jeune Française qui ait été chargée, lors du congrès, de faire une conférence sur un sujet habituellement si controversé : la femme entre les enseignements de la religion et les coutumes de la société. Conférence qui a été d'un bout à l'autre un énergique plaidoyer pour la libération de la femme.

A ses yeux, l'Islam bien compris est libération pour la femme. C'est Mahomet qui l'a sortie de l'esclavage dans lequel elle vivait dans les tribus de l'Arabie. Elle n'était alors qu'une chose, elle n'avait aucun droit et elle pouvait même être léguée en héritage. Le Prophète, lui, l'a considérée comme un être humain à part entière. Il s'adresse à elle directement, il la considère comme l'égale de l'homme, lui impose les mêmes obligations individuelles ou communautaires, lui donne le droit de choisir son époux, de le quitter ou de refuser celui qu'on voudrait lui imposer.

On croit rêver. Pourtant, tout au long de la conférence, chacune de ces affirmations a été appuyée sur des textes du Coran ou des *hadiths* du Prophète. Que s'est-il donc passé? Ce qui se passe si souvent avec les religions lorsqu'elles prennent de l'âge : elles ont inévitablement tendance à se solidifier, à laisser de côté leur message révolutionnaire pour s'adapter aux coutumes ambiantes. « Si la femme a trop souvent fait figure d'esclave dans le monde musulman, affirme Myriam, c'est qu'en beaucoup d'endroits, les coutumes ancestrales ont fini par triompher du message inspiré. »

Le voile lui-même, ce tchador qui soulève tant de passions, n'a été imposé à l'origine qu'aux seules femmes du Prophète. Il y avait beaucoup de monde chez lui et elles devaient être encore beaucoup plus pures que les autres. Mais jamais, dans son esprit, il n'a été question d'imposer le voile à toutes les femmes. Pas plus d'ailleurs que de les faire vivre à l'écart.

« Chaque fois, affirme Myriam, que la foi des croyants s'affaiblit, l'une des premières conséquences est qu'ils oppriment la femme et la maîtrisent, faisant fi des nombreux versets qui la protègent, édulcorant la fantastique révolution qu'a été l'apparition du Coran. Les déformations sont venues de la séparation du droit musulman d'avec l'intégralité du message, cœur de l'Islam. »

Il y avait là de quoi hérisser la barbe de tous les ayatollahs de l'univers. D'ailleurs, le jour même où elle a été prononcée, cette conférence a suscité des débats passionnés. Discussion que le cheikh Ben Tounès a conclue par ces paroles de bon sens :

« Il y a ici des femmes qui portent le voile et d'autres qui ne le portent pas. Est-ce que je dois chasser les unes ou les autres ? Non. Une société qui ne s'adapte pas vivra dans un passé nostalgique. L'Islam n'est pas fondé sur un ensemble d'obligations et d'interdictions, mais sur la foi et l'amour. »

Nous voici de nouveau dans le bureau du cheikh. Il nous fait asseoir près de lui, autour d'une table basse sur laquelle, tout à l'heure, on va nous servir un repas accompagné de thé à la menthe. Il nous demande ce que nous pensons du congrès auquel nous avons assisté quelques jours plus tôt. Nous lui avouons avoir découvert un Islam dont nous n'avions pas idée.

« Ce qui fait le malheur de l'humanité, nous dit-il, c'est que nous nous connaissions si mal et que nous persistions à rester enfermés dans nos étroites barrières. Alors qu'en réalité, comme le disait le Prophète, nous devrions être des miroirs les uns pour les autres. Mieux on connaît la tradition de l'autre et mieux on connaît la sienne. Mais j'ai bon espoir, je suis persuadé que les barrières vont céder les unes après les autres et que plus elles céderont et plus nous aurons de chances d'accéder à un monde meilleur. Tous les hommes sont frères puisqu'ils naissent d'une même racine. Il y a quelque chose qui les relie entre eux. Pour nous, le Divin n'est pas au ciel, il est tout proche, si bien qu'aller vers Dieu, c'est aller vers l'homme sans exclure personne. Nous ne cesserons jamais de l'affirmer : la Vérité n'est la propriété de personne. Ce n'est pas un héritage que peut vous laisser votre père. C'est la Vérité qui nous possède. Nous, nous ne la possédons pas.

« Ne vous arrêtez pas sans cesse sur les différences. Voyez plutôt ce que nous avons en commun, vous les chrétiens et nous les musulmans. C'est immense ! Le Prophète lui-même, lorsque des chrétiens sont venus lui demander l'autorisation de célébrer la messe de Noël dans la mosquée de Médine, leur a répondu : " Mais vous êtes dans le temple de Dieu. Faites ! " Et cette messe, ils l'ont célébrée. La mosquée de Médine était pourtant un lieu sacré par excellence. Aujourd'hui, ce ne serait plus possible. Pourquoi ne ferait-on pas aujourd'hui ce qu'on faisait au temps du Prophète ?

« Bien sûr, il faut d'abord connaître sa propre tradition et en vivre. C'est indispensable. Mais plus on la connaît et plus doit augmenter notre soif de connaître celle des autres. Cela ne peut que nous enrichir. Cela peut au moins nous empêcher de nous enfermer dans la lettre. Et puis il y a les saints. Pensez à tous les saints de toutes les religions. Quelle richesse fantastique ! Moi-même, quand il m'arrive de pouvoir m'absenter quelques jours, je vais souvent à l'Asekrem, l'ermitage du Père de Foucauld, en plein Hoggar. Je connais bien les Petits Frères qui sont là-bas et, en particulier, le Frère Jean-Marie.

– Tout de même, aux yeux des Algériens, le Père de Foucauld n'est-il pas considéré comme un colonialiste ?

– Sans doute, mais il faut tenir compte de l'époque. Il sortait de Saint-Cyr et il ne pouvait pas être autrement. Ce qui compte, c'est sa sincérité. D'un seul coup, il a envoyé promener tout ce qui faisait sa vie pour se donner tout entier à Dieu et vivre dans le dénuement.

« Il faut voir l'Asekrem. Là-haut, on ne peut pas tricher.

On ne peut pas se faire passer, même à ses propres yeux, pour ce qu'on n'est pas. C'est un paysage lunaire, minéral où les journées sont torrides et les nuits glaciales. Tout l'être vibre.

— Je crois me souvenir que c'est en voyant des musulmans prier que le Père de Foucauld a senti pour la première fois en lui le frémissement du Divin. Pourtant, il ne s'est pas fait musulman.

— Il s'est fait musulman à sa façon. Pour nous, être musulman, ce n'est rien d'autre que de se soumettre à la volonté divine. Rien d'autre et cela est commun à toutes les religions.

« Vous savez, nous ne sommes que de passage sur la Terre. La richesse et la science que nous pouvons posséder, elles ne sont pas vraiment à nous. Nous ne les avons qu'en dépôt et encore pas pour bien longtemps. Nous ne devons pas nous laisser posséder par elles. Elles ne sont pas assez importantes. Regardez cette maison où nous sommes. Combien de personnes l'ont possédée avant nous? Peut-être même certaines se sont-elles entre-tuées à cause d'elle. Où sont-elles aujourd'hui? On ne pense jamais assez à cela et pourtant, la méditation sur la mort conduit à la vie. Le Prophète a dit :

« " Travaille pour cette vie comme si tu allais vivre éternellement et travaille pour l'autre vie comme si tu allais mourir demain. "

« La mort n'est qu'un accident, parce que la vie est éternelle. Lorsqu'on meurt dans ce monde, on renaît dans un autre. Ne me demandez pas de vous décrire cet autre monde. Un jour, quelqu'un a demandé au cheikh Al Alawi de lui parler de l'au-delà : " Écoute, lui a-t-il répondu. Si nous pouvions parler à un enfant dans le ventre de sa mère et si nous pouvions lui décrire le monde dans lequel il va venir, nous pourrions lui parler des étoiles, du soleil, de la lune, de la mer... Il ne pourrait pas comprendre. Il n'aurait de tout cela qu'une vision imaginaire qui, bien sûr, ne correspondrait pas à la réalité. C'est la même chose avec nous. Dieu nous a parlé dans le Livre en tenant compte de notre entendement, avec des images qui correspondent à notre monde. Mais ce ne sont que des symboles. Lorsque nous passerons dans l'autre monde, ce sera tout à fait différent. " »

Le cheikh Al Alawi! Depuis que nous sommes ici, nous n'entendons parler que de lui. Ses portraits sont partout et c'est de son enseignement que sont nourris les membres de la tarika.

S'il est une vérité bien établie au cœur de l'Islam, c'est celle-ci : chaque fois que le besoin s'en fait sentir, soit à cause d'un dépérissement de la foi, soit à cause d'une crise aiguë, on voit apparaître un grand personnage qui fait très vite, pour des milliers et des milliers de fidèles, figure de maître spirituel et de rénovateur de la foi. Le cheikh Al Alawi fut l'un de ceux-là, un saint du XXᵉ siècle.

Il est né à Mostaganem en 1869 et, comme celle de tous les saints, sa naissance a été entourée de signes merveilleux. En voici un, tel qu'il est raconté dans sa biographie :

« Un peu moins d'un an avant sa naissance, sa mère Fatimah vit dans son sommeil le Prophète tenant à la main une jonquille. Il la regarda bien en face, lui sourit et lui jeta la fleur qu'elle ramassa avec une humble modestie. Lorsqu'elle s'éveilla, elle raconta sa vision à son mari et celui-ci l'interpréta comme signifiant qu'il leur serait accordé un fils pieux.

« Ce père, lui-même très pieux, s'attacha à lui donner une éducation religieuse aussi intense que possible, au point que tout enfant, il connaissait par cœur les neuf dixièmes du Coran. Pour vivre, le jeune homme dut se faire savetier et il dira plus tard avec une humble fierté qu'il était, dans son métier, " tout à fait habile ". Il se maria et, peu à peu, il sentit monter en lui un appel à la vie mystique qui le faisait souvent rester des heures entières en prières. Il apprit aussi à charmer les serpents, un talent dont, au début, il tira quelque fierté. »

« Lorsque le disciple est prêt, le maître arrive. » Cette phrase si souvent prononcée par les bouddhistes et les hindouistes fait également partie du patrimoine traditionnel islamique et elle se révéla vraie aussi pour le jeune Al Alawi. Ce Maître fut pour lui Sidi Hamu Cheikh Bûzîdi.

Au cours de leur première rencontre, le cheikh lui dit :

« J'ai entendu raconter que tu sais charmer les serpents et que tu ne crains pas d'être mordu.

— C'est exact.

— Alors, va m'en chercher un. »

Le jeune homme partit aussitôt dans la campagne à la recherche d'un serpent, mais il ne lui fut pas possible, ce jour-là, d'en trouver un qui soit plus long que la moitié du bras. Il le ramena pourtant et commença à le dresser. Au bout d'un moment, le cheikh lui demanda :

« Pourrais-tu dresser un serpent plus long que celui-ci ?

— Pour moi, la taille n'a pas d'importance.

— Je vais te montrer un serpent plus gros que celui-ci et bien plus venimeux. Si tu es capable de le maîtriser, tu seras un vrai sage.

— Dis-moi où il se trouve.

— Je veux te parler de ton âme qui se trouve des deux côtés de ton corps. Son poison est plus mortel que celui d'un serpent et si tu es capable de la maîtriser et d'en faire ce que tu veux, tu seras, comme je l'ai dit, un sage assurément. Quant à ce petit serpent, fais-en ce que tu as l'habitude d'en faire, mais par la suite, ne retourne pas à de telles pratiques. »

C'est ainsi que sous l'autorité d'un guide expérimenté, celui qui allait devenir une des lumières de l'Islam fit ses premiers pas sur le Chemin initiatique.

Il progressa à pas de géant, passa des nuits à répéter le nom d'Allah dans le cimetière voisin parce que c'était le seul lieu tranquille, étudia la théologie jusqu'au moment où son maître lui ordonna d'y renoncer pour se consacrer uniquement à la vie mystique.

Il était tellement absorbé dans la contemplation qu'il en perdait le boire et le manger et pouvait faire sienne la célèbre phrase d'Al Hallaj :

« Je suis celui que j'aime et celui que j'aime est moi. »

Lorsque le cheikh Al Bûzîdi mourut, plusieurs membres de la confrérie le virent dans leur sommeil et l'entendirent leur dire qu'il avait désigné pour successeur le cheikh Al Alawi. Ce dernier commença par refuser avec énergie, mais les membres de la confrérie confirmèrent son élection et l'empêchèrent de partir comme il en avait d'abord eu l'intention. Très vite, sa renommée se répandit dans toute l'Afrique du Nord et des fidèles arrivèrent par milliers pour recevoir son enseignement. Encore aujourd'hui, on raconte sur le ton de l'épopée ce que fut l'édification de la Zaouia. Comme les grandes cathédrales du temps de la Chrétienté, elle fut construite dans l'enthousiasme par des bénévoles accourus des quatre coins du pays. Il suffisait au cheikh de dire : « Je veux ceci ou cela », pour qu'aussitôt des centaines d'hommes se mettent au travail.

« La nouvelle s'était répandue, raconte le biographe du cheikh, que les travaux de la Zaouia pourraient être repris. Il n'en fallut pas plus. Parmi les disciples de l'Afrique du Nord, un exode en ordre dispersé commença. Maçons, menuisiers, tailleurs de pierres, terrassiers ou simples manœuvres, des centaines d'hommes nouaient dans un mouchoir quelques maigres provisions et se mettaient en route vers la cité lointaine où résidait le Maître pour mettre à sa disposition le travail de leurs mains. Ils ne recevaient aucun salaire. On les nourrissait, c'est tout. Et ils campaient sous des tentes. Mais chaque soir, une heure avant la prière, le cheikh les réunissait et les instruisait. C'était là leur récompense... On pouvait voir, assis devant lui, des centaines et même des milliers de gens, baissant la tête comme si des oiseaux avaient volé au-dessus d'eux, écoutant ses paroles dans une silencieuse attention. »

Que leur disait-il ? Son enseignement était celui de l'Islam dans toute sa pureté originelle, débarrassé de tout ce que les hommes ont pu y ajouter au cours des siècles : c'est Dieu qui compte et Dieu seul. L'unique but de la vie est de Le connaître aussi intimement que possible et, pour cela, il faut avant tout s'abandonner, se dépouiller de soi-même.

« Si tu pouvais comprendre ce qu'est Dieu en te dépouillant de tout ce qui n'est pas toi, tu découvrirais que tu es comme le bulbe d'un oignon. Si tu le pèles, tu enlèves la première peau, puis la seconde, la troisième et ainsi de suite jusqu'à ce qu'il ne reste plus rien de l'oignon. Ainsi est le serviteur à l'égard de l'Être de la Vérité. »

« Il y a trois sortes d'eau : l'eau souillée, l'eau propre et l'eau pure. Celui qui possède l'eau souillée est celui dont l'âme est attirée par l'amour de ce monde et par un penchant excessif pour lui. Celui qui possède l'eau propre est celui dont l'âme est pleine d'un amour si excessif de l'autre monde qu'il en est détourné de l'amour de son Créateur, tandis que l'eau pure appartient à celui qui n'est absolument ni altéré ni souillé, n'ayant ni désirs ni aspirations que de son Seigneur et n'acceptant d'être rien en dehors de Lui. »

Si le destin est propice et si le sort te conduit
Auprès d'un véritable cheikh, d'un cheikh versé dans la
  Vérité,
Efforce-toi de lui plaire et de suivre ses désirs,
Abandonne ce que tu voulais accomplir.
Sois avec lui comme un cadavre entre les mains du
  laveur :
A son gré, celui-ci le tourne, sans qu'il cesse d'être passif.

Loin de nous l'idée de résumer en quelques phrases un enseignement aussi dense que celui du cheikh Al Alawi. Il faudrait parler de son érudition, de son refus absolu de toute violence, de sa vie ascétique ; raconter qu'il ne se nourrissait chaque jour que d'un litre de lait, d'une banane et de quelques dattes, qu'il avait étudié toutes les religions, qu'il souhaitait qu'un jour l'Islam et le christianisme puissent avancer ensemble sur le chemin de la Réalisation.

Il est vrai que les différences s'estompent lorsqu'on est arrivé à une telle hauteur.

« La foi, disait-il, est nécessaire pour les religions, mais elle cesse de l'être pour ceux qui vont plus loin et parviennent à se réaliser en Dieu. Alors, on ne croit plus, on voit. Il n'est plus besoin de croire quand on voit la Vérité. »

Le cheikh Al Alawi est mort le 14 juillet 1934 en murmurant :

« Je vais enfin reposer dans le sein d'Allah. »

Avant de mourir, il avait adopté la fille de sa sœur et il a donné cette fille en mariage à celui qu'il avait désigné pour son successeur. Leur fils, cheikh Mehdi, est devenu cheikh à son tour et c'est le fils de celui-ci qui se trouve maintenant devant nous. Nous lui posons la question qui, depuis longtemps, nous brûle les lèvres :

« Comment devient-on cheikh ?

– Je ne sais pas. Je n'étais pas préparé à cela. Mon père m'avait envoyé en Europe pour que je fasse des études, mais les études ne m'intéressaient pas. J'ai tout envoyé promener pour me lancer dans les affaires. Je voulais être indépendant et j'ai fait de l'import-export avec l'Inde, le Pakistan, l'Afghanistan, la Turquie, le Maroc, le Pérou... Je réussissais très bien, je gagnais de l'argent, j'avais une femme et une petite fille et j'étais heureux avec elles. J'aimais m'habiller, sortir, j'étais tout à fait adapté à la vie que je menais. Lorsque, en 1975, j'ai senti venir la crise du textile, j'ai décidé de liquider toutes mes affaires et de m'installer au Koweit où on me faisait des propositions intéressantes.

« C'est à ce moment-là que mon père est venu à Paris. Je lui ai fait part de mes projets et il m'a dit :

– Tu dois d'abord venir à Mostaganem.

– Je n'ai pas le temps maintenant, mais le Koweit n'est pas si loin.

– Ça ne fait rien, il faut que tu viennes.

« Cela ne m'arrangeait pas. J'avais plein de choses à faire, des stocks à liquider, des visas à obtenir... et d'un autre côté, je ne pouvais pas désobéir à mon père. Je ne l'avais jamais fait. Je décidai donc d'aller passer une semaine à Mostaganem et je m'apprêtais à partir lorsque le téléphone a sonné : mon père était mort. Il avait quarante-sept ans. Personne n'avait prévu cela. Enfin, personne, sauf lui. Il m'avait dit un jour : " Je demande à Dieu d'accomplir très vite ce que j'ai à faire, ou bien qu'Il me rappelle à Lui. " Sa peine était de voir les traditions se perdre de plus en plus, et même s'écrouler par pans entiers sous les coups du mouvement général de sécularisation. Il supportait mal les campagnes de presse contre le soufisme et le fait que l'école où il enseignait ait été nationalisée du jour au lendemain.

« Je pensais ne rester que quelques jours à Mostaganem et voici que l'inimaginable est arrivé : l'assemblée des Sages m'avait désigné pour être cheikh à la place de mon père. Cette assemblée se réunit chaque fois qu'il y a une décision grave à prendre au sein de la confrérie. C'est elle en particulier qui doit désigner le nouveau cheikh avant même que l'ancien n'ait été déposé dans la tombe. Sur le coup, je n'y ai pas cru. Je me suis écrié : " Non! Vous faites erreur. Vous vous trompez de personne. Si vous insistez, vous allez m'enterrer avec mon père! "

« Il y avait en moi un immense refus, mais je savais que je ne pouvais pas dire non. Il n'est même pas possible d'imaginer une chose pareille. Pendant plus de six mois, j'ai été malade. Je vomissais comme si j'avais voulu me débarrasser de tout ce qui m'encombrait. J'avais l'impression de ne plus être moi. Je cherchais la certitude. Je ne dormais plus, je ne mangeais plus, et puis un jour, la lumière est venue. Comme un feu. Les Sages qui m'avaient choisi m'ont aidé. Il faut dire qu'ils dégagent une force considérable. Ils m'aident toujours, parce que ce fardeau, il n'est pas possible à un homme de le porter. L'ordre est revenu dans mon corps et dans mon esprit. J'ai accepté vraiment du fond du cœur.

« Alors, et alors seulement, j'ai compris qu'il devait en être ainsi de toute éternité. Je me suis souvenu de mon enfance. Mon père, je ne l'avais jamais connu en tant que père. Il était mon cheikh et j'étais avant tout son fils spirituel. En fait, je ne l'ai jamais appelé mon père et il ne m'a jamais appelé son fils. Quand j'étais tout petit, ça me faisait un peu de peine. D'autant plus que mon frère et ma sœur étaient élevés, eux, comme des enfants normaux. Moi, mon père me poussait toujours vers l'enseignement, le Coran, la tradition islamique... Le seul avantage que j'avais – et il n'était pas mince – c'est que j'étais toujours auprès de lui.

« Quand je rentrais de l'école, la première chose que je devais faire était d'aller le voir. Nous passions de longs moments ensemble. Il me racontait des choses que je ne comprenais pas à cette époque, mais c'était comme s'il écrivait à mon insu dans le livre de mon inconscient. Sous prétexte que c'était moi, je devais aller tous les soirs réciter le Coran et il ne laissait pas passer une seule faute. Il m'apprenait où je devais prononcer plus fort, m'arrêter, respirer, car il y a un rythme à respecter. Après, il prenait un texte, un verset, une phrase et la discussion partait de là.

– Et vous arriviez toujours à le suivre?

– Loin de là! J'étais toujours à la remorque. Lui, il savait très bien ce qu'il disait. Moi, non. Il est vrai que nous vivions dans un climat assez spécial. C'était la guerre d'Algérie et, à Mostaganem, l'indépendance n'a pas été facile.

« La Zaouia était un pôle d'attraction et nous étions très sollicités. Nous devions nous occuper de tout : des orphelins, des familles des morts, de ceux qui étaient en prison... Il y avait chez nous la Croix-Rouge et un dispensaire. J'ai vécu mon enfance dans une maison où il y avait en permanence au moins 150 personnes et où tout était en commun. Nous cachions aussi des blessés pour que les autorités françaises ne puissent pas les découvrir.

– Votre père a dû avoir des ennuis?

– Ceux de tout le monde à l'époque. La Zaouia a été fouillée plusieurs fois. Lui, il était en résidence surveillée, mais on ne pouvait rien contre lui, car ce qu'il faisait n'était pas politique, mais humain. Et puis c'était une personnalité, le chef d'une communauté internationale qui avait un grand rayonnement.

– Tout de même, soigner et cacher des blessés, c'était presque un acte de guerre.

– Il disait : la Zaouia est la maison de Dieu. Elle doit rester ouverte à tous. Celui qui vient ici, je le reçois et je lui donne ce dont il a besoin.

– Aurait-il soigné des blessés français?

– Bien sûr que oui. Au moment de l'indépendance, c'est la communauté européenne qui a eu besoin de sa protection. Il y avait un véritable climat de terreur et les gens qui avaient perdu un être cher ne songeaient qu'à se venger. Mon père courait à droite et à gauche. Les autorités nouvelles lui ont reproché cela. Elles ne comprenaient rien à ce qui se passait à la Zaouia. Elles ont à leur tour mis mon père en résidence surveillée et l'ont envoyé pour un temps à 1 000 kilomètres de Mostaganem. Ce qui est extraordinaire, c'est que, pas un instant, il n'a perdu sa sérénité. Pour les vrais soufis comme lui, tout ce qui arrive vient de Dieu. Je ne le savais pas et il ne me l'avait jamais dit, mais, pendant tout ce temps et jusqu'à sa mort, il m'avait choisi pour le remplacer. Par exemple, lorsque je suis venu à Mostaganem pour son enterrement, je me suis aperçu qu'il avait déjà acheté une voiture à mon nom.

« Moi qui avais les cheveux longs, qui portais des blousons en cuir et qui brassais des affaires, je me suis retrouvé à la tête d'une confrérie qui regroupait au moins 100 000 personnes au Maghreb, et aussi au Proche-Orient et dans plusieurs villes d'Europe.

– Et votre femme dans tout cela?

– Bien sûr, je lui ai laissé le choix. Elle aussi, elle a vécu des moments difficiles et elle a été aussi malade que moi.

Nous nous étions mariés par amour et cet amour est resté. Alors que nous faisions tout ensemble, même les voyages, il lui a fallu s'habituer à me voir beaucoup moins. Toutes les fois qu'ensemble, nous parlons de l'avenir, nous le remettons entre les mains de Dieu.

— Justement, cela nous ramène au soufisme. Pouvez-vous nous en donner une définition claire? Car à nos yeux d'Occidentaux, l'Islam est une chose et le soufisme une autre.

— Ils sont confondus l'un dans l'autre. Il n'y a pas de séparation. Le soufisme, c'est l'intériorité de l'Islam. Si on veut vivre à fond un message religieux, on ne peut se contenter de la lettre. C'est une impossibilité. Ou si vous préférez, il y a la forme et il y a l'esprit. S'attacher uniquement à la forme est une erreur. Mais délaisser la forme pour ne prendre que l'esprit est aussi une erreur. L'Islam, le vrai, c'est l'observation à la fois de la forme et de l'esprit.

— Tout de même, tous les musulmans ne reconnaissent pas la valeur du soufisme.

— Il est vrai qu'entre ce qui se passe ici et ce qui se passe dans les mosquées les plus officielles, il y a une sensibilité tout à fait différente. Peut-être attachons-nous plus d'importance à l'esprit.

— Tout ce que vous venez de nous dire, on peut le dire aussi des autres religions.

— Certainement. C'est l'homme qui a fait cette séparation entre ce que sa raison spéculative comprend et ce qui lui échappe parce que c'est dans le domaine de l'invisible. Pour nous, une religion ne se vit pas uniquement par le raisonnement, mais surtout par le goût intérieur.

— La saveur?

— Oui, la saveur. On ne peut pas adhérer à un message si on ne le goûte pas comme une nourriture qui nous transcende.

« Remarquez qu'il y a des degrés. Il y a l'*Islam*, c'est-à-dire la pratique de la forme extérieure; il y a l'*Iman*, qui est la foi et il y a l'*Ihsan* (l'excellence). Celui qui franchit ces trois degrés acquiert une nouvelle sensibilité, une noblesse et c'est à partir de cette noblesse, de cette sagesse et de cette paix qu'il parviendra à la vision.

— C'est un long chemin. Peut-on le faire seul?

– Il doit impérativement se faire avec quelqu'un qui a réalisé cette expérience. Car c'est un message, une chaîne qui se transmet sans discontinuité à travers les quinze siècles de l'Islam. Avec le temps, des écoles se sont créées et se sont structurées : écoles de Bagdad, de Bassora, du Khorasan, de l'Égypte, du Maghreb, de l'Andalousie...

– Donc, le soufisme, c'est avant tout la relation entre le maître et le disciple?

– En vérité, c'est la relation entre l'homme et le Divin. Mais le soufi, ou plutôt celui qui veut le devenir, va chercher aide auprès de ceux qui l'ont précédé sur le Chemin et la relation qui se noue ainsi est extrêmement forte. Au point de transcender l'espace et le temps. On peut rester en contact vital avec son maître même s'il habite de l'autre côté de la terre, même s'il est mort. Car la mort elle-même n'abolit pas ce lien. C'est avec l'aide du maître qu'on peut parvenir à la contemplation ou, si vous préférez, à l'anéantissement en Dieu.

– Comment cela se traduit-il dans la pratique? Que se passe-t-il lorsque quelqu'un désire entrer dans la confrérie?

– Il doit d'abord prendre l'attachement, se relier à la chaîne initiatique, faire le serment d'obéir aux lois de cette chaîne et de faire le travail qu'elle lui donnera à faire : prières, *dikhr*, apprentissage du respect envers l'autre. Il faut que l'homme reprenne son humanité, qu'il se débarrasse de l'animalité, de l'agressivité, de la jalousie qui sont en lui. Il doit passer du stade animal au stade humain, car on ne peut aller à Dieu que lorsqu'on est pleinement humain. C'est le premier pas et ce n'est pas nécessairement le plus facile. On y arrive par le jeûne, la prière et par des retraites. Ce dernier point est très important. La retraite fait partie du Chemin. Elle peut se faire en pleine nature dans des lieux prévus pour cela, mais aussi chez soi quand l'environnement s'y prête.

« Bien sûr, c'est le maître qui décide de la longueur de la retraite. Il y faut beaucoup de discernement parce que l'homme est fragile. Les entretiens avec le maître ou avec ceux qu'il désigne pour le remplacer sont indispensables car le Chemin initiatique peut créer un bouillonnement psychologique intense et difficilement contrôlable.

– Le Chemin peut-il être le même pour des Occidentaux et pour des gens élevés dans la tradition musulmane?

– Le Chemin est le même, mais les façons de cheminer peuvent être différentes. Les Occidentaux sont de plus en plus nombreux à connaître une soif ardente de l'Absolu, mais ils sont handicapés par leur mental. A leurs yeux, tout doit être étiqueté, nommé, expliqué, jugé. Ils ont une image du monde qui n'est pas ouverte vers l'Absolu. Ils sont dans l'horizontalité et non dans la verticalité. Leur mental arrive même à emprisonner le Divin dans un schéma et, ainsi, à lui imposer des limites. Alors qu'il faudrait dire, sans plus ratiociner : " Dieu est présent ici et maintenant. Il est dans la plante, dans l'animal, dans tout ce que je touche ou ce que je sens. Il est en moi et en dehors de moi. " Voilà ce qui permet de s'ouvrir et d'établir une relation entre l'homme et le Divin. Cette relation, il faut la demander passionnément. Le Coran dit : " Mentionnez-moi et je vous mentionnerai. "

– Quelles sont les relations entre le soufisme et l'Islam traditionnel?

– Le soufisme a toujours été la pulsation, le cœur, le souffle, la vie profonde de l'Islam et je suis persuadé que l'Islam traditionnel ne peut se passer du soufisme. Au cours des siècles, les théologiens ont critiqué les soufis. Ils les ont même persécutés et condamnés, mais à peine ceux-ci étaient-ils morts qu'on s'est référé à leurs écrits. Au point qu'on peut se demander parfois si, aux yeux des théologiens, il ne faut pas être dans l'autre monde pour être considéré comme un soufi.

« Cela n'est pas surprenant. Le soufi dérange, il parle à temps et à contretemps, il ne peut se taire, il empêche les autres de sommeiller. Parce qu'il vit de la liberté même de Dieu, on ne peut pas le définir. Pour lui, la vie est un perpétuel renouvellement. Chaque jour est un jour nouveau.

– Tout de même, de nos jours, les soufis sont persécutés. En Afghanistan, par exemple.

– C'est vrai, et même ailleurs. Mais l'attitude du soufi face à la persécution est souvent déconcertante, comme en témoigne cette histoire :

« Quand les Mongols sont entrés à Bagdad, ils ont fait prisonnier un vieux soufi réputé pour sa sagesse. Celui auquel il a été attribué est parti au marché pour le vendre. Un habitant de Bagdad qui le connaissait et qui l'aimait beaucoup a voulu le racheter et a proposé cent pièces d'or. Le soufi a dit au Mongol : " Oh non! Ne me vends pas, ce n'est pas mon prix. " Le Mongol, heureux d'avoir un tel trésor, a refusé les cent pièces d'or. Un autre habitant de Bagdad vint à passer. Il détestait le soufi et proposa de l'acheter pour une botte de foin. Le soufi s'exclama : "Cette fois-ci, c'est mon prix. Vends-moi. " Le Mongol s'est fâché et il a tranché la tête du soufi.

« Telle est l'attitude du soufi. La persécution, il ne la voit pas comme venant des hommes, mais comme une épreuve salutaire envoyée par Dieu, comme un moyen de purifier ce qui reste en lui à purifier. C'est ainsi que mon père a pu rester souriant et toujours égal à lui-même quand il était en butte aux tracasseries des uns et des autres.

– Ça ressemble à l'attitude des martyrs chrétiens.

– A l'attitude de tous ceux qui cheminent vers Dieu. C'est Lui le Maître du temps, de l'espace et des créatures. Lui qui fait mouvoir l'univers et qui s'occupe de chacun d'entre nous. Et lorsqu'Il nous envoie des épreuves, c'est pour notre bien.

– Ce n'est tout de même pas une raison pour rechercher les persécutions?

– Il ne faut pas les rechercher, mais il ne faut pas non plus les fuir. Le soufi est un homme comme les autres. Il peut lui arriver d'avoir peur, mais il finit toujours par revenir à Dieu.

– J'appartiens à une Église où la majorité des prêtres a rejeté le chapelet comme une superstition indigne de notre siècle éclairé. Or j'ai vu chez vous de jeunes Occidentaux réciter avec ferveur le chapelet musulman.

– Parce que le chapelet, quand on le dit quotidiennement, relie l'élève à la chaîne initiatique. Lorsqu'on le récite, c'est comme si on se mettait à la verticale. Il y a plusieurs étapes. On commence par la purification de toutes les souillures et le pardon qu'on reçoit permet de retrouver la pureté. Ensuite vient la prière sur le Prophète qui, à travers la chaîne, nous permet de remonter jusqu'à Lui, jusqu'à Sa lumière. Cela nous amène à l'affirmation de l'unicité et à la louange de Dieu. On fait tout ceci au lever et au coucher du soleil. On peut le faire seul, mais, vous l'avez sans doute remarqué, si on le fait en groupe, cela prend une puissance extraordinaire, au point de faire descendre sur l'humanité les bienfaits de la miséricorde divine.

— Arnaud Desjardins nous disait qu'il avait été frappé par le fait que les soufis se veulent des hommes comme les autres, qu'ils ne vivent pas coupés du monde, qu'ils ont un métier, une famille.

— Absolument, ils ont les obligations de tous les hommes. Il n'y a pas chez nous de moines.

— Mais on peut penser que le monde a besoin de contemplatifs?

— Nous ne sommes pas contre. Certains membres de la tarika se sont retirés pendant plusieurs années dans des lieux déserts. Mais ce n'est qu'un passage. L'homme ne peut s'ancrer une fois pour toutes dans une position donnée. Dans la vie, il y a des moments de réflexion et de contemplation, mais ils ne doivent pas faire oublier que l'action aussi est essentielle. Il ne faut pas se laisser emprisonner par une forme, sinon la forme devient institution et on se trouve enfermé dans un piège.

— On accuse les musulmans d'être des fanatiques, de rejeter en bloc toutes les religions, de prêcher sans cesse la guerre sainte.

— Il y a des fanatiques chez nous comme il y en a partout. Mais la guerre sainte, la vraie, ce n'est pas la guerre qu'on mène contre les autres. C'est contre soi-même qu'il faut la mener. Contre nos péchés, nos faiblesses, nos lâchetés et ce qui nous empêche de laisser en nous toute la place au Divin. Par rapport aux autres religions, nous sommes ouverts. Vous avez sans doute remarqué qu'il y a souvent des prêtres et des rabbins dans nos réunions.

« Pour nous, la tradition est une... Les besoins des hommes sont les mêmes et les réponses sont les mêmes. Nous ne jugeons pas les autres et nous respectons leur credo. Tout ce que nous demandons, c'est l'unicité : Dieu est un.

— Peut-on dire que la seule chose qui compte vraiment, c'est l'expérience?

— Absolument. Le Divin, c'est l'Expérience. Rien d'autre. Celui qui n'a pas fait l'expérience de Dieu pourra en parler pendant des années, ça ne lui servira à rien. Les théologiens parlent depuis des siècles et des siècles; ils ont écrit des milliers et des milliers de livres très savants. Pourtant, s'ils n'ont pas fait l'expérience de Dieu, leur science est vide. Le vrai travail, le seul travail, c'est de faire germer et croître cette expérience. Par tous les moyens. Il faut qu'elle nous accompagne partout, dans le travail, la famille, les pèlerinages, la solitude, la nuit, le jour, la retraite ou les travaux du monde. Toujours, toujours. Et cette expérience doit être nourrie, alimentée afin de devenir comme une énergie qui nous pousse toujours davantage vers l'Absolu, vers l'Inconnaissable, jusqu'à ce que le voile se déchire. C'est pour cela que le dikhr est si important, car il est un souvenir constant de Dieu.

« Le seul Chemin qui puisse sauver l'humanité, c'est celui-là, le Chemin de l'Expérience. Elle est universelle, parle toutes les langues, prend tous les visages. Tout le reste, c'est une affaire de culture. Nous ne choisissons ni notre père, ni notre mère, ni notre religion. Mais tous les hommes, quelle que soit leur religion, peuvent se rejoindre et se reconnaître dans l'Expérience qui est au-delà de toutes les contradictions. Tous peuvent trouver le Divin. Tous peuvent souscrire à cette phrase : " Si tu enlèves ton moi, tu trouveras Dieu. "

« Il arrive un moment où nous n'avons plus besoin de religion, ou plutôt où nous n'avons plus besoin de notre tradition. Car la Tradition, elle, est unique, depuis Adam jusqu'à aujourd'hui. Lorsque les hommes accèdent à un autre champ de conscience, ils se retrouvent tous, qu'ils soient chrétiens, juifs, hindouistes, bouddhistes ou musulmans. C'est dans la multiplicité qu'ils se perdent. Au fond, c'est cela la verticalité, le cœur à cœur de tous les mystiques : Quand tu trouves l'Autre, l'Autre et toi ne font qu'un. L'Autre, c'est toi et toi c'est l'Autre.

« Cette vérité est illustrée par une histoire célèbre : Un maître soufi dit un jour à son élève : " Tu as fait des progrès. Maintenant pars, voyage et reviens me voir dans un an. " Au bout d'un an, le disciple est fidèle au rendez-vous. Il frappe à la porte du soufi et l'entend lui demander :

– Qui est là?

– C'est ton disciple.

– Va-t'en. Il n'y a pas de place ici pour deux.

« Le disciple reprend son errance. Un an plus tard, il revient frapper à la même porte et il est accueilli par la même question :

– Qui est là ?

– C'est toi.

– Maintenant, tu peux entrer.

« Le Maître l'a laissé entrer parce qu'il avait enfin compris la grande vérité universelle : il n'y a pas deux, mais un.

– Beaucoup de gens vous diront que votre histoire est très belle, mais que c'est de l'utopie, qu'on ne peut arriver à vivre à ce point l'unité.

– C'est qu'ils raisonnent avec leur tête. Je ne leur demande qu'une chose, à ces gens : qu'ils fassent un pas en dehors d'eux-mêmes, qu'ils abandonnent pour une fois la forteresse du moi, cette prison dans laquelle ils sont enfermés. Oui, qu'ils l'abandonnent, ne serait-ce qu'une nuit, un soir, un jour et qu'ils partent à la découverte de l'Autre. Alors, ils verront. A condition de ne pas oublier que Dieu ne fait sortir de cette prison que ceux qui sont sincères. Car l'essentiel sur le Chemin, c'est la pureté du cœur. Si vous ne l'avez pas, vous ferez en vain les œuvres les plus méritoires. En vain vous donnerez aux pauvres la moitié de votre fortune. En vain, vous réciterez chaque jour votre chapelet ou vous ferez le dhikr pendant des nuits entières.

« " O serviteur du corps, a écrit Ghazali, toi qui déploies tant d'efforts pour le servir et chercher profit là où il y a perte, occupe-toi plutôt de l'âme et parfais son bonheur. Car c'est par l'esprit que tu es homme, et non par le corps. " »

Ce portrait, à force de le voir, il a fini par nous obséder. Il est partout. Ouvre-t-on le journal des « Mourides », il est en première page. En première page aussi de toute la littérature consacrée à la confrérie. Certains le portent en médaillon, d'autres le plaquent sur le pare-brise de leur voiture et c'est encore lui qui nous accueille sur les murs de l'appartement où nous venons de pénétrer, un appartement tout à fait anonyme à la périphérie de Paris où l'un des disciples a accepté de nous recevoir. C'est le portrait d'un Noir, très grand, vêtu d'une éblouissante djellaba blanche, le visage à demi voilé par une sorte de foulard derrière lequel on devine un sourire.

Il s'appelle cheikh Ahmadou Bamba et il est le fondateur d'une des plus puissantes et des plus dynamiques confréries de l'Islam. Si, malgré les réticences de quelques-uns, nous avons décidé de parler de lui, ce n'est pas seulement parce qu'il a en France des milliers de disciples sénégalais, maghrébins ou européens, mais parce qu'il illustre à la perfection la relation qui existe entre le maître et le disciple, relation privilégiée, au-delà même de la mort, qui est l'un des traits les plus caractéristiques du soufisme. Ahmadou Bamba est mort il y a cinquante-huit ans et pourtant il reste un maître de sagesse pour des multitudes, celui grâce auquel on peut espérer parvenir au bout du Chemin

Il est né au Sénégal en 1853, en pleine période de colonisation. Peu avant sa naissance, le grand saint du Fouta-Djalon, El Hadj Omar, avait déclaré en parlant de son village natal :

« Ce village verra naître celui qui fera le prestige de l'Islam et de la race noire dans ce monde et dans l'autre. Heureux ceux qui auront la chance de se rouler sous la poussière de ses pieds. »

Il est vrai qu'il avait de qui tenir. Son père était un grand savant très versé dans le Coran et sa mère était si pieuse qu'elle avait été surnommée : la voisine de Dieu.

Il était jeune encore lorsque les gens commencèrent à se rassembler autour de lui par centaines, puis par milliers. Il n'en fallait pas plus, à l'époque, pour provoquer l'inquiétude des autorités coloniales. Nombreux étaient les marabouts qui prêchaient la guerre sainte contre les Français. Si bien qu'il fut, par mesure préventive, arrêté en 1885 et déporté au Congo, puis en Mauritanie.

Sans doute aurait-il pu résister. Par milliers, ses disciples s'offrirent à le défendre, mais il refusa. Toute sa vie, il avait prêché la non-violence en s'appuyant sur ce verset du Coran :

« Les serviteurs du Miséricordieux sont ceux qui marchent avec modestie et qui répondent Paix aux ignorants qui leur adressent la parole. »

Il disait aussi :

« Si l'homme n'a pas le droit de supprimer sa propre vie,

comment aurait-il l'audace de supprimer celle des autres? »

A ceux qui l'engageaient à se lancer dans la guerre sainte, il répondait : « La guerre sainte, oui, mais la guerre de l'âme, celle que tout homme doit mener contre ses tendances mauvaises. »

Au bout de quelques années, les autorités s'aperçurent qu'en l'exilant, elles n'avaient pas fait une si bonne opération. Nombreux étaient ses disciples qui n'hésitaient pas à faire le long voyage pour aller recevoir sa bénédiction et qui revenaient quelques mois plus tard capables de transmettre son enseignement. Et puis il n'était plus là pour calmer ceux qui avaient tendance à s'agiter.

Il put donc rentrer au bout de sept ans et sept mois et à peine était-il revenu dans son village qu'il vit en songe l'ange Gabriel lui annonçant qu'il serait le rénovateur de l'Islam et qu'il devait partir à la recherche d'un lieu sacré. Il se mit en marche, mais à peine avait-il quitté son village de Dioubal qu'il se sentit empoigné par une force mystérieuse. Guidé par cette force, il marcha pendant quatre jours, traversa plusieurs villages, puis une plaine où un feu consumait des broussailles. Un peu plus tard, il s'arrêta au pied d'un grand baobab, se prosterna et, soudain, alors qu'il était en prière, il fut ébloui par une lumière d'une fantastique intensité. Au cœur de cette lumière, en ce moment d'extase, il aperçut le pilier qui soutient l'univers. Il se releva, fit quelques pas encore et dit à ceux qui l'entouraient :

« Voici Touba, le site que je cherchais. Dieu me l'a offert en récompense de ma fidélité au Prophète Mahomet. J'y ai ensemencé des prières qui m'ont été révélées. A ma mort, c'est dans la terre où cet arbre plonge ses racines que je serai enterré. Sur ma tombe poussera une mosquée qui sera parmi les plus belles du monde. Alors, de partout, on accourra en pèlerinage à Touba. »

Il n'y avait là qu'une plaine désolée, mais, déjà, il voyait SA ville. Il disait d'elle : « Qu'elle soit le lieu de pèlerinage pour tous ceux qui n'ont pas la possibilité d'accéder aux lieux saints. » A côté de la mosquée, il rêvait de voir s'élever une université. « Que ma demeure, disait-il, soit celle du savoir, de la culture et de l'élévation vers Dieu. »

Cette cité radieuse, il ne la verra jamais de ses yeux de

chair car jusqu'à sa mort, en 1927, il devra rester en résidence surveillée.

Touba a pourtant été construite et sa construction même a été d'un bout à l'autre un défi au sens commun. Il n'y avait pas de routes, pas de pierres à proximité, pas d'argent, pas de spécialistes. Mais les disciples venus du Sénégal et des pays voisins se sont mis au travail avec un fantastique enthousiasme. Ils ont ouvert des carrières, construit une voie ferrée de 42 kilomètres pour acheminer le matériel... La mosquée qu'ils ont édifiée est la plus grande qui existe au sud du Sahara. Elle mesure 87 mètres de long et son minaret est si élevé qu'on l'aperçoit à plus de quarante kilomètres à la ronde.

Pour tous les mourides (les aspirants à Dieu), disciples du cheikh Ahmadou Bamba, Touba est aujourd'hui un centre vital. Les étudiants se pressent dans l'université et, chaque année, des centaines de milliers, certains disent jusqu'à deux millions de pèlerins se rassemblent dans un enthousiasme fou et une indescriptible cohue. Des centaines de cars, des milliers de voitures particulières partent de Dakar et il y a des gens juchés jusque sur les toits des trains. Nous avons rencontré des pèlerins qui revenaient de ce grand pèlerinage annuel : ils nous ont parlé de Touba avec des yeux émerveillés. Ils ont chanté, dansé, prié, passé des nuits entières à réciter le dhikr.

Tout cela par fidélité à un homme que tous ses fidèles considèrent comme l'un des plus grands saints de l'Islam. Pour eux, ils nous l'ont dit, il est toujours vivant. Il est leur Maître, leur inspirateur et leur guide. Ils vivent de son enseignement.

Chaque dimanche soir, devant le centre Beaubourg, des filles sénégalaises, de grandes filles lianes si élégantes et si belles dans leurs robes colorées, dansent pour lui une partie de la nuit. D'autres se réunissent tous les jeudis pour passer la nuit entière à répéter le nom de Dieu. Car les femmes jouent un grand rôle dans la confrérie. L'une d'elles nous a dit :

« Cheikh Ahmadou Bamba a parlé de l'homme et de la femme en termes identiques de responsabilité et de grandeur d'âme. La femme mouride contribue autant que l'homme au développement de la société par le travail et la prière. »

Le travail et la prière, toute la règle de vie des mourides tient en ces deux mots. A plusieurs reprises, le cheikh a repris à son compte cette phrase si souvent répétée :
« Travaille comme si tu ne devais jamais mourir, mais prie comme si tu devais mourir dans l'instant. »

Pourquoi d'ailleurs séparer le travail de la prière alors que le travail peut devenir une forme d'adoration ? Tout bon mouride aspire à devenir un saint parmi les hommes et, pour cela, il doit pratiquer les trois grandes lois de l'enseignement de cheikh Ahmadou Bamba : la non-violence, la connaissance et la piété.

Cet enseignement n'est d'ailleurs pas, à leurs yeux, réservé aux seuls Africains. Pas même aux seuls musulmans. Il est universel.

« L'Islam, nous a dit l'un d'entre eux, prend la couleur et la forme du récipient qui le contient et ce récipient peut aussi bien être la calebasse africaine ou la casserole française. » C'est pour cela sans doute qu'il y a à Paris une école réservée aux seuls Français et qu'une association vient de naître aux États-Unis.

Leur rêve, qui était aussi celui de leur Maître, c'est d'établir le dialogue avec les autres religions. Le cheikh répétait souvent que l'essentiel était d'être soumis à Dieu, que toute voie, si elle était celle de la soumission, menait jusqu'à Lui et que, par conséquent, un chrétien sincère pouvait être à ses yeux un bon mouride.

Peut-on d'ailleurs trouver une définition à la fois plus universelle et plus rigoureuse que celle donnée à ses disciples par cheikh Ahmadou Bamba :
« Le soufisme, c'est la science qui étudie tout ce qui s'attache à la relation entre Dieu et l'être humain, en prenant le cœur comme moyen d'étude et d'analyse » ?

Elle s'est dressée sur le bord du chemin. Elle nous a fait signe et nous nous sommes arrêtés.

« Vous allez là-haut ? » nous a-t-elle demandé.

Là-haut, c'était le sommet Bucher, 2 000 mètres d'altitude d'où l'on dominait Château Queyras et les montagnes qui séparent la France de l'Italie.

Elle est montée dans notre voiture et nous avons repris

notre ascension sur la petite route en lacet défoncée par le gel de l'hiver précédent.

« C'est la première fois, nous a-t-elle demandé, que vous venez au camp?

– La première fois.

– Vous avez de la chance : vous allez découvrir la vraie vie. »

Ses yeux brillaient d'émerveillement en nous disant cela. Des yeux très purs dans un visage harmonieux où l'enfant transparaissait encore sous la jeune fille.

– Heureusement que vous vous êtes arrêtés, a-t-elle ajouté, car je n'en pouvais vraiment plus.

– Vous venez de loin?

– De Saint-Véran, le village le plus élevé d'Europe. Nous sommes allés y chanter la messe et, pour nous préparer, pendant plus d'une semaine, nous avons répété les chants sous la direction de Pir.

– Mais je croyais que le camp était un camp soufi?

– Il l'est.

– Et vous chantez la messe?

– Pourquoi pas?

– Vous êtes chrétienne?

– Non, je suis musulmane. Pir aussi est musulman, mais pour lui toutes les voies mènent à Dieu si elles sont pratiquées d'un cœur sincère.

— Comment les gens du village vous ont-ils accueillis?

– Très bien, et le curé a été merveilleux. Vous savez, lorsqu'on est ouvert, on peut aller vers les autres. Nous en avons assez des guerres de religion. Au départ, le soufi recherche la Vérité et il ne prétend pas être le seul à la posséder. C'est pourquoi nous pouvons prier avec les autres.

– Mais une fois que vous avez été dans l'église, ne vous êtes-vous pas sentie étrangère?

– Au contraire, je me suis sentie très bien. J'étais chez moi. Après tout, c'est à nous à apporter notre propre lumière dans les lieux où nous allons. Et Pir a été merveilleux. Lorsqu'il dirige le chœur, il y a en lui la joie d'un enfant, une joie qu'il communique à tous.

– Vous le considérez comme votre Maître?

– Lorsque je l'ai rencontré, j'ai eu l'impression que je le connaissais depuis toujours. Enfin, je trouvais quelqu'un qui exprimait en paroles et en actions ce que je ressentais sans savoir l'exprimer et sans le raccorder à la spiritualité.

– C'est-à-dire?

– Je me croyais athée, mais j'avais en même temps le sentiment qu'il fallait aller de la pluralité à l'unité. C'est cela le vrai travail qu'il nous faut accomplir : faire en nous l'unité.

– Cela se traduit comment dans la vie quotidienne?

– Par un travail de tous les instants.

– Ne connaissez-vous pas des moments de lassitude?

– Si, et aussi de doute. Mais quand ça ne va pas, il me suffit de penser à Pir, à sa propre lumière, à sa force, à son intensité, à sa maîtrise. Oh! et puis, vous verrez par vous-même. Vous allez aimer la vie qu'on mène ici, une vie axée sur l'Essentiel et débarrassée de tous les faux besoins... »

Nous arrivons au camp. Un sommet sublime entouré d'un cirque de montagnes plus hautes encore. Une sensation de silence et de paix. Des tentes multicolores placées un peu partout. C'était pour nous une aventure : je n'avais pas campé depuis le scoutisme et Rachel avait en tout et pour tout passé quelques nuits sous la tente.

« Vous pouvez installer votre tente où vous voudrez, nous a dit la jeune fille. Il y a de la place. »

Depuis le début de notre enquête, nous avions entendu parler une bonne dizaine de fois des camps organisés tous les ans par Pir Vilayat Inayat Khan, un maître soufi qui s'est donné pour mission de rapprocher les religions et qui a des disciples dans le monde entier. Avant de venir, nous avions assisté à un congrès interreligieux qui, sous la présidence de notre ami Jean Chevalier, réunissait à Paris un lama tibétain, un rabbin, un maître japonais, un dominicain, un pasteur protestant, un swami hindou et, bien entendu, Pir Vilayat lui-même. Deux jours passés dans l'harmonie et dans la joie de découvrir tout ce que des religions si diverses ont en commun. L'essentiel, en fait : l'amour, l'abandon, la soumission à Dieu, la joie de former des communautés ardentes et vivantes... Nous avions auparavant rencontré Pir Vilayat chez lui à Suresnes et c'est lui qui nous avait conseillé de venir au camp.

« Vous verrez, nous avait-il dit, il règne là-haut une

atmosphère vraiment extraordinaire. Vous trouverez des jeunes de nombreux pays. »

Nous faisons le tour du camp et nous entendons en effet parler toutes les langues européennes. Ils sont ici environ cinq cents venus pour quinze jours. Mais il y avait auparavant un autre camp de quinze jours qui était plein lui aussi et un autre encore qui était plus particulièrement consacré à la musique.

Nous pénétrons dans le périmètre réservé aux activités communes. Là se dressent de grandes tentes militaires : les deux du réfectoire, la cuisine, la garderie d'enfants, les tentes W.-C. et celle où on vient se laver et où la consigne est d'économiser l'eau car elle a du mal, en ces temps de sécheresse, à monter jusqu'ici. Si on veut prendre une douche, il faut faire deux kilomètres à pied.

Ces conditions spartiates semblent ne gêner personne. Nous entendrons même certains puristes affirmer que, les premières années, les conditions étaient beaucoup plus dures et que c'était mieux ainsi.

L'horaire est impératif et ne laisse guère la place pour rêvasser. La cloche sonne à 5 heures et demie et il est recommandé d'être sous la tente de méditation à 6 heures. A 7 heures et demie, petit déjeuner, de 8 heures et demie à 9 heures, méditation silencieuse. A 9 heures, enseignement jusqu'à midi. A midi, minute silencieuse pour la paix du monde. A midi et demi, tout le monde se réunit devant la cuisine. On forme un cercle, on demande des volontaires pour les corvées et on chante en se tenant par la main :

Ô toi le soutien de nos corps, de nos cœurs et de nos âmes,
Permets-nous de te remercier de tout ce que nous recevons.

A 14 heures, tout le monde se retrouve sous la tente de méditation pour répéter des mantras qu'on appelle ici des *wasifas*. De 15 heures à 17 heures, enseignement. De 17 heures à 17 h 30, méditation. A 19 h 30, dîner. A 20 heures, soirée qui peut être consacrée à la danse, à la musique ou au chant.

Le premier soir, Rita, notre jeune musulmane, profite de

la détente du dimanche pour venir nous retrouver sous notre tente. Nous lui demandons si cet horaire ne lui paraît pas trop serré.

« Pas du tout, répond-elle. Bien sûr, je ne peux pas tout faire, ne serait-ce que parce qu'il faut consacrer du temps aux indispensables corvées, mais j'ai besoin par-dessus tout de ces longues heures d'enseignement et de méditation en présence de Pir. Je me sens encore fragile au niveau de l'émotion. Il m'arrive encore de me laisser emporter. Je perds trop facilement le contact avec mon centre ou, si vous préférez, avec le Divin. Ici, j'apprends jour après jour à retrouver rapidement le contact lorsque je l'ai perdu. Et puis j'apprends à laisser tomber le mental et sa logique. Lorsque j'étais petite et qu'on me parlait de Dieu, il m'arrivait de répondre : " Dieu a tout fait, mais qui a fait Dieu ? " C'est le genre de question que le mental se pose facilement. En fait, je commence à comprendre qu'il arrive un moment où la tête ne peut plus répondre. La logique échoue. Lorsqu'on fait la méditation avec Pir, il y a tellement de portes qui s'ouvrent. Il nous dit souvent : " Vous devez être attentifs à protéger ce qui est en train de naître en vous. "

« Et puis, c'est un artiste et moi qui suis diplômée d'architecture, je me rends de plus en plus compte que mon mode d'expression le plus naturel est la danse. J'adhère complètement lorsque j'entends Pir nous dire que nous sommes à la fois l'artisan, la matière première et l'œuvre d'art. »

Dix minutes avant 6 heures, la tente de méditation est déjà presque pleine, une grande tente blanche et circulaire dont les bords se relèvent harmonieusement. La musique, en sourdine, aide à préserver le silence et à entrer dans la prière. Ce matin-là, c'était une cantate de Bach ; le lendemain, ce sera une musique zen ou une psalmodie tibétaine. Il y a là plusieurs centaines de personnes et pourtant, il suffit de fermer les yeux pour avoir le sentiment d'être seul face à la montagne. C'est l'heure bénie de l'aube où l'on accueille le jour nouveau qui nous est donné pour en faire un jour d'abandon et de louange.

Je trouve une place près du mât central et je regarde

autour de moi. Ceux qui arrivent encore ont des gestes feutrés. Ils sentent qu'un bruit un peu vif suffirait pour troubler l'atmosphère et ils font tout pour l'éviter.

6 heures. Pir Vilayat arrive, légèrement essoufflé par la rude montée. Il s'installe sur une sorte de trône en bois recouvert de coussins, replie sous lui ses jambes et plonge aussitôt dans la méditation. Je comprends, en le voyant ainsi, pourquoi il exerce une telle influence sur tous ces jeunes qui l'entourent. Il émane de lui une autorité souveraine, une grande force tempérée, on le devine, par une grande compassion. Après tout, même s'il ne les connaît pas tous individuellement, il consacre tout son temps et toute son énergie à ces jeunes. Dans quelques jours, il quittera ce camp pour en diriger un autre aux États-Unis. Jamais il n'arrête car il ressent le désir ardent de réalisation qui motive tous ceux qui se rassemblent autour de lui. Le silence s'est installé, abyssal. Les yeux sont entrouverts ou fermés, les corps droits, les respirations lentes et régulières. Tous les soucis, toutes les tensions, toutes les craintes s'envolent. Il n'y a plus que l'instant. L'instant, c'est-à-dire l'éternité.

Soudain, Pir Vilayat se met à parler d'une voix sourde qui ne trouble pas le recueillement. Il dit quelques phrases en français et les traduit aussitôt en anglais. On le sent aussi à l'aise dans l'une de ces deux langues que dans l'autre. D'ailleurs, lors de certains séminaires, il lui arrive d'ajouter encore l'allemand.

« Ce matin, dit-il, nous allons nous concentrer sur cet aspect de la puissance divine qui est puissance, pouvoir et force.

« Tous les grands êtres que j'ai rencontrés étaient à la fois très puissants et très doux. Tous, ils savaient concilier les inconciliables. C'est qu'il faut être puissant pour protéger les faibles contre l'exploitation, pour devenir des chevaliers. Là est la base de toute l'action sociale des soufis. Vous pouvez considérer que l'appel au secours produit toujours le secours. C'est vrai pour les pompiers, les psychothérapeutes et les médecins qui ne font que répondre aux appels de détresse. C'est aussi vrai pour les maîtres spirituels. Quel que soit le mode de secours que l'on choisisse de donner, cela demande toujours de l'héroïsme. Au moins de mettre de côté le confort et l'avantage personnel. Vous devez être des héros pour venir au secours de vos frères.

« Les contemplatifs trouvent leur force dans le fait de vivre seuls. Nous perdons tellement d'énergie dans les conversations futiles de nos vies quotidiennes. Ne faites pas de compromis. Ne vous laissez pas réduire au plus bas dénominateur commun. Profitez de cet instant pour faire autant que vous le pourrez l'expérience de l'état d'esprit de l'ascète. Découvrez la puissance du silence, cette puissance qui essaie d'émerger en vous et répétez-vous sans cesse cette belle parole d'un sage : " Chaque atome attend le moment de l'éveil. "

« Regardez la nature. Essayez de saisir l'harmonie qui se manifeste en elle. Comme elle, choisissez l'ordre à l'encontre du désordre, la discipline à l'encontre du laisser-aller, la splendeur à l'encontre de la médiocrité. Ainsi, par vous, quelque chose de la nature des sphères célestes pourra s'affirmer sur la terre. Tout cela ne doit pas rester des théories. Vous devez l'appliquer à vos vies quotidiennes, apprendre à manier de façon belle des situations qui ne sont pas forcément belles en elles-mêmes, affirmer toujours la splendeur. Pour cela, vous devez avoir le contrôle de vous-même et pour avoir le contrôle de vous-même, vous devez faire comme les ascètes qui choisissent toujours quelque chose qui leur présente un défi et qui s'acharnent à le maîtriser. Choisissez le point où vous vous sentez en état de dépendance. Vous ne devez jamais accepter la dépendance, même si vous avez le sentiment qu'elle ne vous fait pas de mal. Levez-vous tôt pour lutter contre la paresse, jeûnez pour maîtriser la faim, faites des vœux difficiles et accomplissez-les.

« Si vous faites cela, vous développerez en vous la puissance, vous surmonterez la haine, la jalousie, le ressentiment, vous résisterez à vos impulsions et, éventuellement, vous parviendrez à la souveraineté.

« Le modèle de tout cela, c'est le soleil. Si on pouvait se représenter la gloire du soleil. Il brûle son propre corps pour faire don de la vie.

« Oui, exercez la souveraineté. »

L'inconvénient, lorsqu'on vient dans ces sortes d'endroits pour écrire un livre, c'est qu'on ne peut jamais se laisser prendre complètement par les paroles qui sont dites ou par l'atmosphère dans laquelle on se trouve immergé. On est obligé de rester le témoin, l'observateur.

Je ne puis m'empêcher, tandis que Pir Vilayat prononce ces fortes paroles, de regarder les visages de ceux qui m'entourent. J'y lis une extraordinaire intensité. Ces paroles sont celles qu'ils attendent et c'est bien pour nous un des grands enseignements de ce camp. C'est tout de même extraordinaire : partout, dans tous les médias, on nous représente la jeunesse occidentale comme ayant perdu son âme. Si l'on en croit les prophètes de malheur, elle part à la dérive, abrutie par la société de consommation, démolie par la drogue, aveulie par le laisser-aller, par la permissivité, avide de confort et de plaisirs faciles. Et nous, depuis que nous avons commencé cette enquête, que ce soit ici, chez Carlo Carretto, chez les Tibétains, les charismatiques..., partout, nous avons rencontré des jeunes avides d'Absolu et prêts, pour progresser sur le Chemin, à accepter les plus rudes sacrifices. Il y a tout de même de quoi réfléchir et se demander si cela n'est pas plus important qu'il n'y paraît, si ce n'est pas l'amorce d'un renversement de tendance ou plutôt le retour de ces valeurs qu'on croyait mortes : l'abandon, le renoncement, l'effort, l'ascèse et tout cela dans l'ouverture et la fête.

Le jour s'est levé maintenant. Vers l'est, la cime d'une des plus hautes montagnes s'éclaire. Pir Vilayat interrompt soudain sa conférence.

« Maintenant, nous allons accueillir le soleil. »

D'un coup, les jambes se replient, tous les dos qui s'étaient affaissés se redressent, tous les yeux se fixent sur la montagne. Au moment même où le haut du disque solaire commence à apparaître, Pir Vilayat entonne, d'une voix extrêmement grave, le *Aum* traditionnel, la syllabe sacrée qui est commune à toutes les grandes religions de l'Orient. De toute la tente monte maintenant une prenante mélopée. Tous ces « Aum » s'interpénètrent, se gonflent, croissent et décroissent. On ne peut pas ne pas se sentir immergé dans ce grand tourbillon, on ne peut pas ne pas se laisser emporter, ne pas participer à l'harmonie universelle. Tous ceux que nous interrogerons par la suite nous diront que ces quelques minutes du lever du soleil sont pour eux le sommet de la journée, des instants de fusion intense, d'abandon total, d'une joie grave et radieuse.

Le disque entier a maintenant surgi de la montagne. L'atmosphère est baignée de lumière. Pir met fin à la longue incantation et reprend la parole.

« Si vous regardez le soleil, soyez prudents. Faites attention de ne pas vous brûler les yeux. Laissez pénétrer en vous la lumière. Lorsque vous expirez, devenez comme le soleil, irradiez comme lui des rayons, concentrez-vous sur le flamboiement du *chakra* du cœur et de l'aura. Imaginez le plexus solaire rouge et incandescent et, au milieu de tout cela, allumez une étincelle très petite, mais très intense et soufflez dessus... »

Nous n'irons pas plus avant dans la description de l'exercice qui commence maintenant. On ne peut pas et sans doute on ne doit pas en parler ou le décrire. Cela ne donnerait rien. Il faut, pour savoir de quoi il s'agit, le pratiquer sous la direction d'un maître.

Les exercices sont d'ailleurs multiples et, dans un souci d'éclectisme, Pir Vilayat les emprunte à plusieurs traditions.

Comme les Tibétains, il utilise les paysages qu'on laisse surgir en soi. Une nuée poussée par le vent, par exemple, ce qui permet de réaliser que la matière n'est pas aussi substantielle qu'on le pense. On peut voir aussi des feux d'artifice, des lucioles, des éclairs et comprendre que tout ce qui reste de la matière, ce sont ces étincelles de lumière.

On peut voir une chandelle dans une chambre sans courants d'air, visualiser la blancheur immaculée ou un ciel rouge « avec toute la fantasmagorie des nuages dont tout ce qui reste, une fois qu'il s'est évanoui, c'est une sorte de rougeur ». On peut imaginer le temps où la Terre n'existait pas et se rendre compte ainsi qu'elle n'est pas une réalité en soi ; imaginer aussi ce qui se passera lorsque la Terre aura disparu, quand il ne restera plus rien de New York ou de Paris et que « tout sera résorbé dans le flamboiement du *big bang* ».

Ainsi peut-on arriver à la nuit obscure des mystiques. Le monde physique devient un rêve. Il ne reste que la Réalité sans forme qui est pure splendeur.

Tout cela se termine par une méditation profonde.

Il faut du courage pour se perdre ainsi, pour disparaître afin de laisser la place, toute la place au Divin, d'arriver, comme disent les Tibétains, « à la claire lumière du ravissement ». On peut sentir son esprit vaciller. Tous les jeunes à qui nous avons parlé reconnaissent qu'ils ont vécu sur ce Chemin des moments difficiles, mais que cela en valait la peine. Certains d'entre eux sont allés très loin. Ce sont ceux-là que nous avons voulu interroger.

Voici John Daily. Si on veut lui parler, il faut le saisir au vol. Il est toujours en train de courir d'un bout du camp à l'autre, affairé, débordé, ce qui n'est pas étonnant si l'on considère qu'il est, pour le monde entier, le secrétaire général de toutes les activités de Pir Vilayat. Visiblement, il est fatigué et il nous faudra beaucoup l'amadouer pour qu'il consente enfin à nous raconter son histoire.

Pendant la plus grande partie de sa vie, jusqu'à l'âge de trente-cinq ans, il n'a eu qu'une seule préoccupation : réussir. Né en Angleterre dans une famille pauvre, il était, il le reconnaît aujourd'hui, obsédé par l'argent. Il en voulait, il en voulait beaucoup et il en a eu. A force de travail, il est devenu docteur en chimie et il est entré chez Chrysler où il a très vite obtenu un poste de responsabilité. Sa boulimie était telle que, tout en restant chez Chrysler, il a trouvé le moyen de fonder des affaires et même de posséder plusieurs hôtels. Sa femme, ses enfants, ses amis admiraient en lui l'homme qui s'était fait lui-même et qui avait tout créé à partir de rien. Lui, il faisait semblant d'y croire. En apparence, il avait tout ce qu'il pouvait désirer. Il s'abrutissait de travail, recevait beaucoup, sortait, allait dans les boîtes et, afin de tenir le coup, il s'adonnait à l'alcoolisme mondain et, parfois, aux drogues dites douces.

Dans les rares moments où il trouvait le temps de descendre au fond de lui-même, il lui arrivait de s'avouer qu'il n'était pas heureux. L'argent même après lequel il avait tant couru le décevait. « Et après? », se demandait-il. Alors se levait en lui un sentiment d'angoisse dont il croyait se délivrer en allant voir un psychiatre ou en forçant un peu sur les médicaments euphorisants. Une histoire banale en somme, l'histoire de tant et tant d'entre nous qui se sentent vidés d'eux-mêmes si leur agenda n'est pas bourré de rendez-vous et qui combattent leur anxiété en faisant des drames pour un oui ou pour un non.

« J'étais dans la confusion, dit-il. Je ne savais pas où j'allais lorsqu'une de mes amies m'a emmené assister à une conférence de Pir Vilayat. J'y suis allé beaucoup plus pour être près d'elle que pour rencontrer Pir et d'ailleurs, ce premier jour, je n'ai pas compris grand-chose. Tout de même, j'ai été impressionné par son apparence. »

Il fut assez impressionné en tout cas pour retourner entendre Pir et pour se joindre, après son départ, à un groupe de méditation. Ce qui ne l'empêchait pas de continuer à mener sa vie désordonnée et à fréquenter les boîtes de nuit. En fait, il était tiraillé entre cette vie des affaires et du plaisir et une vague aspiration à il ne savait trop quoi.

Jusqu'au jour où, à la fin d'une séance, le chef des soufis d'Angleterre lui dit, sans avoir l'air d'y attacher de l'importance, que Pir Vilayat partait faire un pèlerinage de deux semaines en Inde, qu'un de ses compagnons de voyage venait de se désister et que, par conséquent, il y avait une place libre. Seulement, il fallait se décider en dix minutes.

Il ne sait pas ce qui le poussa, mais il eut tout juste le temps de jeter quelques vêtements dans une valise et de demander à sa femme de s'occuper de ses affaires.

Dès son arrivée à Calcutta, il fut frappé de plein fouet par le spectacle de la misère. Le choc fut si fort qu'il laissa repartir Pir à la fin du pèlerinage et qu'il se retrouva chez Mère Térésa. Comme il était docteur en chimie, il s'occupa des ordonnances. Il y resta plus de six mois. Lorsqu'on se donne aux autres – cela ne manque jamais – les autres nous libèrent des poids qui nous écrasaient. Il comprit qu'il ne pourrait plus jamais mener cette vie qui l'avait tant passionné et tant déçu et il ne revint en Angleterre que pour liquider ses affaires. Il laissa 80 % de ses biens à sa femme et à ses deux enfants qui avaient alors seize et dix-huit ans, et il reprit l'avion pour l'Inde.

Cette fois-ci, il participa pendant quatre ans à un programme d'aide mis au point par Pir Vilayat, s'occupant entre autres des enfants abandonnés vivant dans les cimetières ou sur les dépôts d'ordures. Écoles, soins, distributions de nourriture, il y avait fort à faire. Il était aidé par de jeunes Occidentaux qui avaient payé eux-mêmes leur voyage et qui travaillaient d'une façon bénévole.

Disons tout de suite que ce programme est tout à fait original. D'habitude, lorsqu'on veut aider les populations du Tiers Monde, on commence par leur envoyer des spécialistes, des médecins, des hygiénistes, des maîtres d'école ou des agronomes. Pir a décidé de faire le contraire. Il trouve sur place les médecins et les spécialistes indiens dont il a besoin. Quant aux jeunes Occidentaux, ce sont eux qui font les petits travaux, même les plus salissants. Pir affirme que, de cette façon, il aide autant les Occidentaux que les Indiens. Il permet à ceux qui ne sont pas des spécialistes de faire tout de même l'expérience d'un autre monde, de se donner cœur et âme pour aider les plus démunis et il est de fait que, le plus souvent, cette expérience est pour eux le début d'une transformation.

Sans doute John Daily serait-il encore là-bas s'il n'avait contracté une maladie du sang qui l'a obligé à rentrer en Europe. Il est venu vivre à Suresnes qui est à la fois le domicile de Pir Vilayat et le centre de toutes ses activités.

Des activités qui, pour répondre à la demande croissante, doivent se structurer de plus en plus. Il y a aujourd'hui plus d'une soixantaine de centres qui dépendent de Pir Vilayat, en France, en Hollande, en Belgique, en Allemagne et aux États-Unis où Pir passe de plus en plus de temps et où l'organisation possède une ferme entourée de 400 hectares de terre. En dehors de sept permanents, tous les membres sont bénévoles et c'est Pir qui amène lui-même le plus gros de l'argent nécessaire avec les camps qu'il organise, les séminaires et les conférences qu'il donne dans le monde entier.

Fort de son expérience d'homme d'affaires, John Daily chapeautait tout cela lorsque nous l'avons rencontré, mais il commençait à ployer sous le fardeau et envisageait d'aller vivre et travailler dans la ferme américaine de l'organisation.

« Physiquement, c'est dur pour moi, nous a-t-il dit, mais émotionnellement et spirituellement, je n'ai jamais été aussi bien. Je peux dire maintenant que je suis heureux. Avant, je ne l'étais pas. J'avais beaucoup de plaisirs, mais peu de joie.

– Vous avez au moins la chance, lui avons-nous dit, de faire partie de ceux qui sont souvent en contact avec Pir.

– Il est si occupé, il travaille tellement et avec une telle intensité que je ne le vois pas autant que je le voudrais, même pour lui parler des affaires de l'organisation.

« Vous savez, les gens qui viennent le voir voient en lui un homme gentil. Gentil, il l'est, mais il sait aussi pousser ses disciples jusqu'aux limites de leurs possibilités. Et lorsqu'on résiste, comme je le fais trop souvent, il faut s'attendre à recevoir des coups de pied dans les fesses. Il m'arrive même d'être furieux contre lui.

– Pourquoi l'acceptez-vous?

– Parce que, en dernière analyse, il a toujours raison. Et puis parce que je sais que je peux compter sur lui totalement. Ce n'est pas un mou et son premier objectif est de nous apprendre à nous suffire, à ne pas dépendre de lui.

– Vous êtes-vous fait musulman?

– Non. Pir m'a dit dès le début que mon Chemin était le bouddhisme. A d'autres, il conseille de rester chrétiens. A d'autres encore, de suivre l'enseignement soufi. Donc, je pratique la méditation bouddhiste. Mais grâce à Pir, j'ai découvert aussi le vrai christianisme. Au début, j'étais catholique, mais je trouvais mon Église trop fermée. Pir m'a parlé du christianisme comme je pensais qu'il aurait dû être, sans tous ces non-sens que sont le péché et la culpabilité. Peu à peu, je découvre le cœur de toutes les religions. Je vois s'évanouir leur étroitesse jusqu'au moment où il ne reste plus que ce qu'elles ont toutes en commun : l'abandon et l'amour.

– Puisque Pir Vilayat est si occupé, comment fait-il pour répondre à tous ceux qui viennent lui demander secours?

– Plus il va et plus il consacre de temps à ses " mourides ", c'est-à-dire à ceux qui ont reçu l'initiation de ses mains. Il y a maintenant chaque année un camp qui se tient dans les Pyrénées, dans un endroit encore plus isolé et plus difficile d'accès qu'ici et qui est réservé aux disciples les plus proches. Là sont formés également les " guides de retraite ". »

Ces guides de retraite, nous avons voulu les rencontrer et

c'est ainsi que nous nous sommes trouvés, par un magnifique après-midi d'été, assis dans l'herbe avec Akbar et sa femme, face au majestueux paysage.

Nous avons eu du mal en les voyant devant nous, lui, grand, barbu, très beau, un peu hippie d'apparence et elle toute menue à ses côtés, à croire qu'ils ont fait partie un jour de l'*establishment* américain, qu'ils ont été de bons bourgeois tout à fait adaptés à leur milieu.

Elle vient de La Nouvelle-Orléans où elle était professeur et directrice d'école ; lui de la Nouvelle-Angleterre où il était avocat. Lorsqu'ils se sont rencontrés, ils avaient déjà réussi à se faire, chacun de son côté, une belle place dans la vie. On ne peut même pas dire d'eux, comme de John Daily, qu'ils étaient insatisfaits. Ils avaient deux enfants, une belle maison au bord de la mer, tout ce qu'on peut demander à la vie et, comme ils n'étaient pas égoïstes, ils ont décidé de donner deux années de leur vie pour aller au Kenya et au Botswana afin de travailler à la réforme agraire ainsi qu'à la planification et au développement.

Avant de rentrer après deux ans d'Afrique, ils se sont offert un voyage qu'ils croyaient être un voyage d'agrément. Ils ont pris le bateau de Monbassa à Bombay et, comme ils étaient curieux de sensations nouvelles, ils se sont attardés, en traversant l'Inde, dans des lieux chargés de spiritualité et tout spécialement auprès des tombes des saints musulmans.

« Au départ, dit Akbar, nous visitions ces lieux comme des touristes visitent une cathédrale en France. Et puis nous avons réalisé que nous éprouvions une attirance tout à fait incompréhensible pour ces tombeaux. Il est vrai que j'ai toujours été intéressé par l'Islam. Lorsque je faisais mon droit, j'ai même pris une année pour étudier la loi musulmane.

« Après l'Inde, lorsque nous sommes rentrés chez nous, nous avons connu des temps difficiles.

— Oui, reprend sa femme. Ma mère est morte, ma sœur a été assassinée et, bien sûr, j'en ai été déstabilisée. Je me suis rendu compte à quel point mon bonheur était fragile et j'ai réalisé qu'une partie de ma vie était inaccomplie. C'est alors que j'ai eu un rêve. Je me suis vue en train de chercher un maître et, soudain, il m'est apparu. Un être lumineux, impressionnant de beauté et de calme. Par la suite, j'ai fait toute une série de rêves qui avaient trait à des expériences mystiques profondes. Ces rêves étaient tellement forts que je m'en réveillais troublée et que j'ai même cru un moment que j'étais en train de devenir folle. En même temps, je comprenais que je devais continuer à chercher, mais je ne savais pas dans quelle direction.

« Je suis allée dans une bibliothèque, j'ai cherché des livres qui pourraient m'aider et je suis tombée sur Rûmi. C'était extraordinaire : les expériences qu'il racontait dans ses poèmes étaient les mêmes que celles de mes rêves. J'ai compris tout à coup que j'étais dans le vrai et que ce Maître, surgi du Moyen Age, me montrait le chemin. J'étais encore dans l'émerveillement de cette découverte lorsque j'ai appris qu'il y avait des soufis à Boston. Je me suis précipitée chez eux. Lorsque je suis entrée, j'ai aperçu la photo d'un homme assis au sommet d'une haute montagne. Cet homme était celui que j'avais vu dans mon rêve. Les " mourides " qui m'accueillirent me dirent qu'il s'appelait Pir Vilayat Inayat Khan.

« Deux mois plus tard, il est venu à New York pour une célébration cosmique. Je n'ai pas hésité une seconde : j'ai demandé l'initiation.

– En quoi consiste ce que vous appelez une initiation ?

– C'est une bénédiction qui vous fait entrer dans la confrérie. J'ai eu le sentiment qu'elle m'allumait comme une ampoule électrique. En même temps, je me suis engagée à approfondir ma vie intérieure et à travailler pour l'unité des religions.

– Est-ce que cela ne vous a pas éloignée de votre mari ?

– Non, parce qu'il a connu une évolution semblable. Nous nous sommes au contraire sentis plus unis que jamais. Nous avons vendu notre magnifique maison au bord de la mer et nous nous sommes installés dans un quartier pauvre de Boston où nous avons fondé une école pour soixante enfants. Nous y appliquions les principes de Pir, c'est-à-dire que nous traitions les enfants comme des fleurs qu'il faut soigner et non comme des machines dans lesquelles il faut injecter des informations. »

Comme tant d'autres, Akbar et sa femme ont donc vérifié la grande loi selon laquelle on ne peut progresser sur le chemin spirituel sans transformer radicalement sa vie. Ils se sont donnés entièrement à la confrérie. Eux qui avaient une vie bien protégée, ils se sont lancés dans l'insécurité. Ils ont accepté d'aller où les poussait l'Esprit.

Sont-ils plus heureux qu'avant?

« Infiniment plus », dit Akbar.

Quant à sa femme, elle ajoute :

« La grande transformation, c'est que je suis en paix avec moi-même. Je connais une paix profonde qui fait disparaître l'urgence des désirs et les peurs de toutes sortes qui, autrefois, ne cessaient de m'assaillir. Même la mort ne me fait plus peur. Je la vois comme une porte que je peux maintenant franchir en pleine conscience. »

Lorsqu'on change ainsi de vie, poussé par une nécessité intérieure, on s'aperçoit toujours, c'est une règle absolue et une marque d'authenticité, qu'on est de plus en plus disponible aux autres.

Akbar et sa femme sont maintenant guides de retraite dans la communauté américaine. Car la retraite telle qu'elle est pratiquée là-bas est une méthode mise au point par Pir pour aider à la transformation intérieure. Elle peut durer de trois à vingt et un jours et elle utilise les pratiques de plusieurs traditions. Le but est toujours le même. C'est celui que nous avons retrouvé partout : faire le vide en soi, ou plutôt se libérer de soi-même pour laisser passer l'inspiration intérieure, le souffle du Divin. Le travail de guide consiste à aider le retraitant à progresser sans se laisser arrêter par les pièges de la psychologie. Il faut pour cela une attention de tous les instants, une grande lucidité, une présence amoureuse. Il faut s'intéresser à la psychologie des retraitants en évitant de trop s'appesantir sur leurs problèmes parce qu'on risque alors de les faire grossir davantage. Il faut enfin bien connaître les différentes traditions et ne pas oublier qu'on travaille pour l'unité des religions. C'est là la grande originalité de Pir Vilayat, comme c'était déjà celle de son père, Pir O Murshid Inayat Khan. Lancer des ponts, connaître les diverses Écritures, rencontrer des maîtres, pratiquer les rites, dégager ce qui est commun à tous et se rendre compte que ce qui est commun est infiniment plus important que ce qui divise.

« Chez les musulmans, je me sens musulman, affirme Akbar. Bouddhiste chez les bouddhistes, hindouiste chez les hindous. Je puis même maintenant retourner dans le Temple protestant de mon enfance où je suis resté longtemps sans mettre les pieds et prier sincèrement et intensément avec ceux qui s'y trouvent. Parce que nous avons appris à ne voir que l'Essentiel, nous pouvons voir le christianisme avec des yeux neufs. »

C'est cette universalité qui a d'abord séduit Henriette Martin. Elle pratique le yoga depuis trente-trois ans, c'est-à-dire qu'elle a commencé bien avant que ce soit à la mode. Elle vient d'écrire un livre sur *le Yoga et la femme* qui a connu un beau succès dans les milieux spécialisés. Elle est catholique de tradition, elle a été élevée chez les sœurs, mais elle n'a pas été comblée.

Elle a rencontré Pir et, un jour, lors de ses réunions, elle s'est surprise à murmurer : « Je suis bien ici. » Elle a demandé l'initiation et elle a eu le sentiment d'être mise en communication avec tous les êtres éveillés. Elle s'intéresse à la guérison telle qu'on la pratique chez les soufis et elle a pu constater que beaucoup de médecins demandent une bénédiction spéciale parce qu'ils sont persuadés que, pour soigner les autres, il faut d'abord se purifier soi-même.

Il y a deux ans, elle a vécu dans ce même camp une expérience extraordinaire qu'elle a tenu à nous raconter et que nous transcrivons parce qu'elle montre bien jusqu'où va chez Pir Vilayat et chez ceux qui le suivent le désir d'universalité.

« C'était le 15 août, jour de l'Assomption de la Vierge. Nous avions la chance d'avoir parmi nous un Père dominicain et un lama tibétain. Pendant deux heures, la tente de méditations s'est transformée en église, car un prêtre de Château Queyras était monté pour célébrer l'Eucharistie.

« Ce fut un moment extraordinaire. Tous, nous avons connu une joie immense. Il y avait parmi nous des catholiques qui avaient cessé depuis longtemps de pratiquer leur religion et qui ont vécu ce moment dans l'enthousiasme.

Lors de l'offertoire, un juif, un musulman, un chrétien et un bouddhiste se sont avancés et chacun a dit une prière de sa religion. On ne pouvait pas ne pas être bouleversé par le recueillement qui se lisait sur tous les visages et l'atmosphère de fraternité qui régnait.

« Le plus extraordinaire, c'est que tout le monde a reçu la communion et je suis même sûre que Dieu ne s'est pas formalisé si certains d'entre nous n'étaient pas baptisés. Ils étaient si sincères, si joyeux, si totalement unis dans le Christ. A la fin, tout le monde a chanté Alléluia! C'était la fête! »

Un disciple demanda un jour à un Maître :
« Qu'est-ce que le soufisme?
– Ce n'est pas difficile, répondit le Maître : il suffit d'oublier le mot moi. »
Un autre jour, ce même disciple dit au même Maître :
« Quand je prie, c'est fantastique, je plane, j'échappe à toutes mes peurs et à tous mes désirs. Mais dès que j'arrête de prier, je retombe sur terre.
– C'est exactement cela, répondit le Maître, il faut éviter de s'envoler. Le soufisme est sur la terre. »
L'homme qui nous raconte ces petites histoires si pleines d'enseignement, tandis que nous sommes assis au soleil tout en haut de la montagne, est à la fois un poète et un professeur de mathématiques. Il est iranien et, depuis que nous sommes au camp, il nous a pris sous sa protection avec une inaltérable gentillesse. Chaque fois que nous avions un moment de libre, nous savions que nous pouvions venir parler avec lui.
Avec lui, mais pas de lui, car il était secret. « Ma personne n'a pas d'importance, répétait-il sans cesse. Il suffit que vous sachiez que je m'appelle Cina, que j'ai été élevé dans la tradition musulmane et que j'ai eu une nourrice qui a joué pour moi le rôle d'une seconde mère. C'est elle qui, sans s'en douter, m'a initié au soufisme en me racontant des contes orientaux. Ne vous y trompez pas : à un certain niveau, tous ces contes sont initiatiques. Vers dix-huit ans, je me suis demandé si Dieu existait vraiment et j'ai tenté de résoudre ce problème en utilisant mon esprit cartésien. J'ai découvert

que ça ne marchait pas. J'ai cherché un peu partout autour de moi, jusque chez les témoins de Jéhovah et les Mormons et je me suis rendu compte que tous prétendaient posséder la Vérité.

« J'aime beaucoup cette phrase de Teilhard de Chardin. Il arrivait au sommet de la pyramide de Chéops et il demanda aux amis qui étaient avec lui : " Par où sommes-nous montés ? " Les uns dirent par ici, d'autres par là. " Vous voyez, reprit Teilhard, la Vérité, c'est le but qu'il faut atteindre. Le chemin importe peu. »

« C'est ce désir d'universalité qui m'a amené au soufisme. Et aussi cette façon qu'ont les soufis d'éviter les grandes envolées et de s'attacher à rester incarnés dans le monde. Être relié toujours à la terre et au ciel, l'une étant aussi importante que l'autre. Écoutez cette histoire :

« Un saint homme habitait au bord de la rivière. Un jour, le maire vint le voir et lui dit :

« " Écoute, la météo vient d'annoncer qu'il va y avoir une crue. Tu risques d'être noyé. Quitte ta maison et monte sur les hauteurs. " Le saint homme refusa : " J'ai confiance en Dieu, dit-il. Il ne me laissera pas périr. "

« La pluie arriva, la rivière gonfla, le saint homme monta sur le toit de sa maison et se mit à prier tranquillement. Des pompiers qui arrivaient dans une barque lui crièrent de venir avec eux. " Non, répondit-il. J'ai confiance en Dieu. " Après les pompiers arrivèrent les gendarmes. Le saint homme avait dû quitter le toit de sa maison pour grimper au sommet d'un arbre, mais il refusa toute aide. Finalement, il vit arriver l'hélicoptère de la protection civile. Il refusa d'y monter. A peine l'hélicoptère eut-il disparu que l'arbre fut arraché. Le saint homme fut noyé.

« Il n'était pas content en arrivant au paradis et il demanda à voir Dieu.

– « Je ne comprends pas, protesta-t-il. Je suis un saint homme et tu n'as pas protégé ma vie.

– « Comment peux-tu dire une chose pareille ? répondit Dieu. Et le maire ? Et les pompiers ? Et les gendarmes ? Et l'hélicoptère ? Crois-tu donc que je les ai envoyés pour rien ?

« Ce conte, reprit Cina, est souvent raconté dans les milieux soufis. Il veut dire que dans la vie spirituelle, il ne faut pas attendre toujours des choses extraordinaires, qu'il faut savoir garder les pieds sur terre, résister à la tentation de l'angélisme. A l'inverse des hindouistes, les soufis ne considèrent pas le moi comme une mauvaise chose. On peut vouloir l'oublier, mais non le détruire. Au contraire, il faut développer ses qualités, le transformer, le purifier. »

Nous avons trouvé en Cina une mine inépuisable d'histoires de ce genre. Des histoires de Mollah surtout, ce personnage imaginaire qui est célèbre dans tout le Moyen-Orient et qui peut être aussi bien un calife qu'un mendiant, qui est tantôt grave et tantôt malicieux et dont les bouffonneries ont toujours un sens profond qu'il faut découvrir.

« Un jour, Mollah fut invité à un grand mariage. Il arriva avec ses habits de tous les jours et le majordome le fit asseoir tout au bout de la table, là où soufflaient les courants d'air et où les plats arrivaient presque vides. Au bout de cinq minutes, Mollah s'en alla, rentra chez lui et revêtit ses habits les plus magnifiques. Il coiffa un turban gros comme ça et revint dans la salle du banquet. Ébloui, le majordome le plaça tout à côté de la mariée. Il s'assit dignement, prit les meilleurs morceaux et, soudain, il trempa ses manches dans le plat, les frotta dans la sauce et leur dit : " Allez! Mangez! Ne vous privez pas! " Les gens se rassemblèrent autour de lui et lui demandèrent s'il n'était pas en train de devenir fou. " D'après ce que j'ai cru comprendre, répondit-il, ce n'est pas à moi que vous donnez à manger, mais à mes habits. " »

On rit, mais on peut aussi réfléchir longtemps à cette histoire, lui découvrir de nombreux prolongements et de non moins nombreuses applications. C'est d'ailleurs le propre des contes soufis : on ne les explique pas. Chacun en tire ce qu'il est capable d'en tirer au niveau où il est arrivé.

S'agit-il de faire comprendre à un disciple qu'il est totalement centré sur lui-même, qu'il juge tout selon ses propres critères et qu'il interprète les événements selon la position qu'il occupe, le Maître, au lieu de lui faire un long sermon, lui racontera cette histoire :

« Une nuit d'hiver, un soufi est réveillé par des hurlements dans la rue. Il jette une couverture sur son dos et sort. Il tombe au milieu d'une bagarre. Il est roué de coups. L'un le bat, l'autre déchire sa couverture. Il rentre chez lui et sa femme lui demande :

– De quoi s'agissait-il ?

– Rien. Ils en voulaient à ma couverture. »

S'agit-il de montrer comment fonctionne le cerveau de la plupart des hommes, on raconte ces deux histoires :

« Mollah est en train de jeter du riz cuit tout autour de sa maison. Son voisin lui demande :

– Mollah, que fais-tu ?

– Je jette du riz pour éloigner les tigres.

– Mais il n'y a pas de tigres ici.

– Tu vois bien que ça marche. »

« Une nuit, Mollah est en train de chercher quelque chose sous un réverbère. Un voisin ouvre sa fenêtre et lui crie :

– Ho ! Mollah ! Que fais-tu ?

– Je cherche ma clé.

– Attends, je vais venir t'aider.

« Le voisin descend et d'autres avec lui. Ils se mettent tous à chercher. Au bout d'une demi-heure, ils demandent à Mollah :

– Tu es sûr que tu l'as perdue ici ?

– Non.

– Alors, pourquoi la cherches-tu sous ce réverbère ?

– Parce qu'il y a de la lumière. »

Cela paraît absurde et pourtant, combien de fois agissons-nous de la sorte ? Combien de fois cherchons-nous notre clé là où elle ne peut pas être parce que cela nous paraît plus commode ?

Et la suffisance ? L'orgueil spirituel, ce danger mortel qui guette, à un moment ou à un autre du Chemin, tous les chercheurs de Dieu ? Cette suffisance qui faisait se glorifier le pharisien tandis que le publicain était tout au fond de la pièce en train de battre sa coulpe. Sur ce thème, les histoires soufies sont innombrables. Cina en possède sans doute des centaines dans sa besace de conteur.

Je ne puis résister au plaisir de raconter les deux qui, sur ce sujet, nous ont semblé les plus significatives.

Tandis qu'il marchait le long d'un fleuve, un derviche très savant, l'un de ces hommes qui savent ce qu'on doit faire pour atteindre le but, entendit un autre derviche qui, sur une île, était en train de prier à haute voix. Il se dit : mon devoir est d'aller dire à cet homme que ce n'est pas ainsi qu'il atteindra le but. Il chercha une barque, rama jusqu'à l'île, trouva le derviche qui était un petit vieux en haillons et lui dit :

« Mon frère, ne le prends pas mal, mais je te le dis : tu ne fais pas bien cet exercice et c'est dommage car il est très puissant. Celui qui le ferait correctement en arriverait à être capable de marcher sur les eaux. Fais comme ça et pas autrement. »

Le vieux se confondit en remerciements et le derviche savant remonta dans sa barque et se remit à ramer. Il arrivait au milieu de la rivière lorsqu'il entendit quelqu'un qui l'appelait. Il se retourna et vit le vieux derviche qui, marchant sur l'eau, lui cria : « Excuse-moi, je ne me souviens pas comment il faut faire. »

Dans le désert du Sinaï, il y avait un derviche avec une grande barbe blanche qui passait son temps à prier, à jeûner, à se flageller et qui se désolait parce qu'il ne sentait rien. Il vit un jour Moïse monter au ciel, puis en redescendre enveloppé dans une nuée de lumière et de gloire. Il l'appela et lui dit :

« Toi qui parles directement à Dieu, demande-Lui pourquoi je ne ressens jamais Sa présence alors que je fais tant de choses pour Lui. »

Moïse posa la question à Dieu qui répondit :

« C'est parce qu'il est trop préoccupé par sa barbe. »

Informé, le derviche coupa aussitôt sa barbe et attendit. Rien ne vint, pas la plus petite grâce spirituelle. Il demanda des explications à Moïse et, cette fois-ci, Dieu répondit :

« Dis au derviche que, quoiqu'il n'ait plus sa barbe, il en est toujours préoccupé. »

« Vous vous êtes engagés dans une aventure impossible, nous a dit Cina, parce qu'on ne peut pas parler du soufisme. On ne peut que le vivre. »

Il avait raison, nous nous en rendons compte en terminant ce chapitre. Nous avons rencontré des maîtres et des disciples, prié et médité avec eux et nous avons même participé à la danse des derviches tourneurs. Et nous sentons bien que ce que nous avons vécu est intransmissible. On peut en parler, mais on ne peut pas en traduire la fulgurance. Il faut, pour cela, faire appel à la poésie et au plus grand sans doute de tous les poètes soufis, à Djallal ud Din Rûmi, ce visionnaire qui, au temps de Saint Louis, affirmait que si l'on parvenait à couper un atome, on y trouverait des systèmes solaires en miniature. Sa vie est un véritable conte oriental et l'on répète dans les confréries les vers immortels qu'il écrivit lorsque son maître, Shams de Tabriz, fut assassiné.

Il fonda une confrérie qui compte encore aujourd'hui des centaines de milliers de membres. De tous les maîtres, il est sans doute le plus universel.

« Il y a bien des chemins de recherche, disait-il à un disciple, mais l'objet de la recherche est toujours le même. Ne vois-tu pas que les chemins qui conduisent à La Mecque sont divers, l'un venant de Byzance, l'autre de Syrie et d'autres encore passant par la terre ou la mer? Les chemins diffèrent, le But est unique. »

Puisque nous avons placé ce livre sous le signe de l'universalité, nous ne pouvons mieux faire que de transcrire ici les pages écrites par son biographe Aflaki sur les obsèques de Djallal ud Din Rûmi :

« Tous pleuraient et la plupart des hommes marchaient en poussant des cris, en déchirant leurs vêtements, le corps dénudé. Les membres des différentes communautés et nations étaient présents, chrétiens, juifs, Grecs, Arabes, Turcs, etc. Ils marchaient devant, chacun tenant haut son livre sacré. Conformément à la coutume, ils lisaient des versets des Psaumes, du Pentateuque et de L'Évangile et poussaient des gémissements de funérailles... On fit venir les chefs des moines et des prêtres et on leur demanda quel rapport cet événement pouvait avoir avec eux, puisque ce souverain de la religion était le directeur de l'imam obéi des musulmans. Ils répondirent : " En le voyant, nous avons compris la vraie nature de Jésus, de Moïse et de tous les prophètes; nous avons trouvé en lui la même conduite que celle de nos prophètes parfaits. " »

Tant il est vrai qu'au sommet, tout se rejoint. Qu'il soit chrétien, musulman, hindouiste, bouddhiste ou juif,

comment un mystique ne reconnaîtrait-il pas que tout est dit
dans ce poème de Rûmi?

> *En vérité, nous sommes une seule âme, moi et Toi.*
> *Nous apparaissons et nous nous cachons,*
> *Toi dans moi, moi dans Toi.*
> *Voilà le sens profond de mon rapport avec Toi.*
> *Car il n'existe entre moi et Toi, ni Toi, ni moi.*
> *Nous sommes le miroir et le visage à la fois.*
> *Nous sommes ivres de la coupe éternelle.*
> *Nous sommes le baume et la guérison.*
> *Nous sommes l'eau de Jouvence et celui qui la verse.*

CHAPITRE VII

L'ÉGLISE ORTHODOXE DE FRANCE :
LIBÉRER LA SPLENDEUR CAPTIVE

Jour de brume et de pluie. Jour de l'inattendu.

Il m'arrive encore de me demander ce qu'ont bien pu penser les quelques touristes qui se trouvaient aux sources de la Touvre en cet après-midi du mois d'août.

Ils venaient voir, à quelques kilomètres d'Angoulême, une curiosité naturelle, une rivière sortant, déjà toute-puissante, des entrailles de la terre et ils virent arriver un étrange cortège : une trentaine de personnes portant des cierges allumés et cheminant derrière un prêtre en habits sacerdotaux. Et au milieu de ce cortège, il y avait moi, Rachel, qui avançais toute recueillie, vêtue d'une longue robe blanche.

Le prêtre me prit par la main, entra dans l'eau avec moi et m'y plongea tout entière à trois reprises. Puis il me ramena sur la rive, me lava les pieds et c'est à ce moment-là qu'éclata une exclamation de surprise et de joie. A l'instant même en effet où il prononça ces paroles : « Tourne-toi vers l'Orient, car c'est de l'Orient que viendra la lumière », les nuages se déchirèrent et le soleil se mit à briller pour quelques instants.

Oui vraiment, les touristes qui se pressaient autour de nous durent avoir le sentiment d'assister au rite mystérieux d'une nouvelle secte alors qu'il s'agissait tout simplement de mon baptême dans une Église tout à fait officielle : l'Église orthodoxe de France qui, comme aux premiers temps du christianisme, pratique le baptême par immersion.

Une Église que j'avais rencontrée seulement quelques

jours plus tôt lors d'un stage sur le symbolisme de la lettre hébraïque donné dans un château voisin par Annick de Souzenelle. Une Église au sein de laquelle j'ai été poussée mystérieusement et sans qu'il ait été pour moi question de résister, moi fille de rabbin, à recevoir le baptême.

Un peu plus tard, mon bonheur a trouvé son épanouissement dans la chapelle ronde et entièrement recouverte de fresques du château. Jour après jour, pendant la préparation, j'y avais assisté à la messe, mais aujourd'hui, c'était différent : c'était moi qui tenais l'évangéliaire et tout s'ouvrait devant moi, tout vibrait. Les chants liturgiques étaient plus prenants encore qu'à l'ordinaire, et il y avait l'encens répandu à profusion et les icônes qui, lorsqu'on sait les regarder, nous renvoient ce qu'il y a de plus beau en nous...

Par la suite, Jean-Pierre et moi, nous sommes partis à la découverte de cette Église qui m'avait accueillie avec tant de magnificence et ce que nous avons découvert nous a tellement passionnés que, tout naturellement, nous avons décidé de consacrer un chapitre à ces orthodoxes d'un nouveau genre qui vivent une expérience extraordinaire au sein d'une Église en pleine expansion.

Jusqu'ici, au cours de nos précédentes enquêtes, nous avons rencontré des maîtres spirituels, vivants ou morts, qui étaient pour ceux qui les suivaient de véritables lumières sur le Chemin initiatique. Des maîtres qui ont l'étrange pouvoir d'habiter leurs disciples, de les prendre par la main, de les guider à travers les embûches que connaît toute aventure spirituelle, de leur inspirer une confiance absolue. Monseigneur Jean, le fondateur de l'Église orthodoxe de France, est un maître de cette trempe. C'est par lui qu'il nous faut commencer si nous voulons comprendre le cheminement de l'Église.

Il s'appelait Eugraph Kowalevsky. Il est né dans une famille d'aristocrates russes, et était le fils du ministre de l'Éducation au temps de la Douma. Chassé de son pays par la révolution, il s'était très vite posé cette terrible question : « Pourquoi Dieu a-t-il permis cela ? » et parce qu'il était profondément religieux et orthodoxe, il s'est un jour entendu répondre : « C'est pour que nous puissions transmettre à l'Occident le trésor de l'orthodoxie. »

Un trésor qu'il connaissait bien parce qu'il l'avait découvert alors qu'il était encore un petit enfant.

« L'orthodoxie vous pénètre malgré vous, a-t-il écrit dans son autobiographie. J'avais onze ans. Assis dans ma chambre, un étrange et léger sommeil me surprit. Comme une flèche, un oiseau de feu s'élançait dans le ciel, les ailes pliées, le bec en avant. Il me blessa le cœur avec son bec. Cette blessure brûlante contenait une souffrance béatifique, un amour inexprimable. Elle est demeurée toute ma vie dans mon cœur. Je fus envahi d'un bonheur tel que je voulus m'emparer de l'oiseau de feu et le retenir pour toujours. Dès que je l'eus pris, il devint un oiseau de bois sculpté et je me réveillai en sachant que Dieu ne se laisse pas posséder. Sans comprendre le Saint-Esprit, j'ai compris très tôt que c'était lui qui donnait l'Amour aux hommes. »

Voici donc un enfant touché par la grâce. Au point que, tout jeune encore, il va découvrir le vrai visage de la Trinité.

« Mon unique refuge était la Trinité. Tout me semblait instable, ma vie si courte, les êtres humains si peu existants. Dans la Trinité, je trouvais soudain le sol ferme, quelque chose de réel, d'inébranlable qui ne trompe pas et je me répétais pour ne pas disparaître : "Trinité, mon unique amie." »

Il ne va plus désormais avoir qu'un seul désir : partager ce qu'il venait de découvrir.

Le voici maintenant à vingt-cinq ans. Un jour qu'il visitait l'église Sainte-Radegonde à Poitiers et qu'il regardait en esthète les vitraux du XIIe siècle, il se sentit attiré par la crypte où se trouve le tombeau mérovingien de la sainte. Debout, il médita sur cette reine de France, épouse de Clotaire Ier et amie de saint Germain de Paris, sur cette femme éperdument admirée par Fortunat, poète et saint qui écrivit sa vie et rendit célèbre le miracle des avoines poussées instantanément pour la dissimuler, elle et ses compagnes devenues nonnes, aux sbires du roi son époux.

A-t-il vraiment entendu une voix ou bien a-t-il été touché par un appel intérieur? Toujours est-il qu'il a eu le sentiment de recevoir cet ordre : « Passe sous mon tombeau. » Un ordre si incompréhensible et tellement irrationnel qu'il y a d'abord résisté de toutes ses forces. Peut-être même serait-il parti si l'ordre ne lui avait été répété une seconde fois, puis une troisième et cette dernière fois d'une façon si impérative qu'il n'a pas pu ne pas obéir.

« Alors, raconte-t-il, le ciel s'est ouvert et j'ai entendu très clairement la voix suave et douce : " Aide-moi à reconstruire l'Église de France. " »

Il fut d'autant plus bouleversé que, depuis longtemps déjà, il se sentait habité par un malaise.

Lors de l'arrivée en masse des réfugiés russes, au lendemain de la révolution, l'Église orthodoxe avait connu en France un beau succès de curiosité. La majesté de la liturgie, l'or des chasubles, les nuages de l'encens, la voix grave des popes... il n'en avait pas fallu plus pour attirer les Parisiens aux offices des dimanches. Mais les Parisiens se lassent vite, la curiosité était retombée et les Russes orthodoxes avaient commencé à vivre repliés sur eux-mêmes et sur leur passé. Eugraph Kowalevsky ne se sentait pas à l'aise dans cette mentalité de réfugié. Il connaissait bien l'Église orthodoxe, il savait qu'elle avait d'inestimables valeurs à apporter à l'Occident, mais il savait aussi que pour planter ces valeurs dans le terreau français, il lui fallait abandonner son esprit proprement russe et tout faire pour s'enraciner dans son nouveau terroir, devenir français avec les Français.

En une seconde, il sut que sa vie serait consacrée à cette mission ; en une seconde, il vit reconstituée l'ancienne Église telle qu'elle était avant le schisme. En une seconde, il eut le sentiment que son hérédité russe le quittait et qu'il se découvrait à la place une hérédité d'Occidental.

Avec quelques amis et avec son frère Maxime, il fonda donc une confrérie à laquelle il donna pour mission de partir à la recherche des sources de l'Église d'Occident au temps béni d'avant le grand schisme. C'est ainsi qu'ils découvrirent le génie chrétien et universel des premiers siècles. Et aussi sainte Geneviève, saint Germain et saint Irénée, évêque de Lyon, l'une des plus grandes colonnes de l'Occident. C'est ainsi également qu'ils découvrirent à la bibliothèque d'Autun le manuscrit sur le rite des Gaules, ce rite qui est aujourd'hui à la base de leur liturgie, et sur lequel le Père Brêt écrit :

« Une des vocations de l'homme, c'est de proclamer

Dieu par la liturgie et les chants; c'est de Le glorifier par l'instrument le plus beau qui soit : la voix humaine. Cette louange, grâce à Mgr Jean, peut se faire aujourd'hui en France. Elle puise ses racines dans la terre de France. »

Ordonné prêtre à San Francisco en 1937 par le métropolite Eleutère, Mgr Jean fut, deux ans plus tard, mobilisé dans l'armée française.

Capturé lors de la débâcle, il se fit l'aumônier des prisonniers russes qui, à proximité de son camp, vivaient dans une épouvantable détresse et qui l'avaient surnommé « petit père ».

« J'ai dit la messe dans mon cœur, écrit-il, parce que je n'ai pas trouvé où la dire dans le cantonnement. Le cœur est un autel... Dieu de ma joie et de mon allégresse était là... Oh! douleur douce de l'amour infini pour la Trinité... Orthodoxie, feu universel de la Charité au-delà de l'espace et du temps! Dieu, liberté parfaite, me libère de l'ego. Car le Christ est venu pour me libérer, me racheter du joug du moi! On ne peut libérer en nous le Divin sans se libérer du moi. »

Ce mystique a su se faire homme d'action. Il s'est tellement donné sans compter qu'il a contracté le typhus et qu'il est rentré en France très affaibli.

Ce qui ne l'a pas empêché de se remettre aussitôt au travail pour construire cette Église à laquelle il avait longtemps rêvé.

C'est une règle qui ne souffre guère d'exception : tous les grands réformateurs de l'histoire ont connu la persécution. Lui, il s'est très vite trouvé pris entre deux feux. Entre les catholiques qui entendaient protéger leur troupeau et les orthodoxes russes qui ne comprenaient pas son besoin d'adapter l'orthodoxie à son nouvel environnement et auraient voulu le voir adopter leur liturgie, leur langue, leurs barbes et leur calendrier. Le conflit devint si aigu que la rupture eut lieu avec le patriarcat de Moscou. Mgr Jean se tourna vers les Grecs, se rendit à Constantinople et fut reçu par le patriarche Athénagoras qui lui dit : « C'est un événement historique. Vous êtes l'avenir et nous devons vous aider. » Mais les Russes ne désarmaient pas et le dossier fut très vite refermé.

Pendant quatre ans, Mgr Jean vécut avec sa petite communauté en marge de toute reconnaissance officielle, sans statut canonique, sans évêque habilité à ordonner des prêtres. En 1957 enfin, l'un de ses fidèles qui était allé faire un pèlerinage au mont Athos, rencontra là-bas un anachorète russe qui lui suggéra de faire appel à l'archevêque russe de Bruxelles, Jean Maximovitch, qui accepta de l'entendre et défendit sa cause au synode des évêques russes émigrés à New York, si bien que la petite Église obtint un statut canonique d'Église diocésaine orthodoxe sous la houlette d'un évêque protecteur.

Le 11 novembre 1964, jour de la Saint-Martin, évêque des Gaules, Mgr Jean fut enfin sacré évêque à San Francisco.

« Sans public, sans pompe ni symbole, écrit-il, je reçois la succession apostolique... Mon cœur éclate d'un amour immense pour l'Église de France... » Il prit le nom de Jean de Saint-Denis.

Tout alla bien aussi longtemps que la nouvelle Église put rester sous la protection de l'archevêque Jean Maximovitch, mais après la mort de celui-ci, l'Église russe tenta de remettre la main sur les brebis qu'elle considérait comme égarées, si bien que Mgr Jean, ayant entendu dire que le patriarche Justinien de Bucarest était particulièrement ouvert, alla lui demander de le reconnaître.

C'est ainsi qu'aujourd'hui, l'Église orthodoxe de France est tout à fait officiellement rattachée au patriarcat de Roumanie. Elle est reconnue dans son statut, dans sa liturgie, dans sa personnalité propre. Mgr Jean pouvait mourir : il avait accompli sa tâche.

Il est mort en effet peu après, le 30 janvier 1970, jour de la fête des trois grands saints de l'Église d'Orient : saint Basile, saint Jean Chrysostome et saint Grégoire. C'était juste avant la fête de la Sainte-Rencontre qu'il présida, cette année-là, dans son cercueil. Une foule considérable poussait vers le ciel de retentissants Alléluias, la joie dans le cœur et les larmes aux yeux, tenant dans la main le cierge allumé de la Chandeleur, symbole de la joie de l'esprit.

« C'était un visionnaire, affirme le Père Brêt, un être qui touchait profondément l'être spirituel de ceux qui le côtoyaient. Il comparait l'homme à une princesse endormie qui attend le prince charmant. Il a été ce prince attendu de l'Occident. Il disait : Homme, tu es beau, unique parce que, souviens-t'en, Dieu t'aime tel que tu es, avec tes qualités et tes défauts. Tout t'est possible, ô homme, splendeur de la création, si tu es rempli de cet amour. Qui que tu sois, tu peux devenir Dieu. Il est devenu comme toi pour que toi, tu deviennes comme Lui. »

Avant de mourir, Mgr Jean avait reconnu son fils spirituel. Nous voici maintenant dans son bureau à l'archevêché, un nom bien pompeux pour désigner une petite villa située près de la porte d'Orléans.

Je lui demande d'emblée :

« Ce ne doit pas être facile d'être l'évêque d'une Église aussi contestée. Vous devez prendre des coups. »

Il rit : « Des coups, dit-il, nous n'en manquons pas. Il nous en arrive de tous les côtés. Du côté des catholiques et du côté des Russes. C'est un peu comme s'ils s'étaient partagé le monde : l'Orient aux orthodoxes et l'Occident aux catholiques. Nous les dérangeons avec notre prétention d'instaurer une orthodoxie occidentale. Surtout maintenant que nous grandissons. Pourtant, nous avons la même foi qu'eux, c'est clair... »

On sent tout de suite que Mgr Germain est de taille à soutenir les épreuves. On sent aussi qu'il a la foi chevillée à l'âme. D'emblée, nous avons aimé son optimisme, son dynamisme et son grand rire clair, sonore, qui semble couler de lui et se faire complice du grand rire de la terre.

Étrange itinéraire que le sien.

Il est né en Angleterre d'un père agnostique ingénieur chez Michelin et d'une mère catholique et nièce de deux évêques. Il a fait ses études au monastère bénédictin de La-Pierre-qui-Vire, puis chez les jésuites de Tours.

Son frère avait entendu parler d'un merveilleux petit livre, *les Récits d'un pèlerin russe* et ne savait pas où le trouver. C'est ainsi qu'il pénétra, accompagné d'un ami juif et d'un ami orthodoxe, dans la bibliothèque de l'église Saint-Irénée. De la bibliothèque, la curiosité les poussa à passer dans l'église. Ils se convertirent et ils entraînèrent avec eux celui qui allait devenir Mgr Germain.

« Je les accompagnai à une liturgie, raconte celui-ci, et au moment de la fraction du pain, le ciel s'est ouvert pour moi. Ce fut le plus grand choc de ma vie et, pendant un an, j'ai eu la sensation de ne plus toucher terre. Une prodigieuse irruption. Alors, j'ai suivi les cours de théologie. J'ai quitté père et mère pour me consacrer à l'Église. Cela a été d'autant moins facile que je travaillais avec mon père. J'ai pris ma décision en une seule soirée, me souvenant du " Viens et suis-moi " de Jésus à ses premiers apôtres. Plus tard, j'ai été élu évêque, élu au suffrage universel comme cela s'est fait dans l'Église jusqu'au IVe siècle.

« Vous me demandez de vous parler de la foi orthodoxe. Mais c'est la vie! Elle repose sur deux piliers : les dogmes et l'expérience du Divin. Mais attention, il ne s'agit pas de dogmes contraignants qui rétrécissent l'esprit et le cœur. Il s'agit du Dieu trinitaire, des trois personnes divines qui impriment leur sceau sur l'humanité. Le Christ s'est fait homme. Il est descendu pour que tout monte. Il se fait homme pour que l'homme devienne Dieu. Vous le voyez, c'est simple. Nous ne sommes pas une Église d'autorité. Nous proposons, mais nous n'imposons pas. L'Église, c'est l'intimité, le jardin secret, le point de rencontre entre l'homme et Dieu, le lieu où l'amour devient possible, où peut se concrétiser la montée du Christ en nous, l'expérience de Dieu aussi dépouillée que possible. C'est cela le but de l'Église et seulement cela. »

Il se tut et un long silence s'installa. Je dis enfin :

– C'est extraordinaire. Je suis entrée dans cette Église il y a six mois sans bien savoir où je mettais les pieds, seulement poussée par une nécessité intérieure et tout ce que vous me dites me remplit de joie. Tous les espoirs que je portais en moi se trouvent confirmés. Mais une Église est une Église et elle a très vite tendance à sécréter des lois et des règlements. Croyez-vous que tous vos « fidèles » possèdent ce sens de la liberté dont vous venez de parler?

– Je crois que oui, dans l'ensemble, parce qu'ils sont venus attirés par cette liberté.

« En fait, pour rencontrer Dieu, l'homme n'a pas besoin d'Église. Mais tous nos rites sont destinés à célébrer les noces de l'Époux céleste et de l'épouse que nous sommes tous, le mariage de Dieu avec sa créature dont le mariage humain est le symbole. La liturgie est faite pour nous aider à passer de l'état profane à l'état d'épouse. Tout cela n'est pas compliqué. Saint Séraphin de Sarof disait : " C'est très simple : le but de la vie chrétienne, c'est l'acquisition du Saint-Esprit ", et comme on lui demandait : " Comment se fait-il que si peu d'hommes l'acquièrent ? ", il répondait : " C'est parce qu'ils ne commencent pas. " C'est vrai, les hommes ont du mal à commencer et pourtant, ils sont obsédés de Dieu. Même quand ils se disent athées, c'est Lui qu'ils cherchent sans le savoir et sans le dire. Il y a trois amours dans le monde : l'amour de Dieu pour l'homme représenté par Jean, l'amour de l'homme pour Dieu représenté par Pierre et l'amour de l'homme pour l'homme représenté par Jacques qui a donné sa vie pour son frère. Le Royaume est accompli quand ces trois amours sont présents au cœur de l'homme. Mais il ne faut jamais oublier que c'est Dieu qui nous a aimés le premier.

— Parlez-nous un peu de votre Église, de son organisation, de son expansion.

— Oh, vous savez, ce n'est pas quelque chose de structuré, d'organisé. Ce sont plutôt des petites communautés qui lèvent un peu partout en France au hasard des circonstances. Nous allons là où on nous appelle. A Mulhouse, par exemple, il y a vingt ans, un Russe nous a avertis que la ville mettait une église à notre disposition. Depuis, la ville a retiré son offre, mais nous sommes restés. A Poitiers, on m'a fait venir pour une conférence à l'issue de laquelle j'ai célébré une liturgie et cela a suffi pour démarrer. Il en est partout ainsi et nous n'avons guère fait que répondre à la demande. C'est aussi pour répondre à la demande que nous avons créé un institut de théologie qui a déjà formé une centaine de prêtres. Cent prêtres pour environ 10 000 fidèles. Là où il y a la vie, il n'y a pas de crise de vocations. Il y a même un certain nombre d'hommes qui font leurs trois années de théologie sans pour cela demander le ministère mais qui seraient disponibles en cas de besoin. Qu'ils soient mariés ou non, tous nos prêtres travaillent et ils donnent une partie de leurs revenus pour que l'Église vive. Je n'ordonne jamais un homme si sa femme n'est pas d'accord et coopérante.

« Parmi ces prêtres, il y en a sept qui auparavant étaient des prêtres catholiques. On m'a beaucoup reproché de les avoir accueillis. On a dit qu'ils ne venaient chez nous que pour se marier. Bien entendu, c'est faux. Ce sont des hommes de bien et, avant de les accepter, je les ai soumis à des années d'études. L'un d'entre eux, par exemple, est resté dix-huit ans à la porte. Ma grosse préoccupation pour le moment, c'est que de nombreux pays d'Occident s'intéressent à l'orthodoxie sans pour cela vouloir entrer dans les Églises russes ou grecques. Alors, ils viennent me dire : " Aidez-nous à faire chez nous ce que vous faites chez vous. " Et, comme ils n'ont pas encore d'évêques, je suis obligé de les prendre en charge. C'est ainsi que je dois aller au moins une fois par an visiter les communautés de Belgique, de Suisse, d'Allemagne, d'Italie, d'Espagne, des États-Unis, du Brésil, d'Argentine... C'est une tâche écrasante et j'espère bien qu'ils auront bientôt leurs évêques et qu'ils deviendront ainsi autonomes.

« Nous ne cherchons pas à nous étendre à tout prix. Ce qui compte à mes yeux, c'est la profondeur et aussi que les gens s'épanouissent. Lorsque des gens viennent chez nous et qu'au bout de quelques mois, ils n'ont pas bougé, que rien en eux ne s'est transformé, nous préférons qu'ils s'en aillent, car alors, c'est l'homme ancien qui se nourrit des énergies destinées à l'homme nouveau.

« Maintenant, mettez-vous en route et découvrez-la, cette Église. »

> *Heureux les doux, car ils hériteront de la terre.*
> *Heureux les cœurs purs, car ils verront Dieu.*

Cette douceur, cette pureté, nous les avons trouvées chez le Père Jean-Louis, alliées à une incontestable force de caractère. Nous sommes allés chez lui, aux environs de Pau, dans la grande maison où il vit avec sa femme et ses quatre enfants. C'est lui qui m'avait baptisée et je le retrouve avec beaucoup de bonheur.

« Ce n'est pas moi qui ai choisi mon itinéraire, nous dit-il. Il y a eu d'abord toute une série de rencontres. Celle de l'aumônier du lycée lorsque j'avais dix-sept ans et que j'étais le seul élève du catéchisme. Ce même aumônier que j'ai retrouvé plus tard en fac et qui me disait : " J'aimerais avoir un vicaire comme toi. " Il a été un guide pour moi et sa mort a été comme un trou noir dans ma vie. J'en ai été comme déstabilisé, au point de vouloir tout quitter pour aller à l'Arche de Lanza del Vasto. C'est juste à ce moment-là qu'un ami m'a invité à aller célébrer Pâques dans une église orthodoxe dont le rite, me disait-il, était celui des Gaules. C'était à Pau, la dernière paroisse consacrée par Mgr Jean avant sa mort.

« Encore aujourd'hui, j'ai du mal à expliquer ce qui s'est passé. Au moment du baiser pascal, le Christ est vraiment né pour moi. Je fus comme illuminé et j'ai éprouvé une incompréhensible joie à louer Dieu, à invoquer l'Esprit-Saint. Plus tard, la confirmation par le saint Chrème a été comme un coup de foudre. Oui, je peux vraiment dire que je sais ce qu'est la grâce. On ne choisit pas, on est choisi et c'est un grand mystère. J'étais vieux et tourmenté alors que je n'avais pas vingt et un ans et, tout d'un coup, j'ai été renouvelé. Comprenne qui pourra. Même mes timidités, mes inhibitions ont disparu. Ainsi, j'ai pu vivre sans culpabilité mes premières expériences amoureuses, car la culpabilité est un frein, même pour la vie religieuse. Je n'ai pas de ressentiment contre l'Église catholique qui m'a nourri. Je n'ai même pas l'impression d'avoir changé de religion. Simplement, je m'exprime aujourd'hui en plénitude dans le christianisme. Quand je reçois la communion, je suis appelé par mon nom... »

Très vite, il a ressenti le désir de devenir prêtre. Le directeur du Crédit agricole de Pau, où il est formateur de cadres, l'a fait nommer à Paris pour lui permettre de suivre les cours de théologie. C'est à Paris qu'il a rencontré Marie-France. Il a donc pu se marier avant d'être ordonné prêtre. Je lui demande :

« Tout de même, le travail, le souci de faire vivre une famille, tout ceci n'est-il pas un handicap pour une vie sacerdotale accomplie ?

– Au contraire, c'est un chemin pour moi. Ça m'aide à me remettre sans cesse en question. Le travail est libérateur. Il m'oblige à conserver les pieds bien sur terre. Les pieds sur terre et la tête au ciel, tel est l'équilibre qu'il nous faut obtenir. Il est vrai que la famille est parfois un peu sacrifiée, mais je crois très fort qu'il y a une grâce spéciale pour le sacerdoce qui nous permet de rester disponibles et à l'écoute. Et puis une paroisse, dans notre Église, c'est une petite communauté fraternelle. Nous n'avons pas la volonté de nous étendre à tout prix, de convertir. C'est l'Esprit qui décide, pas nous. Notre ambition est modeste : savoir être disponible pour celui qui vient. »

Un des traits distinctifs de cette Église, nous aurons plusieurs fois l'occasion de le remarquer, c'est que les femmes de prêtres y sont très actives. Marie-France n'échappe pas à la règle. C'est elle qui s'occupe de la liturgie dans la communauté de Pau où les tâches d'entretien sont réparties entre les fidèles. L'idéal est que chacun se sente responsable. Les lecteurs, les chantres sont pris parmi les fidèles.

« La messe est entièrement chantée, affirme Marie-France. C'est un dialogue à trois voix entre le prêtre, le petit chœur que j'anime et les paroissiens. Tous ceux qui viennent ici ne sont pas forcément orthodoxes. Certains ne viennent que parce qu'ils aiment la liturgie. »

Bien sûr, l'implantation d'une Église orthodoxe de France n'a pas plu à tout le monde, mais Marie-France aime reprendre à son compte cette phrase du Dalaï Lama : « Nos ennemis sont nos meilleurs maîtres. »

Lorsqu'il lui arrive de faire un retour sur elle-même, elle se rend compte qu'elle ne pouvait pas ne pas être femme de prêtre. Son père en effet, qui était au départ catholique, avait été toute sa vie tiraillé entre la vocation du mariage et celle du sacerdoce. Il avait opté pour le mariage, mais il lui arrivait de faire de véritables sermons à sa famille et elle en conserve un souvenir ébloui. Pharmacien naturaliste, il leur faisait partager son émerveillement devant le spectacle de la nature, si bien que toute son enfance a été baignée dans le sacré. Lui-même, en apprenant que l'Église orthodoxe de France suivait un antique rituel français, il a fini par devenir prêtre orthodoxe.

« En entrant dans cette Église, dit-elle, j'ai eu le sentiment de trouver une colonne vertébrale. J'étais pleine de problèmes, bloquée depuis des années, je ne savais même plus pleurer et, un jour, un ami prêtre orthodoxe m'a fait découvrir la confession. Ce fut une expérience fantastique, une libération, une véritable psychothérapie accélérée. Puis la pratique du chant liturgique m'a permis de m'approfondir au lieu de me disperser.

« J'en étais là lorsque j'ai rencontré Jean-Louis. J'ai su tout de suite qu'avec lui, j'avais trouvé mon chemin. Je suis devenue servante de l'Église. Saint Jean Chrysostome dit que le couple est une petite Église constituée par l'homme, la femme et la divine Trinité. C'est bien ce que je suis en train de vivre. C'est une vocation exigeante, car le but, c'est de devenir soi-même un Christ par le Saint-Esprit. Il faut commencer le travail intérieur en débusquant les petites jalousies, les lâchetés, les agressivités... Si on ne fait pas cela d'abord, il ne sert à rien de prier, de chanter, de se dépenser en œuvres charitables. »

Cette visite à Jean-Louis et Marie-France nous a fait beaucoup réfléchir. Il ne nous appartient pas, bien sûr, de décider s'il vaut mieux que les prêtres soient mariés ou non. Tout ce dont nous pouvons témoigner, c'est que nous avons rencontré des gens heureux d'être ce qu'ils sont et de faire ce qu'ils font.

Une grande maison périgourdine près de Sainte-Foy-la-Grande, avec sa tour carrée surmontée d'un toit à quatre pentes et, à l'intérieur de cette maison, une communauté comme nous n'en avons jamais rencontré. Des jeunes hommes et des jeunes femmes dont la vie est entièrement centrée sur les offices liturgiques. Liturgie qui les rassemble deux fois par jour dans la chapelle autour du Père Brêt, de Philippe et de sa femme Élianthe.

Est-ce le fait de prier chaque jour si longtemps ensemble, mais nous avons le sentiment, en arrivant, qu'il y a de l'harmonie dans l'air.

« Cela vient peut-être, nous explique Philippe, du fait que tout le monde ici doit avant tout trouver la place qui lui correspond et l'activité qui a le plus de chances de l'épanouir. Regarde Nadia, par exemple. Elle avait envie de tisser. Eh bien, elle apprend le tissage. Même si cela ne doit rien rapporter, l'essentiel est qu'elle s'épanouisse. »

Tout de même, il faut bien vivre et il ne doit pas être si facile de faire marcher une aussi grande maison.

C'est pourquoi aussi la communauté se fait accueillante le plus souvent possible pour recevoir des stagiaires qui sont attirés ici par les activités les plus diverses : fabrication d'icônes, chant sacré avec Anne Marie Deschamps qui dirige l'ensemble Venans Fortunat, théologie orthodoxe avec Mgr Germain, stages d'Annick de Souzenelle sur la symbolique du corps ou de la lettre hébraïque... On peut également faire des retraites solitaires, des semaines de jeûne et de silence. L'essentiel est que ces stages, quels qu'ils soient, amènent à un approfondissement spirituel.

La communauté est orthodoxe, mais toutes les traditions peuvent venir s'exprimer ici

« Moi, dit Philippe, je prends des cours de théologie, non pour être plus savant, mais pour mettre la théologie en pratique, pour l'adapter à ma vie profonde. Mais il y a d'autres traditions qui peuvent nous mettre sur la voie, des gens comme Arnaud Desjardins, le comte Dürckheim... Car la tradition n'est pas une béquille à dépasser, c'est quelque chose qu'on pénètre lentement, qu'on épuise, qu'on intègre. On finit par déboucher sur le moyeu de la roue, comme les bouddhistes, sur le centre. Celui qui est au centre intègre à la fois toutes les traditions. »

Mais qui est Philippe ? Spontanément, lors de mon baptême, je l'ai choisi pour parrain, mais je me rends compte, en le revoyant, que je ne sais rien de lui sinon qu'avec sa grande taille, ses yeux si expressifs et sa barbe, il ressemble à l'image que nous nous faisons du Christ. Comme nous l'avons fait pour tous les gens rencontrés au cours de notre long reportage, je lui demande de se raconter.

« Comme tant d'autres, j'ai commencé par être un catholique insatisfait. Alors, comme j'étais habité par un grand désir de vie spirituelle, j'ai cherché ailleurs. Je me suis tourné vers le bouddhisme et le taoïsme. Je suis allé au Japon pour séjourner dans des monastères zen et j'ai étudié le taï chi chuan. Ce n'est paradoxal que pour ceux qui n'y réfléchissent pas, mais ce détour par l'Orient m'a permis de retrouver mes racines chrétiennes. L'Orient en effet donne à tout un caractère spirituel que l'Occident a tendance à rejeter. Cette spiritualité est le rocher de notre vie, un vécu de chaque jour. »

Rentré en France et marié avec Élianthe, il cherchait donc

sa voie lorsqu'il a rencontré Annick de Souzenelle. Justement, elle cherchait des cuisiniers végétariens pour des stages qu'elle donnait un peu partout en France. Philippe et Élianthe ont accepté de l'aider, mais ils n'ont pas passé tout leur temps dans la cuisine, ils ont aussi écouté ses conférences et, comme elle, ils sont devenus orthodoxes.

« J'ai eu l'impression, dit Philippe, de retrouver dans l'orthodoxie, la profondeur qui m'avait tellement séduit en Orient. La spiritualité incarnée dans la vie. Avec en plus la dimension sacramentelle. J'ai médité longtemps sur cette phrase de Mgr Germain : " L'orthodoxie, c'est avant tout sortir des concepts intellectuels pour entrer dans l'Expérience vécue. C'est une invitation à l'Expérience. "

« Expérimenter, cela veut dire avoir conscience de la Volonté divine dans chaque événement et savoir en tirer les enseignements qui s'imposent. Lorsqu'on sait assumer toutes les petites choses, lorsque plus rien ne nous rebute, lorsqu'on est au-delà de l'attirance et de l'aversion, on se sent responsable de l'humanité. La vie spirituelle doit être incarnée. Comme celle de Thérèse d'Avila qui a trouvé le moyen de fonder dix-neuf monastères. »

Relié à la terre... Relié au ciel... Philippe nous apprend à l'être dans son cours de taï chi chuan. C'est comme un hymne à la création interprété par un corps libéré de toute entrave.

Annick de Souzenelle, de son côté, nous affirme que la vraie vie a commencé pour elle à partir du moment où elle s'est sentie reliée à la fois à la terre et au ciel.

Il faut l'entendre raconter comment elle a découvert l'orthodoxie.

« Depuis toujours, raconte-t-elle, je souffrais de voir le christianisme trop souvent réduit à une morale. Je me sentais frustrée et une voix me disait que ce n'était pas cela, qu'il y avait un sens à trouver et que si Dieu existait, il finirait bien par me donner ce sens.

« Un jour que je me promenais dans ce merveilleux petit village d'Èze qui, entre parenthèses, signifie la Vie, j'ai été interpellée par une inconnue qui me dit :

– Vous, on vous attend au 96 boulevard Blanqui.

– C'est quoi?

– C'est l'Église orthodoxe de France.

« C'est tout juste si je fus étonnée. J'avais déjà rencontré l'orthodoxie à travers un livre enchanteur intitulé *J'ai été moine au mont Athos* et j'étais curieuse d'en savoir davantage. Aussi, dès mon retour à Paris, me suis-je précipitée à l'église Saint-Irénée. A peine y étais-je entrée que j'ai su que j'étais arrivée. Au point que lorsqu'un prêtre s'est avancé vers moi et m'a demandé : " Que cherchez-vous ? ", j'ai murmuré : " Plus rien. " C'était vrai, mais je ne savais pas encore pourquoi. Le lendemain, au cours de la liturgie, j'ai vécu un incroyable bouleversement intérieur. Pourtant, j'ai résisté. Il m'a fallu six mois pour me décider à entrer dans l'Église.

« De Mgr Jean, j'ai tout reçu ; cette vision qui s'incarne dans le quotidien et ce quotidien qui s'enracine dans la théologie des Pères de l'Église... J'ai aussi découvert le sens de la vie, j'ai compris que tout s'enracinait en Dieu. Mgr Jean m'a fait sortir vers la lumière, là où toutes les contradictions se résolvent, là où se trouvent les solutions de tous nos problèmes d'aujourd'hui. Des problèmes qui ne seront jamais résolus par la politique, l'idéologie ou la sociologie. En même temps, j'ai fait la connaissance d'un kabbaliste juif. Tout ce qu'il me disait correspondait à ce que je venais d'apprendre. Ils puisaient tous les deux à la même source : la Bible.

« Depuis, j'ai le sentiment de n'avoir qu'une seule mission : partager toutes ces richesses par des conférences, des livres ou des stages, partout où je suis appelée. »

Été 1977, au détour de la route, entre Richelieu et Sainte-Maure, Le Père Michel Mendès voit surgir un clocher perdu en pleine campagne. Il descend de sa voiture, s'avance à travers les broussailles et découvre les ruines d'une abbaye bénédictine.

« Il n'y avait plus de fenêtres, plus de portes et les orties couraient partout, raconte-t-il. Il y avait des appentis couverts de tôle ondulée, des clapiers à lapins, des tas de vieux pneus, un bric-à-brac pas possible. »

Le Père Michel s'avança en se frayant un chemin avec un bâton et parvint à pénétrer dans ce qui restait de l'église. Arrivé dans le chœur, face a ce qui avait été la grande

verrière, il a été pris sur-le-champ d'une certitude absolue :
« Je reconstruirai l'abbaye, ce sera l'œuvre de ma vie et
lorsque les travaux seront terminés, je pourrai mourir. »

Par la suite, une fois le calme revenu, il put se demander
s'il n'avait pas été victime d'un moment d'enthousiasme
incontrôlé. C'est alors que des signes commencèrent à le
conforter dans sa résolution. Signe lorsqu'il apprit que cette
abbaye était consacrée à saint Michel son saint patron. Signe
lorsqu'un architecte des monuments historiques passa peu
après et lui affirma que la toiture et la charpente étaient en
bon état. Signe encore lorsqu'il découvrit un mécène généreux décidé à l'aider à commencer les travaux. Signe enfin
lorsque la ferme qui se trouvait juste en face se trouva libre à
ce moment même.

Il s'y installa donc avec les trois religieuses de sa communauté. Dès le premier jour, ils décidèrent de célébrer les
vêpres au milieu des ruines. C'est alors qu'ils lurent, dans
l'office du jour, cette phrase foudroyante d'Ézéchiel : « Montagnes d'Israël qui avez été humiliées, je vous redresserai, et
toutes vos ruines seront reconstruites. »

Cette fois-ci, il n'y avait plus de doute et toute la
communauté se mit au travail avec ardeur. Un Père orthodoxe, trois sœurs, trois moines, et quelques amis qui
s'attellent à une tâche aussi gigantesque, cela finit par se
savoir, si bien qu'en 1981 et 1982, l'attention de l'émission
Chefs-d'œuvre en péril fut enfin attirée. Au cours de l'émission, on voyait les religieuses dans leurs grandes robes
noires gratter la pierre avec un couteau, le casque sur la tête
par-dessus le voile pour se protéger des gravats qui ris-
quaient de tomber. Cela leur valut une prime qui leur
permit de commencer les travaux de la salle capitulaire,
l'une des plus belles de la région, douze chapiteaux dont
l'un, merveilleusement sculpté, représente Adam et Ève.
D'autres représentent des feuilles de palme, des cèdres du
Liban, des fougères...

Les compagnons du Tour de France se sont passionnés
pour cette restauration. L'une de leurs équipes est restée
huit mois sur place, d'autres vont venir bientôt.

« Le symbolisme de la construction, dit le Père Michel, est
l'image de notre construction intérieure. »

Il est intarissable lorsqu'il fait visiter ses ruines. Pourquoi d'ailleurs parler de ruines? Lui, il voit déjà son abbaye reconstruite. Le dortoir des moines est classé et l'on y voit encore la petite fenêtre qui permettait aux malades de suivre l'office. Chaque année, au matin du 29 septembre, jour de la Saint-Michel, le soleil levant vient éclairer la colonne centrale. Sur une autre colonne, on aperçoit l'étoile de Salomon, marque des compagnons qui ont travaillé ici.

Nous sommes un peu éberlués de découvrir dans des boîtes les ossements d'une quarantaine de moines.

« Je pense, dit le père, qu'ils ont été massacrés en 1569 lors des guerres de religion. Nous les enterrerons dignement quand nous aurons fini les travaux. » Au hasard de la visite, on peut encore découvrir une belle fontaine sculptée aux armes de France et le sarcophage de Robert de Bois-Aubry, fondateur de l'abbaye, mort en 1130.

Tâche immense! Lorsque la salle capitulaire et l'église seront restaurées, il faudra encore remonter tous les bâtiments conventuels, la bibliothèque, le dortoir des moines et celui des pèlerins.

« Mon but, affirme le Père Michel, c'est que Bois-Aubry, abandonné depuis tant de siècles, redevienne une abbaye vivante où l'on célébrera l'antique liturgie des Gaules.

Cette liturgie dont il est l'un des grands spécialistes, le Père Michel pourrait en parler pendant des heures.

« Elle est le moyen, dit-il, d'unir l'homme à l'univers. Le corps y joue un rôle essentiel et c'est bien pour cela qu'elle fait appel aux cinq sens. »

Étrange itinéraire que celui de ce moine bâtisseur. Il est né juif, puis il s'est converti au catholicisme et s'est fait bénédictin.

« Je suis devenu orthodoxe, dit-il, parce que je voulais progresser encore. J'ai découvert que la Vérité ne se laisse pas posséder. Pour moi, c'est le même Chemin qui se poursuit, une autre étape. Ici, je me sens bien. Je retrouve l'esprit dans lequel vivaient les premiers chrétiens, les petites communautés.

« Le judaïsme et le christianisme, ajoute-t-il, c'est une seule et même chose. Simplement, autrefois, on était en noir et blanc et maintenant, on est en couleurs. D'ailleurs, un juif qui devient chrétien, c'est un chrétien de plus, mais ce n'est pas un juif de moins. »

Partout, depuis que nous avons commencé à pénétrer dans les milieux de l'Église orthodoxe de France, nous avons entendu parler avec enthousiasme de Rachel et Alphonse Goettmann, de la communauté qu'ils ont fondée en Lorraine, de la liturgie qu'ils pratiquent dans leur chapelle et des stages qu'ils organisent. Mgr Germain lui-même nous a dit qu'auprès d'eux, nous irions plus profond dans la compréhension de l'orthodoxie.

Nous avons donc décidé de passer Noël avec eux et de participer ensuite à un de leurs stages d'initiation à la méditation.

Une grande salle moquettée où la lumière entre symboliquement par une croix découpée dans la porte massive, un petit autel avec des icônes et de l'encens, une trentaine de stagiaires attentifs.

A peine la leçon est-elle commencée que je reconnais au passage des mouvements qui ont surtout pour but de permettre l'enracinement au sol. Viennent ensuite des exercices qui libèrent la circulation de l'énergie, puis une longue relaxation où l'accent est mis sur la prise de conscience approfondie du corps.

Matin et soir, nous répéterons ce travail, mais le soir, la relaxation sera remplacée par une séance de respiration.

L'essentiel, pour que tous ces exercices soient profitables, c'est avant tout d'avoir une bonne assise. On peut avoir les jambes croisées ou être assis sur des petits bancs, mais il faut à tout prix que les genoux soient plus bas que le bassin et qu'on se sente installé comme dans une coupe, entre ciel et terre, la tête « enracinée en ciel », la colonne droite, étirée sans raideur. La force se trouve dans le bas-ventre qui se détend et se dilate. La verticale part de là.

Savoir que les tensions se situent dans la nuque, dans les épaules. Ce n'est pas pour rien que la Bible dit que nous sommes « un peuple à la nuque raide ». Il faut donc cesser de s'agripper au moi, lâcher vers le haut, trouver « la profondeur de terre », comme dit le Christ. (Matthieu, 19.)

La respiration va nous y aider puissamment. Elle comprend quatre phases, trois à l'expiration et une à l'inspiration : se lâcher, se donner, s'abandonner... renaître. On se lâche dans la nuque et dans les épaules, puis le souffle descend encore et on se donne dans le tronc; on s'abandonne enfin dans le ventre-racine. Avec l'inspiration, on renaît. C'est la vie que l'on reçoit comme un cadeau.

Il faut se souvenir de la Genèse : Dieu a soufflé sur l'homme pour lui donner la vie et il est bien vrai que le souffle, c'est la vie. Ainsi, notre inspiration correspond à l'expiration de Dieu en nous. Nous recevons la vie à chaque instant. Être conscient de cela, c'est cesser d'un coup de se prendre pour celui qui agit. C'est s'abandonner vraiment. Découvrir l'amour de Dieu, un amour de chaque instant qui est perpétuel renouvellement.

C'est dans cet abandon que naît la méditation. « Elle n'est pas, dit Alphonse Goettmann, une réflexion sur un thème, une recherche de type rationnel... Ici, méditation est entendu au sens de chemin de transfiguration. Transfiguration, cela suppose une maturation de tout l'homme. Dans son rapport à soi, dans son rapport aux autres et au monde, dans son rapport à Dieu. Rien ne doit échapper à la conversion, pas même la moindre cellule de notre corps. Tout doit être en chantier pour la transparence de l'Être. Il faut se préparer à mourir pour se laisser transfigurer par Lui...

« Tout commence par ce corps que je suis, par ma manière d'être là... Tout ce qui tient debout dans notre vie d'homme s'enracine dans l'expérience corporelle... Dans ce sens, il est frappant que la Bible n'ait même pas de mot pour dire le corps en tant que séparé du reste. L'unité est telle qu'il n'y a pas de modification du corps sans modification de l'esprit et, vice versa, pas de modification de l'esprit sans modification du corps... Or, comme tout le monde le sait ou au moins le pressent, les trois fonctions essentielles qui permettent au corps cette réalisation de l'unité sont : l'attitude juste, la bonne tension et la respiration. C'est par elles que nous faisons notre entrée dans la méditation. »

Fortes paroles! Plus le temps passe et plus l'atmosphère se fait vivante. On en arrive à perdre la notion du temps. On s'abandonne à la joie et à la toute-puissance de Dieu.

Une fois la séance terminée, Rachel passe de l'un à l'autre

et les élèves s'accordent pour dire que c'est un moment privilégié car elle sait être extraordinairement présente. Tous ont le sentiment d'être aimés pour eux-mêmes, tels qu'ils sont.

Lorsqu'on en fait la remarque à Rachel, elle dit : « Le noyau de notre vie, c'est l'amour qui nous unit, Alphonse et moi. Nous avons toujours pensé qu'il porterait des fruits s'il était béni de Dieu. »

Autant que les exercices, un amour aussi rayonnant est pour les stagiaires un message d'espoir. Beaucoup arrivent déçus, mal aimés ; certains couples sont en difficulté. Une jeune femme nous a dit : « Je n'aurais jamais cru qu'un amour comme ça puisse exister. J'étais sceptique, amère. Rien que de les voir, cela m'a redonné l'espoir. Je sais maintenant que ça existe ! »

Nous avons rejoint Alphonse et Rachel dans leur petit chalet construit à quelques pas de la salle de méditation. Ils nous ont parlé de leur communauté, de l'orthodoxie, de la liturgie qui leur tient tellement à cœur, de l'organisation de leurs stages et soudain, la conversation a débouché sur la vie de Rachel.

« J'étais juive et d'aussi loin que je me souvienne, Dieu a toujours fait partie de ma vie. Il était là, toujours, comme une présence. Et cette présence me consolait d'avoir à vivre dans un foyer désuni. J'allais à la synagogue avec mon père.

« Et puis la guerre a éclaté. J'avais dix ans et j'ai été violée par un soldat de passage. Après cela, il ne restait plus rien de moi. Je ne savais plus qui j'étais. Je vivais dans une solitude effroyable car personne ne pouvait me comprendre. J'avais toujours peur et j'éprouvais un invincible dégoût pour les hommes. J'en suis arrivée à refuser Dieu qui laissait déporter les juifs par milliers et violer les petites filles. Il était tout-puissant, n'est-ce pas ? Nous avons eu la chance d'échapper à la déportation. Mon père avait acheté une petite ferme en friche près d'Agen. Nous avons pu nous y réfugier. Tandis que mon père prenait le maquis, j'allais à l'école du village. La maîtresse était protestante et elle nous lisait l'Évangile tous les matins. Le personnage de Jésus me fascinait. J'avais un amour pour l'Évangile qui me faisait passer de la mort à la vie. Plus le temps passait et plus la vie devenait dangereuse. Les Allemands se rapprochaient et déportaient toujours plus. Nous avons eu de faux papiers catholiques et nous allions à l'église.

« C'est là que j'ai fait l'expérience qui a transformé ma vie. Quand je suis entrée dans l'église pour la première fois, il y avait tout au fond quelqu'un sur une croix. D'un coup, j'ai senti que c'était moi qui étais crucifiée. Ses mains et ses pieds déchirés, son flanc percé, c'étaient mes mains, mes pieds et mon flanc. J'étais seule avec Lui dans les ténèbres de la croix, de la mort et tout à coup, en quelques secondes, le voile s'est déchiré. Je suis passée de l'autre côté, dans la lumière et dans la paix. Le silence était plein de vie. Moi qui étais disloquée, voici que je reprenais forme et mon cœur brûlait d'amour. J'avais de l'amour pour tous les hommes, pour l'univers entier et même pour mon bourreau. J'ai compris beaucoup plus tard, au sein de l'orthodoxie, que j'avais fait l'expérience du Dieu trinitaire. Les portes de mon être profond se sont ouvertes et Jésus a inscrit son nom dans mon cœur. Tout de suite, j'ai découvert la prière du cœur, c'est-à-dire la prière qui ne s'arrête jamais, la répétition constante du nom de Jésus. Il me semble que si je voulais mourir, je n'aurais qu'à arrêter cette circulation divine en moi. J'arrêterais du même coup la vie.

« Plus tard, dans un grenier où je me réfugiais souvent, j'ai trouvé une Bible et une croix, cette même croix avec laquelle Alphonse bénit aujourd'hui. J'ouvrais la Bible et j'avais la sensation que c'était Dieu Lui-même qui m'expliquait tout. C'était clair. Alors, j'ai voulu trouver un endroit où je pourrais vivre ce que j'avais expérimenté. Je suis devenue catholique parce que je ne pouvais vivre sans la nourriture sacramentelle, mais je suis restée marginale parce que j'avais du mal à accepter l'Église en tant qu'institution. Je me suis mariée, j'ai eu six enfants et j'ai pensé que lorsqu'ils seraient élevés, je partirais chez Mère Térésa ou dans un couvent. J'étais professeur de religion dans un lycée et un jour, j'ai eu besoin d'un prêtre pour célébrer la messe dans une salle qu'on nous avait prêtée à Thionville. C'est Alphonse qui est venu. Il était alors prêtre catholique dans le diocèse de Metz et ses sermons attiraient une foule de jeunes et de moins jeunes.

« Je lui parlai de cette prière du cœur qui m'habitait sans cesse et il m'apprit qu'elle était une pratique constante de l'orthodoxie. Un grand amour spirituel est né entre nous, qui s'est, plus tard, transformé en amour humain. C'est alors qu'ont commencé nos souffrances. Nous étions en marge, nous ne pouvions plus recevoir les sacrements. Nous avons vécu une année dans une maison que nous avons appelée Béthanie. C'était une communauté à deux, une " Église domestique " comme disaient les Pères.

« Un jour, le cousin d'Alphonse, Jacques, nous a fait découvrir l'église Saint-Irénée. Ce fut un éblouissement. Une expérience de liberté. Nous trouvâmes un père spirituel en Mgr Germain. Je découvris aussi une Église qui acceptait de me donner l'absolution, de me pardonner comme Jésus avait pardonné à Marie-Madeleine. Une Église qui me donnait les sacrements qui étaient pour moi la vie : " Vous me posez vraiment des problèmes, nous a dit Mgr Germain. Mais votre démarche est vraie et je vous accueille. " »

C'était la fin de leurs souffrances intérieures. Ce ne fut pas pour autant la fin des persécutions. Toute une série d'articles diffamatoires se mirent à paraître dans divers journaux. Au début, Alphonse, qui a la plume facile, voulait répondre, mais Mgr Germain l'en dissuada. « Ne répondez pas, lui dit-il. Bénissez. » Lorsqu'ils ouvrirent leur communauté, les autorités catholiques mirent en garde leurs fidèles. Il arriva même qu'un jour, un prêtre catholique qui avait perdu la foi la retrouve chez eux. Son évêque s'en réjouit, mais lui dit en le quittant : « Tout de même, ne fréquentez plus ces gens-là. » Des centaines d'amis cessèrent de venir à leurs sessions. Mais lorsque parut un livre d'Alphonse écrit en collaboration avec Graf Dürckheim, une nouvelle moisson se leva. Maintenant, tous les stages sont pleins et il faut même parfois refuser du monde.

Il y a d'ailleurs souvent dans ces sessions des prêtres et des religieuses catholiques. Ils sont accueillis à bras ouverts car Alphonse et Rachel considèrent que la différence entre les traditions est une richesse. L'Esprit souffle où Il veut et le Chemin de l'un n'est pas forcément le Chemin de l'autre. Dieu seul est Vérité.

« Si je n'ai pas la tolérance, affirme Alphonse, c'est que l'Esprit-Saint est absent. Hélas! Les chrétiens ne s'aiment pas entre eux. Le véritable œcuménisme serait de nous aimer tous dans nos différences. De se rencontrer non plus au niveau de la tête, mais au niveau du cœur. Lorsque la théologie se fait trop spéculative, elle se coupe de l'expérience et pourtant, seule l'Expérience est transformatrice. »

Cette théologie qui les passionne, cette théologie du cœur, ils l'ont étudiée pendant trois ans. Au début, lorsque Mgr Germain lui avait imposé ces études avant de faire de lui l'un de ses prêtres, Alphonse s'était rebiffé :

« Je suis théologien depuis tellement d'années, s'est-il écrié, et vous allez me demander de retourner à l'école!

– Oui, a répondu Mgr Germain, mais vous verrez, c'est autre chose. Vous allez pénétrer dans un autre monde. Vous devez faire ce que je vous demande si vous voulez être vraiment orthodoxe. »

Ainsi, installés dans une minuscule chambre à Paris, ils se sont donc plongés dans cette étude et ils ont été tout surpris de découvrir qu'ils trouvaient en même temps la joie. « Ne vous étonnez pas, leur a dit Mgr Germain. Cette joie, cela fait vingt ans que je la connais. » Cette joie a atteint sa plénitude lorsque Alphonse a pu enfin redevenir prêtre et fonder sa première paroisse à Metz.

« Je crois, dit Rachel, qu'il aurait été terrible pour lui de ne plus jamais être prêtre. Il est né pour cela, pour prêcher, pour aller au fond des choses avec les uns ou les autres, pour célébrer la sainte liturgie.

– C'est vrai, dit-il, j'ai toujours été attiré par la prière. J'étais encore au séminaire lorsque j'ai fait, au pied d'un poirier, une expérience transformatrice. Le ciel s'est ouvert pour moi. Plus tard, j'ai fait régulièrement les exercices de saint Ignace, et une fois j'ai fait les trente jours. Je comprends aujourd'hui qu'il me manquait quelque chose parce que, dans ces exercices, le corps est laissé un peu de côté bien qu'Ignace ait su intégrer la détente et la respiration. C'est en rencontrant Graf Dürckheim que j'ai découvert le véritable maître de la méditation en Occident. J'ai compris grâce à lui que c'était l'homme total qui allait à Dieu. Corps, âme et esprit. J'ai trouvé une nouvelle manière de lire la Bible, expérimentale et non plus seulement mentale. J'ai découvert les Pères de l'Église et Maître Eckhart qui est le véritable maître de Dürckheim. J'ai fait mienne cette phrase de Denis l'Aréopagite : " Ne parlez pas trop de Dieu, mais expérimentez-Le. "

« Pour moi, le mariage est un chemin vers une mystique très concrète. Les juifs disent admirablement : " Voir l'Époux (ou l'Épouse), c'est toute la gloire de Dieu qui apparaît. " Qu'on soit homme ou femme, Dieu est toujours l'Époux et nous l'épouse. »

Dimanche. Une autre atmosphère. Au petit déjeuner, la plupart ne prennent qu'une boisson. On ne mange pas de pain pour garder une place au « pain essentiel » qu'on recevra tout à l'heure lors de la communion. Ce n'est pas une obligation, mais un choix.

La chapelle est à deux pas de la salle à manger... Toujours ce mariage entre la terre et le ciel.

C'est Alphonse qui officie dans sa magnifique chasuble et Rachel qui dirige le chœur. La cérémonie s'ouvre par cette solennelle invitation : « Debout, soyons attentifs, en silence. » Tout de suite, l'assemblée, stagiaires et membres de la communauté réunis, plonge dans le recueillement. Moi, je triche pour les besoins du livre. Je regarde les diacres et je suis frappée par la solennité de leurs gestes, je les vois balancer l'encensoir, baiser la main du prêtre qui vient de les bénir. Tout cela est nouveau pour moi. Très prenant. On sent que non seulement les âmes, mais les corps participent. Je ne vois pas de dos avachis, de genoux croisés... mais des gens qui ont une conscience approfondie de leur corps, ce corps dont Rachel dit qu'il est un temple. Dans cette communauté, c'est sûr, on travaille beaucoup sur soi-même. D'ailleurs Alphonse a bien pris soin de nous préciser :

« Une communauté n'existe que si les membres qui la composent travaillent constamment sur eux-mêmes. Si l'un se laisse vivre, ne cherche pas à s'éveiller, à s'approfondir, il devient un parasite qui projette sur les autres ses problèmes. C'est de la rencontre d'esprits qui cherchent l'éveil que naît l'expérience de Dieu. Nous prions beaucoup ensemble, le matin, pour les laudes, puis pour les vêpres et le soir. Même les petits gestes doivent être aussi parfaits que possible... Il faut toujours avoir à l'esprit l'image du cercle autour duquel nous sommes disposés. Si je me rapproche de mon voisin, ce sera bien, mais ça ne changera pas grand-chose au monde. Mais si les hommes vont tous vers le centre d'eux-mêmes, c'est-à-dire vers Dieu, ils se rapprochent du même coup les uns des autres. C'est cela le Chemin. »

Nous avons voulu prier avec la communauté et cela a été pour nous un grand privilège. Matin et soir, un chant de louange d'une demi-heure, suivi d'une demi-heure de méditation silencieuse. Un silence qui unit les cœurs et d'où jaillit la louange et la joie. On parle beaucoup de joie à Béthanie.

« Une communauté qui ne vit pas dans la joie, dira Alphonse, cela me fait penser à une guitare dont une corde aurait sauté. Elle n'est pas accordée alors que la prière doit nous accorder à notre Réalité profonde. Du silence jaillit la joie qui conduit à la louange, laquelle, à son tour, conduit à la joie... »

La liturgie elle-même est joie : « Elle est notre vie, affirme Rachel, le centre nourricier de notre foi. »

A la sortie, nous interrogeons les membres de la communauté. Ils ont tout quitté non pas pour un idéal ou parce qu'ils avaient envie de vivre ensemble, mais plus simplement pour être heureux. Certains ont appartenu à la paroisse de Metz, d'autres sont d'abord venus pour des sessions... En fait, la communauté était née bien avant d'avoir les murs pour l'accueillir.

Ce qu'ils souhaitent, c'est retrouver la vie de partage fraternel des premiers chrétiens. Ils voudraient qu'on puisse dire d'eux aussi : « Voyez comme ils s'aiment! » Certains ont, d'emblée, tout mis en commun ; d'autres, qui ne se sentaient pas prêts, partagent autant qu'ils le peuvent. Le budget est établi une fois par an, toutes les charges sont partagées et pour la nourriture, il y a un panier à l'entrée de la salle à manger où chacun met ce qu'il peut mettre.

La journée commence avec les laudes, puis tous se retrouvent pour organiser les tâches et se partager les corvées de pluches, de ménage ou de cuisine. Le repas de midi est commun, celui du soir se fait en famille. Lorsqu'il y a des problèmes, on se rappelle cette phrase de Thérèse d'Avila : « La patience finit par triompher de tout. » Lorsqu'il s'agit de prendre une décision importante, on prend son temps, on laisse mûrir, on fait tout pour arriver à l'unanimité sans gommer les différences.

Ils sont vingt-cinq dans la communauté, avec une dizaine d'enfants. Les uns travaillent au-dehors. Ils sont médecin, inspecteur des impôts, géomètre, architecte, professeurs, étudiants. D'autres travaillent sur place dans l'informatique, le tissage, la fabrication du fromage, la confection des icônes ou des petits bancs de méditation... Il y a même deux retraités, la sœur de Rachel et son mari.

Il en va toujours ainsi : lorsqu'une communauté marche bien, elle commence à essaimer. Béthanie n'échappe pas à cette règle. Issus des sessions, plusieurs groupes se retrouvent une ou plusieurs fois par semaine pour prier ou méditer. C'est le cas à Bruxelles, à Strasbourg, à Lyon... Plusieurs prêtres et une dizaine de diacres ont trouvé leur vocation à Béthanie. Mais il ne faut pas essaimer trop vite. Il faut que la graine ait le temps de prendre racine.

Patricia et Christian rêvent de fonder un petit Béthanie dans le lieu où Christian s'installera bientôt comme médecin. Elle est architecte, mais en 1976, l'année même où elle entrait dans l'orthodoxie, elle a étudié l'art de l'icône à l'atelier Saint-Luc à Paris. Au début, elle a commencé, croyait-elle, par simple curiosité. Elle trouvait cela exotique. Maintenant, elle sait que l'art de l'icône est aussi un chemin.

Elle est d'abord venue passer un mois à Béthanie pour réaliser l'immense fresque qui décore tout le fond de l'église. Il lui fallait se lever très tôt pour poser d'abord un enduit frais sur le mur, enduit sur lequel elle devait peindre ensuite ses personnages en moins de six heures : les deux anges, Marie, le Christ, saint Jean-Baptiste, les tentures. Il ne s'agissait pas de se tromper parce que la chaux boit le pigment et qu'il n'y a pas de retouches possibles. Ce fut pour elle une grande aventure et aussi la découverte de Béthanie, de la vie liturgique et de la communauté. Elle est revenue régulièrement avec Christian qui faisait ses études de médecine à Nancy; ils ont fait plusieurs sessions, en particulier avec Annick de Souzenelle pour étudier la symbolique de la Genèse et de la lettre hébraïque. Et puis un jour, ils ont demandé à rester. Maintenant, elle donne des stages d'initiation à l'art de l'icône. Sur ce sujet, elle est intarissable :

« Faire des icônes, c'est travailler sur soi pour obtenir la transparence. La liturgie doit nous toucher par tous les sens et l'icône transforme notre regard. C'est pour cela qu'en principe, chaque centimètre carré des murs des églises devrait être recouvert de fresques. Même le plafond, qui représente le ciel. Les moines peignaient les icônes dans le jeûne et la prière. Peindre, c'est prier. Le côté mécanique est exclu. On peint sur du bois avec des couleurs naturelles et tout a un sens, le moindre trait, les lignes, les couleurs, les proportions... Tout est ordonné en fonction de Dieu et lorsqu'on touche à ce domaine, il faut s'en approcher avec crainte et tremblement. Ne vous y trompez pas : c'est tout autre chose que la peur. C'est une découverte progressive de Dieu. Lorsqu'on a prié devant une icône, elle fait son chemin en nous. Alors, on la regarde autrement... »

4 heures du matin. La nuit est encore noire, mais je ne puis résister à l'appel. Je sais que Frère Jean est déjà en train de chanter les matines dans la chapelle et je vais le retrouver. Tout dort. Richesse de la nuit, du silence, beauté du chant. C'est l'univers entier qui participe. La joie est palpable.

Cette joie est toujours là lorsque nous nous retrouvons, Frère Jean et moi, autour d'un petit déjeuner que nous venons de préparer. Comme si Dieu était entre nous.

J'ai envie de savoir qui est ce moine dont le visage clair et intelligent est dissimulé derrière une imposante barbe noire. Ses longs cheveux sont ramenés en arrière et retenus par un élastique.

Jean-Pierre et moi, dès notre arrivée à Béthanie, nous avions été touchés par sa présence attentive à tous, par l'élégance de ses gestes, la souplesse de son allure dans sa grande soutane noire.

Il s'est construit de ses mains une minuscule cellule. « Moi qui ne savais rien faire, dit-il, avec la prière et beaucoup de bonne volonté, j'ai pu construire cela avec du bois et de la pierre. »

Il dort sur la terre battue, sans matelas, avec seulement un oreiller et une couverture. Il aime cette cellule qui « le contient bien ». Il y fait de la calligraphie plusieurs heures par jour. « C'est un art, dit-il, un moyen d'obtenir le recul nécessaire. Ici, j'écris le nom de Dieu. Dieu est amour. Lorsque j'écris ces simples mots, moi, ça me remue. »

Il n'y a pas plus de deux ans, alors qu'il était encore « dans le monde », il possédait un florissant studio de photographie. Il gagnait beaucoup d'argent et trouvait encore le temps de s'occuper de la page artistique d'un journal japonais. Il avait trente-cinq ans, il se sentait bien dans sa peau, il aimait son métier, avait des employés et il faisait une recherche spirituelle « juste assez pour me sentir quelqu'un ». Les affiches qu'il réalisait lui permettaient d'épanouir un besoin artistique. Il se passionnait pour les visages, cherchait à trouver ce qui habitait les personnages qu'il photographiait...

Un jour, sans que rien ne le lui ait laissé prévoir, il a ressenti la nécessité de prier et de jeûner, puis de se rendre à l'abbaye de Solesme. C'était mettre le doigt dans un engrenage avant d'y passer tout entier. La vie érémitique l'attirait irrésistiblement. Il fit des séjours au mont Athos, dans le désert d'Égypte et en Israël. C'était l'appel du désert.

Il s'est perdu un jour dans les rues de Paris alors qu'il revenait du mont Athos et il s'est retrouvé « par hasard » devant la cathédrale Saint-Irénée du boulevard Blanqui. Il est entré et il a eu la surprise de retrouver à l'intérieur Annick de Souzenelle avec laquelle il avait appris la symbolique de la lettre hébraïque.

Il est revenu et la liturgie a été pour lui un choc. Il a eu le sentiment d'avoir trouvé la spiritualité qu'il cherchait.

« En Israël, dit-il, je priais avec les juifs; au Japon avec les bouddhistes, à Konya avec les soufis... Puisque Dieu est un, je peux aller partout et le rencontrer sans vouloir pour cela devenir juif, hindouiste, bouddhiste ou soufi, car je suis avant tout un Occidental. »

C'est donc dans l'orthodoxie occidentale qu'il a décidé de vivre et de se faire moine.

« Être moine, dit-il, c'est se laisser emporter par l'Esprit sans chercher à l'arrêter, à le colorer... C'est prier sans cesse, car la prière purifie l'univers. Elle est nourriture pour celui qui prie... Elle est transparence. Elle supplée à tout. Plus on prie, par exemple, et moins on a besoin de sommeil.

Je ne dors plus que quatre heures et je connais des moines qui se contentent d'une heure. Il arrive un moment où le besoin de louer Dieu se fait permanent et où tout acte devient liturgique... Déifier l'homme, continuer la création, tout glorifier, arriver au silence, émonder, émonder. Denis l'Aréopagite a dit : " Dieu ne me connaît pas, mais Il Se connaît, et Se connaissant, Il me connaît. " C'est une parole sur laquelle on peut longuement méditer. »

Il a rencontré dans le désert de Juda, près de Jérusalem, des moines qui, tout au long de l'année, ne se nourrissaient chaque jour que de vingt olives, un morceau de pain, un verre d'eau et une pastèque. Ils auraient dû être complètement carencés. Mais la prière est nourriture. Lorsqu'on répète le nom de Dieu, ce son éveille en soi des vibrations correspondant aux métaux et aux vitamines dont l'organisme a besoin. On se nourrit ainsi en améliorant son jardin intérieur.

Un autre jour, il demanda à un moine de lui expliquer « l'esprit de l'icône ». Celui-ci, pour toute réponse, se mit à chanter et les vibrations étaient telles que Frère Jean eut l'impression de tout y trouver : la victoire et la souffrance, la joie glorieuse et la tristesse, la compassion et l'amour infini. « J'avais le sentiment d'avoir tout compris. Je suis resté près de ce moine toute la nuit, mais lorsque je suis revenu au mont Athos, six mois plus tard, je ne l'ai pas retrouvé. Il m'a à jamais marqué de son empreinte. »

Frère Jean a connu l'un des moments les plus forts de sa vie, un moment décisif dans la crypte d'un monastère roumain où se trouvaient entassés les uns sur les autres les crânes de tous les moines qui avaient vécu là au cours de plusieurs siècles. C'est à ce moment qu'il a brutalement réalisé qu'il n'était rien. Et aussi qu'on pouvait lire dans l'os toute la vie d'un homme. S'il a beaucoup réfléchi, cela se voit dans l'os frontal ; s'il a beaucoup lutté, dans la mâchoire. Ce jour-là, frappé en plein cœur par l'idée de la mort, il a compris qu'il devait tout laisser tomber, ne plus s'accrocher à son corps, à l'idée qu'il avait de lui. Ce fut un retournement. En même temps, il a appris à se découvrir, à regarder son pied, par exemple, comme il ne l'avait jamais regardé, à se rendre compte qu'il l'aimait, mais qu'il ne lui appartenait pas vraiment. Il s'est rendu compte que, jusqu'ici, il s'était battu pour des idées, qu'il avait voulu avoir des théories sur tout alors qu'il n'était rien.

Instant redoutable. Lorsqu'on en arrive là, il ne reste plus que la prière.

Peu après notre visite, Frère Jean est reparti pour le monastère de Saint-Sabas, dans le désert, près de Jérusalem. « J'ai encore besoin d'émonder, nous a-t-il dit. Je vais là-bas pour me faire une ossature, une carapace d'airain. Je voudrais être capable, comme le fait Mgr Germain, de supporter l'insulte et de rester dans l'amour, sans même éprouver le besoin de me justifier. Dans le désert où je vais, qui est d'une incroyable aridité, il y a des moines de tous les pays qui célèbrent une liturgie grecque. Les permanents sont très vieux et très sages. Le témoignage qu'ils nous donnent de l'amour de Dieu nous fait avancer de cent pas. Regardez cette photo du Père Nicodème. Il a quatre-vingt-dix-huit ans. Un jour, je l'ai vu faire mille prosternations au cœur d'un orage épouvantable. Je contemplais en lui une prière vivante. J'ai eu la chance de prier avec lui et j'ai eu le sentiment de me laisser porter... comme un enfant.

« Ici, c'est en Alphonse que j'ai trouvé un père spirituel. Un jour, je suis allé le voir avec une calligraphie qui me touchait beaucoup et qui voulait dire : " Avec quoi me présenterais-je devant Dieu ? " Il m'a répondu sans réfléchir : " Les mains vides. " Voilà Alphonse : le lâcher-prise, le dépouillement. Ici, il n'est supérieur à personne. Il est le serviteur. Tout comme Mgr Germain qui est pour nous le plus grand des serviteurs. Quelle merveille de découvrir qu'il n'y a pas d'autorité extérieure dans la tradition orthodoxe ! »

Avant de le quitter, nous demandons à Frère Jean comment il voit sa vie. « Je veux rester artiste, nous dit-il, parce que c'est le meilleur moyen de traduire ce que je porte en moi et d'être témoin de l'amour... Je ne veux pas être prêtre pour ne pas avoir de vocation sociale. Je veux être là, tout simplement, ouvert à ceux qui viennent... aller vers la déification sans pour cela fuir le monde... »

Francis et Madeleine habitent une petite maison en bois tout au fond du parc de Béthanie. A l'issue de cette enquête où nous sommes allés de surprise en surprise, alors que nous croyions que plus rien ne pourrait nous étonner, ils sont parvenus à nous stupéfier. Lorsque nous leur avons demandé en effet ce qui les avait poussés à abandonner une vie confortable pour venir chercher ici les contraintes de la vie communautaire, ils nous ont répondu d'un même cœur : l'amour de la liturgie.

« Oui, je sais, dit Francis, cela étonne toujours. Moi-même, je ne comprends pas très bien. Tout ce que je sais, c'est que lorsque j'ai assisté à mes premières liturgies orthodoxes, je ne pouvais m'empêcher de pleurer. Je ne savais pas pourquoi, mais c'était ainsi. Je vivais quelque chose qui m'atteignait au plus profond de moi-même. D'ailleurs, dès la première fois, j'ai su que j'étais orthodoxe depuis toujours. Je l'ai su avec mes tripes et j'ai pensé : " Quoi qu'il arrive, je ne lâcherai pas. " J'avais l'impression de trouver enfin mes racines et c'était si fort que j'ai aussitôt voulu entrer dans l'Église. Il a fallu que le Père Grégoire, à Lille, modère mes ardeurs en m'imposant au moins une année de réflexion. Mais plus je réfléchissais et plus je découvrais que ma voie se trouvait là, que j'avais enfin découvert le moyen d'effectuer en moi une vraie révolution spirituelle.

« J'avais pourtant tout essayé, moi qui ne pouvais accepter l'absurdité de ce monde : l'écologie, la naturopathie, le jeûne, l'engagement politique ; je m'étais plongé dans René Guénon et dans Lanza del Vasto. Rien ne me satisfaisait vraiment. C'est la liturgie qui a transformé ma vie. Chaque matin, par exemple, lorsque nous chantons les laudes, j'ai l'impression de cheminer avec Dieu, je sens qu'il répond à mes questions, qu'il m'aide à me recentrer. C'est formidable ! »

Heureusement pour l'harmonie de leur couple, Madeleine a suivi le même itinéraire. Comme lui, elle était professeur de gymnastique. Comme lui, elle n'en pouvait plus de se heurter sans cesse au mur de l'administration et du système. Comme lui surtout, elle a compris que les bons sentiments ne suffisaient pas. Ils rêvaient de changer le monde et ils ont réalisé que le seul moyen pour y parvenir était encore de se changer soi-même, de tout faire pour devenir des saints. Alors oui, lorsqu'on a travaillé sur soi-même, on peut commencer à aider les autres. « En un an et demi ici, dit Madeleine, j'ai plus appris qu'en dix ans. C'est la grande Expérience avec un grand E. »

Ce n'est pas que la vie en communauté soit facile. Au contraire, c'est une lutte permanente. Il faut apprendre à porter les fardeaux les uns des autres. Mais cela vaut la peine.

« Auparavant, dit Madeleine, je ne supportais pas la solitude. Je me fuyais dans le travail extérieur et l'activisme, j'essayais d'oublier le drame de ma vie profonde, car je ne croyais plus en rien. En apparence, tout allait bien, j'avais bien réussi dans mes études, j'avais un métier, un mari qui m'aimait, trois beaux enfants, je ne manquais de rien. Cela ne m'empêchait pas d'être malheureuse. J'avais quinze ans lorsque mon père est mort et j'avais alors rejeté Dieu. Après, j'ai toujours été plus ou moins déprimée, j'avais mal dans le dos et dans la tête; je ne parvenais pas à m'intéresser à la recherche spirituelle que faisait Francis à travers les arts martiaux.

« Un jour que je me sentais particulièrement mal dans ma peau, j'étais en train de langer Isabelle, dix-sept mois, lorsqu'elle a pris mon visage dans ses mains. Elle a plongé son regard dans mes yeux, un regard de l'au-delà qui semblait me dire : " Tu ne vis pas, tu te trompes, ce qui est important, c'est ici; regarde-moi. " J'ai été bouleversée par ce regard d'amour et le lendemain, je suis tombée sur cette prière de saint François : " Cherchez plutôt à donner qu'à recevoir. " Qu'avais-je donné à mes enfants? J'ai pris cette phrase à la lettre, je me suis mise à donner et, à partir de ce moment, j'ai reçu d'eux. Peu après, j'ai lu sainte Thérèse de Lisieux et j'ai pensé : " C'est extraordinaire. Si Dieu n'existait pas, Thérèse n'aurait pu parler de Lui comme ça. " L'espoir est revenu et j'ai commencé à m'intéresser à ce que vivait Francis.

« Il y a six ans, nous avons rencontré l'Arche de Lanza del Vasto. C'était la première fois que j'entendais vraiment parler de vie intérieure. Quelle révélation! Plus tard encore, un dominicain, le Père Philippe Maillard, nous a initiés à la méditation zen, au lâcher-prise selon Dürckheim. Et puis enfin, mon frère qui avait beaucoup souffert et qui se disait athée est passé nous voir en revenant d'un stage à Béthanie. Il rayonnait. Nous y sommes allés à notre tour. Cela a été un coup de foudre. Comme quand j'ai connu Francis. La rencontre! Ça ne s'explique pas. Après cela, très vite, les tensions ont commencé à lâcher en moi. C'était incroyable. Je n'avais plus mal, je n'enfonçais plus ma tête dans mes épaules. Je sentais tant d'amour en moi et un appel irrésistible. Et cet amour qui unit Rachel et Alphonse était pour notre couple un témoignage. Nous nous sommes mis à fréquenter la paroisse orthodoxe de Lille. Il m'arrivait bien encore de résister, d'avoir des refus, mais je me sentais de plus en plus nourrie, je découvrais une paix intérieure que je n'avais jamais connue. Alors nous avons demandé à entrer dans l'Église et toute la communauté de Béthanie est venue à Lille pour ce grand jour. Peu après, tout naturellement, nous leur avons demandé à entrer chez eux. Cela s'est fait tout seul.

— Ici, reprend Francis, nous avons trouvé enfin la vie simple que nous cherchions. Tout ce que dit Alphonse me touche tout particulièrement parce que ça correspond exactement avec ce que j'ai engrangé en lisant Guénon et Lanza. Et puis j'ai le sentiment de m'ancrer dans une tradition dont le Christ est la tête, de m'ouvrir chaque jour davantage grâce à la liturgie et à la méditation. Moi qui fais des arts martiaux et qui les enseigne à l'université de Nancy, j'ai l'impression que la vie spirituelle, c'est un peu comme d'être sur le tatami. Tu te ramasses, tu es obligé de te montrer tel que tu es, de lâcher les petites susceptibilités, les petits problèmes. Tu découvres la joie de partager et aussi la joie du silence.

« C'est formidable d'avoir des maîtres spirituels comme Rachel et Alphonse. On peut tout leur dire. C'est l'école de l'amour, mais pas de l'amour gnangnan. Ce n'est pas du maternage. Ils nous apprennent vraiment à distinguer ce qui est psychique de ce qui est spirituel, à déblayer, à ne pas nous enfermer dans des problèmes qui n'en sont pas. A comprendre que tout ce qui importe au bout du compte, c'est de faire aujourd'hui la volonté de Dieu. Aujourd'hui, j'insiste sur ce mot. Ce qui est le plus formidable, c'est de savoir que nous sommes appelés à quelque chose d'inouï, que le désir que nous portions en nous n'était pas une folie.

« Bien sûr, à m'entendre parler, tu dois avoir l'impression

que tout a baigné dans l'huile d'un bout à l'autre. Non, car nous avons connu des moments difficiles depuis notre arrivée ici. Il faut apprendre à vivre ensemble avec des gens qui sont en fait des inconnus, à tout partager avec eux. Il faut surtout apprendre à se servir du quotidien comme d'un exercice. C'est dur, mais c'est passionnant. En plus, il nous a fallu quitter, à Lille, la maison que nous venions tout juste de construire. Cela nous a au moins permis de vérifier ce qui est si souvent répété dans l'Évangile : lorsqu'on donne pour Dieu, on est récompensé au centuple. Toujours. »

Lors de notre première liturgie à Béthanie, nous avions été très impressionnés par Bruno, par sa taille, la gravité de ses gestes, la profondeur de sa voix lorsqu'il a psalmodié une épître de saint Paul. Nous avons donc eu envie de le mieux connaître et nous avons découvert qu'il était presque un enfant de Béthanie. Il était encore bébé lorsqu'il a connu Alphonse et Rachel et il n'avait que quatorze ans lorsqu'il a fait avec eux ses premiers pas dans la méditation. Il ne les a pas suivis lorsqu'ils ont fondé leur communauté parce qu'il savait qu'il se marierait un jour et qu'il ne se sentait pas le droit d'imposer ce genre de vie à sa future femme. Mais la vie a voulu qu'à dix-huit ans, il rencontre Valérie et que celle-ci soit tout à fait prête à entrer à Béthanie. Elle venait de Poitiers, elle n'avait jamais mis les pieds dans une église jusqu'au moment où, à l'âge de quatorze ans, elle est entrée dans l'orthodoxie.

« Ici, dit-elle, j'ai l'impression de vivre dans une oasis de paix. » Leur passion à tous les deux, c'est la musique. Ils ont acheté un clavecin pour jouer ensemble et c'est elle qui, du haut de sa petite taille, dirige le chœur avec beaucoup de fermeté. Les plus grandes expériences spirituelles leur viennent à travers la musique.

« Quand je suis entré pour la première fois à Saint-Irénée, raconte Bruno, j'ai reçu un véritable choc. C'était Pâques et tout est devenu clair. J'ai su qu'il fallait suivre l'appel que je venais de recevoir. Mes amis de Taizé ont cherché à me décourager, mais je ne pouvais rien faire d'autre. Très vite, j'ai compris qu'il n'était pas possible de changer les autres et le monde sans se transformer du dedans.

« Cela fait neuf ans maintenant que je vis des choses très fortes avec Rachel et Alphonse. Je suis diacre depuis deux ans et je serai peut-être prêtre un jour, si l'Église me le demande. Pour travailler sur soi, la communauté, c'est idéal. Je me rends compte que plus j'aime les autres et plus j'aime ma femme. C'est l'amour qui grandit. Et aussi la louange qui nous apprend à vivre le moment présent et à simplifier les problèmes les plus compliqués. Parce que nous ne sommes pas nombreux – pas plus d'une trentaine – les relations entre nous peuvent rester très profondes. Nous nous confessons entre nous et nous considérons Rachel et Alphonse comme nos bergers. Nous pouvons tout leur dire et nous pouvons aussi tout dire à la communauté.

Le dernier soir... La salle de méditation n'a jamais été aussi pleine car ceux qui ont fait le stage d'iconographie sont venus rejoindre ceux du stage de méditation. La communauté est également parmi nous au grand complet. C'est l'heure du bilan. Comme un souffle léger, l'amour passe. L'oreille du cœur écoute ce que dit le cœur de l'autre. Tous les masques sont tombés. Chacun trouve quelques mots pour dire sa vérité. L'un a découvert la joie, l'autre la paix, un troisième la chaleur de l'accueil. Julien avoue qu'il n'avait pas la foi en arrivant et qu'il a le sentiment maintenant que sa vie va se trouver transformée, cette même foi que Denise définit comme un trésor. Un poète canadien, avec son inimitable accent, nous dit : « Je me sens comme un voilier poussé par l'Esprit-Saint » et une jeune bouddhiste compare Rachel à Ramdas, ce saint hindou si totalement abandonné à Dieu qu'à la croisée des chemins, il lui laissait le soin de décider celui qu'il devait prendre. Un jeune garçon a eu le sentiment de retrouver la chaleur des premières communautés chrétiennes... Ceux qui ont fait le stage d'icônes ont été frappés par l'unité qui tient ensemble la liturgie, l'icône et la vie. L'une dit : « Je voyais la tradition comme une vieille bibliothèque poussiéreuse et je me rends compte qu'elle est porteuse de vie. »

Une jeune femme belge se lève parmi les derniers. Elle s'appelle Lise. Elle dit que jusqu'ici, elle se croyait athée : « Mais je vais repartir, ajoute-t-elle, avec un cadeau empoisonné, comme quand on reçoit un objet précieux dont on ne sait pas quoi faire. Vais-je le mettre dans un placard et l'oublier ou vais-je en faire le centre de ma vie? »

Cette Lise, cela faisait plusieurs jours que nous nous sentions attirés par elle. Attirés par son évidente générosité, par sa façon de poser brutalement les questions essentielles et de refuser tout compromis. Aussi l'avons-nous rattrapée à la sortie pour lui demander de nous raconter son itinéraire.

« Tu as dit que jusqu'ici, tu te croyais athée.

– C'est bien pire que cela. Je ne refusais pas Dieu, je l'ignorais totalement. Je faisais comme mes parents. Les gens qui allaient à la messe, je les considérais comme des doux dingues. A mes yeux, ils allaient à la messe comme moi j'allais au syndicat. C'étaient deux mondes parallèles qui ne pouvaient pas se rencontrer.

– Tu étais donc syndicaliste?

– Oui. J'étais assistante sociale et j'ai milité à la centrale nationale des employés de Belgique. L'injustice et la domination patronales me sortaient par les yeux. Je voulais me battre. En même temps, j'avais de gros blocages qui m'empoisonnaient la vie et j'ai fait une analyse de sept ans pour tenter de m'en libérer. Il s'est trouvé que mon analyste était orthodoxe, qu'elle croyait très fort à la Trinité et qu'elle considérait ses patients dans leur totalité. Un dimanche matin, elle m'a emmenée à la cathédrale Saint-Irénée. Je lui ai dit qu'elle était cinglée, mais je l'ai suivie parce que, ce jour-là, je ne voulais pas rester seule. Quand le prêtre a dit : " Nous Te prions pour ceux qui ne disent pas encore Ton nom ", j'ai été emportée par un tourbillon de révolte. Je me suis dit : " Mais qu'est-ce qu'il raconte, celui-là? Il prie pour moi? Mais je ne lui ai rien demandé! " Il n'empêche que lorsque plus tard, j'ai rencontré Alphonse à Bruxelles, j'ai été très impressionnée. Je n'avais jamais entendu quelqu'un parler comme cela. Quelqu'un qui me disait : " Le Divin, Il est au fond de toi. " C'était simple. Même quelqu'un comme moi pouvait comprendre ce langage.

– Est-ce que tu continues à militer?

– Pas vraiment.

– Pourquoi?

– Je me suis rendu compte que je devenais mauvaise, de

plus en plus violente, agressive. Je remportais des victoires. Rends-toi compte : à dix-huit ans, j'ai mis en place une grève de 450 personnes. J'en ai été grisée. Pas pour longtemps. Au bout de deux ou trois mois, c'est comme s'il ne s'était rien passé... Un goût amer...

« Tant qu'on n'est pas branché sur l'essentiel, tout dans la vie n'est que rapports de force. J'ai compris que cette lutte ne me rendait pas heureuse et que la notion de lutte des classes était erronée. Si la lutte ne se situe qu'entre celui qui possède et celui qui ne possède pas, alors tu luttes pour posséder et lorsque tu possèdes, tu es aussi dégueulasse que celui qui possédait avant toi. Je me souviens qu'un jour, je revenais d'un meeting sur la dictature du prolétariat. Dictature de quoi ? me suis-je demandé. D'un nouveau prolétariat ? Alors pourquoi la lutte ? C'est un cercle sans fin. En faisant un retour sur moi-même, j'ai compris qu'en réalité, je n'avais fait que me chercher des racines parce que dans un monde qui ne pense qu'à produire, on se sent forcément déraciné. J'ai cherché partout, j'ai même écrit l'histoire de la classe ouvrière... Depuis que je suis ici, je sais... Je crois qu'on peut trouver l'enracinement profond dans le souffle de l'Esprit... J'avais déjà rencontré Alphonse à Bruxelles et je ne suis venue ici que pour l'écouter de nouveau. Je ne savais même pas qu'il s'agissait de méditation. Il m'arrive encore de me demander ce que je fiche ici.

« J'ai été élevée dans un monde dur, réaliste où une table était une table et je me trouve débarquée dans un monde aux antipodes de celui-là. Un monde qui, depuis 2 000 ans, est parallèle à celui que je connaissais. C'est le souffle qui m'attire. Quelle découverte ! Le souffle de la vie qui est présent partout. L'Expérience. Ça te fait descendre tout au fond de toi et ça te fait trouver ce que tu ne soupçonnais pas. Si Dieu est Dieu, je ne crois pas qu'Il me détachera de mon souci de justice. Il n'y a pas d'antagonisme entre le combat politique et la recherche spirituelle. Il faut seulement savoir que ce combat, ce n'est pas moi qui le mène, mais Lui. C'est toute la différence. »

Un dernier témoignage, le dernier de ce livre qui en comporte tant. Pour montrer que souvent, comme nous l'a dit un jour un ami rencontré chez Carlo Carretto, Dieu nous prend par la peau du cou pour nous mener où nous n'aurions jamais pensé aller. Il nous est donné par Dominique, une jeune femme blonde et délicate venue pour la session avec son mari.

« Je partais en Haute-Savoie faire du ski de fond et, je ne sais pas pourquoi, par hasard si l'on croit au hasard, je me suis trompée de route. J'ai grimpé, grimpé sur une route en lacet et je me suis retrouvée aux Voirons, dans une grande maison. Il était tard. Quelqu'un m'a donné une chambre. Le lendemain matin, j'ai été réveillée aux aurores par une cloche. J'avais atterri chez des religieuses. Je me suis levée, j'ai suivi tout le monde et je me suis retrouvée dans une merveilleuse petite chapelle avec tout au fond un vieil établi de menuisier qui servait d'autel. Finalement, je suis restée et j'ai assisté à une retraite. Dès la première prédication, j'ai été conquise. J'ai eu le sentiment que le prédicateur s'adressait à moi personnellement. Plus tard, il me suffisait d'entrer dans cette chapelle pour que mon cœur s'ouvre et que je me mette à pleurer. Moi qui, dès l'âge de douze ans, avais décidé de ne plus jamais communier, je me suis remise en chemin. J'ai fréquenté Taizé, les communautés charismatiques et plus tard, j'ai su par un rêve, avec une inébranlable certitude, que je devais entrer dans l'Église orthodoxe. Tout à l'heure, dans la chapelle, je me suis penchée sur l'autel et j'ai vu, gravé dans le bois : " Si tu savais le don de Dieu. "

« Le don de Dieu prend parfois des formes déconcertantes. Comme par exemple de nous faire prendre la mauvaise route lorsque nous arrivons à un croisement. Ici, j'ai le sentiment que tout conspire à nous faire prendre conscience de ce que Dieu nous demande vraiment. Rachel et Alphonse ne se sont-ils pas donnés entièrement pour nous aider à découvrir en nous la Vie ? »

Rachel et Alphonse, toujours et encore Rachel et Alphonse ou Alphonse et Rachel... Partout, dans les lieux orthodoxes ou même chez Graf Dürckheim ou chez Arnaud Desjardins, nous avions entendu dire qu'ils étaient des éveilleurs. Nous savons maintenant que c'est vrai. Cette session de méditation a été pour nous une expérience de vie, et, une fois de plus, nous avons béni ce livre qui nous a permis de vivre pendant plus d'un an dans l'abondance spirituelle.

Une autre femme que Rachel, après avoir vécu ce qu'elle a vécu, souffert ce qu'elle a souffert, aurait pu à jamais se fermer à la vie. Elle, elle éclate de joie. Ce qui prouve bien que tout peut être sauvé par la foi.

Alphonse et elle, tout au long de l'année, voient arriver des gens bloqués, mal dans leur peau. Il faut les voir dans la salle de méditation aller d'élève en élève, leur passer la main le long de la colonne vertébrale, sentir les raideurs, les blocages, détendre, détendre, expliquer que le corps est un temple, une demeure pour accueillir l'expérience du Divin. C'est parce qu'on est persuadé d'« avoir » un corps qu'il est bloqué. Il faut apprendre à « être » son corps. C'est un nouveau regard. Une transformation à partir de laquelle peut commencer la longue alchimie qui mènera jusqu'à la libération.

Il y a des infirmes qui sont venus ici et qui ont retrouvé une mobilité qu'ils n'espéraient plus connaître. Des opérés du poumon qui ont réappris à respirer. Des gens de soixante-dix ou même de quatre-vingts ans qui ont pour la première fois vraiment découvert leur corps.

Encore faut-il, en quittant Béthanie, accepter de poursuivre l'expérience, trouver le temps de méditer tous les jours à la même heure. Et puis revenir. Les sessions sont nombreuses. On peut approfondir la prière du pèlerin russe, la liturgie, découvrir le jeûne et de longues périodes de silence, faire au mois d'août une « halte au désert », vivre la Semaine sainte comme si l'on était dans un monastère d'Égypte, entendre des conférences de Mgr Germain, d'Annick de Souzenelle, de Marie-Madeleine Davy ou d'Arnaud Desjardins...

Tout cela dans des chambres confortables et bien chauffées parce que le travail spirituel prend déjà tellement d'énergie qu'il n'est pas nécessaire de lui en enlever par des austérités mal comprises.

Il faut conclure. Mais après un si long chemin, nous ne nous sentons pas le droit de prononcer des paroles définitives. Nous préférons laisser ce soin à Rachel et à Alphonse, puisque nous sommes avec eux ce dernier soir, dans leur petite maison de bois qui ressemble à une maison de poupée. Ce qu'ils vont nous dire, tous les maîtres que nous avons rencontrés pour écrire ce livre auraient pu nous le dire avec des mots différents. Ce sont des paroles de sagesse qui vont au-delà des religions institutionnelles, le bien commun de tous ceux qui se sont engagés de tout leur cœur sur un chemin spirituel et qui, tout au bout de ce Chemin, ont vu monter la lumière.

« Le saint est celui qui laisse grandir Dieu en lui. Celui qui vit l'Expérience. Expérience fondamentale et fondatrice de sa propre vie. Nous avons créé ce centre pour partager cette joie que nous avons découverte comme une source jaillissante. Et aussi parce que nous sommes convaincus que de l'expérience spirituelle et de l'expérience spirituelle seulement dépend l'avenir du monde. Pour cette révolution-là, point n'est besoin d'être nombreux. Une poignée d'hommes, s'ils sont vraiment " habités ", peuvent faire contrepoids à la masse humaine qui a perdu son identité et qui, laissée à elle-même, peut faire basculer le monde dans le néant. Il aurait suffi d'un juste pour sauver Sodome. L'Homme n'est vraiment homme que s'il consent à devenir Dieu. S'il ne prend pas ce Chemin vers la déification, il est malade, mal dans sa peau, perturbé dans son âme, habité par une béance, une nostalgie qui fait de sa vie un enfer.

« Cette béance, cette nostalgie, qu'il soit croyant ou athée, il lui faut à tout prix les transcender s'il veut trouver la paix. Et elles ne se transcendent pas par les satisfactions physiques, les sécurités extérieures dans tout ce qu'offre la société de consommation. Car il s'agit d'une nostalgie métaphysique.

« Il suffit que l'homme dise oui pour que s'ouvre devant lui le chemin qui le conduit à devenir enfin ce qu'il est vraiment : Dieu. »

POSTFACE POUR CEUX QUI VEULENT EN SAVOIR DAVANTAGE

Innombrables sont en Europe les lieux, ancrés dans les grandes traditions, où jaillit une spiritualité vivante. Des lieux jeunes, imaginatifs, enthousiastes et porteurs d'avenir. Nous en avons découvert à chaque pas de nos enquêtes. Si nous avions voulu les visiter tous, il nous aurait fallu écrire un autre livre, puis un autre et un autre encore.

A la suite de celles des lieux où nous avons séjourné, nous donnons quelques adresses d'endroits que nous aurions vraiment aimé visiter et dont nous aurions certainement parlé si nous avions eu plus de place.

– Carlo CARRETTO. Piccoli fratelli del Vangelo
San Girolamo 06038 Spello (Italie).

– Arnaud DESJARDINS. Les amis de Font d'Isière
Route d'Uzès. Vers Pont du Gard, 30210 Remoulins.

– Centre tibétain de Dagpo Kagyuling
Saint-Léon-sur-Vézère, 24290 Montignac.

– Karlfried Graf DÜRCKHEIM
Centre Dürckheim D 7867 Rütte, Todtmoos, Allemagne.

Centres se réclamant en France de l'enseignement de Graf Dürckheim :
– Théa SCHUSTER
Domaine des Fougères, 26270 Mirmande.
– Jacques CASTERMANE. Centre Dürckheim
Route de Mirmande BP 22, 26270 Saules-sur-Rhône.

– Cheikh BEN TOUNÈS. Pour les amis de l'Islam s'adresser à M. Ben Tabet, 10, rue Lavoisier, 91350 Grigny.

– Ordre soufi des Mourides
BP 144, 93403 Saint-Ouen cédex.

– Ordre soufi international de Pir Vilayat Inayat Khan
23, rue de la Tuilerie, 92150 Suresnes.

– Communauté du Chemin Neuf
10, rue Henri-IV, 69002 Lyon.

– Rachel et Alphonse GOETTMANN. Béthanie
57130 Gorze.

– Philippe et Elianthe DAUTAIS. Communauté de Sainte-Croix, 24240 Monestier.

– Père Michel MENDÈS. Abbaye de Bois-Aubry
Luzé, 37120 Richelieu.

Nous aurions aimé parler du Centre Védantique de Gretz où nous avons souvent séjourné auprès de Swami Ritajananda. Repos, détente, recueillement, accueil chaleureux. On peut commencer par assister aux conférences qui sont données tous les dimanches après-midi. Ensuite, après un entretien spirituel avec le Swami, on peut demander à venir pour des séjours.

Nous avons par-dessus tout apprécié la grande ouverture qui règne à Gretz. Sri Ramakrishna auquel ce centre est consacré avait un respect absolu pour toutes les traditions. La journée entière est vivifiée par les méditations du matin, de midi et du soir. Trois heures en tout. On peut d'ailleurs poursuivre ces méditations sous les arbres centenaires du parc.

Vivekananda, qui fut le continuateur de Ramakrishna, a bien rendu compte de l'atmosphère qui règne dans les différents centres de l'Ordre.

« Toute âme, a-t-il écrit, est divine en puissance. Notre but est de manifester le Divin qui est en nous en contrôlant la nature extérieure et intérieure. Parvenons-y par le travail, par l'adoration, par la maîtrise de l'esprit ou par la philosophie, par l'une ou l'autre de ces voies ou par toutes et soyons libres. C'est là toute la religion. Les doctrines, les dogmes, les livres, les temples et les formes ne sont que détails secondaires. »

– Centre Védantique Ramakrishna.
Boulevard Romain-Rolland, 77220 Gretz Armainvilliers.

Nous aurions aussi aimé parler de Jean Klein que nous suivons depuis longtemps. C'est toujours avec profit et une grande joie que nous avons assisté à ses séminaires, qu'il s'agisse de yoga ou d'entretiens. Mais Jean Klein est insaisissable. Il n'a pas de point fixe, pas d'ashram permanent. Il n'entre donc pas dans le cadre que nous nous étions tracé. Lors de notre dernière rencontre, il nous a vivement encouragés à écrire ce livre. C'est un être de lumière. Il donne en plusieurs lieux d'Europe et en Californie des séminaires qui n'ont pour but que de nous aider à être ce que nous sommes vraiment.

C'est un guide vigilant qui nous pousse sans cesse à aiguiser notre regard, à prendre du recul par rapport à nos ombres pour les accepter, les assumer et les transformer en plus grande lumière.

– Secrétariat de Jean KLEIN :
Gilberte de Ronseray. 137, rue du Président-Wilson, 92300 Levallois-Perret.

Nous avons été très impressionnés par Satyananda, un hindou qui a grandi à l'ashram de Mâ Ananda Mayi. Après avoir lu dans une revue un article sur saint François, il a demandé à Mâ l'autorisation de venir à Assise. Dès son arrivée, il s'y est senti chez lui et il y est resté.

Il a fondé un ashram à huit kilomètres d'Assise, dans un site protégé et d'une grande beauté où il accueille ceux qui ont besoin d'une retraite spirituelle dans la lumière de saint François et des grands maîtres de l'hindouisme.

– Satyananda. Sadhana Ashram. San Presto
06081. Assise (Italie).

Notre plus grand regret est de n'avoir pas pu témoigner de la vitalité de la mystique juive. Nous nous étions en effet donné pour règle, pour mieux rendre compte de l'extraordinaire renouveau spirituel de notre temps, de ne parler que des centres où se rassemblent des foules. Les maîtres juifs sont nombreux et d'une grande sagesse, mais ils ne rassemblent autour d'eux qu'un petit nombre de disciples. Pour trouver ce que nous cherchions, il nous aurait fallu aller en Israël alors que nous nous sommes limités à l'Europe.

Quelques adresses encore :

– Centre de rencontres spirituelles et de méditation Le Pasquier, CH 2114 Fleurier (Suisse).

« Partout, nous avons entendu parler avec enthousiasme de ce centre de recherche ardente et de spiritualité vivante. »

– Findhorn Fondation. N° 12531 4000 Forbes, Scotland (Grande-Bretagne).

Un des hauts lieux de l'écologie bien comprise et de la prise de conscience du nouvel âge.

– Terre nouvelle. BP 52. 05300 Laragne.

Cette communauté proche de l'esprit de Findhorn accueille pour des stages de danses traditionnelles et sacrées, des stages de vie intérieure et de transformation.

– Fédération nationale de Yoga. 3, rue Aubriot, 75004 Paris.

Forme des enseignants de yoga, organise des stages pour tous et des conférences sur les sujets les plus divers.

– Le Cèdre. Château de Lasserre. 81700 Cambonnet.
Éveil à une conscience planétaire.

– Abbaye de Sylvanes. 12360 Camarès.
Stages de formation à la musique sacrée.

– Association Métanoïa. Marsanne 26740 Sauzet.

BIBLIOGRAPHIE SOMMAIRE

CARRETTO (Carlo) : *Lettres du désert* (Apostolat des éditions).
- *J'ai cherché et j'ai trouvé* (Cerf).
- *Ce qui compte, c'est d'aimer* (Mediaspaul).
- *Au-delà des choses* (Éditions Paulines).
- *Moi, François d'Assise* (Centurion).
CHEVALIER (Jean) : *Le Soufisme* (Gretz).
AL ALAWI (Mustapha) : *Recherches philosophiques* (Les amis de l'Islam).
LINGS (Martin) : *Un saint musulman du XXe siècle* (Éditions traditionnelles).
ATTAR (Farid-ud-Din) : *Le Mémorial des Saints* (Seuil).
- *Le Livre divin* (Albin Michel).
DÜRCKHEIM (Karlfried Graf) : *Hara, centre vital de l'Homme* (Courrier du livre).
- *L'Esprit Guide.* Entretiens (Albin Michel).
- *Pratique de la voie intérieure* (Courrier du livre).
- *Exercices initiatiques* (Courrier du livre).
- *La percée de l'Être* (Courrier du livre).
- *Le Zen et nous* (Courrier du livre).
- *L'homme et sa double origine* (Courrier du livre).
- Cf. aussi la revue *Question de,* n° 81 (Albin Michel).
BLOFELD (John) : *Le Bouddhisme tantrique du Tibet* (Seuil).
TRUNGPA (Chogyam) : *Pratique de la voie tibétaine* (Seuil).
RIMPOCHÉ (Kalou) : *Fondements de la pratique spirituelle* (Éd. Prajna).
- *Instructions fondamentales* (Albin Michel).
LE BARDO TODOL : *Livre des morts tibétains* (Maisonneuve). Également en livre de poche dans la collection « Spiritualités vivantes » (Albin Michel).

DESJARDINS (Arnaud) : _Le message des Tibétains_ (Table Ronde).
- _Ashrams_ (Albin Michel).
- _A la recherche du Soi_ (Table Ronde).
- _Au-delà du moi_ (Table Ronde).
- _Le Védanta et l'inconscient_ (Table Ronde).
- _Tu es Cela_ (Table Ronde).
- _Un grain de Sagesse_ (Table Ronde).
- _Pour une mort sans peur_ (Table Ronde).
- _Pour une vie réussie_ (Table Ronde).
- _En relisant les Évangiles_ (Table Ronde).
- Cf. aussi _Arnaud Desjardins ou l'aventure de la sagesse,_ de Gilles Farcet (« Espaces libres », Albin Michel).

DESJARDINS (Denise) : _De naissance en naissance_ (Table Ronde).
- _La mémoire des vies antérieures_ (Table Ronde).
- _Mère, sainte et courtisane_ (Table Ronde).
- _Le Jeu de l'amour et de la sagesse_ (Albin Michel).

LOISELEUR (Véronique) : _Anthologie de la non-dualité_ (Table Ronde).

BENSON (Bernard) : _Le nouveau chemin du bonheur_ (Fayard).
- _Alice au pays de l'oseille_ (Albin Michel).

SAINT-DENIS (Mgr Jean DE) : _Technique de la prière_ (Éd. Eugraph).
- _Les chemins de l'homme_ (Éd. Eugraph).
- _Sacre de l'amour_ (Éd. Eugraph).
- _Marie, vierge et mère_ (Éd. Eugraph).
- _Initiation trinitaire_ (Éd. Eugraph).
- _Le Verbe incarné_ (Présence orthodoxe).

GOETTMANN (Alphonse) : _Dialogue sur le chemin initiatique. Entretiens avec Graf Dürckheim_ (Cerf).

GOETTMANN (Alphonse et Rachel) : _L'au-delà du fond de nous-mêmes_ (Béthanie).

BOURNE (Vincent) : _La divine contradiction,_ 2 vol. (Présence orthodoxe).

SOUZENELLE (Annick de) : _Le symbolisme du corps humain_ (« Espaces libres », Albin Michel).
- _La lettre, chemin de vie_ (Dervy).
- _Alliance de feu,_ 4 tomes (Dervy).
- _L'Égypte intérieure ou les dix plaies de l'âme_ (Albin Michel).

KOVALEWSKY (Maxime) : _Retrouver la source oubliée_ (Présence orthodoxe).

Ouspensky (Léonid) : *Théologie de l'icône* (Cerf).
Klein (Jean) : *Sois ce que tu es* (Courrier du livre).
– *L'ultime réalité* (Courrier du livre).
– *La joie sans objet* (Courrier du livre).
– *Qui suis-je ? La quête sacrée* (Albin Michel).

« *Espaces libres* »
Collection dirigée par Marc de Smedt

au format de poche

La reproduction photomécanique
et l'impression de ce livre ont été effectuées
par l'Imprimerie Bussière
pour les Éditions Albin Michel

Achevé d'imprimer en avril 1992.
N° d'édition : 12319. N° d'impression : 1021.
Dépôt légal : mai 1992.